中国社会科学院学部委员专题文集
ZHONGGUOSHEHUIKEXUEYUAN XUEBUWEIYUAN ZHUANTI WENJI

辩证法·范畴与现实

赵凤岐◎著

中国社会科学出版社

图书在版编目（CIP）数据

辩证法·范畴与现实／赵凤岐著．—北京：中国社会科学出版社，
2013.8

（中国社会科学院学部委员专题文集）

ISBN 978 - 7 - 5161 - 3282 - 1

Ⅰ．①辩…　Ⅱ．①赵…　Ⅲ．①辩证法—文集　Ⅳ．①B015—53

中国版本图书馆 CIP 数据核字（2013）第 224101 号

出 版 人	赵剑英
责任编辑	喻　苗
责任校对	石春梅
责任印制	戴　宽

出　　版	中国社会科学出版社
社　　址	北京鼓楼西大街甲 158 号（邮编 100720）
网　　址	http://www.csspw.cn
	中文域名:中国社科网　　010 - 64070619
发 行 部	010 - 84083685
门 市 部	010 - 84029450
经　　销	新华书店及其他书店

印装订刷	环球印刷（北京）有限公司
版　　次	2013 年 8 月第 1 版
印　　次	2013 年 8 月第 1 次印刷

开　　本	710×1000　1/16
印　　张	25.25
插　　页	2
字　　数	401 千字
定　　价	76.00 元

前　　言

　　哲学社会科学是人们认识世界、改造世界的重要工具，是推动历史发展和社会进步的重要力量。哲学社会科学的研究能力和成果是综合国力的重要组成部分。在全面建设小康社会、开创中国特色社会主义事业新局面、实现中华民族伟大复兴的历史进程中，哲学社会科学具有不可替代的作用。繁荣发展哲学社会科学事关党和国家事业发展的全局，对建设和形成有中国特色、中国风格、中国气派的哲学社会科学事业，具有重大的现实意义和深远的历史意义。

　　中国社会科学院在贯彻落实党中央《关于进一步繁荣发展哲学社会科学的意见》的进程中，根据党中央关于把中国社会科学院建设成为马克思主义的坚强阵地、中国哲学社会科学最高殿堂、党中央和国务院重要的思想库和智囊团的职能定位，努力推进学术研究制度、科研管理体制的改革和创新，2006 年建立的中国社会科学院学部即是践行"三个定位"、改革创新的产物。

　　中国社会科学院学部是一项学术制度，是在中国社会科学院党组领导下依据《中国社会科学院学部章程》运行的高端学术组织，常设领导机构为学部主席团，设立文哲、历史、经济、国际研究、社会政法、马克思主义研究学部。学部委员是中国社会科学院的最高学术称号，为终生荣誉。2010 年中国社会科学院学部主席团主持进行了学部委员增选、荣誉学部委员增补，现有学部委员 57 名（含已故）、荣誉学部委员 133 名（含已故），均为中国社会科学院学养深厚、贡献突出、成就卓著的学者。编辑出版《中国社会科学院学部委员专题文集》，即是从一个侧面展示这些学者治学之道的重要举措。

　　《中国社会科学院学部委员专题文集》（下称《专题文集》），是中国社会科学院学部主席团主持编辑的学术论著汇集，作者均为中国社会科学院学部委员、荣誉学部委员，内容集中反映学部委员、荣誉学部委员在相关学科、专业方向中的专题性研究成果。《专题文集》体现了著作者在科学研究实践中长期关注的某一专业方向或研究主题，历时动态地展现了著作者在这一专题中不断深化的研究路径和学术心得，从中不难体味治学道路之铢积寸累、循序渐进、与时俱进、未有穷期的孜孜以求，感知学问有道之修养理论、注重实证、坚持真理、服务社会的学者责任。

2011 年，中国社会科学院启动了哲学社会科学创新工程，中国社会科学院学部作为实施创新工程的重要学术平台，需要在聚集高端人才、发挥精英才智、推出优质成果、引领学术风尚等方面起到强化创新意识、激发创新动力、推进创新实践的作用。因此，中国社会科学院学部主席团编辑出版这套《专题文集》，不仅在于展示"过去"，更重要的是面对现实和展望未来。

这套《专题文集》列为中国社会科学院创新工程学术出版资助项目，体现了中国社会科学院对学部工作的高度重视和对这套《专题文集》给予的学术评价。在这套《专题文集》付梓之际，我们感谢各位学部委员、荣誉学部委员对《专题文集》征集给予的支持，感谢学部工作局及相关同志为此所做的组织协调工作，特别要感谢中国社会科学出版社为这套《专题文集》的面世做出的努力。

《中国社会科学院学部委员专题文集》编辑委员会
2012 年 8 月

目　　录

自　序

　　收入本书的文章，大部分是党的十一届三中全会以来所写，只有少数篇章写于 20 世纪 60 年代。

　　在收集、审阅、筛选文章的过程中，我思想上逐渐形成了这样一条线索：辩证法，特别是辩证法范畴与当代现实之间的关系。前者，是我研究的专业，后者，当代中国的最大现实是建设中国特色社会主义。于是，辩证法与当代现实便成了我这本论集的主题，文章的取舍大体上就是按这个线索进行的。

　　文章内容大体上分为两部分。一部分是以理论形态阐发的哲学思想，另一部分是以当代中国现实为基础所论述的一些理论和实际问题。重点也是两个，一个是对辩证法范畴的探索、研究和阐发；另一个是对中国特色社会主义理论的学习、思考和感受。

　　为让读者了解我的思路，特作如下几点说明：（一）为什么把那几对范畴作为重点？在本书的第一部分我列举了几对范畴，它们是：统一性和多样性、绝对与相对、同一与差别、一般与个别等。总的说来，我以为这几对范畴与人们的日常生活联系密切，有的范畴比如统一性和多样性在当代现实中更是会经常遇到，而且其地位是越来越凸显出来了。世界大势的审视，国内外两个大局的把握，实际生活中各种复杂关系的处理，均与这个范畴密切相关。因此，把统一性和多样性作为一对新范畴纳入辩证法科学体系，使之与"本质和现象"、"内容和形式"等具有同等层次的地位，成为捕捉自然之网上的一个新"纽结"，是必要的。众所周知，世界的真正统一性在于它的物质性这个论断，是恩格斯一个半世纪之前作出的。当时的主要指向是哲学唯心主义。自从那时以来，关于世界的统一性在于它的物质性的论断虽屡遭攻击、贬抑和挑战，但科学和哲学的发展却一再证明这个论断是正确的。另一方面，百多年来，世界确实发生了重大变化，科学技术的发展日新月异，社会生活的变动巨大而深刻，宇宙呈现在人们面前的"自然之网"越来越复杂而多变，多样性像潮水一般地向人们涌来，叩击哲学的大门；统一性和多样性这个网上"纽结"在当代现实中显得越来越重要了。因此，在坚持恩格斯上述论断的同时，把统一性和多样性作为辩证法的一对新范畴这个角度加以研究，是有意义的。研究视角的转换或加大，也许客观上就有利于研究力度的加强。基于这种想法，我在本书中收入了相关的几篇文章，试图对统一性和多样性这对范畴的内涵、特点、与其他范畴的关系以及它在实际生活中的应用等方面作说明和论证。（二）在第二部分中，我把辩证法和科学发展观作为重点。想法是：唯物辩证法是专门讲发展的，是关于发展的全面、深刻而无片面性弊病的学说，而以人为本的科学发展观则是这种学说在当代中国发展问题上的成功运用。把"以人为本"纳入发展观，并把它作为核心理念确定下来，这在内容和提法上均有新意；把现代化、市场化和社会改革这三重大的社会变迁浓缩在较短历史时段内同时进行，这需要有一些新的思路和举措。以人为本的科学发展观正是由此应运而生，它回答了我国现实关于发展的一系列基本问题。"以人为本"纳入发展观得民心，顺民意，随着相关一系列政策和举措的落实，广大人民群众欢欣鼓舞，激发了新的生活热情，成为推动科学发展观深入贯彻的巨大物质力量。而唯物辩证法则是落实科学发展观的理论和方法论基础。这就是我收选文章时的想法。

　　最后，我对中国社会科学院领导和学部主席团领导的决策，对文集的支持和鼓励，以及黄英、冯春凤、田文、喻苗等所有编辑出版人员的辛勤劳动，深表谢意！

赵凤岐

2012 年 10 月　于北京

辩证法概念的历史演变

像"辩证法"和"形而上学"这些概念本身都是经历长期历史演变的过程。这里，我们先谈谈辩证法概念的演变情况。

"辩证法"来自古希腊文的"对话"、"论战"一词，希腊原文是指进行谈话的艺术，原意是指在辩论中揭露对方议论中的矛盾并克服这些矛盾的方法。后来辩证法这个概念在长期的发展中有了很大变化，马克思主义哲学是在下述意义上使用辩证法这一术语的，即：辩证法是关于自然、社会和思维发展的最一般规律的科学，是科学的世界观和方法论。

回顾历史我们可以看到，"辩证法"这个术语，在哲学发展的不同阶段上曾在各种不同意义上被使用，在不同的历史时期和不同的哲学家那里，有着不同的含义。

根据我所接触到的材料，在古希腊哲学中辩证法一词最早出现在柏拉图的著作中。他在《理念论》"国家"篇中，曾数次使用过"辩证法"一词，他肯定在"理想国"中，初等教育是音乐、体育，高等教育从数学、天文学入门，最后以"辩证法"完成。并提到只有通过"辩证法"才能使其他各门科学的真理显示出来。这是我们从现存著作中所能查到的最早出现的"辩证法"一词。可是，"辩证法"作为一种谈话或辩论的艺术和方法，还有更久远的历史。公元前6世纪，在古希腊奴隶制城邦形成时期，一些哲学家围绕世界的本原和运动变化问题进行了争论。不同思想的争论产生了辩论的方法，这种方法始于埃利亚学派。这个学派的巴门尼德和芝诺在讨论"存在与非存在"、"一与多"等问题时，运用了一种论证方法。例如，芝诺在论证存在是"不动的"，"只有唯一不动的存在"才是真实的这一命题时，就提出：如果承认事物的多样性和运动就会陷入矛盾，承认"多"的存在，就会陷入无限大和无限小的矛盾。他说："如果有许多的事物，那么这些事物必然同时既是小的又是大的：小会小到没有，大会大到无穷"。① 芝诺还认为，如果承认运动，就会陷入动与不动的矛盾，为此他作了"飞矢不动"的论证。他的论证方法是：先把时间分为许多点，再把飞矢能飞过的路程也分为许多点，使之互相对应。然后说，在某一瞬间，矢在这一点上；在另一瞬间，矢又在另一点上，矢在每一点上都是静止的。所以"飞矢"是不动的。芝诺的论证是把有限和无限、连续性和非连续性加以割裂，夸大运动的间断性，否认运动的不间断性，从而否认了运动。不过，芝诺的论证虽然他在主观上想否认运动，但在客观上却接触到了运动本身的矛盾性，即运动本身所包含的间断性和不间断性的矛盾，原则上假设了空间和时间是可以无限分割的。芝诺的其他论证，也采用类似的方法。他的论辩方法也就是最初意义的"辩证法"。所以亚里士多德称芝诺是"辩证法的创立者"②。黑格尔在谈到埃利亚学派时也说："我们在这里发现辩证法的起始，这就是说，思想在概念里的纯粹运动的起始，……并且我们发现客观存在本身所具有的矛盾（真正的辩证法）。"③ 这里所讲的辩证法，有两方面的含义，一是思维自身的矛盾运动和这种运动对于对象自身矛盾的接触，二是通过揭露对方论点中的矛盾而探求问题的方法。

公元前约五世纪，各派论争之风盛行，为了论战中驳倒对方，希腊的哲学家们都比较注重争论的技巧和方法。这时，人们把论证或分析命题中的矛盾，以及在谈话中揭露对方论断中的矛盾并克服这些矛盾以求得真理的方法，叫做辩证法。苏格拉底就把辩证法看作是通过对立意见的争论而发现真理的艺术。而在智者派那里，辩证法则作为一种据理论证的艺术而广泛运用。例如，高尔吉亚为了论证"无物存在"这个论点，提出了三个论据："存在是没有的"、"非存在也是没有的"、"既存在又是非存在也是没有的"。在论证第二个论据时，他说"因为如果有非存在存在，它就存在而同时又不存在。再者，如果非存在存在，存在就不存在了。因为这两

---

① 《古希腊罗马哲学》，商务印书馆 1981 年版，第 60 页。
② 同上书，第 56 页。
③ 黑格尔：《哲学史讲演录》第 1 卷，商务印书馆 1959 年版，第 253 页。

个命题是相反的，如果承认非存在存在，就得承认存在不存在，然而说存在不存在，乃是不可能的，所以非存在不存在。"① 高尔吉亚这种论证的特点，是从正、反等各个方面提出理由，专门揭露对方论断中的矛盾，纯粹是靠概念运动以驳倒对方。黑格尔说："高尔吉亚的辩证法，比起我们在普罗塔哥拉那里所见到的辩证法来，是更加纯粹地概念中运动。"② 智者派后期，演变成为诡辩论者，在他们手里辩证法已成为玩弄概念、混淆是非、抹杀真理和谬误之界限的同义词。黑格尔说："辩证法通常被看成一种外在的技术，通过主观的任性使确定的概念发生混乱，并给这些概念带来矛盾的假象。从而不以这些规定为真实，反而以这种虚妄的假象和知性的抽象概念为真实。"③

唯心主义者柏拉图，除了把辩证法看作通过揭露对方论断中的矛盾并加以克服这一传统含义外，还给"辩证法"增添了新的含义，即把辩证法看作是认识"理念"过程中由个别到一般，又由一般到个别的方法。他认为，借助于辩证法可以由个别理念上升到普遍理念，又从普遍理念回到了个别理念。其间虽然表现了他的唯心主义的理念论，但从个别到一般，又由一般到个别这层辩证法的新含义却是不可忽视的。

在亚里士多德的哲学中，辩证法除了被看作是"研究实体的属性"、"揭露对象自身中的矛盾"等含义外，他还把辩证法当作概念思维的逻辑方法。他把辩证法作为形成概念、下定义和检查定义是否正确的方法。从此"辩证法"经常在逻辑学的意义上被使用。

在中世纪，约翰·司各脱称辩证法为关于"存在"的专门学说，阿伯拉尔则把辩证法叫做区别真理和谎言的艺术。还有一些经院哲学家，又把荒唐无稽的问题、空洞烦琐的考证、千篇一律的公式证明等称为"辩证法"，这种"辩证法"窒息了科学的发展。黑格尔称这种辩证法为"形式的辩证法"。④ 笛卡尔说这种辩证法"只教人没有真知灼见就来絮絮不休地议论我们所不知道的事物，因此，它不能增加人们的良知，而只毁坏人

---

① 《古希腊罗马哲学》，商务印书馆 1981 年版，第 139 页。
② 《哲学史讲演录》第 1 卷，商务印书馆 1959 年版，第 33 页。
③ 《小逻辑》，商务印书馆 1980 年版，第 176 页。
④ 《哲学史讲演录》第 3 卷，商务印书馆 1959 年版，第 314 页。

们的良知。"① 在漫长的中世纪，神学的统治和经院哲学的歪曲，辩证法的概念不仅没有得到发展，而且使"辩证法"声名狼藉了。

18 世纪末 19 世纪初，自然科学的发展和社会历史所显示的辩证性质，为德国古典哲学家对辩证法的探讨提供了条件，辩证法的含义也日益丰富起来。在康德哲学中，辩证法主要是指理性自身包含的矛盾，即"纯粹理性之自然的不可避免的辩证法"。② 康德认为，人的认识能力包括感性、知性、理性三个阶段，感性知识是零碎的、个别的、缺乏联系的，所以需要知性的进一步整理加工。他把因果关系、必然性、可能性、否定性等十二个范畴说成是人的"知性的纯粹范畴"，是知性所固有的先天形式；人们就是通过知性这种先天固有的范畴来加工整理感性知识的。但是，知性所把握的东西仍须加工整理，他把这种再加工整理的最高能力叫做"理性"。理性追求的是"理念"。在他看来，"理念"和"现象"不同，"理念"是无条件的、绝对的、最完整的统一体，而"现象"则是有条件的、相对的、不完整的。因此，"理念"就是在现象之外的"自在之物"。他认为，理念既然是在现象之外，理性又力求去达到它，那么当理性去追求理念时，除了借助知性的十二个范畴之外别无他法。所以，当人们运用有限的范畴去把握"世界"这个概念时，就会陷入矛盾，他把这种矛盾称为"二律背反"。四组"二律背反"都有一正题和一个反题相互矛盾着，它们都可以得到证明。康德说，这种理性认识活动中的二律背反，"这种互相冲突不是任意捏造的，它是建筑在人类理性的本性上的，因而是不可避免的，是永远不能终止的"。③ 康德认为，理性认识中的这种矛盾，不是可以纠正的逻辑错误，也不是来自于感觉经验中的假象，而是理性在进行认识活动时必然产生的假象，必不可免的矛盾，所以，研究和论证这种"假象的客观性和矛盾的必然性"，这种揭示先验假象的逻辑，也就是辩证法，或"批判'辩证的幻想'之逻辑"。④ 康德把理性追求的"理念"世界看成是没有矛盾的，把理性思维中的矛盾仅仅归结为主观认识能力中的矛

---

① 笛卡尔：《哲学原理》，商务印书馆 1980 年版。
② 康德：《纯粹理性批判》，商务印书馆 1965 年版，第 244 页。
③ 康德：《未来形而上学导论》，商务印书馆 1978 年版，第 120 页。
④ 康德：《纯粹理性批判》，商务印书馆 1965 年版，第 76 页。

盾，而没有把它看作是客观世界矛盾运动的反映，这是错误的，但康德揭示了理性思维中的矛盾，论证了这种矛盾的必然性，则是一个很重要的见解，促进了德国唯心主义辩证法思想的进一步发展。黑格尔说："康德对二律背反，给了这样概念，即它不是诡辩的把戏，而是理性一定会必然碰到的矛盾。这是一种很重要的看法"①。他还说："这必须认为是近代哲学界一个最重要的和最深刻的一种进步。"②

德国唯心主义辩证法家黑格尔，赋予辩证法以新的含义，即辩证法不只是一种方法，同时也是适用于一切现象的普遍原则，是一种宇宙观。他是哲学史上第一个明确地在宇宙观意义上使用"辩证法"概念的人。他继承了哲学史上关于辩证法是揭露对象自身矛盾的思想，同时在概念矛盾运动的辩证分析中进一步阐明了所谓辩证法就是研究对象本质本身的矛盾，把这种矛盾视为支配一切事物和整个宇宙发展的普遍法则。他说："无论知性如何常常竭力来反对辩证法，我们却不可以为只限于在哲学意识内才有辩证法或矛盾进展原则。相反，它是一种普遍存在于其他各级意识和普遍经验里的法则。""自然世界和精神世界的一切特殊领域和特殊形态，也莫不受辩证法的支配。"③ 在黑格尔看来，辩证法所揭示的对象本质自身的矛盾和作为发展动力的原则，不仅是普遍适用的，而且是获得其他科学知识的灵魂。他说："辩证法是现实世界中一切运动、一切生命、一切事业的推动原则。同样，辩证法又是知识范围内一切真正科学认识的灵魂。"④黑格尔把辩证法视为"真正的哲学方法"，认为只有通过辩证法，才能把握哲学真理，只有通过辩证法，才能真正获得其他各门科学知识。这就揭示了作为宇宙观的辩证法的指导作用的原则，是有重要意义的。黑格尔的这一思想，既是对古希腊哲学中那种把辩证法比作"主要乐典"，把数学天文学比作"前奏曲"思想的继续和发挥，又是在新的历史条件下的创造。因为这时自然科学已由搜集材料发展到整理材料的阶段，自然科学的各个门类已有长足发展，各门科学与哲学之间的关系经过不断的演变和分

---

① 《逻辑学》上卷，商务印书馆1966年版，第200页。
② 黑格尔：《小逻辑》，商务印书馆1980年版，第131页。
③ 同上书，第179页。
④ 同上书，第177页。

化已越来越明显了。所以，黑格尔关于辩证法是推动一切的原则，是其他科学认识的灵魂的思想，本质上不是古希腊哲人所能比拟的，它是一种超出，是给辩证法所赋的新含义。因此，黑格尔的这个思想也就成了马克思主义哲学的重要思想来源之一。黑格尔很重视概念的运动原则，他说"我把这个原则叫做辩证法"。①黑格尔所讲的"运动"，是概念自身的矛盾运动，是逻辑范畴的不断的自我否定。同那种把辩证法视为一种外在形式看法不同，黑格尔认为"辩证法却是一种内在的超越"，"凡有限之物莫不扬弃其自身。因此，辩证法构成科学进展的推动的灵魂。只有通过辩证法原则，科学内容才达到内在联系和必然性，并且只有在辩证法里，一般才包含有真实的超出有限，而不只是外在的超出有限。"②概念的运动原则，在哲学史上不是黑格尔的发明，但是，如此系统地揭示矛盾运动并且深刻地揭示任何有限物的扬弃都是"一种内在的超越"，则是黑格尔赋予辩证法的新含义。他把运动原则叫做"辩证法"，又把辩证法视为研究对象本质自身的矛盾，并且试图揭示运动和发展的内在联系，无疑这是在哲学史上给了辩证法以前无古人的新含义。恩格斯曾指出："黑格尔第一次——这是他的巨大功绩——把整个自然的、历史的和精神的世界描写为一个过程，即把它描写为处在不断地运动、变化和发展中，并企图揭示这种运动和发展的内在联系。"③从现象的内在联系上揭示运动和发展的源泉和真实内容，这就使辩证法概念的原有含义得到了丰富和发展，把辩证法的研究推向了一个新阶段。黑格尔的辩证法是头足倒置的，他的辩证法思想和关于辩证法内容的科学规定，是同他的唯心主义哲学体系联系在一起的，是建立在客观唯心主义基础上的，但是，在经过了长达几个世纪的形而上学思维方式的统治之后，在辩证法经历了历史的曲折和衰落之后，康德以其星云假说打破了形而上学的第一个缺口，到黑格尔又把"辩证法"作为一门科学来研究，并且使"辩证法"概念的内容有了新发展。这在哲学史上是有重要意义的。

① 黑格尔：《法哲学原理》，商务印书馆1979年版，第38页。
② 《小逻辑》，商务印书馆1980年版，第176页。
③ 《反杜林论》，《马克思恩格斯选集》第3卷，人民出版社1972年版，第63页。

　　19 世纪中叶，自然界的发展愈益显露了它的辩证性质，无产阶级革命运动的兴起也使社会历史运动的辩证法更鲜明地呈现在人们面前。马克思、恩格斯在概括革命实践经验和自然科学新成果的基础上，批判地继承了黑格尔的唯心主义辩证法，创立了唯物辩证法，使"辩证法"在历史发展中第一次取得了真正科学的形态，"辩证法"的含义也在唯物主义基础上获得了新的科学规定。马克思主义创造人第一次给"辩证法"下了一个科学的定义："辩证法不过是关于自然、人类社会和思维的运动和发展的普遍规律的科学。"[①] 马克思在讲到他的辩证法与黑格尔的辩证法之间的根本区别时说："我的阐述方法和黑格尔的不同，因为我是唯物主义者，黑格尔是唯心主义者。黑格尔的辩证法是一切辩证法的基本形式，但是，只有剥去它的神秘的形式之后才是这样，而这恰好就是我的方法特点。"[②] 是把辩证法看作客观世界本身所固有的规律，把思维中的辩证法视为客观规律在人的头脑中的自觉反映，还是把辩证法当作"思想的自我发展"，把它强加于自然界和人类历史，这是唯物辩证法与唯心辩证法之间的根本区别。马克思主义在唯物主义基础上规定了辩证法的科学含义，指明主观辩证法是客观辩证法的反映，论证了辩证法的规律是来源于客观现实；而不是来自主观精神或绝对观念。这就从根本上避免了黑格尔的辩证法由于同其唯心主义体系之矛盾而带来的那种牵强附会的地方，使"辩证法"概念在唯物主义基础上获得了真正科学的内容。正因此，唯物辩证法是彻底的，它肯定客观世界的无限发展，从而认为反映这种发展的主观辩证法也是无限发展的，辩证法根本不承认任何终极状态，而把事物看作无限发展的过程，思维辩证法也是发展着的开放系统，而不是完成了的封闭体系。黑格尔一方面讲辩证法，但其唯心主义体系又认定"绝对观念"发展到黑格尔哲学，达到了自我认识，就最终停止发展了。所以他的辩证法是不彻底的。马克思主义创始人彻底批判了黑格尔的唯心主义体系，剥去了它的神秘形式，挽救了自觉的辩证法，在新基础上创立了唯物辩证法学说，阐述了它的科学内容。辩证法含义的这种唯物主义的科学规定和由此而引起

---

　　① 《马克思恩格斯选集》第 3 卷，人民出版社 1972 年版，第 181 页。
　　② 《马克思恩格斯选集》第 4 卷，人民出版社 1972 年版，第 366 页。

的人类认识史上的革命，不仅结束了黑格尔的终极体系，而且使辩证法自身获得了永不枯竭的生命力，有重大而深远的意义。马克思指出："辩证法，在其合理形态上，引起资产阶级及其夸夸其谈的代言人的恼怒和恐怖，因为辩证法在对现存事物的肯定理解中同时包含对现存事物的否定的理解，即对现存事物的必然灭亡的理解；辩证法对每一种既成的形式都是从不断的运动中，因而也是从它的暂时性方面去理解；辩证法不崇拜任何东西，按其本质来说，它是批判的和革命的。"① 辩证法在其合理形态上这种批判的革命的本质，正是马克思主义创始人对辩证法含义的一个重要科学规定。

马克思主义认为，辩证法是关于普遍联系的科学，是在肯定矛盾的基础上关于发展的学说。恩格斯说，辩证法是"关于联系的科学"②；列宁说，辩证法是"最完整深刻而无片面性的弊病的关于发展的学说"③。毛泽东说，唯物辩证法"主张从事物的内部、从一事物对他事物的关系去研究事物的发展，即把事物的发展看作是事物内部的必然的自己的运动，而每一事物的运动都和它的周围其他事物互相联系着和互相影响着。事物发展的根本原因，不是在事物的外部而是在事物的内部，在于事物内部的矛盾性。"④ 唯物辩证法这种关于普遍联系的科学，关于基于事物内部的矛盾性而引起发展的学说，既是正确认识事物的科学方法，同时也是世界观、发展观。恩格斯说："辩证法突破了形式逻辑的狭隘界限，所以它包含着更广的世界观的萌芽。"⑤ 列宁也曾把辩证法明确规定为活生生的、能够正确理解现实的发展观。在黑格尔的哲学中，也包含了辩证法是世界观的思想，但其内容与唯物辩证法所说的不同。黑格尔也讲了辩证法是普遍适用的，但那是逻辑概念推演对客观世界的"适用"，而唯物辩证法说的则是从自然界和社会生活本身中抽象出辩证法的规律，从而以这种规律为指导去观察世界。所以，两者是不同的。又因为无产阶级的根本利益是与历史

---

①　《资本论》第1卷第二版跋，《马克思恩格斯选集》第2卷，人民出版社1972年版，第218页。

②　《马克思恩格斯选集》第3卷，人民出版社1972年版，第484页。

③　《列宁选集》第2卷，人民出版社1972年版，第442页。

④　毛泽东：《矛盾论》，《毛泽东选集》第1卷，人民出版社1991年版，第276页。

⑤　《马克思恩格斯选集》第3卷，人民出版社1972年版，第174页。

发展的客观规律相一致，所以揭示事物自身辩证发展的唯物辩证法，也就成了无产阶级及其政党的世界观和方法论。辩证法概念的这个科学规定，是前所未有的，全新的。

从以上的概述中可以看出，"辩证法"这个概念在长期的历史进程中经历了不断演变的过程，有它自己发生、发展的真实的历史。起初，它是谈话的艺术、进行辩论的技巧和方法。在它后来发展的不同时期，"辩证法"的含义也是不尽相同的，总的趋势是它的内涵随着历史的进程而越来越丰富。直到很久以后，它才获得了自觉的宇宙观或世界观的意义，为人们所自觉运用。对马克思主义哲学来说，辩证法是建立在唯物主义基础之上，是自觉的科学形态的辩证法。这种唯物辩证法，既是方法论，又是世界观，是世界观和方法论的统一，是辩证法发展史的新阶段。作为科学的世界观和方法论，马克思主义辩证法是一个开放的科学体系，它随着科学和实践的发展而不断丰富、发展。任何关于终极真理的议论都是与唯物辩证法的革命批判的本性格格不入的。它没有结束真理，而只是在实践中不断为人们开辟走向真理的道路。在这条道路上，如果在宣传、解释上有了偏颇或失误，偏离了唯物辩证法的精神实质和基本要求，那就应该总结经验，加以纠正；这对科学形态的马克思主义辩证法来说本是题中应有之义。现在的问题是，有一种议论竟然认为辩证法不是知识，不可能成为科学，更不是科学的世界观和方法论，辩证法、马克思主义哲学不过是个性化的思想意识，等等。然而，众所周知，科学是有客观标准的，因而是能达成共识的。科学家有个性，其思想无疑也有个性，但其科学思想则必有共性；如果科学都个性化了，科学本身就不存在了。马克思主义辩证法之所以获得哲学史上人数最多的共识，成为辩证法发展的一个新阶段，就是因为它的科学性。如果它日益个性化，像宗教信仰那样爱信什么信什么，作为科学的马克思主义哲学也就被消解了。而这既不符合哲学历史发展的实际，也有悖于历史发展的总趋势。所以，用个性化的思想意识来指谓马克思主义哲学，不是一种科学的概括。

（原载《中国大百科全书·哲学卷》重点条目）

辩证法历史发展的三种基本形式

辩证法在历史发展中经历了三种基本形式，即：古代辩证法；18 世纪末到 19 世纪上半叶德国哲学中的唯心主义辩证法；马克思主义辩证法。

一　古代辩证法

古代辩证法是辩证法历史发展中的最初形式，是它的第一个历史形态。这种辩证法是与古代社会的生产水平相适应，在当时历史条件下所产生的一种自发的、朴素的辩证法。毛泽东说："辩证法的宇宙观，不论在中国，在欧洲，在古代就产生了。但是古代的辩证法带着自发和朴素的性质"。①

在中国古代哲学中，有丰富的辩证法思想。早在公元前 11 世纪，人们就用两种相互对立的因素——阴、阳二气的交互作用来说明天地万物的产生和变化。那时，人们在同自然作斗争的过程中积累了日益丰富的经验，并试图在这些经验的基础上对一些现象作出说明，提出了早期的阴阳。演说这种学说认为，天文气象、时令变化是由阴阳二气交感而引起的，世界是由阴阳二气构成的，一切世事的变化都是与阴阳二气这两个对立面的相互作用分不开的。《易经》中讲的"八卦"，以及以两卦相叠演为六十四卦的学说中，就是从正反两面的矛盾对立来说明事物的变化和发展，除《易经》外，在《老子》、《孙子兵法》等著作中，都集中反映了中国古代哲人的辩证法思想。在这些著作中，反复阐明了对立面相互关系和相互转化的思想。除了阴和阳之外，还列举了有和无、生和死、损和

---

① 《矛盾论》，《毛泽东选集》第 1 卷，人民出版社 1991 年版，第 278 页。

益、美和丑、智和愚、强和弱、难和易、攻和守、进和退等一系列对立面，说明它们都相互依存的。"有无相生，难易相成，长短相形，高下相倾，音声相和，前后相随"①。在对这些对立面相互关系的探讨中，古代哲人留下了诸如弱之胜强，柔之胜刚，"祸兮福之所依，福兮祸之所伏"，以及"物极必反"这样一些传诵千古的辩证箴言。这些关于对立面相互依存和相互转化的思想，以及对立面的相互作用引起发展变化的思想，都是以朴素的形式对客观事物辩证法的天才猜测。

在欧洲古希腊哲学中，辩证法的思想也很丰富。恩格斯说："古希腊的哲学家都是天生的自发的辩证论者。"② 马克思主义经典作家把生活在公元前6世纪的赫拉克利特作为古代辩证法的代表，称他为"辩证法的奠基人之一"。③ 赫拉克利特以朴素的形式提出并说明了对立统一的辩证法思想。他说："统一物是由两个对立面组成的，所以在把它分为两半时，这两个对立面就显露出来了。"他还从自然领域到社会领域，列举了诸如日与夜、饥与饱、疾病与健康、冷与热、干与湿、存在与非存在、善与恶、正义与非正义、战争与和平等现象，说明统一物之分为两个对立面乃是普遍现象。并且把这种对于对立面的认识"作为自己哲学的中心并作为一个新的发现而引以自豪"。④ 赫拉克利特还以"疾病使健康舒服，坏使好舒服，饿使饱舒服，疲劳使休息舒服"，没有非正义"他们也就不知道正义的名字"等说法表达了他们关于对立面相互依存的思想。⑤ 在讲到对立面的相互转化思想时，他说："在我们身上，生与死，醒与梦，少与老，都始终是同一的东西。后者变化了，就成为前者，前者再变化，又成为后者"。⑥ 所以，对立面是互相转化的。赫拉克利特还明白表述了"一切皆流，无物常住"的发展变化的思想。他认为，同一事物"既存在又不存在"，"我们既踏进又不踏进同样的河流，我们既存在又不存在"。⑦ 他用

① 《老子》第2章。
② 《马克思恩格斯选集》第3卷，人民出版社1972年版，第59页。
③ 《列宁全集》第37卷，人民出版社1986年版，第390页。
④ 参见《列宁全集》第38卷，人民出版社1986年版，第396页。
⑤ 见《古希腊罗马哲学》，商务印书馆1981年版，第29、21页。
⑥ 《古希腊罗马哲学》，商务印书馆1981年版，第27页。
⑦ 同上书，第29页。

这些说法表达了关于一切都在发展变化的辩证法思想。至于发展变化的原因，他说："一切都由对立而产生"，"互相排斥的东西结合在一起，不同的音调造成最美的和谐"；一切都是斗争所产生的。"一切都是通过斗争和必然性而产生的。"① 这种对立面的斗争引起发展变化的思想，反映了赫拉克利特关于事物运动源泉和动力的天才猜测。总之，赫拉克利特关于一切皆变，对立面相互依存和相互转化，以及对立面的斗争是发展运动源泉的思想，都是古希腊辩证法中的突出成就。这些丰富的辩证法思想对当和后世都产生了相当久远的影响。唯心主义者柏拉图，则通过思维概念的逻辑推演表述了关于对立面互相联系、互相结合的思想。例如，他在《巴门尼德篇》中对同与异、大与小等对立概念的分析，在《斐多篇》中对有限与无限的分析，在《智者篇》中对存在与非存在（是与不是）的分析，都是在试图说明对立的东西并不是绝对分裂的，而是互相联系、互相结合的，对立的东西是同一的，根本相反的东西可以处于同一关系之中。黑格尔曾说，柏拉图在《智者篇》中的"困难的而又是合乎真理的事在于指出：是别一个的，也就是这一个，是这一个的，也就是别一个，而且完全是处在同一关系中的"。② 这种关于此物与他物的辩证关系的理解，在古希腊人那里是困难的，但是，对立的东西处于同一关系之中又确是"合乎真理的"，所以列宁说，《智者篇》中的这段话是值得"注意"的。柏拉图的这种关于对立的东西能够同一的思想，并不是建立在对客观事物的概括基础上，而是在纯概念中逻辑推演的结果；这种"推演"对于克服那种割裂对立面，把对立面看作是僵死的、根本不能处于同一关系中的错误观点，还是有意义的。逍遥派哲学家亚里士多德批判了柏拉图的"理念论"，并且通过这种批判和在研究当时诸多科学的基础上探讨了"辩证思维的最主要的形式"。③ 亚里士多德通过一系列对立范畴的研究，表述了他的辩证思想。例如他研究了一和多、整体和部分、个别和一般、质料和形式、潜能和现实等范畴之间的关系，其中就包含有对立面相互联系和转化的思

① 《古希腊罗马哲学》，商务印书馆1981年版，第15、19、26页。
② 转引自《列宁全集》第38卷，人民出版社1986年版，第311页。
③ 《马克思恩格斯选集》第3卷，人民出版社1972年版，第59页。

想。亚里士多德是个"最博学的人"，他在相当广阔的背景下探讨了诸多的对立范畴，说明了各种范畴的流动性，认为把这些范畴视为固定不变的僵死对立的见解是站不住脚的。恩格斯曾指出："带有流动范畴的辩证法派（亚里士多德，特别是黑格尔）；证明：理由和推断、原因和结果、同一和差异、外表和实质这些固定的对立是站不住脚的，由分析表明，一极已经作为胚胎存在于另一极之中，一极到了一定点时就转化为另一极，整个逻辑都只是从前进着的各种对立中发展起来的。"① 亚里士多德是个动摇于唯物主义与唯心主义之间的哲学家，他既讲对立面之间的联系、转化，有时又制造对立面之间的割裂；他一方面讲不能把对立面固定化，另一方面又反对赫拉利克特关于存在和非存在统一的思想，他在一般与个别的关系上有天才的猜测，作出了一般不能离开个别而统一的思想，在个别的房屋之处不存在"一般的房屋"的著名论断，但有时他又把个别与一般绝对对立起来，"弄不清一般与个别的辩证法"；他承认在"潜能"中对立面是统一的，但却否认现实中对立面的统一，把运动的动力归之于"第一推动者"，如此等等。所以列宁说他有时竟"陷入稚气的混乱状态，陷入毫无办法的困窘的混乱状态"。② 这说明亚里士多德在唯物主义与唯心主义、辩证法与形而上学之间是动摇的，这种动摇使他不能不陷入混乱，但是他通过对各种对立范畴都是在对立中发展的思想等，都是对辩证法的重要贡献，所以恩格斯称他为"古代世界的黑格尔"。③ 古希腊的其他一些哲学家也在探讨各种问题的过程中接触过辩证法思想，但是最重要的代表人物还是赫拉利克特。

在欧洲中世纪，形而上学的宗教神学居绝对统治地位，形成了政教合一的神权统治，哲学沦为神学婢女，辩证法不可能得到发展。与这种情况不同，在中国的封建时代，各种宗教同时并存，没有一种宗教在全国范围内像欧洲的基督教那样取得独占的统治地位，因而辩证法思想在中国长期的封建社会中有了一定的发展。北宋的张载（公元1021—1007），和明末

---

① 《马克思恩格斯选集》第3卷，人民出版社1972年版，第531页。
② 《列宁全集》第38卷，人民出版社1986年版，第416页。
③ 《马克思恩格斯选集》第3卷，人民出版社1972年版，第59页。

清初的王夫之（公元 1619—1692），都是著名的唯物主义哲学家。在他们的著作中包含有很丰富的辩证法思想。张载提出了"一物两体"① 的辩证法命题。他认为，世界是由物质性的"气"组成的，统一的"气"中包含有两个对立面（"阴和阳"），是对立的统一体。"不有两，则无一"、"两不立，则一不可见，一不可见，则两之用息"②。没有对立面的存在，就没有统一体，没有统一体，对立面的作用也就消失了。他还指出，世界上的各种事物不是"孤立"存的，而是诸如"同"和"异"、"屈"和"伸"、"始"和"终"这些对立双方相互作用的结果，才形成事物，造成事物的生长变化③。他还猜测到事物自己运动的道理，提出了"动非自外"④ 的思想，说明了事物的运动不是来自外力，而是出于内因的道理。他还模糊地观察到事物在发展过程中有"变"和"化"的区别："变言其著，化言其渐"⑤。他把显著的变化叫做"变"，把逐渐的不显著的变化就叫做"化"。在这种显变渐化的议论中，表明了他关于量变质变辩证法思想的朴素猜测。王夫之认为，气是世界的本原，物质性的"阴阳二气""充满太虚"，普遍存在。天地万物都是"气"的表现形态，除"气"之外，别无他物，也没有空隙。他在看来，"气"聚在一起，显现出来，产生人和物；"气"分散了，隐微不可见，变为"虚空"，但"虚空"也是"气"的一种形态，并不是纯粹的虚空。"气"只有"聚散变化"，而不会消灭⑥。他认为"气"本身固有运动的特性："气则动者也"。⑦ 天地万物经常处于不断的变化之中："天之生物，其化不息"⑧。值得注意的是，他还在朴素的形式下表达了运动的绝对性和静止相对性的辩证法思想。照他说来，"静即含动，动不舍静"⑨，静止包含着运动，运动不排斥静止。他

---

① 《正蒙·参两》。
② 《正蒙·太和》。
③ 《正蒙·物动》。
④ 《易说·系辞上》。
⑤ 《易说·乾卦》。
⑥ 《张子正蒙注·太和篇》。
⑦ 《参两篇》。
⑧ 《张子正蒙注·动物篇》。
⑨ 《参两篇》。

还说，"动、静，皆动也"①，所谓静，只不过是"静动"，而不是"不动"②。用今天的话来说，即是处于相对静止状态的运动。他认为，"废然而止"的绝对静止是没有的。此外，王夫之还用"变化日新"③，"推故而别致其新"④ 等说法，表述了他关于事物的变化是不断更新，新陈代谢的辩证法观点。自然，张载、王夫之的这些辩证法思想，都属于朴素辩证法的范畴，还有自发和猜测的性质。

以赫拉克利特为代表的希腊古代辩证法和中国古代哲学中的辩证法，都是人类思想史上的重要篇章，反映了人类认识历史上的一个特定阶段，在古代辩证法的丰富思想材料中，几乎可以找到辩证法学说往后发展的各种观点的胚胎和萌芽；它在科学文化史的价值是不可低估的，它对后世的影响源远流长。但是，由于当时科学发展水平和社会历史条件的限制，这些辩证法思想还带有原始的、自发的、朴素的性质。它只能描述整个世界的一般变化，还不能对这种变化的具体情景作出分析，唯其如此，也就"还没有进步到对自然界的解剖、分析——自然界还被当作一个整体而从总的方面来观察。自然现象的总联系还没有在细节方面得到证明，这种联系对希腊人来说是直接的直观的结果"。⑤ 自然，对古代中国人来说，情形也是如此。

二　黑格尔辩证法

以黑格尔为代表的唯心主义辩证法，是辩证法发展的第二个历史形态，它是马克思主义哲学的直接理论来源之一。

18 世纪末到 19 世纪上半叶，自然科学已经从搜集材料阶段过渡到整理材料阶段，人们对自然各个部分的认识已经取得了重要进展，各个领域分门别类的研究导致了科学上一系列的重大发现。在天文学方面，出现了

---

① 《读四书大全说》卷 10。
② 《思想问录·内篇》。
③ 《太和篇》。
④ 《周易外传·无妄》。
⑤ 《马克思恩格斯选集》第 3 卷，人民出版社 1972 年版，第 468 页。

康德—拉普拉斯星云说；在地质学方面，出现了用发展的观点说明地球的成因和历史学演变的理论；在化学方面，燃素说已被关于燃烧和氧化过程的学说所取代；在生物学方面，已作出了关于生物界变异性的揣测，提出了外部环境引起有机体变异和遗传的思想。化学、电磁学、热力学等研究的进展有力地支持了各种运动形式可以相互转化的见解。总之，自然科学在各方面的发展，不断地打破了形而上学的自然观，证明了自然界是辩证地发展着的。另一方面，社会矛盾的尖锐化和社会革命的兴起，也显露了社会领域发展的辩证性质。这就为德国古典唯心主义哲学家自觉地研究辩证法提供了客观可能性。他们概括了当时自然科学和社会历史研究的丰富成果，在唯心主义的形式下系统地研究辩证法，把辩证法推向一个"自觉"的新阶段。

康德是德国古典唯心主义哲学的创始者，他第一次明确指出了人的理性思维发生矛盾的必然性，他所提出的关于理性思维的"二律背反"，对于揭示和探讨思维的辩证结构及其矛盾运动，对于推动辩证法的发展具有重要意义。主观唯心主义者费希特一方面发展了康德的唯心主义，另一方面又继续研究了辩证法思想，他以唯心主义的形式制定了他的哲学的基本公式："自我"建立自身，又建立"自我"和"非我"的统一。他认为，"自我"和"非我"是互相排斥的，但它们又是互相制约的对立的东西应当统一起来，通过"它们彼此相限制"而得到统一。[①] 在费希特看来，"自我"和"非我"的矛盾不仅是不可避免的，而且矛盾又是"自我"本身和整个世界得以存在和发展的根据。这实际上是揭示了矛盾是发展源泉的辩证法思想。在他关于"自我"设立"非我"以及克服"非我"而实现统一的论述中，发挥了"自我"这个主体的主观能动性思想。客观唯心主义者谢林继康德、费希特之后进一步发挥了辩证法思想，他认为自然界和精神界的事物都包含着对立的倾向，对立力量的相互作用推动了事物的发展。谢林认为，最高的本原既不是主体，也不是客体，而是主体和客体"绝对同一"，即"绝对"。按他的说法，在"绝对"中本来是没有矛盾的，但"绝对"又有欲望和行动，这种欲望和行动是无意识的活动。由于

---

① 《十八世纪末—十九世纪初德国哲学》，商务印书馆 1975 年版，第 177、172 页。

这种"活动","绝对"就超出了它的"无差别的同一",于是产生了精神和自然界、思维和存在、主体和客体的差别和矛盾,以及由此而来的发展。在谢林看来,自然界的发展过程,就是"绝对"即宇宙精神的发展过程。整个自然界是一个相互联系的统一体,在生物界和非生物界之间并没有不可逾越的鸿沟。由非生物界到生物界,再到人类,是自然界发展的不同阶段。他反对静止不变的观点,而主张一切事物都处在发展变化的过程中。尽管谢林的这些见解都是同他客观唯心主义体系相联系的,但他关于发展、普遍联系、对立力量的相互作用推动发展的思想等等,都是辩证法的合理因素,在哲学史上起过一定作用。

唯心主义辩证法家黑格尔,集以往哲学思想之大成,在唯心主义的形式下,系统地阐述了辩证学说,对辩证法的发展作出了重要贡献。马克思指出:"他第一个全面地有意识地叙述了辩证法的一般运动形式。"① 黑格尔以其唯心主义的方式叙述了辩证法的质量互变规律,对立统一规律,否定之否定规律。他还对本质和现象、原因和结果、同一和差别、可能和现实、必然和偶然、必然和自由等诸多辩证法范畴进行了系统的考察和阐述,建立了庞大的唯心辩证法的体系。在这个体系中包含着丰富的有价值的辩证法思想,最主要的就是关于任何现象都是个过程,过程内部充满矛盾和由矛盾引起发展的思想。黑格尔认为,"一切事物本身都自在地是矛盾的","这个命题比其他命题更加表达事物的真理和本质"。② 在黑格尔看来,无论是自然的、历史的和精神的世界都是充满矛盾的过程,并且正是矛盾引起了运动、变化和发展。他说:"天地间绝没有任何事物,我们不能或不必在它里面指出矛盾",我们"可以在一切种类的对象中,在一切的表象、概念和理念中发现矛盾。认识矛盾并且认识对象的这种矛盾特性就是哲学思考的本质"。③ 他还说:"矛盾是推动整个世界的原则。"④ "矛盾则是一切运动和生命力根源;事物只因为自身具有矛盾,它才会运

---

① 《〈资本论〉第一卷第二版跋》,《马克思恩格斯选集》第3卷,人民出版社1972年版,第218页。
② 《逻辑学》下卷,商务印书馆1966年版,第65页。
③ 《小逻辑》,商务印书馆1980年版,第200、132页。
④ 同上书,第258页。

动，才具有动力和活动。"① 矛盾"是一切自己运动的根本，而自己运动不过就是矛盾的表现"。② 黑格尔所说的自然界或历史，都是绝对观念的外化或异在，他所说的运动不过是绝对观念的自我运动。但是，他把事物描述为不断运动的过程，并且在揭示这种过程的内在矛盾时，把矛盾同运动、发展联系起来，深刻地说明了运动发展的动力或源泉在于过程内部的矛盾，这是对辩证法学说的重要贡献。列宁对此有很高的评价，说这是"黑格尔主义的实质"。③ 黑格尔在唯心的形式下反复说明了对立统一的思想，他认为一切现象都是对立物的统一，"无论什么可以说得上存在的东西"。④ 他坚持反对抽象的同一性，认为这种抽象同一性乃是"形式的"因而是不真实的。而具体的同一性则必定包含矛盾于自身，只有这种具体同一性才是辩证法所说的同一性。照黑格尔说来，对立的每方只有在它与另一方的联系中才能获得自身的本质规定。"既然两个对立面每一个都在自身那里包含着另一个，没有这一方也就不可能设想另一方，那么，其结果就是：这些规定，单独看来都没有真理，唯有它们的统一才有真理。这是对它们的真正的、辩证的看法，也是它们的真正结果。"⑤ 黑格尔这种关于对立面的相互依存、相互包含、相互规定的思想，是很深刻的。不仅如此，黑格尔还反复阐述了对立面互相转化的思想，他认为一切现象都因其内部矛盾而处于不断发展的过程中，对立面在一定条件下向相反的方向转化标志着渐进过程的中断，意味着新的质态的产生。黑格尔的整个哲学体系就是论述绝对观念不断地转化过程的。在黑格尔那里，"绝对观念"的发展从逻辑开始，经过自然历史阶段最后发展到精神阶段而回到自身。在这个发展过程中，概念之间不断地发生转化，一切逻辑范畴如质、量、度，同一、差别、矛盾，肯定、否定之否定，以及必然和偶然、原因和结果等等，都是互相转化的。承认对立面这种互相转化的可能性和必然性。也是黑格尔肯定每一现象内部存在着矛盾的合乎逻辑的发展。列宁曾指

---

① 《逻辑学》下卷，商务印书馆 1966 年版，第 66 页。
② 同上。
③ 《列宁全集》第 38 卷，人民出版社 1986 年版，第 147 页。
④ 《小逻辑》，商务印书馆 1980 年版，第 258 页。
⑤ 《逻辑学》上卷，商务印书馆 1966 年版，第 208 页。

出："对黑格尔来说，……不仅是（1）一切概念和判断的联系、不可分割的联系、而且是（2）一个东西向另一个东西转化，并且不仅是转化而且是（3）对立面的同——这就是黑格尔的主要的东西"①。列宁在讲到统一物之分为两个部分以及对它的矛盾着的部分认识是"辩证法的实质"时，曾特别指明："黑格尔也正是这样提问题的"。② 马克思在讲到这个问题时也说：黑格尔"一向认为，自然界的基本奥秘之一，就是他所说的对立统一规律。在他看来，'两极相逢'这个习俗用语，伟大而不可移易的适用于一切生活一切方面的真理，是哲学家不能漠视的定理，就像天文学家不能漠视刻卜勒的定律或牛顿的伟大发现一样"。③ 黑格尔的辩证法是在唯心主义的基础上发展起来的，他的唯心主义体系使其辩证法不可能是彻底的，当他的"绝对观念"经过各种发展阶段和矛盾运动之后而终于完成了自我认识时，过程也就终结了，不再发展了。过分茂密的体系窒息了他的辩证法。但是，黑格尔终究是集唯心主义辩证法之大成，又考察了当时大量科学材料，在唯心的形式下对辩证法作了系统、严密的论证。以黑格尔为代表的唯心主义辩证法，是人类辩证思维发展的一个重要阶段。

三　马克思主义辩证法

马克思主义辩证法（唯物辩证法）是辩证法发展中的第三个历史形态，是建立在唯物主义基础上的科学形态的辩证法。它是关于自然、人类社会和思维的运动和发展的普遍规律的科学，④ 是无产阶级的世界观和方法论。

马克思和恩格斯在19世纪40年代总结了自然科学的新成就和无产阶级斗争的历史经验，批判继承了人类思想发展的优秀成果，特别是批判地吸取了黑格尔辩证法的"合理内核"，剥去了它的神秘形式，创立了唯物

---

① 《列宁全集》第38卷，人民出版社1986年版，第188页。
② 同上书，第407页。
③ 《马克思恩格斯全集》第1卷，人民出版社1956年版，第109页。
④ 《马克思恩格斯选集》第3卷，人民出版社1972年版，第181页。

辩证法，"在人类认识史上起了一个空前的大革命"①。马克思和恩格斯在阐述他们的辩证学说明曾一再申明：他们所创立的辩证法是唯物辩证法。恩格斯说："辩证法在黑格尔看来应当是'思想的自我发展'，因为事物的辩证法只是它的反光。而实际上，我们头脑中的辩证法只是自然界和人类社会中进行的、并服从于辩证形式的现实发展的反映。"②是客观辩证法决定主观辩证法，而不是相反。他们反复论证了"辩证法的规律是从自然界和人类社会的历史中抽象出来的"，而不是像黑格尔那样把思维的规律强加于自然界和社会。③ 这个出发点和基础的不同，把马克思主义的唯物辩证法与黑格尔的唯心辩证法从根本上区别开来了。因此，黑格尔虽然阐述了辩证法的一般形式，但由于马克思的辩证法和黑格尔的辩证法赖以存在的基础之不同，而使两者之间具有质的区别。黑格尔的辩证法是以颠倒了的、神秘的形式存在的，马克思的辩证法则是立足于唯物主义基础上的科学形态的辩证法，是辩证法发展的高级形式。

唯物辩证法的基本规律是：对立统一规律，质量互变规律，否定之否定规律。对立统一规律揭示了事物内部对立双方的统一和斗争，是事物普遍联系的根本内容，是事物变化发展的源泉和动力。质量互变规律揭示了一切事物运动、变化、发展的两种基本状态即量变和质变以及它们之间内在联系和规律性。否定之否定规律揭示了事物由矛盾引起的发展即由肯定—否定—否否定之定的螺旋式的前进运动。同时，唯物辩证法还有诸多范畴，例如本质和现象、内容和形式、原因和结果、必然性和偶然性、可能性和现实性等等，所有这些范畴都是客观事物自身的本质关系的反映，它们从不同的侧面揭示了事物的本质联系。关于范畴的辩证法思想，恩格斯曾说："这在黑格尔本人那里是神秘的。因为范畴在他看来是先存在的东西，而现实世界的辩证法是它的单纯的反光。实际上刚刚相反：头脑的辩证法只是现实世界（自然界和历史）的运动形式的反映"。④ 唯物辩证法作为客观辩证法的反映，就是由上述基本规律和诸多范畴按其内在联系

---

① 毛泽东：《矛盾论》，《毛泽东选集》第 1 卷，人民出版社 1991 年版，第 278—279 页。
② 《马克思恩格斯全集》第 38 卷，人民出版社 1972 年版，第 203 页。
③ 《马克思恩格斯选集》第 3 卷，人民出版社 1972 年版，第 484 页。
④ 同上书，第 531 页。

而组成的科学体系。在这个科学体系中，对立统一规律是根本规律，是辩证法的实质和核心。列宁说："可以把辩证法简要地确定为关于对立面的学说。这样就会抓住辩证法的核心。"① 毛泽东也说，对立统一规律是宇宙的根本规律。对立统一规律是贯穿于辩证法其他规律和范畴的根本规律；其他规律和范畴则是对立统一规律在不同方面的表现形式。唯物辩证法的范畴是对事物、现象间最普遍的辩证关系的概括和反映，是辩证思维的逻辑形式。辩证法的诸多范畴虽然反映现实的方面和侧重点不同，但又都是对事物、现象的本质的关系即辩证联系的再现，是事物发展的根本内容即对立统一关系的概括。因此对立统一的基本观点就成了正确理解辩证法的其他规律和所有范畴的"钥匙"。另一方面，辩证法的其他规律和诸多范畴又都具有对立统一规律所容纳不了的各自独特内容，是全面把握事物、现象间的普遍联系和全面发展的不可或缺的形式。所以，唯物辩证法就是以对立统一规律为核心。以其他规律和范畴按其内在联系而构成的具有严密科学体系的学说。列宁曾说：辩证法"就是承认（发现）自然界的（也包括精神的和社会的）一切现象和过程具有矛盾着的、相互排斥的、对立的倾向"。② 正是事物或过程的这种内部矛盾性推动了运动和发展；事物的发展又是一个无限的过程，辩证法揭示过程的本质及其发展，所以唯物辩证法又是发展的学说，是"最完整深刻而无片面性弊病的关于发展的学说"③。列宁在讲到这一全面、深刻而富有内容的发展学说时指出："发展似乎重复以往的阶段，但那是另一种重复、是在更高基础上的重复（'否定之否定'），发展是按所谓螺旋式而不是按直线式进行的；发展是飞跃式的、剧变的、革命的；'渐进过程的中断'；量到质的转化；对某一物体或在某一现象范围内或在某个社会内内部发生作用的各种力量和趋势的矛盾或冲突造成发展的内因，每种现象的一切方面……，都是互相依存的，彼此有极其密切而不可分割的联系，形成统一的、有规律的世界运动过程，——这是辩证法这一内容丰富的（比通常的）发展学说的几个特

---

① 《列宁全集》第 38 卷，人民出版社 1986 年版，第 241 页。
② 《列宁选集》第 2 卷，人民出版社 1972 年版，第 712 页。
③ 同上书，第 442 页。

点。"① 唯物辩证法是随着生活、实践的发展而不断反映客观发展的方面永远不断地增加着，这就使唯物辩证法成为科学的开放性的体系。人们对客观事物辩证发展的认识是永无止境的。唯物辩证法并没有穷尽真理，它只是为人们不断探索客观世界和主观世界的规律性指出了明确方向，提供了科学世界观和方法论原则。这也是它的生命力所在。

唯物辩证法同时也是马克思主义的认识论和逻辑学。辩证法既是客观事物的规律，又是认识的规律，辩证法、认识论和逻辑学三者是一致的。"……辩证法，按照马克思的理解，同样也根据黑格尔的看法，其本身包括现时所谓的认识论，这种认识论应当历史地观察自己的对象，研究并概括认识的起源和发展即从不知到知的转化。"② 在哲学史上，黑格尔第一次阐述了辩证法、认识和逻辑学三者一致。马克思主义不仅在唯物主义基础上阐述了三者的一致，使这种一致获得了科学形态，而且他把三者一致的原理应用于具体科学中，马克思在《资本论》的运用中就提供了范例。

由于唯物辩证法是客观现实中抽象出来的科学理论，既是客观事物的普遍规律，也是认识的普遍规律，所以它是科学的世界观，又是科学的方法论，是无产阶级和广大人民正确地认识世界和改造世界的思想武器，是不断地改造主观世界和客观世界的关系，改造和提高人的认识能力的锐利武器。

唯物辩证法从它诞生的时候起，就是在同形形色色的唯心主义、形而上学的斗争中发展起来的。在 19 世纪 40 年代到 90 年代，即在马克思主义辩证法存在的头半个世纪中，马克思主义的创始人"一直在同那些与它根本敌对的理论进行斗争"，其中包括清算青年黑格尔派、蒲鲁东主义、实证论者杜林的斗争。蒲鲁东把辩证法庸俗化，糟蹋辩证法，杜林歪曲和攻击唯物辩证法，企图混淆马克思主义辩证法与黑格尔唯心主义辩证法之间的原则界限。随着斗争的发展，当马克思主义已经把一切比较完整的同马克思主义相敌对的学说战胜之后，这些学说所表现的趋向便给自己另找

---

① 《列宁选集》第 2 卷，人民出版社 1972 年版，第 584 页。
② 同上。

了出路，继续同马克思主义进行斗争。斗争的形式和原因已经改变，但是斗争还在继续，这就是 19 世纪 90 年代同马克思主义内部的一个反马克思主义派别的斗争，即反对第二国际修正主义的斗争，伯恩斯坦、考茨基等人歪曲辩证法，以庸俗进化论冒充、偷换革命辩证法，阉割唯物辩证法的革命精神，企图把它歪曲成为资产阶级可以接受的东西。列宁对其进行了深刻的批判。有些唯心主义者，如马赫主义者、休谟主义者、康德主义者，都曾经把唯物主义的基本原则攻击为"形而上学"，企图挖掉马克思主义辩证法的唯物主义基础，使之变形，以贯彻其唯心主义哲学路线。对此，列宁针锋相对地指出："在唯心主义、休谟主义和康德主义的教授们看来，一切唯物主义都是'形而上学'，因为它在现象（为我之物）之外还看到我们之外的实在。"[①] 列宁还说："恩格斯在他的论述中一开始就承认自然规律、外部自然界的规律、自然界的必然性，就是说，承认马赫、阿芬那留斯、彼得楚尔特之流叫做'形而上学'的一切东西。"[②] 马赫主义者这种打着反形而上学的旗号而制造混乱，他们把辩证法和唯物主义加以割裂，取消哲学基本问题的企图早已破产了。但是唯物辩证法与唯心主义、形而上学的斗争并未停息。近几十年来，"西方马克思主义"的一些学者，在对现实的"批判"中提出了一些问题，在阐发其理论观点时也提出了引人注意值得研究的见解。但从另一个方面来谈论辩证法时也走向迷误。新实证主义者提出了矛盾双方只有斗争性，没有同一性的所谓"真正对立论"；结构主义者提出所谓"矛盾多元决定论"，法兰克福学派鼓吹所谓绝对否定的"否定辩证法"，即否定一切的"否定辩证法"；存在主义者把辩证法归结为所谓"人学辩证法"，并声称要填补"人学"辩证法这个"空白"，企图把马克思主义辩证法消溶于存在主义之中。卢卡契在 1923 年的《历史和阶级意识》一书中，攻击恩格斯讲自然界的辩证法是犯了"错误"。他根本否认辩证法的客观性，否认自然界的辩证发展，而把辩证法归结为没有唯物主义前提的所谓主体与客体之间相互作用，并且局限于社会历史领域。存在主义者萨特则把辩证法"确定为人学的普遍方

---

① 《列宁选集》第 2 卷，人民出版社 1972 年版，第 103 页。
② 同上书，第 190 页。

法和普遍规律"，同样否认辩证法的客观性。在萨特看来，"人"很重要，但又认为这个"人"是不可能给予定义的，在萨特的视野中，首先是人的存在、露面、出场，后来才说明自身，因为人之初，空无所有，只是在后来，人按照自己的意志去造就他自己。这就是他的"人的存在先于人的本质"的论断。萨特一方面强调人有自我选择的意志，但另一方面他又认为人所处的世界是一个不合理的荒诞世界，所以人的自我选择的意志不会轻易实现，而是会经常碰壁，因此，人就应当有为实现自我选择的意志和与世界作战的勇气，他甚至把"不冒险，无所谓"这样的西方谚语当作存在主义的一句格言。我们知道，存在主义之所以叫存在主义，是因为它认为以往的哲学（从苏格拉底到黑格尔）的弊病是把存在给遗忘了，而它要把被遗忘的存在拾回来加以研究，于是就提出了"存在先于本质"这个口号。萨特所说的"人学辩证法"，也是由于马克思主义把人给遗忘了，患了贫血症，出现了人学的"空场"，于是他要填补之，等等。这里我们且不说萨特对马克思主义误读和曲解，以及其言论中的诸多谬误，但就其思想提出"人"的问题，要加强人学研究这一点而言，是有启发意义的。它可以提示人们在当代背景下对人的生存、发展、命运的关注，加强对"人学"的研究，对于我们以马克思主义观点为指导研究人学有积极意义。自然，它所鼓吹的"自我选择的意志高于一切"这个存在主义的基本观点及其试把马克思主义哲学融于存在主义之中的做法则是一种妄想。萨特关于"人"所开出的药方，即"自我选择的意志高于一切"的办法，即在资本主义现实中行不通，在社会主义条件下反而对广大青年起负面作用。离开现实社会关系而进行"自我选择"，在"自由"幻想中求得"人"的解脱，是其致命伤。萨特的"人学辩证法"是没有唯物基础的，离唯物史观所揭示的历史辩证法相去甚远。"西方马克思主义"的一些人歪曲辩证法的言论虽然很多，但其中最突出的就是否认辩证法的客观性，勾销哲学基本问题，并以此来否定马克思主义辩证法。因此，划清马克思主义辩证法与"西方马克思主义"所说的辩证法之间的界限，仍是捍卫和发展唯物辩证法的一项重要任务。

（原载《中国大百科全书 · 哲学卷》重点条目）

联系和发展的观点是唯物辩证法的总特征

　　世界上的一切事物都是普遍联系和不断发展的，所以要正确地认识事物，就必须坚持联系的观点和发展的观点。这是辩证法不同于形而上学的一个重要分界线。

　　但是，对于什么是联系或发展，对于联系或发展的内容，人们却可以有不同的理解。在哲学史上，所有的辩证法家都是讲联系、讲发展的，但是其情形又是各不相同的。在古希腊哲学中，由于当时还没有进步到对自然界各个部分的解剖和分析，自然现象的总联系还没有在细节方面得到证明，所以当时的辩证法家虽然讲联系，但这种联系还只是朴素直观的结果。这种关于联系观点的直观性或朴素性，本身就是一种缺陷；这种缺陷预示着它在以后的发展中必然屈从于另一种观点，为形而上学的观点所代替。可是正如恩格斯所说，"但在这里，也存在着它胜过它以后的一切形而上学敌手的优点。如果说，在细节上形而上学比希腊人要正确些，那么，总的说来希腊人就比形而上学要正确些。"[①] 可见，讲联系并没有错，希腊人的缺陷是他们关于联系观点的直观性，而非联系观点本身；承认自然界各种现象的总联系，把事物看成是相互联系的总体，正是希腊人的一个优点，是它胜过一切形而上学的地方。

　　形而上学的思维方式在历史上统治人们头脑四百年之后，终于又为辩证法的观点所取代。这种历史的更替始于德国古典哲学，特别是黑格尔的辩证法。康德首先以其天体演化学说打开了形而上学统治的缺口，这是与18世纪科学发展的水平相适应的，是与康德运用辩证的观点概括了当时关于天文学、力学发展的最新成就相联系的。在此以前，关于太阳系的形

---

　　① 《自然辩证法》，人民出版社1955年版，第49页。

成，牛顿曾经用万有引力定律比较好地描绘了行星的运动状况。这对于反对上帝创世说无疑是个重大进步。但牛顿在解释行星运动的原因时，却由于其僵死的、形而上学的自然观而陷入迷途，引进了神秘的"第一次推动"的概念。康德以其天体演化学说打破了自然界绝对不变的形而上学观的缺口。所以恩格斯指出，由于康德天体演化学说的提出，"关于第一次推动的问题被取消了；地球和整个太阳系表现为某种在时间的进程中逐渐生成的东西"，并且"如果地球是某种逐渐生成的东西，那么它现在的地质的、地理的、气候的状况，它的植物和动物，也一定是某种逐渐生成的东西"；据此恩格斯提示说："如果立即沿着这个方向坚决地继续研究下去，那么自然科学现在就会进步得多"，因为"在康德的发现中包含着一切继续进步的起点"。①

继康德之后，黑格尔以其宏伟的形式概括了哲学的发展，系统地阐述了辩证法思想。黑格尔不仅认为各种现象是相互联系的，而且把整个自然的、历史的和精神的世界描述为一个过程，即把它描述为处在不断地变化和发展的过程，并企图揭示这种运动和发展的内在联系。这是黑格尔对辩证法思想的深刻阐发，也是他的一个巨大功绩。不过，黑格尔这种关于联系、关于发展以及他所要揭示的发展的内在根源等都是建立在唯心主义基础之上的。他把自然界和历史说成是"绝对精神"的外化或异在，又通过自然和历史的发展和扬弃而恢复到自身，于是绝对观念终于完成了自我认识而达到了终极真理。所以黑格尔所讲的联系是概念之间的联系，所讲的运动是绝对精神的自我运动，而发展一旦到了他的哲学体系完成时也就终结，不再发展了。这是黑格尔哲学的局限性。"但是这一切并没有妨碍黑格尔的体系包括了以前的任何体系所不可比拟的巨大领域，而且没有妨碍他在这一领域中发展了现在还令人惊奇的丰富思想。"② 列宁也说："尽管黑格尔在其推论中有许多神秘气氛，可是基本的思想是天才的：万物之间的世界性的、全面的、活生生的联系，以及这种联系在人们概念中的反

---

① 《自然辩证法》，人民出版社1955年版，第12页。
② 《马克思恩格斯选集》第4卷，人民出版社1972年版，第215页。

映——唯物地颠倒过来的黑格尔。"① 黑格尔在其概念运动中猜到了客观事物本身的辩证法。

马克思主义哲学批判地继承了人类认识史上的全部优秀成果，并在概括新的实践和科学成果的基础上创立了唯物辩证法。唯物辩证法所讲的联系或发展，首先是客观事物本身的辩证运动情景，而观念辩证法则是客观辩证法在人的头脑中的自觉反映。同时，辩证法所讲的联系和发展又都是根源于事物本身所固有的矛盾，因而联系和发展又都是无限的，是个永无止境的辩证法过程。因此，辩证哲学按其本性来说，是同任何关于终极真理以及与之相适应的世界绝对状态的设想都是不相容的。可是黑格尔一方面天才地阐述了辩证法思想，同时又要建立一个最终完成的关于终极真理的体系，这就使他陷入了自相矛盾的困境。正如马克思主义创始人所说："这样一来，黑格尔体系的全部教条内容就被宣布为绝对真理，这同他那清除一切教条东西的辩证方法是矛盾的。"② 与此不同，唯物辩证法是个开放性的科学体系，它认定自身并没有结束真理，而是在实践中不断地开辟认识真理的道路。客观事物的联系是复杂而多样的，客观事物的发展也是个无限的过程。迄今人类对事物的认识和把握，虽然已经取得了令人鼓舞的成果，但是现在已经认识的东西仍然是无限发展着的客观世界的有限部分，是人类认识历史长河中的一个阶段。随着实践的发展，事物的更多方面，更复杂的联系将会日益显露出来，随之辩证的认识所把握的方面也必然日益增多和加深。发展是无限的，人的认识也是无限的。这是一个万古常新的辩证法过程。唯物辩证法所讲的这个基本道理，它自身的这个开放的体系，是根本不同于黑格尔的，也可以说是马克思主义辩证法的一个特点。我们学习关于联系和发展的观点，弄清唯物辩证法的这个特点是很重要的。它有助于我们开阔眼界，面向未来，不满足已有的认识，防止思想僵化。

其次，由于客观事物的复杂性，联系有直接和间接之分，有内部联系和外部联系，必然联系和偶然联系等。这里我们着重谈谈直接联系和间接

---

① 《哲学笔记》，人民出版社 1960 年版，第 127 页。
② 《马克思恩格斯选集》第 4 卷，人民出版社 1972 年版，第 214 页。

联系。唯物辩证法认为，世界上的一切现象都处于普遍联系和相互作用之中，但是有些事物或现象之间的联系是直接的，而有些则是间接的。一般说来，对于现象之间的直接联系还比较地易于被人们所把握，但对于间接联系，特别是通过若干环节的中介而体现的联系则不易为人们所把握，或者说，在认识上往往易于为人们所忽视。譬如，一个企业的生产活动，当然需要一定的设备、工具和劳动力，这是显而易见的。因为不具备这些要素，生产就无从进行；可是，设备需要更新，工具需要改进，劳动力的素质需要提高——而这些又必须以智力投资为条件。那么，比较而言，智力投资与生产活动之间的联系，就不像工具与生产活动之间的联系那样直接，所以前者可以称作间接联系。可是这种间接联系又是不可忽视的。虽然智力投资的效果不是一时就能看到的，它需要三年、五年乃至更多的时间。但智力投资又是提高劳动力素质，提高劳动生产率所绝对必需的。又例如，一个企业的领导者，对于本企业的生产活动与经济效益之间的关系往往考虑得比较多（这当然是必要的），但是一个有远见的领导者不仅要看到当下的直接的经济效益，而且还要看到其长远后果；不仅要看到本企业的经济效益，而且还要看到社会效益，要有整体的综合的效益观。还要看到本企业的生产活动与社会环境之间的种种联系。比如一定的生产活动所可能造成的环境污染等。再比如，人们常常谈论科学的思维方式或思维方式的科学化，无疑这是一个很重要的课题。可是，思维方式又决不单纯是个技巧或方法问题。这是因为，一定的思维方式乃是社会实践的反映，它是同人们的实践水平和科学技术发展水平有密切联系的，构成思维方式的因素不仅有方法因素和习惯因素，而且还有知识因素。在知识因素中包括人的理论知识和实际经验，包括知识水平和知识结构等等。如果说，方法因素与思维方式之间的联系还比较直接，那么知识因素与思维方式之间的联系就不那么直接或显而易见，因而也就往往易于为人们所忽视。可是，要培养科学的思维方式，就不仅要看到方法因素的作用，而且还要看到知识因素的作用，在提高理论水平，知识水平，改变知识结构和知识更新等方面下工夫。否则，只从方法或技巧上打主意，是不能使思维方式科学化的。上述事例也还都是事物间相互联系的比较简单的情形，但其中也有直接联系和间接联系之区别。至于更复杂的事物或现象间的联系，就更需要下工夫，坚持用唯物辩证法的观点正确地加以处理。

　　按照唯物辩证法的观点，世界没有孤立的静止的事物。各种事物都是按其本身所固有的特殊矛盾而成为彼此相异而又相互联系的有机系统。在某一系统中的各个要素相互作用着，这种相互作用是交互的，而不是单向的。各种要素之间有没有因果关系呢？有的，但又不只是一种线性的因果关系，而更重要的是一种非线性的多元的立体网络关系，呈现为各种要素交互作用的复杂情景。因此，我们在认识各种事物或处理问题时，就要考虑到事物联系的复杂性，而不能简单化。简单化，绝对化，单打一、一刀切等等，都是不符合辩证法的，是脱离实际的。学习唯物辩证法关于联系和发展的观点，就要学会辩证地思考。

　　　　　　　　　　　　　　　　　　　（原载《电大学刊》1985 年第 2 期）

关于一般与个别两个命题的考察

一

在个别与一般的关系上有两个命题，这就是：（1）任何个别都不能完全地进入一般之中；（2）一般、普遍体现了个别的特殊的东西的全部丰富性。这两个命题都来自黑格尔，列宁在《哲学笔记》中都讲到了。那么，究竟应该怎样理解这两个命题及其相互关系呢？在一般与个别的问题上今天重提上述两个命题有什么意义呢？

自然，个别与一般的关系本是一个很古老的哲学问题了，但问题古老并不等于没有新意，更不等于人们在理论上或实践上都能正确处理个别与一般的关系了。实际上，在整个人类认识的历史发展中，这个古老的哲学问题都一直贯穿于其中，成为历代哲学家经常探讨的一个重要问题。这除了这个问题本身的性质和普遍性之外，还与社会实践的发展密切相关。个别与一般是我们在辩证法理论的研究和实际生活中经常碰到的问题，我们几乎每天都要处理个别和一般、特殊和普遍的关系。关于个别和一般、特殊和普遍（这里把它们当作同一序列的概念来用）的关系问题，列宁在《谈谈辩证法问题》中有一段很精彩的论述，其中有一层意思就是上述第一个命题。他说，任何个别都不能完全地进入一般之中。这个命题是比较容易理解的。就是说，当我们讲到一般时，是把诸多个别的非本质差别舍弃掉了，并没有把所有个别的一切细节都包罗无遗地囊括于自身之中，而只是把它们共同的、本质的方面概括进来。因此列宁说，任何个别，不管是怎样的个别，不管这个个别在整个体系中占有多么重要的地位，它们都不能完全地进入一般之中。

　　另一个命题，黑格尔的原话是："不只是抽象的普遍，而且是自身包含着特殊东西的丰富性的普遍。"在这句话的下面列宁有一个评述性的语言。列宁说这是个"绝妙的公式"，"不只是抽象的普遍，而且是自身体现着特殊、个性、个别东西的丰富性的这种普遍（特殊的和个别的东西的全部丰富性！）!!"然后又加一个批注："好极了！"① 这就是说，当我们讲到普遍的时候，它是抽象的，没有抽象就没有普遍，但"不只是抽象的普遍"，在普遍中也体现了个体、个别、特殊的丰富性。黑格尔在阐述这个论题时举了三个例子。一个是，同样的一句格言从一个不懂事的年轻人口中说出与从一个饱经风霜的成年人口中说出时，它的含义、力量、意义、所包含的内容是不一样的，即使那个年轻人对这句格言的理解完全正确，也是如此。另一个例子是文法。文法对于一个初学者来说是一回事，而对于一个通晓语言及其本质的人则是另一回事。这个道理和第一个例子一样。第三个例子是逻辑。对于刚刚开始研究逻辑的人来说，是一回事，对于研究了各门科学之后再回过头来研究逻辑的人来说，则是另一回事。黑格尔的这几个例子都在于说明，同是格言、文法、逻辑，对不同的人说来情况是不一样的，有的是抽象的，有的则比较具体。黑格尔第一个提出具体概念这个问题，依他看来，概念不只是抽象的，同时也是具体的。概念是具体的，就是说它体现了特殊东西的全部丰富性，因而概念愈高，内容也就愈丰富。这是黑格尔辩证法的一个基本观点。黑格尔无疑是在唯心主义基础上讲这个问题的，但就其把概念的抽象与具体结合起来，打破了哲学史上把概念仅仅理解为抽象的，提出了"具体概念"，这却是他的一个了不起的历史功绩。

　　以上这两个命题表面看来是相互冲突的，既说任何个别都不能完全进入一般之中，同时又说，一般中体现了个别的特殊的东西的全部丰富性，这岂不是相互冲突么？为了解决这个问题，国内外的一些学者都作了些研究和探讨。有人说，这两个命题是相互矛盾的，但又是统一的。怎么统一呢？人们大体提出了两种方案。第一种，试图从本体论和认识论的区别上来解决，认为第一个命题是从本体论意义上说的，而第二个命题则是从认

———————————

① 参见《列宁全集》第38卷，人民出版社1986年版，第98页。

识论意义上说的。说"个别不能完全地进入一般之中"指的是客观世界本来的状况，说"一般体现着个别东西的全部丰富性"指的是认识的结果，并不涉及本体论问题。所以说两个命题虽然看起来是相互冲突的，但借助于本体论和认识论的区分则可以使它们统一起来。持这种见解的人在论说中暴露了这样一种趋势：似乎客观事物本身是分为两半的，一边是个别，一边是一般，二者的区别在于一个多一点，一个少一点，即把一般与个别的差别性归结为数量上的差异。显然这种观点是不可取的。第二种，认为这两个命题都是从认识意义上说的，两个命题都不涉及本体论。即认为在客观世界本身并不存在个别与一般的区分，也不可能作这样的区分，只有在认识活动中才有个别和一般的区分。所以上述两个命题在认识论中就"完全统一"起来了。在我看来，如果仅仅就认识论意义而言，它在解释那两个命题的"冲突"时也是能够自圆其说的。但是这种见解却无法说明，如果在客观世界中，根本就不存在个别与一般的联系和区别，认识上或概念上的区分怎么是可能的？一方面在本体论意义上根本否定个别与一般之联系或区分，另一方面又认为可以在认识论上区分或"统一"，这显然是说不通的。列宁在讲到逻辑概念的抽象性时曾说："当逻辑的概念还是'抽象的'，还具有抽象形式的时候，它们是主观的，但同时它们也反映着自在之物。自然界既是具体的又是抽象的，既是现象又是本质，既是瞬间又是关系。人的概念就其抽象性、隔离性来说是主观的，可是就整体、过程、总和、趋势、泉源来说却是客观的。"① 概念在内容上的这种客观性当然也适用于个别和一般问题的考察。所以，那种把个别与一般的联系和区分完全归结为认识论意义上的考察方法，也是不可取的。

第三种理解认为，上述两个命题既是本体论的，又是认识论的，都是就本体论和认识论统一的意义上讲的。"任何个别都不能完全地进入一般之中"，以及"一般、普遍体现着个别的特殊的东西的全部丰富性"这两个命题的统一，只能建立在本体论和认识论之统一的基础上才能得到科学的说明。我以为这种意见是可取的。下边试做一些分析。

---

① 《列宁全集》第 38 卷，人民出版社 1986 年版，第 223 页。

二

第一，无论是个别或一般，都是事物自身的属性。事物发展链条的不同阶段，是同一个世界的部分、阶段。个别的存在是以当下感性的形式表现出来的，因而是显而易见的。个别事物是我们认识的起点，是人们实践活动的直接对象。"一般"不是像个别那样，以人们可直接感知的形式而存在，也不是与个别相并列的两个"存在"，而是通过诸多个别而存在的。它（一般）是指不同的单个事物中存在的共同的本质的东西。唯物辩证法所说的一般或普遍，既不是人们的直观或感性经验所直接反映的具体存在物，也不是纯系人们的抽象思维编造出来的符号、名称，更不是某种先于客观世界的不可捉摸的永恒实体或绝对精神，而是客观地真实地存在于千差万别的个别之中的那些本质同一的东西。也就是说，一般是存在的，客观的，本体论的，虽然它不以直接感性的形式存在，但它是以间接的形式，通过个别、特殊的中介而存在的。一般存在的这种客观性，也就是通常我们所说的在每一事物的内部普遍性与特殊性相互联结的客观性或内在性。

第二，一般和个别这两种属性又是相互联结的。这种联结的客观性、内在性是人们所以能够对它们加以把握的基础。毛泽东同志在《矛盾论》中提醒我们要善于从每一事物的内部发现普遍性和特殊性的相互联结，还要从一事物同他事物的关系上发现二者的联结。简言之，普遍和特殊、一般和个别，不是什么人强加给客观事物的，客观事物本身就存在这种属性。这是我们对它们加以区分的客观基础。

第三，我们不要忘记这种区分是相对的，一般与个别之间没有不可逾越的鸿沟。

第四，列宁说一般是个别的一部分、一方面、是本质。毛泽东说矛盾的特殊性是认识事物的基础，都是在强调不能把一般绝对化。作为思维对客观事物的反映的一般，是把诸多个别的非本质的方面抛弃了，但其本质的方面又以改变了的形态内含于一般之中，作为一般的一个内在规定性、内在环节而存在。割断一般与个别的联系，这种一般就只能是空洞的抽象。

恩格斯在批判费尔巴哈的道德论时曾指出，"它适用于一切时代、一切民族、一切情况；正因为如此，它在任何时候和任何地方都是不适用的，而在现实世界面前，是和康德的绝对命令一样软弱无力的。"① 所以如此，就因为费尔巴哈的道德论过于抽象，抽象到没有内容，不着边际而又想包容一切的地步，所以它是到处适用又到处不管用，是软弱无力的。

今天，我们搞社会主义建设，再也不能搬用别人的现成模式，也不能用过去我们的一些做法来束缚自己的手脚。邓小平同志在中共第十二次代表大会开幕词中讲，把马列主义的普遍真理同中国的具体实际结合起来，走自己的路，建设有中国特色的社会主义。这是对毛泽东同志关于矛盾普遍性和特殊性原理在新的历史时期的运用和发展。对外国的东西不能照搬照抄，对我们以往的事情也要分析。比如对生产关系，积多年的经验，我们就总结出了这么一个科学论断：社会主义的生产关系没有什么固定的模式，我们的任务就是要找到在每一个阶段上能够适应和促进生产力发展和便于继续前进的具体形式。几年来的农业生产责任制取得了伟大的成功，在目前阶段它是最适合农村生产力发展的有效形式。

过去，由于把"一般"绝对化，把普遍的东西绝对化，切断了它与丰富多彩的实际生活的联系，使我们吃了不少苦头。把一般绝对化，直接地会导致思想僵化，只能助长懒汉思想的滋生发展，而会丧失探讨新问题、研究新事物的兴趣和勇气。实际上，把"一般"绝对化乃是造成思想僵化、头脑为某种固定模式所束缚的一个重要认识论原因。因此，结合新的实践，进一步研究和弄清个别与一般的关系，对于进一步解放思想，树立勇于进取的观念，荡涤教条主义的恶习，是有重要意义的。如果说，社会主义建设是一般，那么它在各个国家的具体表现就是个别，在我国它表现为"具有中国特色的社会主义"。在其他的社会主义国家它也表现为其各自的特点。所有个别的一切特点，不能完全地进入一般之中，在一般之中并没有也不可能把一切个别的一切细节都囊括无遗。此即一般之所以为一般、普遍之所以为普遍之所在。但是，在一般或普遍之中，又不仅内含着

---

① 《马克思恩格斯选集》第 4 卷，人民出版社 1972 年版，第 236 页。

中国的某些重要特点，也内含着其他个别的某些重要特点，体现了个别的、特殊的东西的全部丰富性。这又是一般或普遍把特殊作为自己的内在性质的科学规定。这也是作为具体概念的一般或普遍与空洞抽象的"一般"或"普遍"之间的分界线。把特殊作为自己的内在规定，这是一般之所以为一般、普遍之所以为普遍的又一根据。

马克思在讲到生产一般时曾说"生产的一切时代有某些共同标志，共同规定，生产一般是一个抽象，但是只要它真正把共同点提出来，定下来，免得我们重复，它就是一个合理的抽象。不过，这个一般，或者说，经过比较而抽出来的共同点，本身就是有许多组成部分的、分别有不同规定的东西。……对生产一般适用的种种规定所以要抽出来，也正是为了不致因见到统一（主体是人，客体是自然，这总是一样的……）就忘记本质的差别"。[1] 黑格尔也曾说："一般乃是一个贫乏的规定，每个人都知道一般，但却不知道作为本质的一般。"列宁在《哲学笔记》中摘录了这段话，并加了批注："注意：作为'本质'的一般"。[2] 作为科学抽象的一般不是没有内容的"一般"，而是在自身中包含有"不同部分"的一般或普遍。在我看来，这就是前述第二个命题，即一般、普遍体现着个别、特殊东西的全部丰富性的一层重要含义。因此，承认不承认进入一般之中的各部分本质之间的差别性，就成了区分空洞的抽象和科学抽象之界限，也是能不能把握具体概念的关键一环，是一般之中是否体现了个别之丰富性的关节点。

把差别包含于自身，是"本质的一般"的一个特性。作为本质的一般，它高于任何个别，它是"灵魂"，其有稳定性的特点，比个别深刻。同时，一般的这种稳定性也是相对的（相对于个别的多变性而言），即非僵死的，而是可变动的。并且，一般、普遍只有通过个别、特殊的变化发展的无限的、活生生的生动过程，才能保持其自身的同一性——规定性。也只有通过个别、特殊的东西的不断发展变化，一般、普遍才能在这种变动中不断提高它以前的全部内容，而使自己不断丰富和充实起来。这个过

---

① 《马克思恩格斯选集》第 2 卷，人民出版社 1972 年版，第 8 页。
② 《列宁全集》第 38 卷，人民出版社 1986 年版，第 297 页。

程也就是一般、普遍不断地体现个别、特殊东西之丰富性的过程。所以我们说，前述第二个命题的含义除了是指一般把差别包含于自身这层含义外，另一层含义即是指过程的这种变动性，因为一般或普遍只有在无限发展变化的过程中才能体现个别的特殊的东西的全部丰富性。正是："认识……认识前进运动的特征是：它从一些简单的规定性开始，而在这些规定性之后的规定性就越来越丰富，越来越具体……在继续规定的每一个阶段上，普遍的东西不断提高它以前的全部内容，它不仅没有因其辩证的前进运动而丧失了什么，丢下了什么，而且还带着一切收获物，使自己的内容不断丰富和充实起来。"列宁说，"这一段话对于什么是辩证法这个问题，非常不坏地做了某种总结。"①

三

现在，我们可以回过头来谈谈那两个命题之间的关系了。两个命题都是讲一般与个别的关系，但侧重点有所不同。"任何个别都不能完全地进入一般之中"这个命题，是在一般与个别的有机统一中着重从两者的区别上来规定"一般"的。命题之二则是在一般与个别的统一中，着重从两者的内在联结上和过程无限发展的角度来规定"一般"的。如果说，"个别不能完全进入一般"是一般的一个方面的规定，是一般之所以为"一般"的一个科学规定，那么，"一般、普遍体现着个别的丰富性"则是一般之所以为一般的又一方面的科学规定。由于一切个别都不能完全地进入一般之中，这就使一般获得了比较纯粹的形态；又由于一般之中，体现了个别的东西的全部丰富性，所以这个一般又不是那么纯粹的。"一般的含义是矛盾的、它是僵死的，它是不纯粹的、不完全的，等等，而且它只是认识具体事物的一个阶段，因为我们永远不会完全认识具体事物。一般概念、规律等的无限总和才提供完全的具体事物。"② 正因一般是对诸多个别的共同本质的概括，所以它对所有的个别都是有指导意义的；但是，又因为一

---

① 《列宁全集》第38卷，人民出版社1986年版，第249—250页。
② 同上书，第309页。

般的含义是矛盾的，有其"僵死"、"不完全"的特性，所以又不能简单地把一般原则套用于个别，即使是正确的原则也不能套用。因为套用和指导含义是不同的。指导意味着把一般的东西化为具体的东西，以获得一般原则在个别中的实现。同时，即使是经由科学抽象而得出的一般，也只是认识具体事物的一个阶段，而非认识的终结。因为具体事物的关系和联系是多方面的，错综复杂的，而且是千变万化不断发展的，所以只有不断地再认识，只有一般概念、规律等的总和"才提供完全的具体事物"。由此看来，两个命题的侧重点虽有所不同，但都是在通过个别与一般的联系和区别中，强调不能把一般绝对化，不能把普遍抽象化。人类认识的历史告诉我们，思维的运动是辩证地进行的。对象愈复杂，认识的任务也愈艰巨。愈是新事物，就愈需要下工夫。人们在认识的过程中，概念抽象的程度愈高，在形式上离现实也就愈远，同诸多个别之间联系的环节也愈多，认识上发生失误的可能性愈增加，诸如脱离实际，把认识的某一片段直线化，把一般原则变成枯槁的没有生气的东西，思想僵化，等等。

正因为这样，我们就愈要坚持"不只是抽象的普遍"，而且是自身包含着特殊东西的丰富性的普遍，坚持这个辩证法的"绝妙的公式"，以求得在思维运动的辩证进程中少犯错误，达到从抽象上升到具体的过程中再现事物的本质。

考虑到现在我们所面临的改革开放和建设中国特色社会主义各项任务，特别需要在实践中不断地研究新问题，实践中的开拓前进需要理论上的突破、创新，因此以一般的东西为指导注重于研究新事物，研究矛盾的特殊性，对实践所提供的经验敢于进行新的概括，就有着特别重要的意义。而研究个别与一般的关系，特别是对于前述那第二个命题进行研究和正确理解，又是从思想理论上为探索新问题提供的可靠依据。笔者以为，在过去多年流行的教科书中，在讲到个别与一般的相互关系问题时，就笔者的视野所及，一般对于上述第一个命题是讲的，有的也引用了列宁在《谈谈辩证法问题》中的原话，并作了较好的阐述。而对于第二个命题，许多教科书中是不讲的，以至于有的大学哲学系本科毕业生对于第二个命题根本不了解，有的则认为第二个命题是"完全错误的"、"应当批判"，等等。至于把"一般"或"普遍"仅仅了解为"共同点"者亦不乏其人。

笔者提出上述两个命题，认为这两个命题及其相互关系值得研究再研究的背景情况，也是把这篇文章的题目作了上述规定的主要考虑。

（原载《天津社会科学》1986 年第 4 期）

论统一性和多样性

　　中国共产党在领导中国人民为求得解放和建设社会主义而奋斗的历程中，已经走过了七十个年头。取得了伟大的成功，也积累了很丰富的经验。这种经验，表现在政治、军事、经济、思想文化等各个方面，也表现在对这些经验的高度概括，即哲学理论思维中。统一性与多样性的关系，就是一个具有重要意义的哲学问题。这个问题，同我们党长期奋斗的历史相联系，同多年来社会主义社会的发展，同我们正在进行的改革实践相联系，显得特别重要，因而特别引起人们的关注。

一

　　无产阶级政党在领导广大人民进行革命和建设的过程中，经常会遇到如何处理统一性和多样性的关系问题。在夺取政权和巩固政权的年代是这样，在社会主义建设时期更是这样。

　　迄今为止，由于无产阶级革命的胜利首先是在资本主义世界统治最薄弱的地方突破的，由于这一革命本身就是对旧世界的冲击和震荡，无产阶级要取得革命的胜利，就不能不借助于自身组织的力量，就必须有统一的目标和保持行动的一致。无产阶级所肩负的艰巨而复杂的历史使命同它的政党在政治、组织、思想上的高度的统一性是相一致的。因此，无产阶级政党在政治上的独立性、独一无二的领导权、统一而严密的组织纪律、马克思主义的指导等，就成了无产阶级政党保持自身品格的不可缺少的条件，是任何国家或地区的无产阶级政党所必须具备的基本要求。这讲的是统一性。

　　但是，由于各个国家具体国情的不同，阶级关系和阶级力量对比形势的不同，社会经济、政治乃至历史文化特点、民族传统等的不同，所以统一性要求的实现，又必须以方式方法上的多样性来保证。因此列宁曾说："在方式方法方面的多样性，可以保证生气勃勃地、胜利地达到共同的一致的目标"。"方式愈多愈好，共同的经验也就愈加丰富，社会主义的胜利也就愈加可靠、愈加迅速，而实践也就愈容易创造出——因为只有实践才能创造出——最好的斗争方式和手段。"① 列宁虽然在十月革命胜利后生活的时间不长，对于大规模的社会主义建设中的诸多问题还没有来得及作更多的接触和详细的论述。但在他所生活的年代，在组织向社会主义过渡的过程中，以及在组织建设新生活的过程中，都非常强调要从当时当地的实际情况出发，强调必须把统一性和多样性结合起来，可以说，这是贯彻于当时列宁著作中的一个基本思想。他曾经援引巴黎公社的例子来阐明过这个道理。指出：巴黎公社是把来自下面的首创精神、主动性、灵活性和自觉实行的集中制互相结合起来做伟大榜样，而这种集中制正是与任何死板公式不相容的。照列宁说，苏维埃走的也正是巴黎公社的道路，即把来自下面的主动性、灵活性和集中制结合起来的道路。列宁就当时的情况说，苏维埃在这条道路上还有些"胆怯"，还不够大胆，所以他号召苏维埃应当"更大胆、更主动地——在这条道路上走下去，以期在把集中制和灵活性、主动性等结合起来这方面创造出新的经验"②。这里所说的集中制，体现了统一性的要求，这里所说的灵活性，主动性等等，又蕴含着多样性的意义。又由于不同国家以及同一国家的不同地区，情况不仅是千差万别的，而且又是千变万化的，特别是在变革的进程中情况会发生频繁而剧烈的变化，所以就更要讲究变革形式的多样性和可变动性。列宁明确指出："至于变革的形式、方法和手段，马克思既没有束缚自己的手脚，也没有束缚未来的社会主义革命活动家的手脚，他非常懂得在变革时会有怎样多的新问题发生，在变革进程中整个情况会怎样频繁而剧烈地变化。"③ 我们从列宁所领导的实践中，都可以看到他的上述思想的贯彻。他关于签订布

① 《列宁选集》第3卷，人民出版社1972年版，第400页。
② 同上书，第399页。
③ 《列宁全集》第27卷，人民出版社1984年版，第318页。

列斯特和约的主张，从战时共产主义断然向新经济政策的转变，关于广大干部既要在实践中学习和创造，又要善于向资本主义学习一切先进技术和管理方法，以及在建设新生活的过程中要善于运用各种形式、手段和方法的主张等等，都可以看作是他在把原则性和灵活性相结合方面所作的巨大努力，都是他把统一性和多样性结合起来的光辉范例。列宁所坚持的这种统一性和多样性相统一的思想，经受了历史的考验。虽然在列宁之后历史的发展经历了诸多曲折，但列宁的思想并没有被岁月的风尘所遮蔽，反而历久弥坚，光照人寰。

列宁逝世后，斯大林继续论证了列宁关于在帝国主义时代一个国家可以建成社会主义的理论，在实践中领导苏联人民在保卫第一个社会主义国家和建设社会主义的事业中取得了胜利，他还对社会主义条件下的商品生产、规律的客观性等问题作了有意义的探讨。但是由于种种原因也包括他在理论上的失误和形而上学思维方式的影响，他在处理统一性与多样性的关系问题上陷入了严重的失误，其主要特点是只讲统一性，不讲多样性，离开多样性而言统一性，把统一性看成是排斥多样性的东西。表现在经济体制上则形成了一种固定不变的模式。其主要特点是高度集中，高度集权，缺乏必要的灵活性和多样性，往往是依靠行政手段实行经济管理，国家集中统一的计划实际上变成了由上面规定一切的框子。并且误以为这种脱离实际的一套是建设社会主义的唯一模式。这种模式给苏联的社会主义建设造成了严重后果，也对其他社会主义国家的建设事业产生了不利影响。

二

中国共产党人在长期的革命和建设过程中，在如何处理统一性与多样性的关系上，既有成功的经验，也有过失误。在党的幼年时期，由于对马克思列宁主义的普遍真理与中国的具体情况尚缺乏统一的了解，特别是对中国的特殊国情或矛盾的特殊性尚缺乏应有的认识，所以往往把普遍的东西绝对化，只知照搬现成的模式，把统一的革命要求抽象化，而不懂得要实现这种统一性则必须把它中国化，使之在适合于中国具体情况的多样化的形式中方能实现。右倾机会主义者放弃无产阶级的领导权，往往以削弱或丧失无产阶级的独立自主的原则去同敌对势力搞妥协，结果给革命事业造成损失，根本违背了马克思主义的统一性的要求。"左"倾机会主义者拒绝研究事物矛盾的特殊性，不懂得不同的国家、不同的地区和条件，不同的运动形式和发展过程等，都是相互区别，因而在质上都显现为是具有多样性的，所以只能用不同的形式和方法才能正确处理矛盾的道理，结果是几乎断送了革命。既剥夺了统一性的真实内容，使之成为根本不能实现的空洞的抽象，又把一切多样性视为异端，一概加以拒绝。从统一性和多样性这两个方面都离开了马克思主义。

以毛泽东同志为代表的中国共产党人，在不断地总结革命实践经验的基础上，终于探寻并找到了把普遍的东西与特殊的东西结合起来，把统一性与多样性结合起来的具体形式和道路。这首先是关于由农村包围城市最后夺取全国政权的道路。这条道路，不仅与马、恩当年设想的革命道路不同，也与列宁开创的城市武装起义的道路相区别。可以说，在革命的具体道路和形式上不仅是经典的，而且是具有独创性、开拓性的特点，表现了异乎寻常的多样性。但是由于它是符合于中国实际的，是把普遍的东西与特殊的东西有机结合的产物，所以保证了革命的胜利。毛泽东同志在讲到这个问题时指出：要想取得中国革命的胜利，就必须使马克思主义在中国具体化，"使之在其每一表现中带着必须有的中国的特性，即是说，按照中国的特点去应用它"。① 很显然，所谓中国的"特性"，也就是同其他国家相区别的地方，即同中之"异"。这就是说，无论是何时何地都必须以马克思主义为指导，这是"求同"，是统一性，但无论何时何地要想把统一的东西化为具体的东西，就必须同当时当地的具体情况相结合，这就是同中之"异"，亦即多样性的表现。毛泽东同志在谈到什么是理论联系实际时还明确指出：中国共产党人只有在他们善于应用马克思列宁主义的立场、观点和方法，并且"进一步地从中国历史实际和革命实际的认真研究中，在各方面作出合乎中国需要的理论性的创造，才叫做理论和实际相联

---

① 《毛泽东选集》合订本，人民出版社1966年版，第522页。

系"。① 我们从毛泽东同志关于武装斗争、关于在中国革命战争中游击战争的战略地位，关于中国革命战争的特殊规律的论述，关于统一战线、关于不同时期统一战线的基础和统一战线中无产阶级的独立自主的原则，以及关于有利、有理、有节等一整套的斗争策略的论述，关于党的建设、关于思想文化工作等方面的论述，都凝聚着中国革命实践中的丰富经验，体现了毛泽东同志关于把统一性和多样性加以有机结合的光辉思想。在这些论述中，的确反映了"在各方面作出合乎中国需要的理论性的创造"。

众所周知，无产阶级专政在我国采取了人民民主专政的形式，这本身就是一个伟大的创造。其间包含着对中国阶级关系、阶级力量的对比和阶级阵线的特殊组合等多样性的深刻分析。这样，一方面保证了无产阶级政党的不可分割的领导权，另一方面又使政权建立在广泛的群众基础之上，实现了统一性与多样性的有机结合。

我国的社会主义改造取得了伟大的成功。成功的一个根本原因，就是从我国的实际出发，创造了把统一性和多样性结合起来的一系列具体形式。在对资本主义的工商业的改造中，从委托加工、计划订货、统购包销、委托经销代销、公私合营、全行业公私合营等一系列从低级到高级的国家资本主义的过渡形式，都有力地保证了社会主义改造这个统一性要求的实现。对个体农业，我们也是遵循自顾互利、典型示范的原则，创造了从临时互助组到常年互助组，初级社到高级社等过渡形式，从而把广大农民引上了社会主义道德，避免了不必要的社会震荡。而在社会主义改造后期的一些缺点和偏差，如要求过急、工作过粗、改变过快、形式也过于简单化——等等，则从另一方面证明：统一性必须和多样性结合起来。一旦离开多样性而言统一性，则不可避免地会造成工作上的失误。众所周知，社会主义改造后期由于忽视多样性，即由要求过粗过急、形式过于简单化——而造成的失误，带来了长时间遗留的一些问题，以至于在后来的实践中我们不得不在补救这些历史遗留问题方面作出努力。正、反两个方面的经验都证明：统一性不能以否定多样性为条件，多样性反而是实现统一性的保证和条件。统一性和多样性的这种内在联系和相互规定，在社会主

① 《毛泽东选集》合订本，人民出版社 1966 年版，第 822 页。

义建设中表现得尤为明显。党中央关于经济体制改革的《决定》中指出，"我们现行的经济体制是同我国国情和生产力发展不相适应的僵化的体制模式，这种模式的主要弊端是：政企职责不分，条块分割，国家对企业统得过多过死，忽视商品生产、价值规律和市场的作用，分配中平均主义严重。"① 这种僵化的体制模式的形成和它所带来的弊端，有种种原因。但从思想理论基础上来说，则是与不能正确理解和处理统一性和多样性的关系密切相关的。

党的十一届三中全会以来，重新恢复了实事求是的思想路线，实现了工作重心的转移，我国进入了社会主义建设的新时期。在党的领导下，我国人民在社会主义现代化建设和改革开放的实践中，取得了伟大的成功。十年改革，成绩显著，国人欢欣，世界瞩目。社会主义的优越性，它的生机和活力，它的威望和吸引力，正在我国九百六十万平方公里的大地上，通过我国人民所从事的建设有中国特色的社会主义的伟大实践而不断显现出来。在这一新时期，中国共产党人总结了多年来正、反两个方面的历史经验，在把马列主义、毛泽东思想与新时期社会主义现代化建设的具体实践相结合的事业中，在重新认识中国的国情和探索建设有中国特色的社会主义的道路等方面，取得了新的成功和开拓性的进展。作出了一系列合乎中国需要和客观实际的理论性创造。诸如，关于社会主义经济是以公有制为基础的有计划的商品经济的论断，关于我国还处于社会主义初级阶段的论断，以及与之相适应的一系列的方针、政策，一个中心两个基本点的基本路线，一国两制，经济特区，社会主义精神文明建设，总之在四化建设和改革实践中，无论在经济、政治、思想、文化等各个领域，都出现了充满生机和活力的景象。比如，在所有制结构上，过去那种基本上单一的公有制结构，正在逐步向以社会主义公有制为主体、多种经济形式和多种经营方式共同发展的结构转变。在企业管理方面，过去那种政企职责不分，统得过多、管得过死的体制，正在向政企职责分开、增强企业内在活力和自我发展能力的体制转变。在政治生活中，政通人和，既有集中又有民主，既有纪律又有自由，既有统一意志又有个人心情舒畅的生动活泼的政

---

① 《关于经济体制改革的决定》，人民出版社 1984 年版，第 8 页。

治局面，终于开始形成。在思想文化领域，双百方针正在得到贯彻，出现了宽松和谐的学术环境和科学文艺繁荣发展的良好势头。这一切都是统一性所要求的多样性的生动体现。

然而，事情的发展并不总是一帆风顺的。国际上的敌对势力正在推行其和平演变战略，他们借社会主义国家实行改革开放之机，图谋改变改革的社会主义性质，国内极少数顽固坚持资产阶级自由化立场的人，也乘机煽风点火，制造事端。他们用所谓政治上的多党制，企图来根本否定共产党的领导，经济上的私有化，来否定社会主义经济制度，用所谓真理"多元论"，来否定马列主义毛泽东思想的指导地位。在这些人所制造的种种舆论中，有一个明显的特点贯穿于其中。这就是借以多样性而根本否定统一性，以自由化来冒充多样性，因而具有一定的欺骗性。

三

弄清统一性与多样性的内涵及其相互关系，有着重要的理论意义和实践意义。

首先，马克思主义哲学认为，世界是统一的，世界的统一性在于它的物质性。所以我们是物质一元论者。同时，我们又是辩证唯物主义的物质一元论，即认为统一的物质世界又是多样的。这是因为，世界上所存在的一切，从无机界到有机界，从无生命物质到有生命物质，从自然界到人类社会，以及人类社会生活的不同领域和不同发展阶段等，都不过是物质运动的不同形式和多样性的表现。人类社会本身，也是自然界长期发展的产物，是物质世界发展的高级阶段。一些唯心主义者也讲世界的统一性，但他们把精神、上帝等作为统一的基础，黑格尔不仅讲世界的统一性，也讲世界的多样性，但他所讲的统一性和多样性，不过是"绝对观念"的外化及其发展的不同环节，是在唯心主义基础上讲统一性或多样性的。机械唯物主义者讲世界统一于物质，但又把不同性质的事物归结为量的差别，否认事物质的差别性和多样性，把自然界理解为服从于力学定律的统一整体，并且在历史领域陷入唯心主义，根本不能在唯物主义基础上解释社会生活的多样性及其辩证发展。马克思主义哲学对世界统一性问题作了既是唯物的又是辩证的科学回答。它认为世界统一于物质，而物质又以多种形式存在和运动着，所以它坚持统一性和多样性相统一的观点。恩格斯曾说："世界的真正的统一性是在于它的物质性，而这种物质性不是魔术师的三两句话所能证明的，而是由哲学和自然科学的长期的和持续的发展来证明的"。① 既然，世界的物质统一性已为自然科学的发展所证明，并且马克思主义哲学对这个问题早已作出了哲学上的论证，那么为什么恩格斯还说这个问题仍要由科学的长期、持续的发展来证明呢？这是因为，随着实践的发展人们的认识也是不断发展的。今天，人们对自然界的认识，无论在广度或深度上都比以往任何时候都更扩展和深入了。关于天体运动的天体力学、天体化学、天体物理学的最新发展，不仅证明了太阳系中的太阳、行星和地球有同样的物质基础，而且进一步揭示了天体运动形式的多样性。在微观领域，当人们的认识已经深入到夸克这种层次时，不仅证明了物质结构上的任何极限都是不存在的，而且在每一更深的层次上都显现出它的多样性。事实反复证明，自然科学和哲学的长期、持续的发展，是个无限的过程，统一的世界在运动形式、关系、结构、层次等方面的多样性的显现，也是一个没有尽头的过程。随着过程的推移和人们变革现实的实践的不断发展，人们对世界统一性和多样性的理解和认识也将越来越丰富、深化。系统论、控制论、信息论的发展不仅进一步证明了世界的物质统一性，而且从新的角度丰富和发展了世界统一性的原理，它们所揭示的关于世界的系统性、整体性、层次性、有序性、动态性以及系统之间的相互联系、相互作用等，无疑进一步开阔了人们的眼界，使人们对世界统一性和多样性的认识向前跨进了。所以，马克思主义哲学关于世界的物质统一性的基本观点虽然是颠扑不破的，但同时又认为关于世界的物质统一性的科学证明亦不是一劳永逸地结束了。相反，辩证哲学的基本观点正是：统一的物质世界是无限发展的，人类对物质世界的认识也是不断深化的，因此对世界的物质统一性的科学证明和哲学论证，也必然是"长期的和持续的一个发展过程"。这是我们在谈论统一性与多样性问题时所理应具有的一个基本观点。

---

① 《马克思恩格斯选集》第 3 卷，人民出版社 1972 年版，第 83 页。

其次，作为辩证法范畴的统一性和多样性，无疑是以确认唯物主义基本原则为前提的，但同时马克思主义哲学又十分重视实践的作用，把实践作为自身的一个重要特点。我们所生活于其中的环境是属人的世界，是只有用人的方式才能加以把握的世界。那么统一性与多样性的问题又是与人的实践，人的全部活动不可分割地相联系的。因此，所谓统一性，系指事物自身所固有并通过实践所反映出来的那种常住的具有主导、统摄、包含一切的性质的哲学范畴，是各种形态的现象存在的基础，是各种现象及其相互关系得以展开和显现的基础。从无机界到有机界，从一般生物到人类社会，从物质现象到精神现象，它们之间都存在着统一性。科学发展的无数事实证明，各种天体之间并没有不可捉摸的神秘的东西，它们都是统一的物质世界的有机组成部分。天体物理学揭示了其他天体和地球的物理运动之间存在着统一性。现代科学通过对光谱的分析，对月球岩样以及对陨石的化学成分的分析，都说明了这一点。今天，人们对生命现象的认识是大大前进了。而现代科学也证明，生命的能力即是蛋白质和核酸等生物大分子进行自我更新的一种物质特性。在生物和非生物之间以及在构成生物有机体的不同分子之间，都存在着统一性。人类社会是自然界长期发展的产物，是物质世界发展的高级阶段。人类社会不同于自然界的发展规律，但两者之间也有着同一性，在人类社会的物质现象与精神现象之间存在着不同的特性和规律，但它们之间又有着本质的同一性。由此看来，以物质为本原，以实践为现实基础的统一性，本身就内含着发展的多样性，而这种统一性则是丰富多彩的多样性得以显现的基础。

与统一性相联系的多样性，则是表征事物在形式、结构、层次、发展过程、阶段等方面的差别性的范畴，是指区别物自身以及区别物之间的关系。现代系统论、信息论、耗散结构理论等边缘科学所提供的成果，大大丰富了人们对统一的物质世界的多样性的认识。今天，科学技术革命的潮流汹涌澎湃，统一的物质世界在存在和运动方式、结构和功能、系统和层次等方面的多样性，以前所未有的规模和速度展现出来了。科学和实践的发展已经证明，人们关于现实世界的简单性原则正在失去效用，而关于事物的复杂性和时间的不可逆性的见解，正在得到越来越多的人的确认。历史是发展的，发展中不断出现新情况、新问题和新事物，未来并不完全包含在过去之中。不可逆性不仅在物理学中，而且在生物机体中，在社会历史运动中也是有效的。马克思主义创始人在剖析资本主义的基础上揭示了资本主义必然灭亡和社会主义必将胜利的历史规律。但是这种揭示并不是从过去推导出未来的一切，也不是把未来完全包含在过去之中。马克思主义创始人当年曾经预言，社会主义的未来发展"在将来某个特定的时刻应该做些什么，应该马上做些什么，这当然完全取决于人们不得不在其中活动的特定的历史环境"。① 揭示历史发展的客观规律，同拒绝对未来社会的详情细节的描述，这两者是一致的，实际上是一个问题的两个方面。这是因为，所谓规律，"只是那些逐渐为本身开辟道路而且互相交错的趋势的表现"。② 马克思在讲到"起反作用的各种原因"时说，在社会领域有一种规律出现，就"必然有某些起反作用的影响在发生作用，来阻挠和抵消这个一般规律的作用，使它只有趋势的性质"。③ 规律的这种具有"趋势"的特性，是由参与历史活动的各种复杂因素交互作用的结果，而"只有趋势性质"的历史规律本身也就内含着未来并没有完全包括在过去之中。因此，揭示事物发展的新的方面，注意地平线上所出现的新事物、新现象，必将使我们对统一性和多样性的认识不断深化。

再次，统一性和多样性是辩证统一的关系。两者是互相规定、互为条件的。按辩证法的观点，没有离开统一性的多样性，也没有离开多样性的统一性。统一性和多样性，只有在它们的相互关联中才能获得各自的规定性。因此，两者的关系是内在的，而不是外在的。这种关系的内在性，表现为它们中的每一方都不能单独存在，而是在其对立统一中各在对方中映现自身，各以对方为自身存在的前提。统一性内含着多样性，多样性也是以统一性为前提的。列宁在讲到这个问题时曾说：统一性"不是要求清除多样性"，而是以多样性为条件，"多样性不但不会破坏在主要的、根本的、本质的问题上的统一，反而会保证它的统一"。④ 毛泽东同志在《论十大关系》中讲到中央和地方的关系，以及国家、生产单位和生产者个人

---

① 《马克思恩格斯全集》第35卷，第154页。
② 《马克思恩格斯全集》第38卷，人民出版社1972年版，第298页。
③ 《马克思恩格斯全集》第25卷，人民出版社1974年版，第258页。
④ 《列宁选集》第3卷，人民出版社1972年版，第399页。

的关系时，都阐明了统一性与多样性的关系。他指出："统一性和独立性是对立的统一，要有统一性，也要有独立性。比如我们现在开会是统一性，散会以后有人散步，有人读书，有人吃饭，就是独立性。如果我们不给每个人散会后的独立性，一直把会无休止地开下去，不是所有的人都要死光吗？个人是这样，工厂和其他生产单位也是这样。各个生产单位都要有一个与统一性相联系的独立性，才会发展得更加活泼。"① 这里，是把独立性与统一性相对而言的，而独立性的内容则是指"读书"、"散步"、"吃饭"等，亦即多样性。重要的是，毛泽东同志在这里所强调的是两者对立统一的关系，一方面是指要有独立性或多样性，另一方面则是说，"与统一性相联系"的独立性或多样性。两个方面都是强调两者的相互关联性。

统一性和多样性的这种相互关联、相互规定的性质，要求人们把它们应用于实际生活时必须坚持辩证的观点。这是因为，统一性，使不同的事物联结起来，呈现出根源于统一的有规律的运动。多样性，使相互联结的事物区别开来，世界呈现为丰富多彩、千变万化的面貌。只有坚持统一性和多样性相统一的观点，才是马克思主义辩证法的观点。

只讲多样性，不讲统一性，或者离开统一性而言多样性，事物就会出现混乱，现象之间就会发生不正常的相互干扰，就会影响到各个事物（或要素）——乃至全局的正常发展。只讲统一性，不讲多样性，或者离开多样性而言统一性，事物就会僵化、死板、单调，就会失去生机和活力，就没有生动活泼的面貌，就会因缺乏内在的差别和搏动而死气沉沉。

在思维方式上，只讲统一性或只讲多样性，乃至把统一性和多样性割裂开来或对立起来，就会陷入绝对化、简单化或思想僵化，就不能进行辩证地思考，就谈不上使思维方式科学化。在实际工作中，只要统一性，否定多样性，就会搞"一刀切"，公式化，犯教条主义的错误，就会抹杀事物的个性和每个要素在系统中的地位和功能，到头来就会影响整个系统的正常运行，导致工作的失败。只讲多样性，否定统一性，就会闹独立性、分散主义、不顾大局，乃至有令不行，有禁不止，就会引起系统中某些功

① 《毛泽东选集》第5卷，人民出版社1996年版，第273页。

能的紊乱，到头来也不利于整个系统的正常发展，同样会导致失败。

最后，在一定的条件下，由于当时实践任务和具体形势的需要，对统一性或多样性的某一侧面有所强调，是必要的。但是，这种强调绝不意味着可以离开统一性而言多样性，或者相反。比如，我国幅员广大，人口众多，各地情况千差万别，交通不便，信息不灵，经济文化发展很不平衡等情况，都是短时间内难以完全改变的，这是不能不承认的客观存在。所以，如果脱离现实的国情，把统一性理解得很死，试图把种种社会经济活动统统纳入计划，则不可避免地会造成主观和客观相分裂，脱离实际。但这不是说可以根本不要计划，而是说在计划中不能把一切都包下来，不能把一切都说得死死的，不能离开多样性而言统一性。依据实际情况，从总体上或宏观上制订一个具有一定的能力或弹性的计划，非但不排斥不同地区多样性的需要，反而有利于多样性和灵活性的发挥，从而为实现统一性提供最好的条件。又如，在一定条件下，当着一种倾向成为正常发展的主要障碍时（如有令不行，有禁不止，本位主义严重而有损于全局利益等），强调统一性而反对那种离开统一性的"多样性"，是完全必要的。因为不如此，统一性就会落空，宏观的调控计划就无法实现。但即使如此，我们也还是需要从统一性和多样性的内在联系上来正确理解和把握两者的关系，认清社会主义的统一性内在地要求与之相适应的多样性。特别是，从认识上说，当一种倾向居于主导地位时，往往易于引起人们的注意，而被掩盖着的另一种倾向则比较容易为人们所忽视。所以，在实际生活中运用统一性与多样性的原理而解决实际问题时，则需要审时度势，把握必要的限度，特别需要辩证地思考。

（原载《浙江学刊》1991 年增刊）

统一性和多样性：唯物辩证法的一对重要范畴

从自然界到人类社会生活领域，从社会生活领域中的经济、政治、文化等各个系统到人们变革现实的全部认识和实践活动，都存在统一性和多样性问题，对这个问题进行研究是有重要意义的。笔者在《论统一性和多样性》一文中对这个问题作了初步的分析和论述，提出把统一性和多样性作为重要范畴纳入辩证法体系，并对其内涵作了分析和界定。这里，对这对范畴的特点和意义等做进一步探讨和论证。前文中对作为辩证法范畴的统一性和多样性的内涵作了界定。为了说明问题，我们简括地把它重复如下：

"……所谓统一性，是指事物自身所固有的并通过实践而不断生成和反映出来的那种常住的具有主导、统摄、包容一切的性质的哲学范畴，是各种现象及其相互关系得以展开和显现的基础。"

"与统一性相联系的多样性，则是表征事物在形式、结构、层次、发展过程、阶段等方面的差别性的范畴，是指区别物自身以及区别物之间的关系。"

统一性和多样性之间相互依存、相互规定的含义在前文中已有所涉及了，这里只想着重从以下几个方面作些分析：

一　统一性和多样性范畴的特点

统一性和多样性作为唯物辩证法的一对范畴，它所表征的不是所要考察的对象"是什么"或"不是什么"的质的规定性，而是对象之间的一种关系，即千差万别的事物（多样性）与由它们所形成的具有一般、统摄意义的统一性之间的关系。因此统一性和多样性是一对关系范畴。

统一性和多样性的关系是可变动的。由于事物范围的极其广大和发展的无限性，在一定场合为统一性的东西在另一一定场合则为多样性，反之亦然。就这一点而言，统一性和多样性与一般和个别、普遍和特殊具有相同的意义。但这三对概念之间又有细微的差别。统一性一般是求同存异；而一般性、普遍性则是存同去异的，其中之"异"只能在特殊化的发展进程中不断得以体现。任何个别都不能完全进入一般，任何一般都只是大致地包括一切个别事物。这是因为，某一个别事物不但有与其他事物相联系的共性和本质，而且还有与其他事物相区别的个性、特殊性。作为对事物共同本质概括的一般，它所反映的是诸多事物的共性、本质，但并不能反映个别事物的所有具体特性，并没有把诸多个别的一切细节都包罗无遗，否则，一般就不成其为一般了。这就是为什么说一般是个别的一部分、一方面或本质。而那些不反映事物本质的"方面"或"部分"被抽象掉了，此即"去异"，不去异无法存同，不能造成一般性这个概念。从这个意义上说，一般性、普遍性是存同去异的。当然，"存同"也是"求"的结果，去异的过程同时就是求同的过程。不过作为结果来说，存同去异是一般性、普遍性的一个显著特点。

与上述一般性、普遍性有所不同，统一性一般是求同存异的；与统一性相对应的多样性，是统一性的展开，是事物存在的一种普遍形式。存在的多样性，发展的多样性，是客观世界的普遍形式。也是人们在变革现实的实践中不可忽视的一条重要原则。多样性与统一性也是相互依存相互规定的范畴，各以对方存在为自身存在的前提。在对立面的关联中各以对方映照自身，获得各自的规定性。多样性的存在和发展不能不受到统一性的制约和影响，但这种制约和影响一般不是以"去异"为前提，而是在确认多样性的基础上和发展进程中对多样性起导向、统摄、协调作用，为多样性的发展和发展的最优化创造条件。否认多样性不是实现统一性的正确途径，承认多样性反而为实现统一性、促进事物的发展创造条件。统一性和多样性是辩证的统一，而无论是"求同存异"或"存异求同"，都是以确认多样性为基础的。多样性是事物矛盾的表现，蕴含着内在的搏动和原动力，发展的生机和活力莫不与此密切相关。正是从这个意义上，我们强调承认多样性的重要性，强调是"存异"而非"去异"。在统一性和多样性的相互关系中所讲的统一性，指的不是单一性，而是把多样性包含于自身的"求同存异"或"存异求同"，是多样性的统一。只有首先承认多样性的存在，然后方能在多样性中寻找共同点。求同不以"去异"为条件，而以"存异"为前提。求同的过程也不是对多样性的否弃，而是借助于统一性的引导、协调和制约，为多样性的最优化发展创设条件，提供更广阔的空间和发展的无限可能性，所以，统一性对多样性在发展过程中的作用，也不是"去异"而是"存异"的过程。当然，所存之"异"，也不是原封不动；多样性也具有变动不居的特点。在发展过程中，各不相同的多样性经过比较、对照和选择，凡有存在根据的事物都要继续存在下去，凡失去了存在根据的事物都会历史地消逝，而新生事物则层出不穷，以其内在潜力而生机勃勃，有的事物则以改变了的形态成为新事物的组成要素，汇聚于多样性展开的洪流之中。所以，事物的发展总的说来不是多样的减弱或消失，而是由简单到复杂、由低级到高级的多样性更加丰富的过程，是多样性的延续和不断展开的过程。

　　统一性和多样性这对范畴与一般和个别、普遍和特殊等范畴属于同一系列，它们都是从一定角度来揭示自然之网的"纽结"的，因而在一些方面是相同或类似的，有的甚至是重叠或交叉的，但其间也有某种区别，并不完全相同。如前所说，"去异"或"存异"就是一个显著的区别。虽然在统一性和多样性的理解上，不能说完全没有"去异"的含义，但总的说来是"存异"而非"去异"。显然，这是统一性和多样性范畴的一个重要特点。

二　统一性和多样性范畴与其他辩证法范畴的关系

　　在过去通用的教科书中一般有五对范畴，如本质的现象、内容和形式、原因和结果、必然和偶然、可能与现实，等等。有些教本中对这些范畴的安排顺序和增减程度上也不尽相同，但这五对范畴一般是通用的。在对这些范畴的诠释上也存在着依形势的变化而在侧重点上有所差异的情况，但是一般在基本含义的把握上还是比较一致的。概念、范畴、规律等都是与自然界区别开来的人反转来对自然界的反映形式。列宁在讲到逻辑

概念的抽象性时曾说："当逻辑的概念还是'抽象的'，还具有抽象形式
的时候，它们是主观的，但同时它们也反映着自在之物。自然界既是具体
的又是抽象的，既是现象又是本质，既是瞬间又是关系。人的概念就其抽
象性、隔离性来说是主观的，可是就整体、过程、总和、趋势、泉源来说
却是客观的。"① 概念在内容上的这种客观性当然也适用于对范畴的考察。
唯物辩证法的上述五对范畴，都从一定的侧面反映了客观世界中普遍存在
的关系，是把握自然之网的网上"纽结"。只要在客观世界中它们的反映
的关系还存在，这些范畴就有存在的根据。从这个意义上说，这些范畴具
有相对稳定的性质。当然，范畴在内容上的这种客观性与作为主观形式已
有范畴的科学性不是一回事，两者并不完全等同。如果在抽象过程中有了
偏颇或缺陷，以及在运用过程中出现了与原来意义的偏离或失误，这时要
通过实践与科学的发展而得到补充、匡正乃至颠覆。在人们所面对新的自
然之网上提出新的范畴乃是题中应有之义。因此唯物辩证法已有范畴的稳
定性只有相对的性质，不是固定不变或封闭性的。近些年来，人们通过对
现当代科学的研究对必然性和偶然性这对范畴提出了值得重视的见解，对
偶然性只是必然性"补充形式"的看法提出了质疑，对偶然性在社会生活
中作用和意义也给出了新的评估和界说；至于在原因和结果这对范畴上关
于"一因多果"、"多因一果"的见解，也引起了学界的广泛关注。所有
这些都表明唯物辩证法的范畴体系是开放性的。如果说，黑格尔在范畴、
逻辑概念的推演中提出了一系列有价值的辩证法见解，而在最终以"绝对
观念"终结了这个体系，那么唯物辩证法恰恰打破了这个封闭性的体系，
使它成为开放性的，从而获得了不断丰富和发展的生机和活力。

　　除上述唯物辩证法的五对范畴为多种教材所通用，有的教材或相关著
作中还提出了整体和部分、全局和局部等范畴，并且结合实际和中外哲学
史上的相关思想作了有价值的分析和论证。

　　与上述通用的五对范畴相比，统一性和多样性这对范畴与本质和现
象、内容和形式等是明显不同的，具有互不相同、不能取代的性质，而统
一性和多样性又是我们认识和把握自然之网上的一个重要"纽结"。统一

---

① 《列宁全集》第38卷，人民出版社1986年版，第223页。

性和多样性与整体和部分、全局和局部之间，虽然有相通或相似的意义，但又不完全相同；相比较而言，统一性和多样性似乎有抽象程度更高、内涵更广泛的特点。因此，把统一性和多样性范畴提出来，把它作为唯物辩证法范畴体系中的一对重要范畴，与本质和现象、内容和形式等范畴相并列，有助于我们能更好地认识和把握客观世界，有助于开阔视野、增强主体认识能力的自觉性。

三　统一性和多样性范畴与当代现实

当今世界，变动不居；其变化的速度、范围和深度已非往昔可比。人们用"知识经济"、"信息时代"等概念来概括当今世界经济社会发展的特点，也有人用含义不尽相同的语言来描述世界发展的"大趋势"、"大变化"，等等。尽管各家各派对已经发生的变化在理解和认识上不尽相同，但对"变化"本身大多是承认的。无论从科学技术的发展、社会生活的变化，包括人们生活方式的变化等，都呈现为变化迅速、复杂多样的特点，而在多样性中又蕴含着统一性的趋势。统一性和多样性的统一，是当代科技与社会经济发展交互作用进程中所显现的一个重要特征。

（一）关于"暗物质"的发现及其意义

随着科学的发展人们对微观世界的认识已进入更深层次，同时对宇宙的认识也大大扩展和深化了。近些年来科学家对"暗物质"的探索和发现便是前所未有的生动例证。什么是"暗物质"呢？与人们往常了解的可感知的物质存在的具体形式有所不同，"暗物质"是一种看不见、摸不着，事实上"它们也无法被任何现有工具探测，但它们确实存在"的物质，故称"暗物质"。据科学家描述，这种"暗物质"不仅存在，而且占了宇宙质量的大部分，并且会使宇宙中的星系繁盛变形、互相碰撞并聚集成大面积的星云，"它们的总体面相当于10万亿个太阳"。据报道，现在科学家利用"哈勃"太空望远镜观测到的图像绘制出了第一张详细的暗物质图，它们的存在和作用是根据 Abell901/902 超级星系团的情况得到反映的。这是至今科学家能够肯定暗物质存在的唯一方式，它们不能被直接观测，但是会对周围物质产生巨大的引力。诺丁汉大学天文和物理学院研究专家梅根·格雷和不列颠哥伦比亚大学的一名科学家共同领导一个专家小组绘制了这张新图，该图显示了暗物质分布及其对周围星系的群聚效果。格雷指出："这是我们第一次在超级星系团基础上清楚地探测出暗物质的不规则聚集。"据称，这张图中有四大主要暗物质团，它们的总体面积相当于 10 万亿个太阳。科学家可以在图上找到并具体描绘出暗物质团，因为根据引力透镜现象，暗物质会使 Abell901/902 星系团中的 6 万多个星系的光发生弯曲。科学家们论证说：如果暗物质不存在，则星系看起来会显小一些，否则暗物质的引力会使时空发生弯曲，它的光线像经过放大镜一样到达地球。Abell901/902 超级星系团与地球的距离是 26 亿光年。（西班牙《世界报》1980 年 1 月 11 日报道：《科学家绘制出第一张详细的宇宙暗物质图》。）① 科学家对"暗物质"的探索和发现，不仅对人们了解天体的形成和演化、推进天体物理学、航天技术、环境科学的发展等有重要意义，而且从哲学上对人们理解宇宙间物质世界的复杂性也是一个重要的启迪。它提示我们，世界上除了可感知的诸多具体物质形态之外，还有不能被感知也无法被现有工具所探测但又确实存在的"暗物质"，表明物质存在的形态是多样性的；这种无形的物质总体面积竟如此之大，相当于 10 万亿个太阳，这也是前所未知的，表明物质世界存在和发展的无限性和人的认识的相对性；"暗物质"不能被直接观测，但从它对周围物质产生的"巨大引力"中证明它确实存在，表明世界存在的统一性，统一性的基础在于物质性。辩证唯物主义所理解的"物质"概念，源于无限多样的物质存在形态，它的唯一特性是客观实在性。

对物质、运动及其多样性的考察，是理解世界物质统一性的基础。辩证唯物主义世界观正是以这种考察为根据的，同时它又是一个开放的体系，把世界的物质统一性的证明建立在人类实践和科学持续发展的基础之上。人类对物质世界及其多样性的认识是不断扩大和深入的，是永无止境的从有限到无限、从相对到绝对的过程。世界的真正统一性在于物质性，这种物质性要由自然科学和哲学长期、持续的发展来证明。这个论断之所

---

① 参见《参考消息》1980 年 1 月 13 日。

以特别重要，一方面是在提示人们在自己的活动中要想达到预期的目的，就必须遵循一切从实际出发、实事求是的思想路线，因为每一代人的活动都是在给定了的历史条件下进行的，在这些条件中物质条件是"硬件"。另一方面，世界物质统一性又不是某种无差别的实体的简单集合，而是一个包含有各种运动形态和各种层次结构，彼此相互联系、相互作用、不断变化着的系统，是系统、层次、结构、过程、阶段等方面的无限发展系列，是无限多样性的统一。所以多样性不是与统一性并列的某种外在物，而是统一性的内在规定。因此，人们对"世界统一性在于物质性"这个命题的理解和把握，又在于注重对无限发展着的多样性的研究，并且这种研究要长期地、持续不断地进行下去，从而在更高层次上认识统一性的丰富多彩的内容，把握统一性与多样性辩证统一的历史行程。

（二）关于"知识经济"、"信息时代"的提出及其影响

20 世纪 70 年代前后，由于科学技术的迅速发展及其所产生的巨大影响，一些学者对此进行了研究，许多学者都把研究的侧重点首先集中到科技发展对社会经济生活的影响上。有的从历史发展的角度以农业经济、工业经济、知识经济来划分说明经济发展不同阶段的特点；有的主张知识经济是与工业经济截然不同的具有自身特质的单独发展阶段，也有的主张知识经济不能独立成为一个阶段，而只是工业经济发展的一个高级形态。对知识经济本身的解释也有大同小异之处，但无论如何，对现代科技对社会经济产生的巨大影响是大家所公认的。当代科技的突飞猛进，引起了社会经济的巨大变革，其影响之深刻前所未有。人们用"后工业经济"、"高技术经济"、"信息经济"等来描述这种经济现象。直到 1996 年，"经济合作与发展组织"首次确认了"知识经济"这个概念，称"以知识为基础的经济"。

知识经济是以知识的生产、创新、流通和创造性运用为基础的。没有当代科学技术的迅速发展，就没有"知识经济"、"信息时代"的到来。从历史上看，在农业经济时代，科学技术发展缓慢，知识的来源主要依靠对生产实践经验和对自然界的直接观察。与之相适应，农业、畜牧业和家庭手工业成为主要生产方式。与此不同，工业经济时代，如果从 18 世纪中叶以自动纺织机和蒸汽机为标志的工业革命算起，至今还不到300年，但却创造了数千年农业经济时代无可比拟的物质文明。工业经济的主要资源是农业原料和矿业原料，主要的生产方式是社会化大生产，主要的支柱产业是纺织、冶金、机电、汽车、化工、建筑等物质生产工业和商务、金融、运输、通信、法律等服务业。在当代，以微电子和信息技术为代表的科学技术发展迅速，科学技术已成为第一生产力，引起了社会生活的深刻变化。中国科学院院长路甬祥院士指出："一般认为，20世纪80年代以来人类已进入了信息化的时代。""信息是符号化的知识。信息化以知识为内涵，又成为知识创新、知识传播和知识的创造性多样化应用为基础。信息化实际上是人类进入知识经济时代的序幕和前奏。"与以往的传统工业经济不同，在知识、信息迅猛发展的当今条件下，经济的发展在前所未有的规模和深度上依赖于知识和知识创新，在一些发达国家科技对经济增长的贡献率已高达80%甚至以上。知识转化为生产力的周期越来越短。当代科技的发展与创新不仅为工业经济时代的传统产业的改造创造了条件，而且催生了一批新兴产业，将经济增长的支柱转移到信息、新材料、生物技术产业、新能源和环保产业、航空航天产业、海洋高技术产业，以及教育、文化产业等以知识为基础的咨询服务业。支柱产业与过去明显不同了，成为经济发展和社会进步的新的推动力量。当代科技的发展，由于信息科技的发展而加速了科技全球化的进程，同时促进了经济全球化的深入发展。而无论是科技全球化或经济全球化，都是在人类实践历史发展的基础上产生的，是人类进步的重要标志。信息科技的快速发展和广泛渗透，科技成果在全球范围的快速传播和利用，知识在全球化背景下的交流、竞争和共享，成为当代的重要特征，反映了人类把握自己命运的总趋势，体现了世界各国人民的共同愿望和历史发展进程中的统一性的要求。这种总趋势和统一性是不可逆转的，是人类历史发展中合乎规律的现象。同时也必须看到，在科技全球化的进程中，当代科技的发展也显现了不同学科、不同领域、不同系统的交叉性、多样性的特点。不同学科的交叉，包括自然科学和人文社会科学的交叉，人类社会系统、全球经济系统、生态系统等都是多元、多层次的复杂系统。因此在科研对象、理论和方法、发展理念的更替、发展模式的选择、应用目标与转化形式等方面均呈现多样性的特征。这种科技、知识、经济全球化所体现出来的统一性，与同一进程中的多样性是辩证统一的。统一性所代表的是发展的总趋势，它的主导、统摄和引领作用是不可低估的；而多样性则是实现统一性的内在需要和必要形式。在当今世界，无论哪个国家或地区都不能长期游离于历史发展的统一性之外，否则，就会落后，赶不上时代前进的步伐。同样，任何国家或集团，如果无视当代世界多样性的现实，借口统一性而试图把自己的价值观和发展模式强加于人，那也是同历史发展潮流相悖的，不可能得到世界各国人民的认同。迄今为止，在不到 300 年时间里所实现的工业化、现代化，仅惠及不到 10 亿人口。而在未来的发展中，有可能在短得多的时间内使工业化、现代化的成果惠及几十亿人口，为世界的和平发展与共同繁荣创造条件。这就要求在经济全球化的历史进程中，不同的国家和地区在经济上相互合作、优势互补，共同推进经济全球化朝着均衡、普惠、共赢的方向发展。当代科技的快速发展和经济全球化，所体现的历史进步的时代潮流，具有不可逆转的性质，是历史演进中世界统一性的重要内容。同样，经济全球化是以区域合作和国家间的合作为基础的；没有不同地区的支撑和国家间的合作，经济全球化就很难深入发展。不同区域和国家的现实存在是世界多样化的表现。当今世界，世界多极化与经济全球化相伴而行，同样具有不可逆转的性质。与单边主义不同，世界多极化要求确认国家不分大小、强弱、贫富一律平等，尊重各国人民自主选择发展道路的权利，不干涉别国内部事务，不把自己的意志强加于人；要求开展区域合作和国家间的合作，寻求并扩大各方利益的汇合点，以互利共赢的原则促进本国、本地区和世界的共同繁荣和发展，为解决全球经济失衡问题创造条件；要求国际社会帮助发展中国家增强自主发展能力，推动国际秩序朝着公正合理的方向发展，为缩小南北差距创造条件。所有这一切都是世界多极化进程中的必然要求，也是经济全球化深入发展的内在需要。世界多极化缘于当代世界发展的现实，反映了历史发展的客观进程。尽管在历史地既已形成的局势下，它的发展不可能一帆风顺，而可能曲折前行，但世界多极化发展的历史趋势是不可逆转的，这是世界多样性的具体表现。认识当今时代世界发展进程中所出现的统一性和多样性及其特点，对于我们正确处理面临的错综复杂的关系，把握世界的走势和采取相应的对策，有重要意义，这也是我们提出统一性和多样性作为唯物辩证法范畴的一个重要根据。

本来，统一性和多样性问题在实际生活中早就存在。然而，时代的发展和科技进步、实际生活所发生的巨大变动，从来也没有像今天这样把统一性和多样性问题推向了特别突出特别尖锐的地位。列宁曾说：“在人面前是自然现象之网。本能的人，即野蛮人，没有把自己同自然界区别开来。自觉的人则区别开来了，范畴是区别过程中的梯级，即认识世界的过程中的梯级，即帮助我们认识和掌握自然现象之网的网上纽结。”① “自然现象之网”是不断变化的，人们把握这个网上的“纽结”也必然不断丰富和发展。统一性和多样性与当代科技的迅猛发展和错综复杂的时代变化紧相联系，是具有时代特征的一对辩证法范畴。

（三）我国改革开放进程中的统一性和多样性

1978 年，中国共产党召开具有重大历史意义的十一届三中全会，开启了改革开放历史新时期。胡锦涛同志在党的十七大报告中指出：“从那时以来，中国共产党人和中国人民以一往无前的进取精神和波澜壮阔的创新实践，谱写了中华民族自强不息、顽强奋进新的壮丽史诗，中国人民的面貌、社会主义中国的面貌、中国共产党的面貌发生了历史性变化。”② 这是对我国改革开放伟大历史进程的精辟而深刻的概括。讲的是“创新实践”、“新的壮丽史诗”，突出了一个“新”字，而发生的变化则是历史性的。

第一，创新实践源于实践发展的迫切需要，也是催生理论创新的现实土壤。在 30 年改革开放进程中，理论与实践密切结合，实践创新与理论创新交相辉映，新事物层出不穷，事物的多样性不断显现，统一性和多样性的关系在实际生活中显得特别突出。世界是多样性的，每个国家都有自己的特殊国情，在我们这样一个具有十几亿人口、在各方面具有多样性特点的东方大国中找到一条建设社会主义道路，在马克思主义发展史上是新

---

① 《列宁全集》中文第二版第 55 卷，人民出版社 1990 年版，第 78 页。
② 胡锦涛：《高举中国特色社会主义伟大旗帜　为夺取全面建设小康社会新胜利而奋斗》，《人民日报》2007 年 10 月 25 日。

课题，在书本上不见经典，在现实生活中没有先例可源，照搬书本、照搬外国都是行不通的。只能从我们自己的国情出发，把马克思主义基本原理同中国实际相结合，在实践中开拓创新，"走自己的道路，建设有中国特色的社会主义"，这就是中国特色社会主义道路。以邓小平同志为代表的中国共产党人，在总结新中国成立以来正反两方面经验的基础上，在研究和借鉴国际经验的基础上，在改革开放崭新实践中找到了这条道路。这是一条新路，无论在理论上或实践上都有划时代的意义。在改革开放最初阶段所找到的这条道路，在后来的发展中又不断得到丰富和发展，党的十七大对中国特色社会主义道路和中国特色社会主义理论体系的科学内涵作了完整表述。中国特色社会主义道路之所以完全正确，之所以能够引领中国发展进步，关键在于我们既坚持了科学社会主义的基本原理，又根据我国实际和时代特征赋予其鲜明的中国特色。我们在改革开放中坚持以经济建设为中心，坚持四项基本原则，坚持通过解放和发展生产力完善社会主义制度，在发展生产力基础上不断改善人民生活，坚持通过发展促进社会公平正义，等等。所有这些，都体现了社会主义基本原则。同时，由于中国仍处于社会主义初级阶段，这样的基本国情又决定了我们要建设的社会主义，必然会具有更多的中国特色，表现为丰富多彩的多样性。改革开放、联产承包、乡镇企业、经济特区、初级阶段、分三步走的现代化发展战略、区域发展的两个大局、先富后富和共同富裕、社会主义市场经济、公有制为主体、多种所有制经济共同发展、按劳分配为主体多种分配并存、全面小康、以人为本、科学发展、社会和谐"一国两制"，等等，都是我们在中国特色社会主义道路上所创造的各方面的中国特色，是事物的多样性在实际生活中的生动体现。如果说，科学社会主义的一般原理具有普遍性，体现了历史发展进程的统一性要求，那么，在把这种一般原理应用于不同国家时只有同那里的具体国情相结合，才能显示其生命力和创造性，以具体实践的方式转化为现实。我国在改革开放进程中所采取的一系列重大决策和在实践中所显现的多样性，正是把一般原理与当代中国的具体实际和时代特征相结合的结果，是把坚持马克思主义基本原理同推进马克思主义中国化结合起来的产物。我们说中国特色社会主义道路是具有巨大优越性的，是因为我们在这条道路上所创造的各方面事业和各项工作的一系列中国特色，是具有强大生命力的。与统一性具有内在联系的多样性，是生命力的源泉，是把一般的东西转化为具体现实的结合点。只有坚持统一性和多样性辩证统一的观点，才能更好地把握现实，理解中国特色社会主义道路的深刻内涵及重大意义。

第二，改革开放进程中的统一性和多样性还可以从中国特色社会主义理论体系的角度来理解。

党的十七大首次对这一理论体系的科学内涵作了完整表述，明确指出："中国特色社会主义理论体系，就是包括邓小平理论、'三个代表'重要思想以及科学发展观等重大战略思想在内的科学理论体系。这个理论体系，坚持和发展了马克思列宁主义、毛泽东思想，凝结了几代中国共产党人带领人民不懈探索实践的智慧和心血，是马克思主义中国化最新成果，是党最可宝贵的政治和精神财富，是全国各族人民团结奋斗的共同思想基础。中国特色社会主义理论体系是不断发展的开放的理论体系。《共产党宣言》发表以来近一百六十年的实践证明，马克思主义只有与本国国情相结合、与时代发展同进步、与人民群众共命运，才能焕发出强大的生命力、创造力、感召力。在当代中国，坚持中国特色社会主义理论体系，就是真正坚持马克思主义。"这对中国特色社会主义理论体系的科学界定，对于我们在中国特色社会主义道路上继续前进有重大意义。

中国特色社会主义理论体系具有丰富的内容，它不是某一局部的一般工作总结，而是全方位大跨度地对实践经验的高度概括和理论升华，是由一系列的新思想、新观点、新论断所形成的理论观点，是由这些相互联系的理论观点所构成的科学理论体系。在这一理论体系中各种理论观点之间具有内在统一性。譬如，社会主义初级阶段论、社会主义本质论、社会主义市场经济论、"三个代表"重要思想、科学发展观和构造社会主义和谐社会的理论等，都是这一理论体系的有机组成部分。它们都是围绕着在中国怎样建设社会主义这个主题而展开的；建设中国特色社会主义是它们所面临的共同课题。这就决定了构成这一理论体系的各理论观点之间的内在统一性。但同中亦有异，切入点不同，论述的侧重点不同，有的是在这一理论体系初创时期围绕什么是社会主义、怎样建设社会主义这个主题，回答了相关的一系列基本问题；有的则侧重于回答在世情、国情、党情已经变化了的条件下建设什么样的党、怎样建设党的问题；有的则侧重于回答在新的具体条件下实现什么样的发展、怎样发展的问题。随着过程的推移，认识在不断深化，理论内容更加丰富和发展了。

（原载刘国光、汝信主编《有中国特色的社会主义》，中国社会科学出版社 1993 年版）

统一性和多样性与社会主义事业的发展

统一性和多样性，是个具有普遍意义的哲学范畴，从人们的日常生活到一个民族、地区、国家大事的处理，乃至对整个宇宙无限发展的观察和审视，都同统一性、多样性问题密切相关。统一性和多样性的关系，也是社会主义在发展中经常遇到的重大问题。回顾历史，社会主义从一种社会思潮到社会运动，直到以社会制度的形式转变为现实，以及社会主义制度从一国到多国的建立及其兴衰成败发展的历史，就思想理论层面而言似乎都与统一性和多样性问题紧密相关。过往的 20 世纪，是社会主义从理论到实践的一百年。20 世纪初，俄国十月革命的胜利，标志着社会主义第一次在现实实践中转变为社会主义制度。20 世纪中叶，社会主义又由一国发展为多国，一系列国家走上了社会主义道路，极大地改变了世界的面貌。到世纪末历史的发展又出现了重大曲折，苏联解体东欧剧变，世界社会主义遭受了空前严重的挫折。而中国等社会主义国家实行改革开放，使社会主义重新获得了生机和活力，展现了社会主义发展的光辉前景。历史经验表明，走上社会主义道路的国家，毫无例外地都面临着如何处理统一性和多样性的关系，并且在这个问题上普遍地出现过失误；有些社会主义国家由于长期没有解决好这个问题而付出了沉重的代价。历史和现实经验都告诉我们，正确处理统一性和多样性的关系，对于社会主义事业的复兴和发展，对于我们把建设中国特色社会主义的事业继续推向前进，具有重大而深远的意义。

一　统一性和多样性的基本含义

统一性、多样性是人们日常生活中经常使用的词语，也是哲学家们时常运用的概念；哲学上所讲的统一性和多样性虽然不能简单地等同于日常生活用语，但确乎又与人们的生活实践有很密切的关系。因此从哲学理论上弄清统一性与多样性的内涵以及它们之间的关系，是必要的。

概括地说，在马克思主义哲学体系中，世界的统一性和世界的物质性是密切关联而在内容上又是一致的。世界的统一性所回答的是，世界的本原归根到底是一个还是多个的问题；世界的物质性所回答的是世界的本原是什么，世界上多种多样的事物和现象是在什么基础上统一起来的问题。换言之，对世界统一性问题的回答，是同如何解决哲学基本问题直接联系在一起的。

马克思主义哲学对世界统一性问题作了既是唯物又是辩证的科学回答。它认为世界统一于物质，而物质又以多种形态存在、运动和发展着，所以它坚持统一性和多样性相统一的观点。恩格斯曾说："世界的真正的统一性是在于它的物质性，而这种物质性不是魔术师的三两句话所能证明的，而是由哲学和自然科学的长期的和持续的发展来证明的。"① 列宁给物质下的定义与恩格斯是一脉相承的，至今已一百多年过去了。自从那时以来，世界已经发生了巨大而深刻的变化。社会主义以社会制度的形式转变为现实之后，在过往的 20 世纪走过了它真实的历史，资本主义在战后的一段时间的调整、发展之后，又陷入了危机迭起的当今岁月；经济全球化和多极化正以不可逆转的势头曲折前行。总之，社会生活的变动是巨大而深刻的。显现了引人注意的多样性。

同样，今天人们对自然界的认识，无论在广度和深度上都比以往任何时候都更扩展和深入了，关于天体运动的天体力学、天体化学、天体物理学的最新发展，不仅证明了太阳系中的太阳、行星和地球有同样的物质基础，而且进一步揭示了天体运动形式的多样性。在微观领域，列宁那个时代，电子才发现不久，人们对原子核的知识还知之不多，而现今的情况已非往昔可比。人们已经认识到，原子核内部是一个多层次的十分复杂的结构。现今人们已知的基本粒子有三百余种，其中有的是寿命极短的共振态粒子，寿命较长的基本粒子有 30 多种，按质量大小和相互作用性质，基本粒子又大致可

---

① 《马克思恩格斯选集》第 3 卷，人民出版社 1972 年版，第 83 页。

分为四类，即光子、轻子、介子、重子。光子和轻子质量较轻，只参与弱相互作用，介子和重子质量较重，参与强相互作用，统称为强子。20世纪60年代以后，由于加速器能量的提高和探测器性能的改善，科学家在实验室中发现，强子并不是一个简单的点，而有其内部结构。于是在此基础上出现了有关强子的复合模型，即"夸克"模型、"层子"模型等。更引人注意的是，在欧洲的高强度实验中发现了一种叫做"希格斯粒子"的踪迹，即被称为"上帝粒子"的粒子，虽然还有待最后证实，但据说已为期不远，据称这个"希格斯粒子"一旦被证实，其意义重大。科学家推测认为，是它把"质量"赋予其他粒子，进一步再赋予宇宙中其他物体和生物。科学发展的事实表明，当人们的认识已经深入到更深层次时，不仅证明物质结构上的任何极限都是不存在的，而且在每一更深的层次上都显现出它的多样性。事实反复证明，自然科学和哲学的长期、持续的发展，是个无限的过程，统一的世界在运动形式、关系、结构、层次等方面的多样性的显现，也是一个没有尽头的过程。随着过程的推移和实践的不断发展，人们对世界统一性和多样性的理解和认识也将越来越丰富、深化。系统论、控制论、信息论的发展不仅进一步证明了世界的物质统一性，而且从新的角度丰富和发展了世界统一性的原理，他们所揭示的关于世界的系统性、整体性、层次性、有序性、动态性以及系统之间的相互联系、相互作用的机制等等，无疑进一步开阔了人们的眼界，使人们对世界统一性和多样性的认识向前跨进了。所以马克思主义哲学关于世界物质统一性的基本观点虽然是颠扑不破的，但同时又认为关于世界的物质统一性的科学证明又不是一劳永逸地结束了。相反，辩证哲学的基本观点正是：统一的物质世界是无限发展的，人类改造世界实践和认识也是不断深化的，因此对世界的物质统一性的科学证明和哲学论证，也必然是"长期的和持续的"发展过程。这是我们在谈论统一性与多样性问题时所理应具有的一个基本观点。

其次，作为辩证法范畴的统一性和多样性，无疑是以确认唯物主义基本原则为前提的，但同时马克思主义哲学又十分重视实践的作用，把实践作为自身的一个重要特点，我们所生活于其中的环境是属人的世界，是只有用人的方式才能加以把握的世界。那么统一性与多样性的问题又是与人的实践、人的全部活动不可分割的相联系的。因此，所谓统一性，是指事物自身所固有的并通过实践所反映出来的那种常住的具有主导、统摄、包容一切的性质的哲学范畴，是各种现象及其相互关系得以展开和显现的基础。从无机界到有机界，从一般生物到人类社会，从物质现象到精神现象，它们之间都存在着统一性。科学发展的无数事实证明，各种天体之间并没有不可捉摸的神秘的东西，它们都是统一的物质世界的有机组成部分。人类社会有不同于自然界的发展规律，但两者之间也有着统一性；在人类社会的物质现象与精神现象之间存在着不同的特性和规律，但它们之间又有着本质的同一性。由此看来，以物质为本原、以实践为现实基础的统一性，本身就内含着发展的多样性，而这种统一性则是丰富多彩的多样性得以显现的基础。

与统一性相联系的多样性，则是表征事物在形式、结构、层次、发展过程、阶段等方面的差别性的范畴，是指区别物自身以及区别物之间的关系。现代科学所提供的成果，大大丰富了人们对统一的物质世界的多样性的认识。科学技术革命的潮流汹涌澎湃，统一的物质世界在存在和运动方式、结构和功能、系统和层次等方面的多样性，以前所未有的规模和速度展现出来了。科学和实践的发展已经证明，人们关于现实世界的简单性原则正在失去效用，而关于物质的复杂性和实践的不可逆转性的见解，正在得到越来越多的人们的确认。历史是发展的，发展中不断出现新情况、新问题和新事物，未来并不完全在过去之中，因此，揭示事物发展的新的方面，注意地平线上所出现的新事物、新现象，必将使我们对统一性和多样性的认识不断深化，我们在建设社会主义的实践中，之所以反复强调一切从实际出发，实事求是这个马列主义、毛泽东思想的根本观点的极端重要性，就因为只有按照这样的根本观点去观察和思考问题，才能不断加深对我们所生活于其中的现实世界的理解，才能对世界形势和国内外的实际切实地加以把握；才能在统观全局的情势下不断地把握变化着的实际情况，从而提出新问题，不断地为解决这些新问题而努力。比如，科学技术是第一生产力这个科学论断，就确实反映了当今科技发展的现实实际；社会主义要解决它所面临的发展生产力这个根本任务，离开或不重视这个科学论断，忽视科技发展对今天物质生产的发展乃至整个社会的发展所起的重要作用，是无论如何也办不到的。同样，社会主义要解放和发展生产力，就需要把经济基础和上层建筑中的那种束缚生产力发展的环节和方面加以改革，从而使生产力不断得到解放。这就是为什么我们在实践中必须不断解放思想，倡导开拓前进的根本原因。不断解放思想，是为了摆脱一切陈腐观念的束缚，使思想合于变化了的客观实际，做到主观与客观的不断的具体的统一。开拓前进，是建设中国特色社会主义的需要，是为了不断解决我们社会主义在发展中所必然遇到和必须解决的问题。所以，坚持统一性和多样性相统一的观点，强调揭示事物发展的新的方面或多样性，不仅是必要的，而且是十分可贵的。

二　统一性和多样性与社会主义事业

统一性与多样性是具有高度概括性的哲学范畴，反过来它适用的范围也甚广。无产阶级政党在领导广大人民进行社会主义革命和建设的过程中，经常会遇到如何处理统一性和多样性的关系问题。在夺取政权和巩固政权的年代是这样，在社会主义建设时期更是这样。

马克思、恩格斯创立的科学社会主义学说，揭示了人类历史发展特定阶段的客观规律，指明了资本主义必将为社会主义所代替的必然趋势。他们所揭示的关于科学社会主义的一般原理对于任何国家来说都是普遍适用的。但是马克思和恩格斯多次申明，他们的学说不是教条，而是行动的指南。因此，他们一再提示人们：这些基本原理的实际应用，"随时随地都要以当时的历史条件为转移"。[①] 列宁也说，科学社会主义"所提供的只是一般的指导原理，而这些原理的应用具体地说，在英国不同于法国，在法国不同于德国，在德国又不同于俄国"。[②] 一般原理的普遍适用性，讲的是统一性；这些原理的实际应用因不同国家而各异，讲的又是多样性。只有坚持统一性与多样性相统一的基本观点，才能保证革命事业的胜利发展。

马克思、恩格斯在创立科学社会主义学说过程中也是很重视统一性和多样性问题的。恩格斯《在马克思墓前的讲话》中指出：他一生有两大独

---

① 《马克思恩格斯选集》第 1 卷，人民出版社 1972 年版，第 228 页。
② 《列宁选集》第 1 卷，人民出版社 1972 年版，第 203 页。

到的科学发现，即发现了人类历史发展的一般规律和资本主义社会特殊的
运动规律。在马克思之前，在资本主义生产方式内部所隐蔽着的那个秘密
即剩余价值的来源问题，一直还没有解决，而"这个问题必须解决，并且
要排除任何欺骗，排除任何暴力的任何干涉，用纯粹经济学的方法来解
决"。① 恩格斯说："这个问题的解决是马克思著作划时代的功绩。他使社
会主义者早先像资产阶级经济学者一样在深沉的黑暗中摸索的经济领域，
得到了明亮的阳光的照耀。科学的社会主义就是从此开始，以此为中心发
展起来的。"② 马克思用"纯粹经济学的方法"揭示了资本主义自身的秘
密，由此而创立的剩余价值学说为社会主义从空想向科学的转变奠定了重
要理论基石。然而，当马克思研究资本主义的发展过程及其本质的时候，
不仅注重于典型的资本主义国家的考察，而且也注重那种非典型的发展程
度不一样的资本主义生产方式的研究，从而揭示整个资本主义发展的历史
趋势和本质。在马克思的视野里，资本主义的发展也不是一个整齐划一的
过程，而作为形成资本主义全部过程基础的原始积累就"在不同的国家带
有不同的色彩，按不同的顺序、在不同的历史时代通过不同的阶段"③ 而
实现的。这里所说的不同的国家、不同的色彩、不同的顺序、不同的阶段
等，都是统一的资本主义发展历史进程中多样性的表现。没有多样性就没
有统一性，正如没有统一性也没有多样性一样。马克思是在统一性和多样
性的结合中来把握事物发展的规律的。

　　马克思在考察人类社会的历史发展进程时，很重视对史实的多样性形
态的研究，因为这种研究是揭示和把握历史发展规律或统一性的必要条
件。比如对原始社会的研究，发现在人类发展史上原始社会是所有民族最
先存在的一种社会形态，但是，由于民族、部落、血缘、地域及其相互关
系的差别等等，便历史地形成社会具体形态的多样性。也就是说，并不是
所有的原始社会都是按照统一模式建立起来的，他们不仅在社会结构上是
各个不同的，而且在发展程度上也存在着差异。虽然这种"不同"或

---

① 《马克思恩格斯选集》第 3 卷，人民出版社 1972 年版，第 243 页。
② 同上。
③ 《马克思恩格斯全集》第 23 卷，人民出版社 1972 年版，第 784 页。

"差异"一般地未能超出"原始社会"这个统一的社会形态质的规定性，但又是这种原始社会得以确立并具有丰富内容的内在根据。私有制社会产生的情形也是这样。原始公社解体之后便产生了私有制，这是社会发展的常规。但由于地区、民族、具体历史条件等的不同，私有制的产生便显示出多种多样的形式。在南欧产生的是希腊、罗马的奴隶制社会，在此以北的日耳曼人那里则发展起了一种部落型的社会，至于亚细亚生产方式则更加复杂而独具特性了。凡此都说明了私有制产生过程中具体形式的多样性。马克思晚年在研究东方社会的发展时，特别着意多样性问题，他关于当年俄国有可能跨越资本主义制度的"卡夫丁峡谷"而利用资本主义所创造的一切积极成果的论断，可以说是在把统一性和多样性结合起来的一个典范。马克思分析了俄国"农业公社"独具的一些特点，同时又指出了他与控制着世界市场的西方资本主义生产方式同时存在的事实；他关于"农业公社"本身所固有的二重性、它的两种发展前途和结局的分析等等，都是在统一性和多样性的辩证统一中着重阐述多样性在历史发展进程中的重要作用。统一性是通过多样性而体现出来的，没有多样性就失去了正确理解统一性的前提。同样，多样性也是受一般历史进程（统一性）制约的，离开统一性也就不能正确理解多样性。

从上述中可以看出，马克思关于注重研究事物的多样性，坚持统一性和多样性辩证统一的观点，对于我们理解人类历史的发展进程，理解社会主义由思想理论到现实实践的转变，以及在社会主义建设过程中正确处理各种关系，都有重要意义。

在 1916 年，当社会主义革命的实践即将提上日程的时候，列宁就专门讲到通向社会主义道路的多样性问题。他指出："在人类从今天的帝国主义走向明天的社会主义革命的道路上，同样表现出这种多样性。一切民族都将走到社会主义，这是不可避免的，但是一切民族的走法却不完全一样，在民主的这种或那种形式上，在无产阶级专政的这种或那种类型上，在社会生活各方面的社会主义改造的速度上，每个民族都有自己的特点"。[①] 十月革命胜利后，列宁在 1923 年所写的《论我国革命》一文中，

---

①　《列宁全集》第 23 卷，人民出版社 1990 年版，第 64—65 页。

把俄国看成是介于西方发达国家和东方落后国家中间的类型，强调俄国革命要有自己的特点。同时指出："在东方那些人口无比众多、社会情况无比复杂的国家里，今后的革命无疑会比别国的革命带有更多的特色。"① 列宁的这些分析早已为实践所证实。自从社会主义从一国实践到多国实践以后，人们越来越清楚地认识到，社会主义不能只有一个固定的模式，各国建设社会主义的目标相同，但是建设的方法和道路可以而且应当有所不同。每个国家只有从本国的实际出发，把一般原理与本国的具体国情结合起来，建设具有本国特色的社会主义，社会主义事业才能蓬勃发展。

社会主义是人类历史上崭新的事业。迄今为止，由于社会主义革命的胜利首先是在资本主义世界统治最薄弱的地方突破的，走上社会主义道路的国家原来在经济上又都比较落后，因而就更增加了革命和建设的难度。无产阶级要取得革命和建设的胜利，就不能不借助于自身组织的力量，就必须有统一目标和保持行动的一致。无产阶级所肩负的艰巨而复杂的历史使命同它的政党在政治、组织、思想上的高度的统一性相一致的。因此，无产阶级政党在政治上的独立性、独一无二的领导权、统一而严密的组织纪律、马克思主义的指导等等，就成了无产阶级政党保持自身品格的不可缺少的条件，是任何国家或地区的无产阶级政党所必须具备的基本要求。这讲的是统一性。

但是，由于各个国家具体国情的不同，阶级关系和阶级力量对比形势的不同，社会经济、政治乃至历史文化特点、民族传统等的不同，所以统一性要求的实现，又必须以方式方法上的多样性来保证。因此列宁曾说："在方式方法方面的多样性，可以保证生机勃勃地、胜利地达到共同的一致的目标。""方式愈多愈好，共同的经验也就愈发丰富，社会主义的胜利也就愈加可靠、愈加迅速，而实践也就愈容易创造出——因为只有实践才能创造出——最好的斗争方式和手段"。② 列宁虽然在十月革命胜利后生活的时间不长，对于大规模的社会主义建设中的诸多问题还没有来得及做更多的接触和详细的论述。但他在所生活的年代，在组织向社会主义过渡的过程中，以及在组织建设新生活的过程中，都非常强调要从当时的实际情况出发，强调

---

① 《列宁选集》第 4 卷，人民出版社 1972 年版，第 692 页。
② 《列宁选集》第 3 卷，人民出版社 1972 年版，第 400 页。

必须把统一性和多样性结合起来。可以说，这是贯穿于当时列宁著作中的一个基本思想。他曾经援引巴黎公社的例子来阐明这个道理。他指出：巴黎公社是把来自下边的首创精神、主动性、灵活性和自觉实行的集中制互相结合起来的伟大榜样；而这种集中制正是与任何死板公式不相容的。照列宁说，苏维埃走的也是巴黎公社的道路，即把来自下面的主动性、灵活性和集中制结合起来的道路。列宁就当时的情况说，苏维埃在这条道路上还有些"胆怯"，还不够大胆，所以他号召苏维埃应当"更大胆、更主动地"在这条道路上走下去，以期把集中制和灵活性、主动性等结合起来这方面创造出新的经验。① 这里所说的集中制，体现了统一性的要求，而灵活性、主动性等等，则蕴含着多样性的意义。列宁在十月革命前后，围绕着革命实践中的诸多问题反复阐明了统一性与多样性的关系。1900 年，他针对那种不理解革命运动的统一性与多样性的辩证关系的观点，明确指出："使运动统一起来，决不排斥多样性，相反的，这样做甚至可以为多样性创造更广阔、更自由的活动场所。"② 在讲到中央和地方、民主集中制和自治制、联邦制等的关系时，列宁认为，民主集中制是实现统一性要求的保证，但民主集中制"决不排斥自治制和联邦制，同时在社会生活和经济生活中也丝毫不排斥各地区……有采取各种形式的完全自由"，"而且相反地还要以这种自由为前提"。按列宁说，"真正民主意义上的集中制，……就是不仅使地方的特点，而且使地方的首创性、主动精神和各种各样达到总目标的道路、方式和方法，都能充分顺利地发展"，"多样性愈是丰富，我们就能愈可靠、愈迅速地达到民主集中制和实现社会主义经济。"③

由于不同国家以及同一国家的不同地区，情况往往是千差万别和千变万化的，特别是在社会变革的进程中情况会发生频繁而剧烈的变化，所以就更要讲究变革形式的多样性和可变动性。列宁明确指出："至于变革的形式、方法和手段，马克思既没有束缚自己的手脚，也没有束缚未来的社会主义革命活动家的手脚，他非常懂得在变革时会有怎样多的新问题发

① 《列宁选集》第 3 卷，人民出版社 1972 年版，第 399 页。
② 《列宁全集》第 4 卷，人民出版社 1984 年版，第 284 页。
③ 《列宁全集》第 27 卷，人民出版社 1984 年版，第 190—191 页。

生，……在变革进程中整个情况会怎样频繁而剧烈地变化。"① 我们从列宁
所领导的实践中，都可以看到他的上述思想的贯彻。他关于签订布列斯特
和约的主张，从战时共产主义断然向新经济政策的转变，关于广大干部既
要在实践中学习和创造，又要善于向资本主义学习一切先进技术和管理方
法，以及在建设新生活的过程中要善于运用各种形式、手段和方法的主张
等等，都可以看作是他在把原则性和灵活性相结合方面所作的巨大努力，
都是他把统一性和多样性结合起来的光辉范例。列宁所坚持的这种统一性
和多样性相统一的思想，经受了历史的考验。虽然在列宁之后历史的发展
经历了诸多曲折，但列宁的思想并没有被岁月的风尘所遮蔽，反而历久弥
坚，光照人寰。

　　列宁逝世后，斯大林领导苏联人民保卫了第一个社会主义国家，在社
会主义建设中也取得了一定的进展。在他的晚年，还对社会主义条件下的
商品生产、价值规律等问题作了有意义的探讨，但他又不能摆脱所有制问
题上愈单一愈好的主张，对商品生产和价值规律也限制在狭小的范围内。
由于种种原因也包括他理论上的失误和形而上学思维方式的影响，他在处
理统一性与多样性关系问题上陷入了严重的失误。其主要特点是只讲统一
性，不讲多样性；离开多样性而言统一性，把统一性看成是排斥多样性的
东西。表现在经济体制上则形成了一种固定不变的模式。其主要特点是高
度集中，高度集权，缺乏必要的灵活性和多样性；往往是依靠行政手段实
行经济管理；国家集中统一的计划实际上变成了由上面规定一切的框子。
这种经济体制在苏联 20 年代末形成有其特定的历史条件，并且也起了一
定的历史作用。但是，由于这种经济体制一开始就是以忽略各地方千差万
别的多样性情况为基础的，而随着实践的发展，它的弊端也就日益明显地
暴露出来，以至于使社会主义逐渐失去了生机和活力，成了苏联经济长期
搞不上去的重要原因。这种体制给苏联的社会主义建设造成了严重后果，
也对其他社会主义国家的建设事业产生了不利影响。

（原载《中国社会科学院研究生院学报》1993 年第 2 期）

---

① 《列宁全集》第 27 卷，人民出版社 1984 年版，第 318 页。

我国社会生活中的统一性与多样性

在中国革命和建设的长期历程中，都存在着如何处理统一性和多样性的关系问题。每当统一性和多样性的关系得到正确处理，革命和建设事业就顺利发展，而在相反的情况下则遭受挫折和失败。众所周知，对苏联"模式"的模仿和照搬给东欧各国的社会主义事业造成重大损失，并且成为导致东欧剧变的重要原因之一。那么，苏联"模式"对中国有没有影响呢？如果有影响其具体情形又如何呢？我们知道，无论在革命时期或建设时期中国都有自己的特点，在统一性与多样性相结合的问题上既有成功的经验，也有失败的教训，表现为相当复杂的情况。1979 年 12 月 26 日，邓小平同志会见美国不列颠百科全书出版公司编委会副主席吉布尼时有一段对话，吉布尼说："美国犯了一个很大的错误，就是看社会主义中国的时候，把它看成和苏联的社会主义是一模一样的。那么，中国开始的时候是否确实也有这方面的思想混乱，即完全模仿和学习了苏联社会主义的道路，而不是采取一种中国式的社会主义道路？"邓小平回答说："中国的社会主义道路与苏联不完全一样，一开始就有区别，中国建国以来就有自己的特点。我们对资本家的社会主义改造，是采取赎买的政策，不是剥夺的政策。所以中国消灭资产阶级，搞社会主义改造，非常顺利，整个国民经济没有受任何影响。毛泽东主席提出的中国要形成既有集中又有民主，既有纪律又有自由，既有统一意志又有个人心情舒畅、生动活泼的政治局面，也与苏联不同。但是，我们有些经济制度，特别是企业的管理、企业的组织这些方面，受苏联影响比较大。这些方面资本主义国家先进的经营方法、管理方法、发展科学的方法，我们社会主义应该继承。在这些方面我们改革起来还有许多困难。"① 邓小平这里所说的中国的社会主义道路与

---

① 《邓小平文选》第 2 卷，人民出版社 1994 年版，第 234—235 页。

苏联"不完全一样"、"一开始就有区别"、具有自己的"特点"，以及在一些方面"受苏联影响比较大"等，是对客观历史的准确概括，对中国是否受苏联"模式"影响问题作出了有分析的实事求是的回答。

实际生活表明，在中国革命和建设过程中，统一性与多样性问题表现在各个方面，贯穿于社会主义社会发展的历程之中。

中国共产党人在长期的革命和建设过程中，在如何处理统一性与多样性的关系上，既有成功的经验，也有失误。在党的幼年时期，由于对马克思列宁主义的普遍真理与中国的具体情况尚缺乏统一的了解，特别是对中国的特殊国情或矛盾的特殊性尚缺乏应有的知识，所以往往把普遍的东西绝对化，只知照搬现成的模式；把统一的革命要求抽象化，而不懂得要实现这种统一性则必须把它中国化，使之在适合于中国具体情况的多样化的形式中方能实现。右倾机会主义者放弃无产阶级的领导权，往往以削弱或丧失无产阶级的独立自主的原则去同敌对势力搞妥协，结果给革命事业造成损失，根本违背了马克思主义的统一性的要求。"左"倾机会主义者拒绝研究事物矛盾的特殊性，不懂得不同的国家、不同的地区和条件、不同的运动形式和发展过程等等，都是相互区别，因而在质上都显现为是具有多样性的，所以只有用不同的形式和方法才能正确处理矛盾的道理，结果是几乎断送了革命。这既剥夺了统一性的真实内容，使之成为根本不能实现的空洞的抽象，又把一切多样性视为异端，一概加以拒绝，因而从统一性和多样性这两个方面都离开了马克思主义。

以毛泽东同志为代表的中国共产党人，在总结实践经验的基础上，终于探寻并找到了把普遍的东西中国化，把统一性与多样性结合起来的具体形式和道路。我们党关于由农村包围城市最后夺取全国政权的道路，关于新民主主义革命一整套的理论、方针和政策，都是建立在对中国特殊国情的科学分析基础之上的，体现了毛泽东关于把统一性和多样性加以有机结合的光辉思想。

新中国成立后，无产阶级专政在我国采取了人民民主专政形式，这本身就是一个伟大的创造。其间包含着对中国阶级关系、阶级力量的对比和阶级阵线的特殊组合等多样性的深刻分析。这样，一方面保证了无产阶级政党的不可分割的领导权，另一方面又使政权建立在广泛的群众基础之上，实现了统一性与多样性的有机结合。

我国的社会主义改造取得了伟大的成功。成功的一个根本原因，就是从我国的实际出发，创造了把统一性和多样性结合起来的一系列具体形式。在对资本主义工商业的改造中，从委托加工、计划订货、统购包销、委托经销代销、公私合营到全行业公私合营等一系列由低级到高级的国家资本主义的过渡形式，都有力地保证了社会主义改造这个统一性要求的实现。而在社会主义改造后期的一些缺点和偏差，如要求过急、工作过粗、改变过快、形式也过于单一化等等，则从另一方面证明：统一性必须和多样性结合起来；一旦离开多样性而言统一性，则不可避免地会造成工作上的失误。众所周知，社会主义改造后期由于忽视多样性，即由要求过粗过急、形式过于单一化而造成的失误，带来了长时间遗留的一些问题，以至于在后来的实践中我们不得不在补救这些历史遗留问题方面作出努力。正、反两个方面的经验都证明：统一性不能以否定多样性为条件，多样性反而是实现统一性的保证和条件。

在生产资料所有制的社会主义改造基本完成以后，由于对迅速到来的大规模的建设缺少充分的思想准备和科学研究，特别是由于逐渐离开了实事求是的科学态度和优良传统，结果在如何处理统一性与多样性的问题上陷入了严重失误。追求"一大二公"纯而又纯的所有制形式，实行平均主义"大锅饭"的分配制度，以及把商品经济、价值规律等当作社会主义的对立物加以批判等，都是以否定生产力的现实状况和经济结构等方面的多样性为前提的。在社会主义理论方面，由于把马、恩的某些讲法作了教条式的理解，而逐渐放弃了在实践中进行独立的思考和探索创新的努力。在社会主义的实践方面，由于在相当的时间里把苏联的社会主义模式看作是进行社会主义建设的标准模式，照搬他们的经济体制，而在相当程度上放弃了在本国的建设实践中进行创造性活动的努力。这样，便严重影响了社会主义制度优越性的发挥，使本来应该生机盎然的社会主义经济在很大程度上失去了活力。

中共十一届三中全会以来，以邓小平同志为代表的中国共产党人，总结了历史上正、反两个方面的经验，领导我国人民开辟了建设有中国特色的社会主义道路。在这条道路上我国人民已经走过了二十几个年头，我们所取得的成就举世瞩目。在九百六十万平方公里的大地上，改革的大潮奔涌而来，席卷中华大地，涤荡着古老中华的历史尘埃，涤荡着数十年来的陈规陋习和一切不符合客观实际的陈腐观念，有力地冲击了几乎使社会主义陷入困境的旧的经济体制，为社会主义注入了无尽的活力。改革开放和现代化建设的实践，使我国的社会生活显得丰富多彩。统一性与多样性的相互关系的辩证法在我国社会生活的各个领域也异常鲜明地表现出来了。

在经济领域，首先是在所有制结构上改变了过去那种基本上单一的公有制结构，建立了以公有制为主体的、多种经济成分并存的格局。这种以社会主义公有制为主体的多种经济成分并存的形式，既根本区别于西方国家的资本主义私有制，又不同于传统社会主义的单一公有制经济，体现了在所有制结构上中国社会主义经济制度的一个鲜明特色。在分配制度上，是以按劳分配为主体的多种分配形式并存的分配方式。允许并支持一部分人、一部分地区先富起来，然后再带动和帮助未富起来的人和地区，最终达到共同富裕。共同富裕，是社会主义统一性的要求，但共同富裕又不是"同步富裕"，这又是差别性或多样性的表现。如果不承认不同地区的差别性，不允许、不支持有条件的地区先富起来，而主张同步富裕，那只能导致共同贫穷。另一方面，如果收入差距过于悬殊和分配严重不合理，那也不符合社会主义共同富裕的本质要求。在经济体制上，我们过去长期实行的是高度集中的计划经济体制，这种经济体制也曾起过它的历史作用。但是这种经济体制由于存在权力过分集中的弊端，存在忽视甚至排斥商品经济，忽视甚至排斥市场作用的弊端等，越来越不适应现代化生产发展的要求，束缚生产力的发展，以致往往把整个经济搞得很死，使其失去生机和活力。所以必须从根本上对这种经济体制进行改革。改革就是解放生产力和发展生产力，就是使社会主义重新获得生机与活力。邓小平多次说过，不改革就没有希望，只能是死路一条。而对我国经济体制改革采取什么样的路径模式，是关系到社会主义建设发展全局的一个重大问题。这个问题的焦点就是如何正确认识计划与市场的关系。传统的观点认为，市场经济是资本主义特有的东西，计划经济才是社会主义经济的基本特征。这种观念流传多年，严重束缚着人们的头脑。1979 年 11 月 26 日，邓小平在同外宾谈话时就明确指出社会主义也可以搞市场经济，他说："说市场经济只存在于资本主义社会，只有资本主义的市场经济，这肯定是不正确的。社会主义为什么不可以搞市场经济，这个不能说是资本主义。"[1] 1992 年，邓小平在南方谈话中进一步指出："计划多一点还是市场多一点，不是社会主义与资本主义的本质区别。计划经济不等于社会主义，资本主义也有计划；市场经济不等于资本主义，社会主义也有市场。计划和市场都是经济手段。"[2] 邓小平的这些精辟论断，打破了传统观念对人们思想的束缚，对于广大干部和群众解放思想，走向新的改革征途和选择社会主义市场经济的改革目标模式，都具有十分重大的意义。正是邓小平所阐明的关于计划和市场都是手段，而非社会制度性质的论断，指明了我国经济体制改革的正确方向，帮助全党和全国人民在思想上澄清了对市场经济的认识。才使我国得以建立和健全市场经济体制，才能顺利完成计划经济体制向社会主义市场经济体制的过渡。回顾我国二十多年来改革的历程，我们在所有制方面，分配制度方面，以及宏观调控方面的种种变革，都表明改革的进程是市场取向不断扩大，不断加深的过程，而社会主义市场经济这一概念和我们对它的认识也在改革实践的发展中进一步完善丰富和发展。在国家宏观调控下更加重视和发挥市场的作用，既要求计划观念的更新，国家宏观调控方式的更新和改善，同时又要求大力培育、建立和完善社会主义市场经济体制。使市场作为资源配置的基础性机制发挥越来越重要的作用。概言之，就是使计划的长处和市场的长处都更加充分地发挥出来，以期收到扬长避短、优势互补之效应。显然，这种建立在所有制结构上以公有制为主体多种经济成分并存基础上的社会主义市场经济，是既区别于以私有制为基础的西方国家的市场经济，又是有别于传统社会的单一计划经济的，是在经济运行机制上中国社会主义经济的一个重要特色。这样的市场经济，与能够在全社会范围内集中必要的财力、物力、人力办大事情，可以调节社会收入，促进社会公平等相联系，反映了社会主义统一性的要求；与我国的现实生产力状况，即生产社会化程度还不高，一部分现代化工业同大量落后于现代水平几十年甚至上百年的工业同时存在，一部分经

---

① 《邓小平文选》第 2 卷，人民出版社 1994 年版，第 236 页。
② 《邓小平文选》第 3 卷，人民出版社 1993 年版，第 373 页。

济比较发达的地区同广大不发达地区同时存在，以及商品经济和市场运行机制还不够发达，信息尚不灵通等情况相联系，又反映了多样性的要求。只有坚持统一性与多样性相统一的观点，才能充分发挥社会主义市场作为资源配置的主要形式的作用。

在政治领域，中国共产党领导下的多党合作和政治协商制度正在不断完善和发展，爱国统一战线在社会主义新时期获得更加广泛的基础。随着改革的深入和中华民族的新振兴，我国各民主党派参政议政的积极性空前提高，在社会生活中显得特别活跃，在促进我国的改革和现代化建设中作出了新的贡献。在我国的社会生活中，在共产党统一领导下的各民主党派、各阶层人民之间的政治关系，出现了政通人和、团结融洽、积极向上的良好势头。一个又有集中统一的领导，又有各阶层积极性的广泛充分的发挥，共同致力于建设中国特色社会主义事业的生动活泼的政治局面，终于形成。我国实行的这种共产党领导下的多党合作和政治协商制度，是既区别于现时流行的多党制，又区别于传统的一党制，是具有鲜明中国特色的社会主义政治的一个重要方面。也是统一性与多样性在政治生活中有机结合的一个范例。

在思想文化领域，改革开放以来，我国的文化事业出现了前所未有的繁荣和发展，科学技术和哲学社会科学事业的发展和进步举世瞩目。我国科学创新体制的建立和实施，必将推动科学事业进一步发展，从而为我国经济发展和社会进步提供有力的精神动力和智力支持。在意识形态领域，马克思主义中国化的理论研究和建设工程正在顺利推进，以马克思主义为核心的社会主义意识形态是社会思想的主流。在党的"双百"方针的指引下。科学上不同的观点，文化艺术上不同形式，不同创作方法和不同艺术风格，不同题材等都获得了广阔的发展空间。出现了人们期望已久的宽松和谐的学术环境和科学文艺繁荣发展的良好势头。这一切都是统一性所要求的多样性的生动体现。与此同时，我们也必须看到，在对外开放的过程中，来自外部的一些思想文化，包括积极的和消极的两个方面都一起涌来。在中外文化交流中，各种思想文化相互激荡，人们受各种思想观念影响的渠道明显增多，人们思想活动的独立性选择性、差异性、多变性明显增强。在这种情势下，坚持以马克思主义为指导，对多样性的东西加以辨析，吸取一切人类文化发展的积极成果为我所用，而摒弃那些腐朽的东西，诸如拜金主义、享乐主义以及低级庸俗的文化垃圾等，从而坚持先进文化的发展方向。弘扬主旋律，就是弘扬以爱国主义为核心的民族精神和以改革创新为核心的时代精神，立足于本国的实际发展适合中国特色社会主义事业需要的文化事业；提倡多样化，并不是不加辨析地照抄照搬，不是精华和糟粕"一窝煮"，而是通过辩证地扬弃创造丰富多彩的文化产品，以满足人们精神生活的多样性需要。主旋律与多样化的统一，就是统一性和多样性的辩证统一观在文化事业中的集中体现。

我国又是一个幅员辽阔的多民族国家。因此，民族之间、地区之间的差别性是我国社会生活中的多样性的重要表现。在辽阔的中华大地上，各地区、各民族之间在自然条件，历史的和现实的经济状况以及民族的文化传统等方面，都是有差别的，因而是多样性的。但我国又是由 56 个民族早已历史地融合为统一的中华民族，形成了"多元一体"的传统民族格局。这是我国在民族问题上的一个重要特点，也是区别于世界上其他许多多民族国家的一个优势。但民族问题又是一个历史范畴。只有社会主义的中国才能为我国各民族的共同发展创造社会前提。我们党所实行的民族区域自治制度取得了伟大的成功。成功的关键是在共产党的领导下建立和发展的各民族平等互助、团结合作、共同繁荣的社会主义的新型民族关系，特别是通过经济的发展和正确的民族政策的实施使各民族的生活不断得到了改善。无数事实表明，当国家政权顺应经济发展的要求、致力于经济的发展时，便会对各民族广大人民产生吸引力，其结果便会增强民族凝聚力，从而促进和不断完善民族团结和国家的统一。相反，如果社会主义国家采取错误的方针，使政权违反了经济发展的方向，则必然背离民心，涣散民族凝聚力，甚至走向四分五裂。这已为社会主义国家的不同走向和结局所证实。所以，要承认民族问题上的差别性或多样性，同时又要坚持统一性，而坚持统一性的最根本最坚实的基础则是经济的不断发展，为各民族的共同繁荣创造条件。我国改革开放以来，各少数民族地区的经济得到新的繁荣和发展，人民生活明显改善，出现了各民族更加团结、欣欣向荣的局面，与某些国家陷入民族危机的情况形成了鲜明的对照。这是与改革开放以来我们所取得的巨大成就分不开的。

　　实行民族区域自治，是我国的一项基本政治制度。邓小平强调："解决民族问题，中国需要的不是民族共和国联邦的制度，而是民族区域自治的制度。我们认为，这个制度比较好，适合中国的情况。我们有很多优越的东西，这是我们社会制度的优势，不能放弃。"把民族区域自治上升到社会主义制度优势的高度，是邓小平科学总结我们党和世界上一些国家处理民族问题的经验教训后得出的科学结论。众所周知，针对"文化大革命"期间民族区域自治遭到破坏，少数民族自治权利得不到保证的情况，邓小平在著名的《党和国家领导制度的改革》一文中强调指出："要使各少数民族聚居的地方真正实行民族区域自治。"并在新疆视察工作时再次强调：法律上要解决这个问题，要有民族区域自治法。1984 年全国人大会议通过了民族区域自治法，以基本法的形式把民族区域自治制度固定下来。

　　制度和法律都要以相应的科学理论为基础，没有思想上的拨乱反正和理论创新，制度和法律的实施就缺少必要的精神动力和理论支撑。一个关乎全局的理论问题是：在剥削阶级作为一个阶级已被基本消灭，各族人民已经陆续走上社会主义道路的条件下，民族问题的实质是否依然是阶级问题。在过往的相当时间里，在极"左"思想的影响下，"民族问题的实质，依然是阶级问题"这个错误论断造成了严重后果。它不仅混淆了民族问题与阶级问题的界限，混淆了人民内部矛盾和敌我矛盾的界限，而且从根本上违背了马克思主义关于"民族问题是社会总问题的一部分"的基本原理。党的十一届三中全会后，邓小平坚持马列主义、毛泽东思想的科学体系，果断摒弃了"民族问题的实质是阶级问题"的错误观点，实现了我们党民族理论上的重大突破，为民族工作的拨乱反正和新时期民族工作顺利开展提供了理论依据。1979 年 6 月，邓小平明确指出："我国各兄弟民族经过民主改革和社会主义改造，早已陆续走上社会主义道路，结成了社会主义的团结友爱、互助合作的新型民族关系。各民族的不同宗教的爱国人士有了很大的进步。在实现四个现代化的进程中，各民族的社会主义一致性，将更加发展，各民族的大团结将更加巩固。"① 在邓小平亲自主持起草的《建国以来党的若干历史问题的决议》强调指出："必须明确认识，

----

　　① 《邓小平文选》第 2 卷，人民出版社 1994 年版，第 186 页。

现在我国的民族关系基本上是各族劳动人民之间的关系。"国家民委李德洙主任说:"这就进一步揭示了社会主义民族关系的性质基本上是劳动人民之间的关系,民族矛盾主要是人民内部矛盾。邓小平同志对社会主义民族关系性质的科学判断,意义重大。我国民族工作领域的拨乱反正,就是从彻底否定'民族问题的实质是阶级问题'这一错误观点开始的;新时期民族工作重点的转移,也是以否定这一错误观点开始的。"[①] 与此同时,邓小平还强调必须坚决反对民族分裂活动,因为这种民族分裂活动是破坏民族团结、社会稳定和祖国统一的最大危险,是影响少数民族和民族地区发展的最大障碍。他强调指出,在中国这个多民族国家,搞好民族团结方能真正形成中华民族美好的大家庭。在我国社会主义建设的新时期,邓小平强调的我国各民族的"社会主义一致性"将更加发展、"各民族的大团结"将更加巩固的期望,已经一步步地变成现实并正在向前发展。由于历史和自然的原因,我国少数民族相对集中的西部地区与东部地区相比,存在较大差距。党中央1999年作出的实施西部大开发的战略决策,近年来提出的科学发展观,五"统筹"和建设社会主义和谐社会的战略决策,以及关于民族地区工作一系列政策等,都是我国民族地区进一步繁荣和发展的重要特征。

回顾历史,我国在社会主义道路上的发展历程中,虽然在民族工作方面也经历过一些曲折,但在马列主义、毛泽东思想的指引下还是取得了伟大的成功。在马列主义的理论武库中有关于民族问题的诸多论述,但是马列主义的民族理论没有也不可能成为各国如何处理民族问题的现成方案。以毛泽东为代表的中国共产党人的伟大创新在于:从中国的实际情况出发,一开始就独创性地建立了国家统一领导下的民族区域自治制度,实行在少数民族聚居的地区建立自治地方、设立自治机关、行使自治权的制度,制定了一系列的相关方针政策,并在实践过程中不断总结经验,使之更加完善发展。

十一届三中全会后邓小平又集中全党和全国各族人民的智慧,在概括历史和现实经验的基础上,继承和发展了毛泽东思想。他关于我国新时期

---

　　① 李德洙:《邓小平对马克思主义民族理论的重大贡献》,《人民日报》2004年9月6日。

民族关系性质的论断，关于实施民族区域自治要着力于"发展"，首先要"搞好经济"的论断，关于反对民族分裂活动维护祖国统一的重要思想，关于做好民族工作"要多做调查研究"，要慎重稳定，要从民族地区的实际出发，而不能照搬现成模式的原则等，特别是他关于不能忽视民族问题的长期性、低估民族问题的复杂性的重要思想，都是十分重要而具有重大现实意义和深远历史意义的。20 世纪 80 年代以来，在世界民族问题不断出现新情况，新变化，一些国家和地区因民族问题而导致社会动荡不安，冲突不断的国际背景下，我国各民族始终同呼吸、共命运，保持了中华民族的大团结。自然，我们对于外部敌对势力的"分化"图谋必须保持高度警惕，对于少数分裂主义分子与之相勾结所搞的破坏活动，必须高度警惕，并坚决予以回击。好在我国各民族的生活都在改革开放的实践过程中大幅度提高了，各民族的大团结日益增强，外界对我国少数民族优越的情况了解得也越来越多了，日益增多的舆论界人士作了真实报道，这对于戳穿阴谋策划者的谎言，缩小分裂主义分子活动的空间，都是很重要的。无数事实证明，我们在为建设中国特色社会主义而奋斗的过程中，民族凝聚力不断增强，成为我国综合国力的重要组成部分。这是党的民族理论和政策的伟大胜利，是中国共产党人在把马克思主义中国化的实践中所创造的光辉业绩，也是马克思主义民族理论的重大创新。从对历史经验的反思中不难看出，从国家统一领导下的民族区域自治制度的建立，这一制度在实践中的不断完善发展，到我们党关于民族问题的一系列方针政策的选择和决策中，都可以看到统一性与多样性的关系这个哲学理念的作用。可以说，我国关于民族问题上的正确政治决策和一系列方针政策，都是从中国的实际出发的，都是随着实践的发展而不断丰富和发展的，而贯穿于其中的一个基本思想就是正确把握统一性与多样性的关系。

上述关于我国社会生活中经济、政治、思想文化领域以及民族、地区等方面的多样性和统一性分析，都是以客观存在着的现实为基础的。但是，统一性和多样性所反映的不是实体本身，而是事物自身以及事物之间的关系。这种关系是看不见，摸不到的，感官无法对其决定取舍，但它又确是存在于各种事物联系中的一种关系，而且有如前所述它表现于各个领域的各个方面，是一种普遍性的关系。从实际出发，实事求是，运用唯物辩证法的观点和方法论分析现实中各种复杂的联系和关系，从而揭示事物本身的客观规律，这是人们作出各种正确决策的理论依据。正如毛泽东所说："总之，要照辩证法办事。这是邓小平同志讲的，我看，全党都要学习辩证法，提倡照辩证法办事。"① 江泽民同志在讲到学习邓小平建设有中国特色社会主义理论时也明确指出：要努力学习和掌握贯彻在小平同志著作中的辩证唯物主义、历史唯物主义的科学世界观和方法论。认为有了正确的立场、观点、方法，对党的路线方针政策和各项改革方案就比较容易全面正确地把握，防止片面性、绝对化；在贯彻执行中就比较容易形成统一的认识，减少不必要的争论。还特别指出：要正确处理各种关系，通过学习，多掌握一点唯物辩证法，少一点唯心论和形而上学，是对各级领导干部的一条重要要求。② 在新的世纪我国人民全面建设小康社会的过程中，面临着应对各种复杂局面，处理各种矛盾的形势，随着改革的不断深入，一些深层次的矛盾提上日程，人民群众的物质文化需要不断提高，并更趋多样化，社会利益关系更趋复杂；一些人民内部矛盾出现了多种多样的特点，等等。可以说，多样化是现实生活所呈现出的一个重要特点，正确处理统一性与多样性的关系，是实践发展所提出的一个比往常更突出的要求。在这种情势下，学习马克思主义哲学，学会"照辩证法办事"，显然具有十分重要的意义。

（原载刘国光、汝信主编《有中国特色的社会主义》，中国社会科学出版社 1993 年版）

---

① 《毛泽东选集》第 5 卷，第 361—362 页。
② 《江泽民在全国党校工作会议上讲话——全党一定要重视和加强学习》，《光明日报》1994 年 3 月 8 日。

统一性和多样性与苏东剧变

　　社会主义国家所走过的坎坷道路表明，统一性与多样性的关系决不是个无关紧要的抽象理论问题，而是同社会的经济、政治、思想文化等诸多问题紧相联系，同如何处理中央和地方、统一的国家和各民族之间的关系以及社会经济结构和经济体制等问题密切相关的，是关系到社会主义事业兴衰成败的重要问题。一些社会主义国家之所以严重受挫，乃至于丧失了社会主义的成果，固然有多方面的原因，而不能正确处理统一性与多样性的关系则是一个重要的理论上的原因。

　　社会主义从理论到实践、以社会制度的形式转变为现实，从第一个社会主义国家诞生到一系列国家走上社会主义道路，至今已有近 100 年的历史。其间，第一个社会主义国家从诞生到它的解体走过了 70 多个年头。第二次世界大战后走上社会主义道路的东欧国家到世纪末的"剧变"也经历了 40 余年。苏东剧变引起了世界历史的巨大震荡，社会主义事业遭受了前所未有的严重挫折。而中国等社会主义国家在坚持和巩固社会主义制度的基础上，实行改革开放，在把马克思主义与本国具体实践相结合的过程中，开辟了建设社会主义的新路，使社会主义获得了生机和活力，并且在社会主义建设中取得了举世瞩目的进展，展示了社会主义事业发展的光辉前景。

　　社会主义国家所走过的坎坷道路表明，社会主义在实践中的发展是十分曲折的。从一国到多国，兴起与衰落，成功与失败，高潮与低潮，严重受挫到重新兴起，所走过的路曲折而颠簸，而对历史经验的反思，从中吸取弥足珍贵的经验和教训，则是十分重要的。

　　马克思主义创始人曾经说过："伟大的阶级正如伟大的民族一样，无论从哪方面学习都不如从自己所犯错误的后果中学习来得快。"[1] "要明确

---

① 《马克思恩格斯选集》第 4 卷，人民出版社 1972 年版，第 285 页。

地懂得理论，最好的道路就是从本身的错误中，从痛苦的经验中学习。"①
这番话是 120 年前恩格斯针对当时社会主义思潮在工人运动中的情况而说
的。我们今天所面对的已经不是"思潮"和"运动"，而是社会主义已经
成为现实社会制度，社会主义国家所历经的近百年的现实实践经验。无
疑，这种经验与我们今天的生活实践有着更直接、更现实、更贴近的联
系，因而也是更重要的经验。

　　苏东剧变后，人们都在从不同的角度总结经验，政治的、经济的、文
化的，国内国外的，党内党外的，地缘的和民族的，近期的或长远的，直
接的或间接的，社会表层的或历史深处的……。尽管各自侧重的角度不
同，见解也不尽一致，但在一个根本点上似乎取得了共识：像苏东这样的
巨大历史变故决非单一原因所致，而是多种因素综合作用的结果。笔者看
到，有一种说法是颇有启发的："带普遍性的教训和失误，看来不在这个
或那个具体问题上，而是在总的指导思想上。这就是看近了共产主义，低
估了资本主义，高估了社会主义，忽视了封建主义，从而扭曲和僵化了马
克思主义。"② 看近代共产主义，就必急于以过渡来补充。1936 年斯大林
就宣布建成了社会主义，1939 年提出向共产主义过渡。"二战"中断了这
一进程，但在 1952 年苏共十九大又恢复了向共产主义过渡的口号。1961
年，赫鲁晓夫在苏共二十二大又提出了全面建设社会主义的任务，声称在
20 年内超过美国，基本建成共产主义，实现按需分配，等等。所有这些向
共产主义"过渡"也好，"全面建设"、"建成"共产主义也好，听起来是
耸人听闻，而实则根本是脱离实际的，既不符合马克思主义关于共产主义
理想目标的要求，也与当时苏联的现实情况对不上号。如果抛开上述口号
杜撰者各自的政治动因不谈，那的确是"看近"了共产主义。在政治体制
上苏联曾长期存在封建主义的影响，个人迷信盛行，对外在兄弟党关系上
以"老子党"自居，挥舞"指挥棒"，对内则严重破坏社会主义法制，极
大地损害了社会主义形象。邓小平同志说：斯大林严重破坏社会主义法
制，毛泽东同志就说过，"这样的事件在英、法、美这样的西方国家不可

---

① 《马克思恩格斯选集》第 4 卷，人民出版社 1972 年版，第 458 页。
② 肖枫：《社会主义百年实践的回顾与前瞻》，载《探索与决策》2000 年第 5 期。

能发生"。连在西方国家都不可能发生的事件，在社会主义的苏联却频繁发生，这当然既败坏了社会主义的声誉，又是对马克思主义的扭曲和背离。忽视了封建主义，也是造成这种情况的重要原因之一。

值得思考的是，破坏法制的一个重要借口就是维护社会主义祖国的"统一"，对外挥舞指挥棒也是以维护社会主义阵营的"统一性"为口实的。但是，这种"统一性"又是以抹杀其他国家的独立性、多样性为前提的。因此，它不是辩证法意义上的统一性，而是为满足政治需要而寻求的一种借口。

苏东剧变的一个深层原因是经济长期没有搞好，人民生活没有得到应有的改善，而经济长期没有搞好的原因则是苏联既已形成的僵化的经济体制，即高度集中高度集权的"苏联模式"。历史地看，这种模式的形成有其客观原因，也有一定的历史合理性，并且在苏联历史发展的初期克服各种困难，把原来很落后的农业国变为工业国，以及在后来打败法西斯的斗争中都起过重要作用。但问题是后来这种模式僵化了。邓小平同志说："社会主义究竟是个什么样子，苏联搞了很多年，也并没有完全搞清楚。可能列宁的思想比较好，搞了个新经济政策，但是后来苏联的模式僵化了。"① 20 世纪 20 年代初苏联由战时共产主义向"新经济政策"的转变，是个重要的历史转折。当时列宁所提出的不能剥夺农民而必须考虑农民切身利益的思想，关于改善国家机关管理方式和反对官僚主义的思想，关于要学会经营、向资本家学习的思想，要"利用资本主义建设社会主义"的思想，以及此前讲的"必须反对一切死板公式和由上而下规定一个统一办法的企图"，主张"多样性不但不会破坏在主要的、根本的、本质问题上的统一，反而会保证它的统一"② 等重要论断，都是非常可贵的。但是，在列宁去世后，列宁的这些重要思想没有得到贯彻，反而过早地结束了新经济政策，逐渐形成了斯大林或称苏联建设社会主义的"模式"。这一"模式"只讲统一性，不讲多样性，只讲统一的由上而下的计划，而不考虑社会生产和社会生活的多方面需要，高度集中、僵化的计划体制是它的

---

① 《邓小平文选》第 3 卷，人民出版社 1993 年版，第 139 页。
② 《列宁选集》第 3 卷，人民出版社 1972 年版，第 399 页。

主要特征。它虽然具有一定的历史合理性，但这种模式从根本上说是不符合生活实践和经济社会发展规律性的要求的。而随着实践的发展，它的弊端也就越来越突出地显露出来了。经济体制上长期坚持高度集中、僵化的计划体制，所有制纯而又纯的单一公有制追求，严重束缚了生产的发展。特别是在科技革命迅速发展的新形势下，这种僵化的"模式"就成了阻碍社会主义发展的障碍。卫星上天了，但人们却不得不为一些生活必需品而去排长队，"按需分配"的共产主义许诺音犹在耳，但人民却对在实际生活中所体会到的另一番景象而感到困惑不解。脱离实际的高度集中的体制模式束缚了生产力的发展，造成长期经济停滞的严重后果，这是引起人民不满以至于后来导致苏东剧变的一个最深层的动因。

应当说明，走上社会主义道路的国家在其发展的特定时期，实行统一的计划经济体制之所以具有它的历史合理性，是在于：第一，社会主义终究是人类历史上的崭新事业，刚刚由旧社会过渡而来的新社会不仅要医治昨天的战争所带来的创伤，而且国家治理也不能不在探索中前进，无论是社会管理和经济恢复和发展都不能没有统一的调控和计划。第二，所谓统一的计划经济体制，一般是指在中央指令性计划下开展社会经济活动的经营管理体制。这种经济体制的优点在于：能够在较短时期内，迅速动员和调动大量人力物力财力进行经济活动，能在特定条件下产生较大的经济促进作用。苏联实行这种统一的计划经济体制就取得了如前所述的成效。当把这种体制推广到东欧的一些国家时，在战后一段时期内也曾使国民经济获得相当的发展。但是，这种计划经济体制如果不是过于高度集中高度集权，能够在一定程度上反映社会经济生活的多方面需要，也许会取得更大的成效。同样，这种计划经济体制在东欧一些国家的实施，虽然多数国家都在初期取得了相当的进展，但由于各国的情况不同，统一性和多样性结合的情况不同，因而其各自的发展程度亦各异。

但无论如何，这种高度集中的计划经济体制由于缺乏内在的激励机制与创新机制，导致了经济发展缺乏生机与活力，不能有效地配置生产资源和满足经济社会发展的多方面需要，不利于经济的持续发展。除了在一些国家出现了经济畸形发展因日用品短缺而引起人们的不满外，还普遍出现了经济发展缓慢乃至长期停滞的现象。苏联长期实行的以高度集中高度集权为特征的"模式"同实际生活的矛盾越来越突出、越来越尖锐，迫使苏共走上"改革"的道路。但是，在戈尔巴乔夫1985年就任总书记到1993年12月苏联解体的六年多时间里，他所谓的"改革"走向了根本否定社会主义制度的邪路。他鼓吹所谓"公开化"和"民主化"，声称"公开化"和"民主化"是整个改革的"关键"和"突破口"，他说"民主化，再民主化，它正是改革的意义所在"。而他所谓"民主化"、"公开化"的内容说到底不过是对苏共历史的丑化，对苏联历史的全盘否定，对西方国家模式的照搬以及脱离实际的喋喋不休的空谈和为争权夺利而进行的无穷的争吵。在经济体制改革中，他不是改革已有的僵化"模式"，改革生产关系和上层建筑中束缚生产力发展的那些方面，而是根本否弃社会主义基本制度，大搞私有化。他把怨声载道的反酗酒运动作为整顿经济的第一着棋；对"500天计划"这种显然行不通的空想的改革设计颇为赞赏；在1990年还主张实行卢布自由兑换；听任国有资产的大量流失和那些运用权力攫取社会财富的权贵们自由发展，等等。更值得注意的是，无休止的政治纠纷和混乱使人们不能集中精力致力于经济发展。改革变成了"改向"，本应是社会主义制度的自我完善和发展，变成了社会主义根基的动摇。结果是社会生产陷于混乱，经济形势不断恶化，国民收入负增长。经济改革没有给群众带来任何实惠，反而使生活水平急剧下降，以致广大人民群众不满情绪普遍增长。社会生活动荡不安，人心惶惶。由于背离和放弃马克思列宁主义的旗帜，党内思想亦陷于混乱，失去了维护统一的精神支柱和思想凝聚力，一种无所适从、无可奈何的失望情绪在广大党员中普遍增长。连戈尔巴乔夫自己都承认，在1990年到1991年9月一年半的时间内，退党和被开除党籍的党员有400万人，占党员总数的22％。至于苏共所存在的腐败更是"冰冻三尺"，由来已久。这些腐败分子趁改革之机大肆侵吞国家财富，并图谋在变改革为"改向"，推翻社会主义基本制度的过程中使其既得利益合法化。有论者指出，从解体后的结果看，现在俄罗斯的"新贵"，大多还不是持不同政见者，也不是黑市倒爷，而是原苏共党内的各级官员。显然，这样一个失去民心、脱离群众的党已经失去了执政的基础，其必然垮台是不可避免的。这就是为什么一个有90多年历史、一千多万名党员并有着辉煌业绩的大党，竟然在历史的瞬间自行解体，而公众则漠然视之的根本原因。因为这样的党，你在不在台上和群众不相干，老百姓已经不关心你这个党的死活了。苏共党内腐败和党的领导层在历史转折关头指导思想上的混乱和迷误，是导致苏联解体的另一深层原因。

经济上长期搞不好的原因也是多方面的，而几十年高度集中的经济体制则是其中最根本最重要的原因。既已形成的僵化"模式"，严重束缚了生产力的发展，使社会主义制度的优越性难以发挥，社会主义在苏联失去生机与活力了。苏联社会主义的崩溃不是马克思主义科学社会主义学说或者社会主义基本制度和原则的失败，而只是社会主义一种特定的实践模式——苏联模式的失败。这就启示人们，一个国家走上社会主义道路之后在建设社会主义的过程中必须解放思想，实事求是，从本国的实际出发，探索适合本国特色的社会主义发展道路，而不能受任何"统一模式"的束缚。如果说，马克思主义的科学社会主义学说是普适原理，讲的是统一性，那么，各国的具体情况则是多样性；统一性只有通过多样性的具体实践才能体现出来。统一性与多样性统一的基点在于本国人民所从事的建设社会主义的具体实践及其发展。

历史经验还启示我们，无产阶级政党在执政后面临着严峻的考验，既有保持自身纯洁性先进性的考验，又有在复杂的环境中应对各种挑战和风险的考验。而关键在于能否坚持和发展马克思主义，用发展着的马克思主义指导新的实践。有旗帜才有方向，旗帜就是方向。马克思主义指导思想的一元化是在任何时候都不能含糊的。与此相关联，一个执政党在社会主义建设新时期能否领导全党和全国人民在新的实践中继续前进，就看是否始终代表最广大人民的根本利益，能否保护好、维护好、发展好人民群众的切身利益；相信群众、依靠群众，执政为民，与人民群众密切联系并且以实际行动赢得群众的信任，对执政党确是生死攸关的问题。

苏东剧变留给我们的又一个新启示，是如何处理统一的国家与各民族各地区的关系问题，这也是统一性和多样性关系的又一重要方面。苏东剧变中的国家，几乎都有多民族的关系问题，而南斯拉夫在这方面则具有典型的意义。南斯拉夫的历史和现实，它在社会主义道路上的辉煌岁月和复杂的历史背景，它所走过的曲折历程和在"剧变"中不同于其他国家的情况等，都向人们提供了进行深沉历史反思的舞台。这里，我们试从下述几个方面作些分析。

第一，南斯拉夫是率先抛弃苏联模式，选择了自己的发展道路的国家。它曾经是改革开放最早、市场体制较完善、经济繁荣和人民生活水平较高的社会主义国家。在铁托时代，南斯拉夫空前强盛，也曾一度辉煌，政局稳定，各民族相安无事，成为巴尔干综合国力最强的国家。铁托又是不结盟运动的旗手之一，在国际舞台上具有较大的影响。这样一个国家在存在45年之后于1991年分疆裂土，发生巨变，其原因是多方面的，而民族间的利益冲突，统一的南斯拉夫与各地区各民族之间的冲突，则是这个国家所遭遇的各种不幸的深刻根源。南斯拉夫抛弃苏联模式，独立自主地选择自身的发展道路，在统一的南联盟与所属各共和国、各民族、地区的关系上强调自治、发挥地方积极性，这本来是正确的，并且在实践中取得重大成效。但是，当从高度集中的一端走到了极度分散的另一端，把"自治"强调到与统一性相割裂、相分离的时候，就走向了误区。譬如，把保证统一的联盟国家不受损害的那些不可或缺的权力也都下放给了地方，这就为后来的分裂和国家解体埋下了祸根。众所周知，南联盟社会主义国家的解体，是从南共盟的分裂开始的，在不同的民族利益的驱动下，南共盟分裂的苗头早有显露，并终于导致改变党对整个国家的"领导"作用为"指导"作用。可是，取消党的领导作用，国家就丧失了维系统一的核心。离开统一性的南共盟对各地方的"指导"，实际上是被架空了；而游离于统一性之外的各地方的"自治"，则是冲击、否定南共联盟对社会进行统一领导的内在原因。由南共盟的分离意识走向否定党的领导，由失去维系社会统一的核心而走上整个国家最终的解体，这是南斯拉夫的兴衰留给人们的一个深刻教训。

第二，南斯拉夫是最早实行改革开放的国家，它推行一整套社会自治制度和经济协商体制，早期曾获得巨大成功，引人注目。但是，后来随着联邦当局权力节节下放，各共和国便打着加强"自治"和"协商"的旗号，纵向与统一的联邦政府争权，横向互相之间夺利，结果是前者大权旁落，后者权力不断扩张，在各民族不同利益的驱动下，形成了多个分散而平行的经济、政治权力中心。"各共和国当局大权在握之后并未认真贯彻社会自治和经济协商制度，而是实行官僚集团的集中领导，例如，企业和社会团体的代表大会和选举产生领导人等制度一概有名无实，生产计划均由共和国政府下达，企业和社团的领导人都由他们委派，政企依然合一，权力并未下放。因此，其他社会主义国家计划经济和管理高度集中的那些弊端在南斯拉夫也都存在。我们得出的结论是，南斯拉夫经济改革中途夭折，主要原因是，各共和国自治省并没有实行联邦国家的改革措施，而是截留了联邦下放的权力，形成'中梗阻'之症"。① 这表明，"自治"这个南斯拉夫引为自豪的口号，在来自外部的压力很大、在东西方冷战对峙的严酷形势下，曾经激励南斯拉夫各民族人民团结起来为生存而斗争，在社会主义建设中创造过辉煌业绩；然而，在另一种条件下，当统一的南联盟国家举措失当、使权力过于分散，各民族民族主义膨胀的结果"自治"也可以成为从统一体中分离出来而"独立"的借口，已经启动的改革开放亦随之中途夭折。离开统一性而言多样性，以否定联邦统一国家整体利益的"自治"，不仅使改革开放中途夭折，也为后来的解体埋下隐患，这是又一个很深刻的历史教训。

第三，民族问题的尖锐复杂性。南斯拉夫有二十几个民族，其中六个较大的都有自己的共和国，如塞尔维亚、克罗地亚、斯洛维尼亚、波黑、马其顿、黑山共和国等。此外，在塞尔维亚地区还有代表阿族和匈牙利的科索沃和伏依伏丁纳两个自治省，并且有与其他共和国基本同等的权利。南斯拉夫各族之间在历史上的矛盾、冲突由来已久，而且这种冲突往往表现为极为激烈、残酷的形式。在"南斯拉夫王国"时期，塞尔维亚占据着主导地位，无论在政治上还是在经济上都压缩其他民族的权益，为"二战"时克罗地亚极端民族主义势力与德意法西斯沆瀣一气屠杀塞族人的悲剧埋下了祸种。"二战"前克罗地亚人曾经暗杀国王，塞族曾经集体屠杀克族议员，"二战"期间南斯拉夫牺牲的 170 万人，很大一部分是克塞两族自相残杀的。90 年代，在克罗地亚、波黑和科索沃的冲突和战争中，死伤人数上百万。在南联邦解体过程中，斯洛文尼亚、克罗地亚等共和国纷纷宣布独立，在克罗地亚境内引发了大规模战争，塞利用军事上的优势曾经一度占领大片克罗地亚领土，导致了克问题的国际化，塞最终被迫撤

---

① 参见马叙生《南斯拉夫悲剧的背后》，载《百年潮》2002 年第 4 期。

出。特别值得注意的是，在南斯拉夫历史中，民族矛盾一直居于很重要的地位，即使在走上社会主义道路后这个问题也常常起着左右局势的作用。而来自外部的打压和干涉，则常常利用南内部民族间的矛盾和冲突，使其走向分裂和解体。铁托执政时期，由于采取了大小民族"一律平等"和"团结友爱"等政策，使民族矛盾得以缓和，使统一的国家走上繁荣发展的道路，并且保持了二三十年的稳定。但是，在繁荣和稳定的背后仍然隐伏着深刻的社会矛盾。人们的生活水平普遍提高了，但不同地区、民族之间仍存在较大差距，新条件下凸显出来的社会矛盾又以民族矛盾的形式集中突现出来，平均主义的要求与民族间的利益冲突纠缠在一起，民族分离主义情绪膨胀，一些地方提出了"分权"的要求。晚年的铁托没有顶住各民族主义的压力，而一味迁就退让，先是在1971年通过的宪法修正案中把联邦的大部分权力下放给了各共和国，继之在1974年通过了新宪法，又把剩下的行政和经济管理等大权全部下放，于是各共和国、自治省也就变成了国中之国。国中之"国"，即是摆脱统一联盟国家的独立王国，这也是后来民族分裂日趋严重而终于走上解体的重要原因。从南斯拉夫由统一而走向分裂解体的过程不难看出，民族问题确实是社会总问题中的一个重大而又十分尖锐复杂的问题。列宁当年说过，民族问题是令人最为苦恼的问题，南斯拉夫的历史演变再次证明了这句名言的深刻含义。联系到社会主义国家所走过的曲折历程，冷战结束后世界局势发展中一个国家内部的民族矛盾与外部势力的复杂交错，联系到西方势力在独联体所推行的各种"颜色"的"革命"，以及他们所推行的西化、分化图谋的现实，社会主义国家不能不提高警惕；只有从各方面采取积极、稳妥、有力的措施才能正确地应对这种挑战。历史经验告诉我们，马克思列宁主义关于民族问题是社会总问题的一部分的论断是完全正确的，而现实的经验又提供了这样的新启示：民族问题还是社会总问题中具有战略地位和关乎全局意义的问题，在社会总问题中带有同往昔的理解具有更重大意义的问题。它具有深沉的历史承续性，在错综复杂的矛盾和冲突中，在一定条件下它可能左右一个国家局势的发展。因此，面对当今时代的现实，我们只有把民族问题提到新的历史高度，才能正确地应对这种挑战。

最后，我们顺便说明，苏东剧变这样的重大历史事件和对历史经验的反思，不是统一性、多样性这样的哲学概念所能完全说清楚的。这是因为，经济利益、反映经济利益的政治需要，乃至民族利益冲突等，较之于哲学终究是更根本、更现实的东西，而哲学虽然具有普适性的特点，但是，毕竟因悬于"高空"而与现实的关系并不总是那么直接。不过，这并不妨碍我们对历史经验进行多角度的反思。从南斯拉夫兴衰演变的实际过程来看，从经济和政治、国内和国外、历史与现实、民族利益的冲突等多种因素所形成的"合力"中，确实可以看到贯穿于其中的一种关系：统一性和多样性。它表现在社会生活的各个领域，贯穿于历史演进的全过程。统一性和多样性是一种哲学上的关系范畴，它讲的不是实体，而是实体之间的关系。通过对统一性和多样性关系的把握，有助于对历史演变中诸多事物或现象的理解。

（原载刘国光、汝信主编《有中国特色的社会主义》，中国社会科学出版社 1993 年版）

关于绝对和相对

绝对和相对，这是一对概括性很高，不那么好把握的范畴。
下面，我从几个方面谈谈个人的一些理解，以就教于同志们。

一　问题的提出

绝对和相对是个具有高度概括性的哲学范畴，看起来很抽象，似乎同实际生活关系不大，实际上绝对和相对与实际生活紧密联系，是一个具有重要实践意义的理论问题。在实际生活中，在改造自然、改造社会的斗争中，我们所直接接触的对象总是具体的，是客观世界的某一部分、某一阶段或层次，但是这个部分、阶段或层次又不是各自孤立的，这就存在着发展的全过程和它的各个阶段、部分、层次的关系问题，亦即绝对和相对的关系问题。人们在实践中不断地积累知识，对客观事物的认识也越来越深入，认识上的深入意味着对某种对象的确定无疑的把握，它可以为人们带来实践的成功和喜悦。但是，如果以为已有的认识已经穷尽了对象，可以就此止步了，那就大错而特错了。这里，同样存在着绝对和相对的关系问题。

矛盾是普遍存在的，矛盾的普遍性亦即矛盾的绝对性。可是，当离开具体事物具体分析的原则，而把矛盾的绝对性当作一种公式套用于社会主义社会，竟然在无产阶级专政条件下搞起一个阶级推翻另一个阶级的政治大革命时，就造成了十年动乱的历史悲剧。从认识上说这是无视社会主义社会矛盾特殊性或相对性的必然结果。那时，国民经济各部门本来已经是严重比例失调了，还一个劲地讲不平衡是"绝对的"，以致使事情越来越不妙。凡此种种，说明在如何处理绝对与相对的关系上，是有经验教训的。

绝对和相对问题，比较复杂，过去我们研究不够。在过去的一些哲学辞典或教科书中，一般都没有设专门章节讲绝对和相对问题。苏联编的哲学辞典中也不设"绝对和相对"这个条目，他们设有"绝对命令"一条，是专门用以批判康德的伦理原则的。在近年来出版的辞典中增设有"绝对"一条，但也是完全把它当作唯心主义的哲学概念加以批判的。其中说："绝对，唯心主义哲学中的概念，用以指不受任何限制，不受任何制约、独立和自动的'本质'。"① 词条的编写者在给"绝对"作了上述定性叙述后，接着举例作了说明。如举了柏拉图的"理念"、经院哲学的"神"、黑格尔的"宇宙精神"等。可以看出，从定性叙述到举例说明，完全是把"绝对"作为唯心主义哲学概念加以批判和否定的。不过，情况也多少有点变化。一是在以前的辞典中不设"绝对"一条，只设"绝对唯心主义"一条，在近年来新出版的辞典中新增设了"绝对"一条。第二个变化是，对于新增设的"绝对"一条，虽然作了上述的处理（即把它作为唯心主义哲学概念来批判），但在这个条目的释文中最后有这样一段话："目前，绝对这一概念受到实证主义的几个派别和存在主义的批判。但只有马克思主义哲学才对绝对这个概念作了真正科学的批判。按一般的理解，绝对的就是无条件的、不容怀疑的、无保留的。与此相反的概念是相对的、有条件的、有限制的、暂时的等。"② 这里，不仅谈到了其他哲学流派对"绝对"这一哲学概念的批判，而且谈到了马克思主义的"真正科学的批判"，并且把绝对与相对对应起来作了"一般的理解"。意思虽然比较含糊、不那么明确，但终究还是有了变化。"绝对"这个概念在辞典中从无到有，从一般的否定（即把它当作唯心主义哲学概念加以批判）到有所承认，并且把它与相对联系起来作了"一般的理解"，这到底是个不小的进步，较之于把"绝对"或"相对"这样的哲学概念完全让给唯心主义，似乎辩证唯物主义就不能在正确的意义上来运用它，情况是好多了。问题的症结就在于，是不是唯心主义用过的概念马克思主义哲学就不

---

① 布劳别尔格等编：《新编简明哲学辞典》。
② 同上书，"绝对"一条的释文，吉林人民出版社 1983 年译本，第 108 页。

能用了？或者只能在唯心主义的意义上来运用它？如果是这样，那么，许多哲学概念唯心主义者都用过，难道辩证唯物主义就不能用？多年来，在苏联流行的教科书、哲学辞典中，长期不谈"绝对"、"相对"这样的概念、范畴，或者只在唯心主义的意义上来批判它，这种情况不能认为是很正常的。所以近年来有些苏联学者也试图在改变这种情况。可是那种长期禁用或专用（于唯心主义）的情况对我国学术界也是有影响的。以致到今天，有的同志仍在指责说：绝对和相对"根本不是哲学范畴"，不过是"名词或术语"；因为恩格斯批评了黑格尔，说黑格尔对于其"绝对观念""绝对地"说不出什么来，所以"绝对"或"相对"都是不能用的。按这种观点持有者的逻辑，似乎讲绝对真理或相对真理可以，但不能讲绝对与相对；讲矛盾的同一性是相对的，斗争性是绝对的可以，但不能讲绝对性与相对性；可以用绝对和相对形容别的，但绝对和相对不能作为哲学范畴来研究或考察，如此等等。在我看来，对于绝对与相对可以从各个方面进行研究，在研究中有不同的观点或见解，是完全正常的现象。如果认为绝对和相对根本就不是哲学范畴，因而根本就不能研究和讨论，那么我认为这种看法未必是正确的。

二　绝对与相对的含义及其规定性

绝对和相对，是唯物辩证法的一对重要范畴。"绝对"、"相对"作为哲学概念，唯心主义可以运用它，唯物主义也可以运用它。按照辩证法，绝对和相对，乃是反映事物性质的两个不同方面的哲学范畴。相对，是指事物在一定范围和一定发展阶段上受其他事物所制约的性质，即有条件性、暂存性、有限性。绝对，则是指事物在总体上不受任何事物所制约的性质，即无条件性、永恒性、无限性。相对和绝对，都是同一事物的既相互联系又相互区别的两重属性。

因为事物的属性很多，联系很复杂，因此，给事物下定义是很困难的事情。即使是正确的定义也有其不可避免的局限性。有人要求给相对和绝对范畴下个实体性的定义，这就更复杂和困难了。因为没有办法指明相对是个什么东西，绝对是个什么东西。但是，为了研究问题和认识事物，总还须给这对范畴下个定义。从这个意义上讲，笔者认为还是可以对相对和绝对这对范畴作如上的定性叙述的。

这里有一个要点需要说明，即相对和绝对不是分别指两个事物，而是同一事物的既相联系又相区别的两重属性。同一事物的两重属性和两个事物的不同属性是不能等同的。

在古汉语中，把两个相对立的东西或事项，它们中间有比较关系的，叫做相对。无比较关系的，叫做绝对。如张三能举起二百斤，李四则不能。这里的能或不能，就是相比较而言的。因此，相对也就是相比较而言，绝对就是没有比较关系的，实即"无对"。

在欧洲哲学史上，古希腊爱利亚学派的巴门尼德讲到过绝对。他把作为精神本体的"存在"称为绝对。认为只有"存在"，没有"非存在"。"存在"是唯一的、完整的、无限的、不动的。[①] 就是说，巴门尼德赋予了这种"存在"以绝对的含义。

诡辩学派则从另一方面讲这个问题。普罗塔格拉则又把一切都看作仅仅是相对的，没有绝对的东西可言，认为一切都只有相对真理，谈不上什么绝对真理。

他们两人从不同方面，一个咬定了相对，根本否认绝对，另一个咬定了绝对，根本否认相对。17 世纪荷兰唯物主义哲学家斯宾诺莎，把作为物质的"实体"称为绝对，认为这个实体是不运动，不变化的。他的看法和巴门尼德有相近之处。

在德国古典哲学中，"绝对"这个术语使用得较多，康德讲"绝对命令"，用以指谓一种先验的、至高无上的道德原则。在认识论上他还把不可捉摸的"自在之物"说成是绝对"彼岸的东西"。谢林把一种超理性的力量称为绝对，看作是万物的最初本原。黑格尔把"绝对观念"说成是宇宙万物最初的原因和内在的本质，早在自然界和人类出现之前，这个绝对观念就已经独立地存在着。这样一种绝对观念，先于自然界和人类社会，自然、历史都是由它派生和转化而来的。他认为，哲学中的每个方面和逻辑学中的每个范畴，都是"绝对观念"发展的一个阶段、一个方面、一种

---

① 参见《古希腊罗马哲学》，商务印书馆 1981 年版，第 42、56 页。

表现。至于这样一种"绝对观念"本身，黑格尔本人是说不出什么来的。恩格斯批评黑格尔说："绝对观念——其所以是绝对的，只是因为他关于这个观念绝对地说不出什么来。"① 在黑格尔看来，这个绝对观念无疑是存在的，但对于这个"绝对"本身，黑格尔本人是讲不出什么来的。但是，黑格尔对相对和绝对的理解，有其辩证法的合理因素。例如他认为，绝对的普遍的东西，不仅是自身同一的，同时又是有差异的，绝对和相对又是对立的统一。也就是说，他把绝对观念作为派生万物的本原，说成是先于自然和人类而存在，把人类的全部认识以及认识的诸多阶段说成是绝对观念的表现等等，这当然是唯心主义的。除此之外，在讲到绝对观念自我运动时，讲各种现象的相互关系，讲运动过程各个环节之间的关系和联系时，又反映出了他对相对和绝对关系的辩证理解，而不是像上面所说的那种，讲相对时忘了绝对，讲绝对时又忘了相对，把两者看成是互不相容、互相排斥的。他认为，绝对的普遍的东西自身也有差别，在相对之中有着绝对，绝对和相对二者是辩证的统一。

马克思主义哲学认为，世界上的一切事物既包含有绝对的方面，又包含有相对的方面。任何事物都既是绝对，又是相对的。宇宙中的各个具体事物和各个具体过程都是有条件的、有限的、相对的。而整个宇宙的存在和发展又是无条件的、无限的、绝对的。正如列宁在《哲学笔记》中指出的那样："绝对和相对，有限和无限 = 同一个世界的部分、阶段。"② 显然，这里指的是同一个世界的不同方面、部分、阶段，而不是两个世界的两种属性。

相对和绝对的关系，是辩证的统一，它们既互相区别，又互相联结。没有绝对，就没有相对；没有相对，也就无所谓绝对。绝对存在于相对之中，并通过无数相对来体现；在相对中有绝对，离开绝对的相对也是没有的。整个宇宙的运动是绝对的、无条件的、永恒的，是不以人的意志为转移的。永恒性、无条件性亦即绝对性。而每一具体运动形式又是有条件的、暂存的、相对的。无条件的、绝对的运动即存在于有条件的、相对的

---

① 《马克思恩格斯选集》第 3 卷，人民出版社 1972 年版，第 538 页。
② 《列宁全集》第 38 卷，人民出版社 1986 年版，第 107 页。

各个特殊的运动形式之中，因此，每一具体运动形式和具体发展过程都是绝对运动着的宇宙的不同方面、部分、阶段。

在辩证法的观点看来，运动是绝对的，静止是相对的。绝对的运动和相对的静止是统一的。绝对的运动表现为它的反面——相对静止，而相对静止也是绝对运动的一种表现形态。绝对的运动在一定条件下表现为相对静止。相对静止又是一定条件下事物运动的一种状态，是事物处于量变阶段所显现的面貌，并且在一定条件下，相对静止会转变为一种显著的变动。

相对和绝对是指事物矛盾的不可割裂的两重属性。我们经常讲，矛盾的同一性是有条件的、相对的，斗争性是无条件的、绝对的。绝对的斗争性即寓于相对的同一性之中，相对的同一性中包含着绝对的斗争性。世界上没有离开相对的绝对，也没有不包含绝对的相对。"对于客观的辩证法说来，相对中有绝对。对于主观主义和诡辩说来，相对只是相对的，是排斥绝对的。"[1]

人们对客观事物的认识，也是相对和绝对的统一。世界上没有不可认识的事物，这是绝对的，但又不能一下子穷尽事物的本质，这又是相对的。我们的认识能力是无限的、绝对的，在我们面前没有不可认识的"自在之物"，只有尚未认识的事物，这是绝对的。

列宁对此作过精辟的论述。他指出，就人类认识的本性、使命和可能来说，是无条件的、无限的、绝对的，按它的个别实现和每次的现实来说，又是有条件的、有限的、相对的。人们对真理的把握，也是绝对和相对的统一。真理是没有离开相对真理的绝对真理。相对真理中包含了绝对真理的颗粒、成分，无数相对真理的总和构成绝对真理。相对真理总是指人们在一定历史条件下，对客观世界有限的、具体过程的正确认识。我们每一历史时代的人以及生活在一定历史阶段的社会集体和个人对真理的认识，也是受着历史条件制约的，同时又是对世界的有限的具体过程的认识。这种认识只是对无限发展着的客观世界的某一方面、某一过程，对它的某一部分、某一层次的认识，所以都只有相对的意义，是相对真理。但

---

① 《列宁全集》第 38 卷，人民出版社 1986 年版，第 408 页。

是，一定条件下的相对真理确实地反映了客观事物及其规律，它有其不以人的意志为转移的客观内容，因而又是绝对的。如果不承认这一点，只讲真理的相对性，那就从一个方面把相对真理和绝对真理割裂开来了，就会走向失误。我们经常讲，真理是过程，是由相对真理不断向绝对真理转化和发展的过程，就是说在二者之间没有不可逾越的鸿沟。绝对真理如同一条永无止境的"长河"，相对真理就是这个长河中的"水滴"。人们在实践中每获得一个相对真理，都为绝对真理的"长河"增添了新的"水滴"。获得的相对真理愈多，就愈接近绝对真理，但永远也不能穷尽它。历史上，不管多么高明的人物和哪一个阶级或社会集团，都不能摆脱一定条件对他的限制而穷尽绝对真理。实际上，相对真理不断地向绝对真理转化的过程，就是人类认识的发展史。或者说，人类认识的发展史，也就是不断地由相对真理向绝对真理接近的过程。正是在这个意义上，我们说，绝对真理是由发展着的相对真理的总和构成的。

　　只要回顾一下我们对社会主义的认识和再认识过程，这个道理就非常清楚了。科学社会主义学说问世已经一百多年了。第一个社会主义国家出现至今也已半个多世纪了。我国人民在社会主义道路上也已经走过了几十年。但是实践告诉我们，过去我们对社会主义的认识有时并不是那么清醒的，一些由于把马列教条化或误解而产生的不符合实际的错误观念，是我们在实践中逐步认识的。社会主义经济是在公有制基础上的有计划的商品经济这个重要观念，是在总结正反两个方面经验的基础上确立起来的；社会主义经济体制必须是统一性和灵活性相结合的这种认识，也是一步一步认识清楚的。凡此种种，都说明即使是用马克思主义为指导，对具体事物的认识也不能不受历史条件的制约。那么，我们已获得的这些认识是不是就不再发展了呢？当然还要发展。因为实践在不断发展，条件在不断变化。但是在已经获得的这些认识中无疑也有着绝对真理成分，是相对真理的总和。因为这些认识确实反映了一定条件下的客观事物的本质，所以它又是可靠的。

　　与辩证法不同，形而上学否认绝对和相对的辩证统一，把绝对和相对割裂开来，或者认为绝对就是绝对，是脱离相对的，从而走向绝对主义；或者认为相对就是相对，是排斥绝对的，从而走向相对主义。相对主义在认识上的失误就在于它夸大了事物的相对性的方面，并用它来否定绝对，排斥绝对；绝对主义则是夸大了事物绝对性的方面，并用以去排斥、否定相对。二者虽然夸大和排斥的方面不同，但都是片面的。因而在认识的总体上只能是对事物歪曲的反映，它阉割了事物本身所固有的相对与绝对的辩证法。

前面提到，有一种观点认为，相对和绝对只是名词或术语，不是也不能作为哲学范畴来研究。这种观点是没有说服力的。如果说我们过去的教科书中讲范畴时没有把相对和绝对作为单独的范畴来讲，那正说明这个问题有研究的必要，根本不能成为否认它们是哲学范畴的理由。众所周知，列宁不仅在分析诸多问题时运用过相对和绝对范畴，而且指明在客观的辩证法中，绝对和相对的区别也是相对的，指明相对和绝对是同一世界的部分、阶段，等等，怎么能说它们不是哲学范畴呢？

三　绝对和相对范畴在辩证法体系中的地位

这是有待深入研究的问题，这里我们只想讲一些初步想法。

绝对和相对这对范畴有一个很重要的特点，即这对范畴与唯物辩证法的对立统一规律具有很直接的联系，它是从事物矛盾的属性这方面来表现对立统一的关系和性质的。毛泽东同志在《矛盾论》中，把矛盾的普遍存在称作矛盾的绝对性，把矛盾的各个特殊称为矛盾的相对性。我们知道，矛盾的同一性和斗争性是对立统一规律的基本内容，毛泽东同志把对立面的相互依存和相互转化称为矛盾的相对性，把对立面的斗争称作矛盾的绝对性。他提示人们说，在研究矛盾的特殊性或相对性的时候，要注意矛盾和矛盾方面的主要的和非主要的区别，当研究矛盾的普遍性、绝对性的时候，要注意矛盾的各种不同斗争形式的区别。由此看来，矛盾的普遍性、特殊性，矛盾诸方面的同一性和斗争性，矛盾的斗争性和矛盾斗争的形式等之间，都存在着绝对和相对的关系；弄清这种关系，对于正确理解对立统一规律乃至正确理解全部矛盾学说，都是很重要的。可以说，弄清上述矛盾各个方面的绝对和相对的性质及其关系，乃是正确地把握对立统一规律的重要一环。

　　绝对和相对这一对范畴的另一特点，是它具有较高的概括性，因而适用的范围也较广泛。当然，辩证法的范畴都是具有概括性和广泛适用性，但这不是说辩证法的所有规律和范畴都处于同一层次上，它们之间就没有任何区分了。如同对立统一规律之于质量互变规律、否定之否定规律，在唯物辩证法的体系中处于核心的地位，是根本规律一样。绝对与相对范畴，较之于本质和现象、内容和形式等范畴，也有其自身的特点。这就是：它不像本质和现象等范畴那样，是从某一特定的侧面或角度来反映事物的本质关系。例如本质和现象是从事物的内部联系和它的外部表现这方面来反映其关系的，原因和结果则又是从因果关系的角度反映现象间的本质关系的，等等。绝对与相对范畴与此有所不同，它不是从某一特定的方面来表现的相互关系，而是从若干方面来表现现象间相互关系的性质。例如它既表现矛盾的有条件和无条件的性质，也表现矛盾之不同属性的性质，还表现物质运动总体与其各个阶段、各种表现形态之间相互关系的性质。像一般和个别、运动和静止、不平衡与平衡、无限和有限、对立和统一等相互关系的性质，都有个绝对和相对的区分。弄不清这种区分和联系，就不能正确地理解它们。所以说，绝对和相对这对范畴虽然不具有像本质和现象等范畴那样的特殊规定性，但却具有基本的规定性。可以说绝对和相对是贯穿于辩证法诸多问题和诸多方面的一对基本范畴。很明显，像运动和静止、无限和有限、否定和肯定、矛盾的斗争性和同一性、必然性和偶然性等等，这一系列对立范畴之间的关系与绝对和相对的关系是如此密切相关，以至于我们可以说，这一系列范畴之间的关系直接地就是绝对与相对的关系。其他一些范畴，如原因和结果、必然与自由、可能性与现实性等等，它们之间的关系并不直接就是绝对与相对的关系，我们不能说原因是绝对的，结果是相对的，也不能分别赋予可能性与现实性以绝对和相对的属性。但是在这些范畴之中也贯穿着相对的、绝对的道理。例如掌握了必然就获得了自由，离开对必然性的认识的把握，就谈不上自由，这是绝对的。但是在什么条件下对必然性认识到何种程度，才是真正掌握了必然，这又是有条件的、相对的。总之，在唯物辩证法诸多范畴中都贯穿着绝对和相对的道理，弄清这个道理，对于我们正确地理解其他范畴、把握唯物辩证法的科学体系，具有重要意义。毛泽东同志在《矛盾论》中说："在同一性中存在着斗争性，在特殊性中存在着普遍性，在个性中存在着共性。拿列宁的话来说，叫做'在相对的东西里面有着绝对的东西'。"他所说的这一共性个性、绝对相对的道理是事物矛盾问题的精髓，不懂得它就等于抛弃了辩证法，等等。都指明了绝对、相对范畴在唯物辩证体系中的重要地位。

四　绝对与相对范畴的方法论意义

弄清绝对与相对的道理，对于我们正确地认识事物和做好工作，以及在实际生活中处理各种问题，有重要的方法论意义。

首先，谈一下近年来关于矛盾的两重属性及其绝对性与相对性问题的讨论。本来，矛盾的同一性是相对的，斗争性是绝对的，这是过去大家比较一致的看法，一般没有什么异议。但由于各种复杂情况以及我们走过的弯路，现在对这个问题出现了一些不同的理解。

在有的问题的理解上也出现了一些不同学术见解。大体有下列几种说法或提法：

有一种说法认为，矛盾的斗争性也是相对的，或相对性的一面。就是说，在讲矛盾的同一性是相对的同时，把矛盾的斗争性也赋予它以相对性的意义。理由是两者的不可分割性。认为一切对立面都是不可分割的，矛盾的同一性和斗争性也是对立面，因而也是不可分割的。由此出发则认为，不能把有条件的东西和无条件的东西割裂开来。因此，矛盾的同一性和斗争性，二者要相对就都是相对的，要绝对就都是绝对的。认为矛盾的同一性和斗争性这两者的不可分离性很重要，因此，从谁也离不开谁的意义上来讲，那么二者既都是相对的，又都是绝对的。换言之，同一性既是相对的，又是绝对的；斗争性既是绝对的，又是相对的。

还有一种提法，是更具理论色彩的，因而是需要花点力气去加以研究的。这种观点认为，矛盾斗争的无条件性、绝对性，决不是不需要任何条件，它也是需要条件的，需要这种或那种条件。从这个意义上说，矛盾的斗争性也是有条件的。简言之，矛盾斗争的无条件性不是不需要任何条件，而是需要不同的条件，因此，矛盾的斗争性也是有条件的、相对的。

　　还有一种说法认为，矛盾的同一性和斗争性也是"对立的统一"。理由是，既然一切事物都对立统一，那么，作为矛盾规律的基本内容的同一性和斗争性为什么不是"对立统一"的呢？有的文章还做了进一步的推演。认为不仅矛盾的同一性和斗争性是对立的统一，而且矛盾同一性的两重含义即对立面相互依存和相互转化和矛盾的斗争性之间，以及它们相互交叉之间等，统统是"对立的统一"。这种提法反映了一种离开事物矛盾诸方面而进行抽象的无限推演的特征。

　　还有一些说法，这里不一一列举了。可以看出，在这诸多说法中，不能说没有一点道理，至少是从不同的侧面提出了问题，因而对于我们进一步研究问题是有意义的。但某些说法中所反映出来的观点，看来是值得商榷的，有的在理论上是很难贯彻始终的。

　　第一，我们通常所说的矛盾的斗争性，矛盾斗争的绝对性，就在于它的无条件性。而矛盾斗争的这种无条件性，正是相对于同一性的有条件性来说的。当我们讲到矛盾斗争性是无条件的时候，并不是把矛盾斗争性相对于其他属性而言，而恰恰是相对于同一性的有条件性来说的，如果说矛盾的同一性和斗争性都既是相对的又是绝对的，或者说，从这方面来讲是绝对的，从那方面来讲又是相对的；从这个意义上说是相对的，从那个意义上说是绝对的。这就是给矛盾的同一性斗争性分别赋予了既都是相对的又都是绝对的这样的共同属性。这样就会在理论上模糊乃至抹杀两者之间的界限，导致否定两者之间的差别。当讲矛盾的同一性时，说从这方面看是相对的，从那方面看又是绝对的。从这个意义上讲是绝对的，从那个意义上讲又是相对的。对斗争性也做同样的处理，这就会使同一性和斗争性这两个互相区别的属性变成一而二、二而一的东西，看不清两者的界限。易于导致对矛盾同一性和斗争性无法把握的地步。

　　第二，相对和绝对之间是有区别的，是有界限的，指的是矛盾关系中的不同属性。如果抹杀了它们之间的界限，那就不仅意味着对矛盾斗争性的绝对性的否定，而且也意味着对矛盾同一性的相对性的否定。也就是说，在否定矛盾斗争绝对性的同时，也否定了矛盾同一的相对性。

　　第三，矛盾是有特殊性的，这种矛盾本身所固有的特殊性使世界上的事物各个特殊、千差万别，使各种不同的事物区别开来。由于事物矛盾的性质不同，斗争的形式、方法也不同，这是相对的，是各个特殊的。但这种斗争形式、方法的相对性、特殊性或差别性，正是以对立面相互排斥的绝对性、无条件性为前提的。简单地说，矛盾斗争在形式和方法上的相对性正是以对立面相互排斥的斗争本性的无条件性、绝对性为自身存在的前提的。也就是说，当我们讲到矛盾斗争形式的差别性、相对性时，就已经内在地把矛盾斗争性的绝对性作为自己不言而喻的前提；如果没有这个前提，也就用不着谈论矛盾斗争形式、方法的差别性和相对性了。如果在谈论矛盾斗争形式和方法的相对性时，否定了矛盾斗争的绝对性这个前提，那就等于把矛盾的斗争性也说成是相对的了。事情必然是这样，要么是以矛盾斗争的"绝对性"为前提，要么是以矛盾斗争的"相对性"为前提。在前一种场合，研究矛盾斗争形式的相对性才有意义；否则，如果认为矛盾的斗争性和斗争形式都是"相对的"，那就等于勾销了研究矛盾斗争形式、方法的可能与必要。因为作为前提的斗争性是"相对的"，那还谈什么矛盾斗争形式、方法的相对性呢？

第四，绝对寓于相对之中，无条件的东西寓于有条件的东西之中，相对的东西里面有绝对的东西。经典作家一般都这样讲，于是有人提出：能不能反过来提呢？即能不能说有条件的东西寓于无条件的东西之中呢？

笔者认为不能这样提。这样提会在理论上遇到困难。正如我们不能说个性寓于共性之中、无共性就无个性，特殊性寓于普遍性之中，没有普遍性就没有特殊性一样。

大家知道，斗争性是属于矛盾的普遍性、绝对性问题，而同一性则是属于矛盾的相对性、特殊性问题，那么，上边所讲的是哪一个存在于哪一个之中。假如说共性寓于个性之中，普遍性寓于特殊性之中，那么共性和普遍性还有什么单独存在的意义呢？而我们的问题正是讲的存在，是何者"存在"于何者之中，而不是对立面的一般关联。这里不是一般的考察对立面之间的关系，而是具体地讲矛盾的两重属性何者存在于何者之中。所以，当讲到"没有共性就没有个性"，"共性寓于个性之中"时，在理论上就说不通。正如不能讲具体房屋存在于一般房屋之中一样。既然讲的是"存在"，那就有个当下现实性问题，也就是说有个事物矛盾统一体问题，正如《矛盾论》所讲的，我们所说的矛盾是现实的矛盾。恩格斯也说，

"真实的具体的同一性包含着差别和变化"①，而抽象的同一性则永远也不能超越自身。辩证法所讲的是真实的具体的同一性，因此，按辩证法说来，所谓何者寓于何者之中，何者存在于何者之中，讲的当然是当下的现实性，而非抽象性。

虽然矛盾的同一性本身也是对矛盾属性的一种抽象，但这里讲的不是同一性自身，而是指同一性和斗争性何者"存在"于何者之中，指的是同一性和斗争性两者相互联系的一个特定方面，即矛盾的特定存在——是真实的具体的同一性？还是抽象的同一性？如果是前者，那么它是辩证法意义的，其间包含着差别和变化，在相对的东西里面有着绝对的东西。如果是后者，那么它是形而上学意义的，其间并不包含差别和变化，也无所谓绝对或相对。因为这种抽象的同一性本身就是自身永远同一的"绝对"。

基于这样的理由，似乎可以说不能反过来提，如果反过来提，就会在理论上遇到许多难以克服的困难。比如说，"无共性就无个性"，"特殊性存在于普遍性之中"，这样就会把事物的共性和个性、普遍性和特殊性的关系弄颠倒。而这样做的结果，势必不会以事物矛盾的特殊性作为我们认识事物的基础。而逻辑地会以矛盾普遍性作为认识事物的基础，在认识的顺序上，就不再是个别——一般——个别，而是一般——个别，把一般原则当作研究的起点或出发点，这样，便会陷于抽象的研究。这个问题表面上看似乎是微小的提法上的差别，其实不然，弄得不好，就会使我们在与此相关联的一系列问题上陷入困境。所以，不能认为这个问题是无关紧要或无足轻重的。

我们还可以从问题的提法和层次上来作些分析。譬如说："什么是事物发展的动力？"——当问题是这样提出时，人们便会回答说：是矛盾，是事物内部的矛盾性。这样回答的着重点是针对外因论，强调的是"自己运动"的辩证法原则。如果再进一步提出问题：何以说矛盾是发展的动力？矛盾是怎样推动事物的发展的？——当问题提到这样一个层次时，人们便回答说：矛盾着的对立面又统一又斗争，推动了事物的运动和变化，或者说，有条件的相对的同一性无条件的绝对的斗争性相结合，构成了一

---

① 《马克思恩格斯选集》第3卷，人民出版社1972年版，第538页。

切事物的矛盾运动。这样回答的着眼点是针对割裂统一和斗争的片面观点。无论是矛盾的同一性或斗争性，对于事物的存在和发展来说都是不可或缺的。可是，当问题进一步被提出，即进入到对立面是怎样同一、怎样成为同一的，它们是怎样转化、从而推动事物发展这一层次时，就须进一步考察矛盾之两重属性的特点及其相互关系的具体分析，区分它们的绝对性和相对性。自然，我们不能说矛盾的同一性或斗争性何者重要或不重要，但却可以说两者在事物发展中有作用之不同，有绝对与相对的区别。无视这种差别性，就不能把握矛盾之两重属性的不同特点。

　　值得注意的是，黑格尔还把"矛盾"与"同一"对立起来加以评论，他分析了他们各自的特性和"高低的次序"，并且进而指出矛盾是更深刻、更本质的东西。我们知道，"矛盾"一词有多种用法，有时它广义地被用作泛指事物的矛盾，在这种场合它包括矛盾的两重属性即同一性和斗争性。有时它又在比较确定的意义上被运用，特指冲突、对立、相互排斥等。例如马克思主义创始人在关于唯物史观的那段经典表述中所讲的，已经陈旧的生产关系便与向来在其中发展着的生产力之间发生了"矛盾"，这里的"矛盾"就是在尖锐冲突的意义上被使用的。从上述所引黑格尔的那段话可以看出，他是把"矛盾"与"同一"对比起来讲的，看来还可以从否定性、相互排斥的意义上理解他所说的"矛盾"，而不包括使对立面保持现状的同一这层含义。因为所谓矛盾"更深刻、更本质"等，正是相对于同一而言的。自然，说相互排斥的对立面或矛盾具有更深刻、更本质的特性，并不意味着矛盾的同一性就不重要。恩格斯通过对自然界大量材料的分析，指出过物体相对静止的可能性，暂时平衡状态的可能性，乃是"物质分化的根本条件，因而也是生命的根本条件"。[①] 足见他对"静止"、"平衡"等对立同一状态的重视，但他在作这样强调的时候也还是指明"静止"、"平衡"等的相对的、暂时的性质。同时，恩格斯在讲到对立面的不安定性时又明确指出：对立面"以其不断的斗争和最后的互相转变或向更高形式的转变，来决定自然界的生活"。[②]

---

① 《马克思恩格斯选集》第 3 卷，人民出版社 1972 年版，第 563 页。
② 同上书，第 534 页。

　　列宁在《哲学笔记》中肯定了这样的思想："只有那上升到矛盾顶峰
的多样性在相互关系中才是活动的和活生生的，——才能获得那作为自己
运动和生命力的内部搏动的否定性。"① 列宁在《谈谈辩证法问题》中，
不仅明确论述了对立统一的暂时性、有条件性、相对性，而且把相互排斥
的对立面的斗争同发展、运动联系起来加以考察，指出它们都是"绝对
的"。②

　　谈到问题的提法，列宁是这样提出问题的，辩证法是一种学说，它研
究对立面是怎样同一，怎样成为同一的，在什么条件下它们是同一的、相
互转化的，为什么人的头脑不应该把对立面看成是僵死的、凝固不变的，
而应该看成是活生生的、可变动的。列宁这个提法和我们前面所谈到的那
种主张"倒过来"的提法，是根本不同的，是有原则差别的。当我们把辩
证法应用于现实考察实际生活中的问题时，我们所讲的矛盾，是指现实的
具体的矛盾，讲的对立面是指事物矛盾的诸方面，讲同一性也是现实的具
体的同一性。我们讲同一性和斗争性不是把两个抽象的东西在那里弄来弄
去，而是研究事物矛盾自身的诸多方面，诸多的对立面之间是怎样同一、
怎样成为同一的，在什么条件下它们互相依存和相互转化，为什么人的头
脑不应当把对立面当成僵死的东西，而应看成活生生的东西。由此看来，
列宁对问题的提法，比那种离开现实矛盾的诸方面而抽象地谈论和在概念
上无限推演的方法，要科学可靠。而那种抽象研究的方法是靠不住的，它
只能模糊和混淆绝对相对的区别。

　　这个问题在理论上和实践上都是有意义的。如果不坚持矛盾斗争的绝
对性、无条件性，把矛盾的斗争性也说成是相对的，或者把同一性和斗争
性都说成既是相对的，又都是绝对的，那就不好理解为什么说运动、发展
是绝对的，这关系到唯物辩证法的基本观点，关系到辩证法的体系。

　　其次，辩证法是世界观，又是方法论。它把宇宙间的一切事物视为充
满矛盾的不断发展过程；根本不存在终极真理或与之相适应的终极状态。
这是世界观，是人们对客观世界发展进程的科学概括。用这样的观点反转

① 《列宁全集》第 38 卷，人民出版社 1986 年版，第 149 页。
② 《列宁选集》第 2 卷，人民出版社 1972 年版，第 712 页。

来认识和改造世界，就是方法论。世界作为过程而永恒发展的这种总趋势不以任何人的意志为转移，是无条件的、绝对的。因此，人们在变革现实的实践活动中必须使主观符合客观实际，否则就达不到预期的目的。而当过程已向前发展，走向了一个新的发展阶段时，要正确地认识事物，就要使自己的思想与时俱进，不能停滞不前，不能僵化。否则，就是主观与发展着的客观实际相脱节，认识与实践相分离。久而久之，习以为常了，便限于思想僵化状态。造成思想僵化的原因不是单一的，既得利益的驱动，体制上的缺陷，把书本上的东西当作教条，习惯于以不合时宜的陈旧观念应付一切，等等，都可能成为引发思想僵化的原因。而否认过程发展的前进性，否认过程辩证法进程的绝对性，则是一个重要的认识论原因。另一方面，把已有的认识绝对化，否认真理的相对性和有条件性，把昨天的认识当作可以应付一切的终极真理或金科玉律，则是从另一极端走向了迷误。

再次，在实际生活中绝对与相对这对范畴也是经常会遇到并须正确加以处理的。从大的方面来说，在急风暴雨的革命战争年代，列宁在讲到辩证法的特点时常常把对立面的"斗争"、"渐进过程的中断"、"转化"、"否定"、"质变"等作为重点加以强调。这是同当时革命斗争的实践密切相关的。当然，列宁对"统一"、对立面何以"同一"、怎样成为"同一"等也是讲过的。但相比较而言，重点是在前一个方面。这有其时代和革命实践斗争需要的特征。中国在长期的革命战争年代也有相类似的情况。

然而，在无产阶级夺得政权之后，在大规模的急风暴雨式的阶级斗争已成过去，需要在新制度下大力发展生产力的时候，则面临着"善于建设一个新世界"的任务。所强调的方面应与前述情况不同，不能再把重点号画在"斗争"、"对抗"、"渐进过程的中断"等下面了。按辩证法，这是属于有条件的相对稳定的时期。而且，由于我国的具体国情（大国、人口多、原来基础落后等），决定了这个相对稳定的时间还较长，即我国社会主义的初级阶段。对这个社会主义初级阶段的认识、理解和把握很重要，是我们党领导广大人民经过长时间探索而引出的科学结论。是我们在建设中国特色社会主义过程中正确处理与绝对相对关系相关联的问题、应对各种挑战的思想基础。

　　改革开放 30 多年来，我国人民在建设社会主义的实践中取得了重大成就，开辟了中国特色社会主义道路，形成了中国特色社会主义理论体系。随着实践的发展，这条道路将越走越宽广，这个理论体系也将越来越丰富和发展。相对于无限发展的历史长河而言，已有的理论成果还是相对的，是相对真理，还将进一步丰富和发展；但相对中有绝对，因为现今的理论成果确实是对当代中国社会主义发展规律的科学概括，是历史和现实经验的深刻总结。它深深植根于中国大地，以我国人民变革现实的丰富实践经验为基础，符合我国的具体国情，因而它又是非常可靠的，具有绝对真理的属性，是相对真理与绝对真理的统一。这个中国特色社会主义理论体系，来之不易，是党和人民经过多年奋斗而实现的理论创新，是马克思主义中国化的最新理论成果。我们必须倍加珍惜，用以指导实践，并使之在新的历史条件下，随着中国特色社会主义事业的不断推进而日益丰富和发展。坚持绝对与相对的辩证统一，有助于我们保持清醒的头脑，在各方面的工作中坚定不移地以邓小平理论和"三个代表"重要思想为指导，深入贯彻科学发展观，不为任何干扰所惑，把工作不断推向前进。同时又要认真细致地研究面对的一些新情况、新矛盾、新问题，脚踏实地，求真务实，具体地分析具体情况，找到切实解决问题的办法，从而达到化解矛盾、统一思想，有利于民生幸福和国家富强的目的。

（原载《哲学现代化》（上册），中国社会科学院哲学研究所 1985 年刊授讲义）

从同一和差别谈起

（一）同和异、同一和差别，是人们在日常生活中经常遇到的一种关系。比如上和下、左和右、父亲和儿子，乃至正在恋爱中的男女双方之间等，都无不存在着同一和差别的关系。

事物的关系是多方面的，而同和异则是这多方面关系中最本质的一种关系。概括这种关系的哲学语言就是同一和差别这对范畴。

（二）在哲学史上，凡是谈论哲学的人就不能不遇到同一与差别这种关系。有多少哲学家在这个问题上栽了跟头，那是无以数计了。具有形而上学头脑的人，怎么也弄不清楚：一些截然对立的现象怎么会是同一的；既然是同一的，怎么又会有差别呢？这是由于他们思维于绝对不能相容的对立之中的缘故。

（三）不仅如此，就连唯物辩证法的创始人也曾经在这个问题上费过心思。恩格斯甚至说，这个同一和差别的问题最初是怎样"折磨"过他，可见，这个问题着实也不很简单！

恩格斯在 1891 年曾经给康·施米特写过一封信，其中谈到了如何读黑格尔的著作，读他的《小逻辑》，特别是《小逻辑》的主要部分即《本质论》部分。恩格斯说，黑格尔在《本质论》部分中，"揭示了抽象的对立是站不住脚的，人们刚想抓住一个方面，它就悄悄地转化为另一个方面。如此等等。您随时可以通过一些具体的例子弄清这一点。譬如您作为未婚夫，会在自己和您的未婚妻身上看到同一和差异的不可分离的鲜明例证。根本无法判明：性爱的欢娱，是来自差异中的同一呢，还是来自同一中的差异？在这里，如果抛开差异（这里指的是性别）或同一（两者都属于人类），那您还剩下什么呢？我记得，正是同一和差异的这种不可分离，最初是怎样折磨我的，尽管我们每前进一步都不能不碰到这个问题。"①

---

① 《马克思恩格斯选集》第 4 卷，人民出版社 1972 年版，第 493 页。

（四）恩格斯在这里所说的同一和差别的不可分离的论断，是极其深刻的，有着十分重要的意义。作为未婚夫妻的双方，他（她）们是同一的，又是有差别的；同一，是指差别中的同一，差别，也是指同一中的差别，这种同一和差别的不可分离的性质，是内在的，而不是外在的或附加的。这种内在的不可分离性到了这样的地步，以至于只要失去同一或差别的任何一方，就等于同时也失去了另一方，作为未婚夫妻之间的爱情关系也就整个地失去了。

（五）上与下、父与子、纲与目等也是一样。上就是非下，上的规定就在于它不是下；有上就是因为有下，没有下也就无所谓上。父亲是儿子的另方，儿子是父亲的另方，而每一个父亲或儿子又都是对方的另方。一切对立的成分都是这样，在每一个规定中包含着它的对立面，每一个规定之所以存在只是由于它同另一方发生关系，矛盾双方就是从这种对立统一的关系中获得自身的规定性。纲是目的的"纲"，它本身也没有什么孤独自在的意义，把纲与目之间的差别绝对化，根本否定两者的同一关系，纲本身也就不存在了。儿子是父亲的"儿子"，父亲也是儿子的"父亲"，如果一位老者压根儿就没有子女，那么他就没有资格自称为"爸爸"，而别人也就只能称他为一位"老人"了，可见，父亲和儿子之间的差异，正在于他们的同一之中，他们的同一也在于其差别之中，父子之间的同一和差别也是不可分的。

（六）思维和存在、概念和现实之间具有同一性，指的是客观存在是可知的，思维具有正确地反映存在的可能性，就是说它们是同一的。然而，同一中有差别，是矛盾的同一、而非抽象的同一。绝对符合的事是没有的。存在是第一性的，思维是它的反映。在思维反映存在的过程中，"这两者，即一个事物的概念和它的现实，就像两条渐近线一样，一齐向前延伸，彼此不断接近，但是永远不会相交"。① 就是说，思维和存在、概念和现实的同一，正是有差别的同一。恩格斯说："两者的这种差别正好是这样一种差别，这种差别使得概念并不无条件地直接就是现实，而现实

---

① 《马克思恩格斯选集》第 4 卷，人民出版社 1972 年版，第 515 页。

也不直接就是它自己的概念。"① 这就是说，即使在思维正确地反映了存在的条件下，两者的同一也是差别中的同一。否定思维和存在的同一性，就会陷入不可知论，否认同一中的差别，把两者说成一而二、二而一的事情，似乎概念就是现实，或者现实即是概念，那也会陷于荒谬。

（七）由于客观事物是不断发展变化着的，所以思维对它的反映也是一个不断深化的过程。恩格斯说得好："概念和现象的统一是一个本质上无止境的过程。"② 一切概念对现实的反映，它同现实的符合、一致，只能是近似的，不可能穷尽对象，不可能是绝对符合；如果绝对符合了，无差别地同一了，那就说明思想开始脱离实际了，如果不是主观上的想入非非，就是思维被形而上学纠缠住了。同样，概念对现实的把握既然是一个本质上无止境的过程，那么概念本身就必须是可变动的，而非僵死的；僵死的同一，否定了差别的同一，同时也就从根本上丢掉了同一，即失却了概念把握客观外界的可能性。如果坚持这一点，硬是在否定差别的情况下坚持同一，说什么一劳永逸地解决了问题，终极真理被发现了，人们除了惊愕地望着这种"真理"发呆之外，再也没有别的事情可做了，那就说明思想僵化已经到了相当可观而又可怜的地步。果如此，那种根本违反客观实际的情况估计，那种脱离实际的完全错误的论断，还怎么能够加以改变呢？而如果做不到这一点，那还怎么前进呢？

（八）人们对客观事物的认识，本质上是一个无止境的过程，因此靠着实践的检验，坚持正确的，修正错误的，把那些不符合客观实际的理论观点、形势估计、政治口号和方针政策等加以改变，而代之以符合客观实际的新论断、新口号和新决策等，乃是正常的事情，是题中应有之义，是马克思主义认识论的天经地义。对这些觉得不可理解，"看不惯"，甚至自以为是，以是为非，说这也"偏"了，那也"右"了，不是使自己的思想统一到党的三中全会精神上来，而是在那里固执己见。那正说明思想已经脱离了实际，跟不上客观形势的发展了。毛泽东同志说过，我们干部中自以为是的不少，原因之一就是不懂马克思主义的认识论，因此要不厌其

---

① 《马克思恩格斯选集》第 4 卷，人民出版社 1972 年版，第 515 页。
② 同上书，第 517 页。

烦地进行这方面的教育。恩格斯说："自从我们接受了进化论的那个时候起，我们关于有机体的生命一切概念都只是近似地和现实相适应。否则就不会有任何变化，哪一天有机界的概念和现实绝对符合了，发展的终结也就到来了。"① 任何思想，只要你把它僵化了，把差别的同一变成了抽象的同一，把活生生的同一变成了凝固的同一，切断了同实践的联系，那就没有发展了，就停滞了，因而也就失去了生命力。这犹如把一条充满生机的活的水流变成了一潭死水。哪里还谈得上发展呢？

（九）列宁在《谈谈辩证法问题》中指出："统一物之分解为两个部分以及对其矛盾着的各部分的认识……是辩证法的实质。"② 列宁提示人们说，辩证法内容的这一方面往往没有引起人们"足够的注意"，对立面的同一被当作了实例的总和，成了单纯证明的工具，而不是当作认识的规律，不是当作认识各种复杂现象的指南和科学方法。列宁反复强调辩证法是活生生的，多方面的认识，而且这种认识方面的数目永远增加着，具有无比丰富的内容；要把握丰富多彩和千变万化的现实，要使自己的思想能够跟上由于内在矛盾而必然展开的蓬勃生活的脉搏，就必须坚持把辩证法应用于认识的过程和发展。列宁处处把这种充满生机、内容无比丰富的基本观点，同那种死板的、贫乏的、枯竭的形而上学观点对立起来。因此不难理解，当列宁说对立统一是辩证法的实质，要认识世界上一切过程的内容，就必须把它们当作对立面的统一来认识等时，列宁的意思是要人们懂得认识过程的复杂性，学会把辩证法应用于认识论，应用于认识的过程和发展，是要人们把对立统一当作认识的规律和科学思维的方法，学会辩证地思考。而绝不是说可以把对立统一变成一种套语，用以代替对具体事物的具体分析。更不是说可以借口通俗化而大搞庸俗化，把辩证法这一活生生的、没有片面性弊病的学说，变成为同它的本性格格不入的畸形的东西。列宁说统一物之分解为二，正是说明同一中存在着差别，还要对矛盾着的各部分进行认识，也就是要分析和认识矛盾的差别性或特殊性。然而，这也只是为我们认识具体事物提供了一个基本观点，指明了认识运动

---

① 《马克思恩格斯选集》第 4 卷，人民出版社 1972 年版，第 517—518 页。
② 列宁：《哲学笔记》，人民出版社 1960 年版，第 361 页。

的总方向，揭示了科学的思维方法所必须遵循的基本原则。它还不能代替对具体事物的具体分析。假若不是这样，而把一分为二变成一种套语，对同一中的差别或差别中的同一弃置不问，根本拒绝对事物进行具体分析，那将会是怎样呢？比如，说：一切都是一分为二的，所以我这个地区、单位或部门也是一分为二的，至于怎么个一分为二，一分为二的具体内容是什么，矛盾着的各部分之间的具体关系是怎样的等，统统可以不管。那么，这样的做法对我们了解那个地区、部门、单位的情况究竟有什么帮助呢？可以说，毫无帮助。因为这是把一分为二变成了一种抽象的公式，变成了一种套语，实际上是把一分为二的辩证法糟蹋了。

（十）一切都可能变成套语。一切概念都可能被滥用。列宁说过，"滥用字眼原是政治方面最普通的现象，'革命'一语也完全可以让人们滥用，而当运动发展到一定阶段的时候，甚至是不可避免地要被人们滥用的"。①一分为二，对立统一等哲学概念，也是可能被滥用的。

林彪、"四人帮"一伙手里挥舞着所谓斗争哲学的大棒，口里"一分为二"念念有词，分来分去，对任何单位"分"的结果，都分出了两个阶级之间的你死我活的斗争。于是，他们打倒一切就有"根据"了，搞"全面内战"就有"理由"了。统一、同一、均势、合作、平衡、安定、团结等包含在矛盾同一性之中的这些用语，被当成了政治上"右倾"、"保守"、"复辟"、"倒退"的同义语。而矛盾斗争的绝对性则成了实行残酷斗争、无情打击的精神工具。林彪、"四人帮"所搞的这一套，不仅是对哲学概念的滥用，而且是对唯物辩证法的肆意歪曲和践踏。

（十一）列宁指出："辩证法根本就是人类的全部认识所固有的。"②作为思维规律的辩证法，同时也就是马克思主义的认识论。我们知道，当列宁说对立统一是辩证法的实质时，同时就讲到"黑格尔也正是这样提问题的"。而亚里士多德则"经常在这周围兜圈子"。③黑格尔非常重视"差别的内在发生"的思想，他关于同一和差别之不可分离的思想，关于矛盾

---

① 《列宁选集》第 1 卷，人民出版社 1972 年版，第 615 页。
② 列宁：《哲学笔记》，人民出版社 1960 年版，第 363 页。
③ 参见列宁《谈谈辩证法问题》。

是一切运动和生命力之根源的思想，关于普遍运动和"自己运动"的原则等，都是对立统一这一基本观点的体现。所以列宁说："谁会相信这就是'黑格尔主义'的实质，抽象和难解的（晦涩的、荒谬的）黑格尔主义的实质呢？必须揭发、理解、拯救、解脱、清洗这种实质，马克思和恩格斯就做到了这一点。"① 黑格尔的辩证法思想是同其唯心主义体系交织在一起的，所以就有个解脱、清洗的任务，而马克思主义创始人通过这种批判改造的功夫拯救了这个自觉的辩证法。马克思也说："有一个爱好虚构的思辨体系，但思想极其深刻的研究人类发展基本原则的学者一向认为，自然界的基本奥秘之一，就是他所说的对立统一规律。在他看来，'两极相逢'这个习俗用语是伟大而不可移易地适用于生活一切方面的真理，是哲学家不能漠视的定理，就像天文学家不能漠视刻卜勒的定律和牛顿的伟大发现一样。"恩格斯也说得很明确：对立统一规律，黑格尔是在他的《逻辑学》的《本质论》部分阐述的，说这是"最重要的部分"。② 是他的"全部理论的真正核心"。③ 马克思主义创始人这些关于黑格尔辩证法的评论，同列宁在讲到对立统一是辩证法的实质时所说的"黑格尔也正是这样提问题的"说法，是完全一致的。换句话说，黑格尔在其唯心主义形式下懂得对立统一的重要性，懂得这个辩证法的实质。"解脱"、"清洗"、"拯救"了黑格尔辩证法并创立了唯物辩证法的马克思和恩格斯，当然也懂得对立统一的重要性，懂得辩证法的实质。

（十二）至于亚里士多德，他虽然经常在对立统一这个问题的周围"兜圈子"，但是由于他反对存在和非存在统一的思想，如同列宁所说，由于"这个人就是弄不清一般和个别、概念和感觉、本质和现象等的辩证法"。④ 所以他也就不能懂得对立统一规律本身，不能真正懂得辩证法。亚里士多德在《形而上学》一书中，虽然反对赫拉克利特，反对存在和非存在同一的思想，不懂得存在和非存在虽是对立的，同时又是同一的，弄不清个别和一般的辩证法等等，但是他接触到了问题，经常在对立统一这个

---

① 列宁：《哲学笔记》，人民出版社 1960 年版，第 121 页。
② 《自然辩证法》，人民出版社 1955 年版，第 39 页。
③ 《马克思恩格斯全集》第 31 卷，第 471 页。
④ 列宁：《哲学笔记》，人民出版社 1960 年版，第 336 页。

问题的周围"兜圈子"。这既表明了亚里士多德在认识史上所进行的寻求和探索，同时也证明了只要想认识，就不能不接触人类所固有的辩证法问题，虽然对于问题的回答是各种各样的，同时也证明了"辩证法根本就是人类的全部认识所固有的"这个光辉论断的正确性。

（十三）同一和差别、一般和个别等哲学范围，看来似乎同实际生活的关系不那么密切，而实际上却是人们经常遇到的问题，是每前进一步都必然要处理的问题。山区不同于平原，牧区不同于农区。不同的地区、部门和单位之间都有其共同性的方面，但又各有其差别性的方面。像妈妈是人，树叶是绿的等简单命题中就已存在着个别和一般、同一和差别的关系了。至于更复杂的事物当然就更存在着这种关系。列宁很重视黑格尔的一句话："不只是抽象的普遍，而且是自身包含着特殊东西的丰富性的普遍。"认为这是"绝妙的公式"，"好极了！"① 我们搞四化，这是普遍，是我国人民所面临的共同任务。但是这个普遍又是通过各条战线、各个地区、各个部门的各个特殊的具体工作任务而存在和体现的。所以，热心于四化的人，首先必须脚踏实地地做好本职工作。要坚持辩证唯物主义的思想路线，这是任何地方、任何部门都不能例外的，是普遍的。但是，每一地方或部门都有其特殊性。

因此，只有在进行周密调查研究的基础上，才能因地制宜地解决问题。

（十四）林彪、"四人帮"在思想上和理论上所造成的严重恶果之一，就是使一些人的思想越来越贫乏、呆滞和僵化，思想方式越来越趋于死板、枯竭和绝对化。而且按他们的要求越僵化、贫乏就越好，以达到其不可告人的目的。在哲学上他们不仅公开叫嚷要"砍掉"矛盾的特殊性，而且搞了个"浓缩法"：把辩证法的规律和诸多范畴"浓缩"为一个规律，又进一步把对立统一规律"浓缩"并归结为"斗争性"，然后再把斗争等同于对抗。经过如此这般的"浓缩"之后，他们就可以随心所欲地挥舞所谓"斗争哲学"的大棒了。同时在人们的思想上造成了一种极不正常的情况，即：似乎学习马克思主义哲学，它的科学体系，它的丰富内容统统可

---

① 《列宁全集》第 38 卷，人民出版社 1986 年版，第 98 页。

以不管，而只要记住"斗争"二字就足以走遍天下、应付一切了。在社会历史领域，他们把生产力归结为生产关系，把生产关系归结为上层建筑，又把上层建筑归结为"专政"，在归结到这一步之后，抓住"专政"这一点，吹而肿之，膨而胀之，来个"全面开花"，叫做"全面专政"。他们把复杂的社会现象极端地"简化"，把历史唯物主义的全部丰富内容"浓缩"为四个字："阶级斗争"，用来决定一切，代替一切，冲击一切，打倒一切。这种"浓缩"法，造成了祸国殃民的一种时弊。简单化和绝对化，直线性和片面性，死板和僵化等思想方式流行起来了。动辄上纲上线，不上纲不足以显示"革命化"的恶习成了最时髦的产品。假大空之风盛行，形而上学猖獗。这一切就在人们的思想上造成了具有特殊时代痕迹的一种特有的局限性。林彪鼓吹的"最最最"，"根本的根本"，"关键的关键"，"核心的核心"，"灵魂的灵魂"等，"四人帮"鼓吹的"彻底砸烂"，"彻底打倒"，"打倒一切"，"横扫一切"，"宁要……不要……"等，除了其政治上的反动用心之外，这一套东西还严重地侵蚀了人们的思想。是他们大搞现代迷信，摧毁人类精神文明的一种腐蚀剂。他们的这套说教，是同马克思主义的认识论格格不入的，是同作为科学思维方法的辩证法水火不相容的；只能使人们的思路越来越狭窄，只能把人们的思想引向死胡同。

（十五）粉碎"四人帮"以后，特别是党的十一届三中全会以来，在认识论中坚持辩证法，把辩证法应用于认识的过程和发展，是同实践第一的观点完全一致的。既然思维和存在的统一是有差别的统一，既然概念对现实的反映本质上是一个无止境的过程，那么，掌握认识运动的辩证法，就绝对地需要深入实际，调查研究，开动机器，勤于思考，花费力气。而任何图省事，贪便宜，玩弄套语等，都是无济于事的。

（原载《理论与实践》1980 年第 7 期）

关于抽象和具体

　　抽象和具体，也是辩证法的一对范畴，但这对范畴有其特殊性。一个是在概念的应用上，在不同场合同一个概念具有不同的含义。比如"抽象"，有空洞抽象与科学抽象之分；"具体"，也有感性具体和理性具体之不同。而且在实际生活中常常有发生混淆的可能。因此，要分别加以说明。概言之，一个是真理的具体性问题，与辩证法的运用密切相关。另一个是作为辩证法一对范畴的确切含义。先讲真理的具体性，即辩证法的运用问题。列宁讲，辩证法是一种学说，是一种活生生的学说，它研究事物自身的矛盾，而事物矛盾的方面又不断地增加着。恩格斯也说过，我们所面临的世界不是事物的集合体，而是过程的集合体。唯物辩证法关于永恒发展的原则，体现了它的革命的批判的本质。辩证哲学认为一切都在发展变化着，这是辩证哲学所承认的唯一的东西。毛泽东也说，事物是作为过程而向前发展的。

　　这些论断都在于说明辩证法的本质。辩证的认识论有一条重要原则，就是认定真理是具体的，没有抽象的真理。它强调具体地分析问题，反对抽象地空发议论。列宁在谈到辩证逻辑的四条要求时，其中有一条就是真理是具体的。他还把具体地分析具体情况作为马克思主义的活的灵魂，毛主泽东在《矛盾论》中引证了这个论断，并且从各个方面作了深刻的论述和发挥，反复强调了这个问题的极端重要性。

　　列宁在讲到如何把普遍原理应用于实际生活时，要求我们不仅要把某一原理和这一原理由以产生的特定条件联系起来加以考察，还要求必须把所运用的这个原理同其他相关原理联系起来加以考察。就是说，当我们运用某一原理时，不要同其他原理割裂开来或对立起来。他还特别地提示人们，当把某一原理运用于实际时，必须把它和当时当地的实际情况联系起来加以考察。列宁要求从上述三个方面"联系起来"考察，这样就会在客观上保证完整地应用和把握这一或那一原理。

比如说，人的本质不是单个人所固有的抽象物，在其现实性上它是一切社会关系的总和。这是个科学的论断，但不能满足于对它的背诵和重复。如果对这个论断满足于简单地背诵和重复。背来背去，搬来搬去，那是不能解决任何实际问题的。如果要把这一论断运用于今天的现实时，我们就要具体分析人的本质作为社会关系的总和，在今天的现实中是怎样表现出来的，今天现实中有哪些社会关系，在这些社会关系中又是如何组合的，各处于何等地位，等等。如果不研究诸多的社会关系及其总和，那么，即使对这论断重复多次也无济于事。虽然这个论断本身是正确的，但对当事者来说仍然是没有内容的空洞抽象。这是因为，在没有理解这一论断的具体内容的情况下，实际上对它的理解仍然是不具体的，形式的或表面的。也就是说，实际上还没有把握这一论断的确切含义。

比如，在今天的现实中，一方面在一定范围内存在着阶级斗争，还有外部势力的渗透，以及与外部敌对势力相勾结的分裂主义分子、反社会主义分子。我国人民与他们之间的斗争属于阶级斗争范畴，是敌我矛盾。同时也要看到，阶级矛盾已不是我国社会的主要矛盾，在今天的社会生活中，大量的是人民内部矛盾，不属于阶级斗争性质的矛盾在社会生活比重中占据重要地位，而且越向前发展这类矛盾的比重也会越大。对于不同群体、不同阶层之间的矛盾即使是某些群体性事件，也要具体分析，不能简单地以阶级斗争的办法处理。改革开放以来，我们在建设中国特色社会主义事业中取得了举世瞩目的成就，综合国力大大提升，人民生活大为改善，而且发展前景看好，我国人民继续前进的信心和决心是任何力量也阻挡不了的。但另一方面，我们也必须保持清醒头脑，把开拓前进的决心与脚踏实地求真务实的精神结合起来。这是因为，我们现实的生产力水平有限，总的说来还是比较低的。许多现实的条件也不是靠人们的善良愿望和天真设想所能一下子超越的。历史是人民群众创造的，是人们活动的结果。但当我们创造历史时，所面临的条件又都是历史地给予了的，是既定的条件。当然，条件是可以创造的，任何条件都是人创造的，而条件的创造又是条件的。即使有可能创造的条件，也要经过实践中的努力方能创造出来。我们面临着许多社会问题，而这些问题的解决不是靠发一些抽象的议论所能解决的。造成这些问题的原因是多方面的。有的是过去工作中的失误，有的是历史的遗留，有的是林彪、"四人帮"破坏所造成结果的影响所致，如动辄打砸抢等。列宁在讲到唯物史观时指出，分析社会历史现象时，只有把一切社会关系归结为生产关系，又把生产关系归结为生产力的高度，才有可能把社会形态的发展看成是一个自然历史过程。如果不作这样的"归结"，那是不能科学地说明社会历史现象的，是没有根据把社会形态的发展看作是自然历史过程的。因此，当我们把马克思主义的关于人的本质是一切社会关系的总和这一论断运用于今天的现实时，就不能不考虑今天社会的各种具体情况，各种社会关系的实际和现实的生产力水平，如果对这一切都不作具体分析，而只是抽象地发议论，背诵或重复经典著作中的某一论断，那是什么问题也解决不了的。

比如，抽象地谈论计划生育是不是合乎人道，那就很难说清楚。必须具体地谈论之。为了搞好四化，就要采取控制人口增长的国策，实行计划生育。如果离开这个基本国策而抽象地谈论计划生育是否合乎人道，那是弄不清的。同样，根据现今的情况，国家又对不同地区、民族等作出了新的调整，也是合乎国策民心的。还有其他一些社会问题，也不能离开现实的具体条件而抽象地加以评论。当然借口今天的现实而不去解决这些问题，把本来有可能解决的问题不去解决，那也是不对的。再比如生产关系，如果离开现实生产力发展的要求，而抽象地谈论公有化程度的高低或优劣，是不可能引出正确的结论的。过去，由于长时期里在对社会主义的理解上形成了若干并不符合实际情况的固定观念，这种观念在人们头脑中成为一种模式，一种不可更易的框框，凡不符合这种模式或框框的事物，哪怕是地平线上出现的具有生命力的新事物，也都因其不合模式而予以舍弃，甚至把本来不是资本主义的东西也说成"资本主义"，把有利于社会主义的东西持否定态度。这方面的教训是很多的。造成这种情况的原因也不是单一的，而其中一个重要原因就是认识脱离了客观实际，在想问题的路子和思维方法上违背了实事求是的原则，对问题陷入了抽象的议论。

辩证法主张真理是具体的。这种具体性首先就是指真理总是同一定的历史条件相联系，是具体真理。同时这种具体性也是指多样性的统一，是辩证的综合，而不是面面俱到，越多越好，开中药铺。真理的具体性和真理的全面性是一致的。例如，关于物质概念的理解，有些同志发表了许多有益的见解，对于我们继续研究这个问题是有意义的。但是有的意见看来还须再思考再研究，例如有一种意见认为，"物质"不仅具有客观实在性，还有运动性、过程性、系统结构性、矛盾性、时空性……持这种见解的同志，是试图使物质概念完善起来，但讨论的结果大家也还不满意，人们觉得还是列宁关于物质的定义更精确些。因为如果这样来补充，那是没完没了的。实际上有的同志在一些文章中已经赋予了"物质"除客观实在性之外的若干个特性和规定。有的同志则走得更远，认为凡是辩证法的规律或范畴都可以纳入作为哲学范畴的"物质"定义中去。实际上，这样做的结果，不仅没有把问题推向前进，没有发展或深化列宁的物质定义，无助于科学地把握作为哲学范畴的"物质"，反而有把问题弄混乱的危险。因为如果把前述的那些"性"都纳入于物质范畴之内，把诸多的属性都罗列出来或并列起来，"全面"固然很全面了，但并不具体，因为它没有揭示出物质概念的最本质的规定究竟是什么，弄得不好反而容易冲淡最本质的东西。

又例如实践这个范畴。在讲到实践的本质特征时，有的同志作了几方面的概括，说实践有客观性或现实性、能动性、社会性、历史性等等，并且把诸多的特性和直接现实性这一实践的最本质的特性并列起来，在同等意义上都作为实践的最本质规定。这样就会冲淡以至于否定实践的最本质特征。如果这样，人们很自然地会提出：认识有没有历史性？认识是不是能动的？如果有，那么又如何区分认识和实践呢？你说实践有社会性，我说理论也有社会性，你说实践有能动性，我说认识也是能动的，你说实践是历史地发展着的因而具有历史性，我说认识也是历史地发展着的。可是这样一来，把理论和实践都具有的共同品格同用来专门揭示实践特性的那一特有品格加以并列，就很难说清问题。列宁讲，实践不仅有普遍性的品格，而且有直接现实性的品格，正因为它有直接现实性的品格才与理论不同，才能成为检验真理的标准。所以说，揭示实践本质特征的还是列宁所讲的直接现实性。这个特性是理论所不具备的。我们概括实践的本质特征，就是相对于认识来说的，实践的本质特征一定是它的对立面即认识所没有的特征。辩证法讲具体性是多样性的统一，并不是诸多因素的罗列，并不是讲得愈多就愈符合辩证法的要求。

以上说的是辩证法的应用即真理的具体性问题。下面再从辩证法范畴的角度，做些说明。从认识的全过程来说，具体和抽象在不同的场合具有不同的含义。在认识的起始阶段，当我们说由具体概括为抽象时，这时的"具体"是指客观存在的具体事物；"抽象"，是指对具体事务本质的某种概括。例如，香蕉、苹果、梨是"具体"，水果则是"抽象"。当我们说，从抽象上升到具体时，这里的"抽象"，是指对事物的简单概念和某一方面的理性认识。而"具体"则是指许多规定的综合，是多样性的统一，是对事物本质全面、深刻、本质的理性认识。

从抽象到具体是一个过程，在思维中的具体是多样性的统一，但又不能理解为面面俱到。在这个环节上要再现事物的本质。比如，毛泽东在《论持久战》中分析了中日双方的战争。首先提出了"问题的根据"，指明："中日战争不是任何别的战争乃是半殖民地半封建的中国和帝国主义的日本之间的二十世纪三十年代进行的一个决死的战争，全部问题的根据就在这里。"这就是把中日战争首先置于一定的历史条件下来进行考察，体现了真理具体性的要求。接着依次分析了中日双方各自的四个特点，但实际上中日双方的特点不只这四个，而是更多，但毛泽东只是从这诸多的特点中抽象出这样四个特点，这就造成了简单的规定。但是，仅有这四个特点还不足以揭示事物的本质，不能揭示战争的规律性。因此，还要对这四个特点进行逻辑加工，对这四个特点进行对比、分析、综合，最后提出了抗日战争是持久战，中国必胜的结论。这里就把抗日战争规律性这个本质再现出来了。中日双方各自的四个特点，即强弱、大小、进步退步、得道多助或失道寡助等，都是在战争中双方的基本特点。只有抓住这些特点并进行科学分析，才能把握战争中双方的基本特点。

这里，我们要进一步说明两种"具体"和抽象的含义。我们所说的从抽象上升到具体，指的是辩证思维的运动过程。这里所说的"具体"，指的是思维中的具体，亦即理性具体。思维中的具体，是客观事物内在的各种本质属性的统一的反映，这种"具体"是看不见摸不着的，是人的感官所不及的。而感性具体则与此不同。感性具体指的是直观和表象的起点，是完整的表象，是客观事物表面的、感官能够感觉到的具体性的反映。在感性具体中，必然的东西和偶然的东西，本质的东西和非本质的东西，都是浑然一体的，所以它是"完整的表象"。人们认识事物，就认识的秩序说来首先是接触个别事物，由个别到一般。先有感性认识，然后在感性认识的基础上完成理性认识。在实践中人们借助于感官接触具体事物，感性具体是认识的起点，没有这个基础是谈不上从抽象上升到具体的辩证思维运动过程的。但是，只有感性具体还不就是认识。因为在感性具体中必然和偶然、本质和非本质的东西都是混杂在一起的，所以就需要进行抽象。所谓抽象，就是把对象各个方面的特征和关系从统一体中抽取出来，并暂时割断与其他方面的联系，因而就带有相对的片面性和孤立性。也正因此，这种抽象就必须进一步上升，即由抽象上升到具体的过程。作为认识环节的抽象，是指思维中的一种规定，这种抽象规定是客观对象某方面属性在思维中的反映。马克思说："从抽象上升到具体的方法，只是思维用来掌握具体并把它当作一个精神上的具体再现出来的方式。但绝不是具体本身的产生过程。"① 作为思维的具体，当然是理解的产物，但绝不是处在直观之外或驾于其上的概念的产物，而是加工成概念的产物，是在思维中再现事物的本质，而不是具体事物产生的过程。黑格尔在其唯心主义的基础上说明了辩证思维运动的从抽象上升到具体的过程，这是有其合理性的，也是很重要的。但是他把这个过程当作是具体事物本身产生的过程，就是唯心主义。由于在感性具体中事物只是完整的表象，它的各个方面都是浑然一体的。所以要进行抽象；又由于抽象还只是把事物之各个方面分别地加以考察的，所造成的规定还没有统一起来，所以仍须进一步上升，上升的目的是在思维中再现事物的本质。所以马克思说："具体之所以具体，因为它是许多规定的综合，因而是多样性的统一。因此它在思维中表现为综合的过程，表现为结果，而不是表现为起点，虽然它是现实的起点，因而也是直观和表象的起点。在第一条道路上，完整的表象蒸发为抽象的规定；在第二条道路上，抽象的规定在思维行程中导致具体的再

---

① 《马克思恩格斯选集》第 2 卷，人民出版社 1972 年版，第 103 页。

现。"① 这里我们要说明一下，马克思这里所讲的"第一条道路"和"第二条道路"是两个不同的过程，而辩证逻辑所讲的从抽象上升到具体的过程，指的就是第二条道路的情况，是辩证思维的行程。因此如果讲起点，那么抽象规定便是起点，感性具体并非起点，思维中的具体也不是起点，而是结果。自然，由抽象上升到具体的过程不是凭空进行的，不是纯粹观念的自我运动，而是以感性具体为其不言而喻的前提的。如果没有感性具体，科学的抽象规定就无从造成，但在抽象规定既已造成的前提下，由抽象上升到具体的过程也是一个很复杂的过程。在这里，如果逻辑加工的各个环节发生错误，也还是不能在思维具体中再现事物的本质。马克思主义创始人在说明思维行程的艰巨性、复杂性的时候，曾经打过一个比方，把抽象思维过程比作一个"十分崎岖险阻的地域"，说在这个地域中"行猎"，笨马不行，"骑着驾车的马"不行，靠平庸狭隘的思维方式不行，靠任何先验的现成的模式也不行。而只有进行辩证地思考。② 且不说别的公式或思维模式，即使是对于辩证法也不能把它作为一种死板的公式而套用。大家知道，《建国以来党的若干历史问题的决议》指出：不能够把辩证法看作死记硬背的公式，而要根据实际情况、实践经验灵活地加以应用。这个论断本身是马克思主义一贯坚持的原则，但是在总结了我国历史的丰富经验之后再重申和阐述这个原则，对于我们来说其内容就更加具体、丰富和实际了。

为什么《决议》要这么讲呢？这是针对过去工作中的失误说的。过去的若干年中在理论研究、宣传以及实际工作中，都有不少失误。即当把辩证法应用于实际生活的时候，往往把它当成了一个抽象的公式。而这样做的时候，既有损于科学理论的权威，似乎它显得很无力，而且又贻误工作，在实践中碰壁。因此，《决议》中重申马克思主义者应该坚持的上述原则是有重要意义的。

灵活地运用辩证法的必要性决定于客观实际情况本身的不断变化，决定于实践本身的多样性不断发展。例如，过去对中国国情的分析，不能说

---

① 《马克思恩格斯选集》第 2 卷，人民出版社 1972 年版，第 103 页。
② 同上书，第 120 页。

过去一点符合实际的也没有，但相当一部分是脱离中国国情的，因而，造成了很大损失。正因为如此，三中全会后，中央要求重新认识中国国情，强调要建设有中国特色的社会主义，就必须一切方针政策从社会主义初级阶段出发，而且要认识这个初级阶段不是三年五年，而是相当长的一个历史阶段。现在我们对中国国情的研究比过去是大大深化了。过去我们往往只一般地讲人多干劲大、热情高的一面，但对人多带来的一系列问题则研究不够。现在我们讲中国国情时，既讲人多、地大、底子薄，又从各个方面进行了具体分析。新中国成立三十多年来，一方面我们创造了相当的物质基础，取得了可观的成就。另一方面，今天我国经济文化落后的基本情况仍然没有根本改变。如果我们只见前一方面而看不到后一方面，那就会对中国的国情分析脱离实际。中国的自然资源和人力资源很丰富，但一则开发利用不够，二则有的资源并不丰富，且有缺欠，低于世界平均水平。人力资源中教育水平低也不能忽视。有的地方条件好些，具有现代化生产的基础，但就社会的总体情况而言，生产力水平还是较低的。这也是两个方面，不可只见一面而忽略另一面。中国有十亿人口但其中又有八亿是农民。我国地域辽阔，但可耕地又很少。各地区经济发展不平衡，文化和教育仍然不能适应建设事业发展的需要。我国建立的社会主义制度已经显示出了优越性，但这个优越性还没有得到充分发挥，还有许多不完善的地方，因此，需要改革。

这些情况就决定了我们在建设有中国特色的社会主义时，要讲究实效，坚持实事求是，坚持把普遍的东西和特殊的东西结合起来，走自己的路，按照客观规律办事，经过几代人的努力，把我们的国家建设好。

（原载《哲学讲演集》，《哲学论稿增刊》1984 年）

实践第一的观点和"实践一元论"

实践是认识的来源和基础，是辩证唯物主义认识论的首要的和基本的观点。但是这种观点与那种否认哲学基本问题、否定哲学唯物主义前提的所谓"实践一元论"是有原则区别的。苏联哲学界在讨论主客体问题时涉及这个问题，近年来在国内的一些讨论中也涉及这个问题。西方的一些哲学流派特别是法兰克福学派、存在主义等也在这个问题上做了不少文章，他们歪曲马克思著作的原意，打着反对"形而上学"的旗号否定哲学基本问题，鼓吹所谓"人学的辩证法"和"实践一元论"。这就出现了一种很复杂的情况，即乍一看来，一个是把实践作为认识论的首要的基本的观点，一个是讲"实践一元论"，两种观点似乎都很重视实践，其实二者之间有着原则的区别，是不能混同的。下面我们分别来谈谈这个问题。

先谈实践第一的观点。

我们通常讲实践第一的观点，即讲实践是马克思主义认识论的首要的和基本的观点时，完全是从认识论的意义上讲的。马克思主义哲学认为，实践是认识的来源，实践是认识发展的动力，实践又是检验认识之真理性的标准，实践也是认识的归宿，这就是实践第一的观点。那么，马克思主义的创始人是如何创立自己的认识论呢？创立以识论前后的情况如何呢？简单说来，情况是这样的：

马克思批判地继承了被黑格尔抽象地发展起来的思维的能动性思想，抛弃了黑格尔从思想中的唯心主义认识路线。明确指出：观念的东西不外是移入人脑并在人脑中改造过的物质的东西而已，同时，马克思很重视黑格尔关于"实践"的有关论述。黑格尔曾说："目的通过手段与客观性相结合，并且在客观性中与自身相结合，手段是推论的中项。"① 这里是说，

---

① 《逻辑学》下卷，第 433 页。

目的的实现要借助于手段，只有通过手段这个推论的"中项"才能使主观目的在客观实践中得到实现。手段包括工具和技巧，也离不开人的实践。列宁曾指出："在黑格尔那里，在分析认识过程中，实践是一个环节，并且也就是向客观的（在黑格尔看来是'绝对的'）真理的过渡。因此，当马克思把实践的标准列入认识论时，他的观点是直接和黑格尔接近的。"① 这里，我们姑且不说黑格尔所说的"实践"的含义如何，但就其把实践作为一个环节，把实践作为认识向"客观真理"的过渡，这个思想是合理的，并且是有重要意义的。总之，马克思对黑格尔哲学采取的是辩证否定的科学态度。对费尔巴哈，马克思也是采取分析的态度。他对费尔巴哈从感觉到思想的唯物主义反映论原则是肯定的，同时也指出了费尔巴哈的根本缺陷，指出他离开人的社会性和历史发展去考察认识问题，因而他不了解认识对实践的依赖关系，不懂得实践的重要性，指出费尔巴哈对事物、现实、感性，只是从客体的或者直的形式去理解，而不是把它们当作人的感性活动，当作实践去理解。在费尔巴哈看来，主体是受动的，客体是能动的。他认为："自我的受动的状态是客体的能动的方面，正是因为客体是能动的，我们的自我才是受动的静②。"他还说："自然界并不让自己躲藏起来，它反而是尽力地自荐于人，或者可以说老着脸皮去迁就人的。恰像空气通过我们的口鼻以及一切毛孔挤进我们的身内一般，自然界的事物或属性，即算有些尚未为我们现在的感官所知觉，将来也是要通过相应的感官使我们知觉的，倘使果真有这类事物的话。"③ 这两段话足以表明，费尔巴哈认为主体是受动的，而客体则是能动的。类似的观点，还可以在其著作中找到许多。这反映了他是消极直观的反映论，反映了他在认识论上的严重缺陷。

马克思在批判黑格尔哲学的唯心主义的同时，吸收了他关于辩证法的合理思想，如黑格尔关于实践是一个中间环节、关于主体之能动性的思想等。马克思把科学的实践观引入认识论，把辩证法运用于认识的过程和发

---

① 《列宁全集》第38卷，人民出版社1986年版，第228页。
② 《费尔巴哈哲学著作选集》上卷，商务印书馆1984年版，第91页。
③ 《费尔巴哈哲学著作选集》下卷，商务印书馆1984年版，第630页。

展，从而创立了马克思主义科学认识论，克服了旧唯物主义消极直观的反映论的局限性。恩格斯指出："人的思维最本质和最切近的基础，正是人所引起的自然界的变化，而不单独是自然界本身；人的智力是按照人如何学会改变自然界而发展起来的。"① 恩格斯这里讲的不单独是自然界本身，而是人所引起的自然界的变化，这就突出了实践的重要性。

那么，把科学的实践观引入认识论有什么意义，它包含几层什么意思呢？

这就是说，实践是认识的基础来源，是认识发展的动力，是检验认识之真理性的标准，也是认识的目的。实践不仅是获取感性认识的基础，也是由感性认识上升到理性认识的基础。这是因为，人在实践活动中所获取的感性材料，在对它们进行逻辑加工，从而经由抽象上升到理性认识的过程中，也要倾听实践的呼声。而且这个理性认识也不是认识的最终完成，它还要回到实践中去，要在实践中经受检验，为实践服务。

这就是说，强调实践的重要性，也就意味着主观和客观的关系既是反映与被反映的关系，又是改造与被改造的关系，正因为是改造与被改造的关系，才有反映与被反映的关系。主观反映客观的过程，首先是改造客观世界的过程，是变革现实的过程。我们所说的人们的认识过程，就是在变革现实的实践中反映对象的过程。因此，只有实践才是认识的来源和基础，只有实践才是检验真理的标准。列宁在讲到辩证逻辑的四个基本要求时指出："必须把人的全部实践——作为真理的标准，也作为事物同人所需要它的那一点的联系的实际确定者——包括到事物的完满的'定义'里去"②。事物的属性是多方面的，这种多方面的属性不断地在实践中被人们所把握，但在特定的条件下，在既已形成的确定关系中，事物的哪一点是我们所需要的呢？事物的属性和人的需要的这一点是靠什么来确定的呢？不是靠人的随心所欲的想象，也不是靠神秘莫测的理论论证，而是靠实践。也就是说，不仅要把实践中客体的变化本身，而且应该把客体的变化是否满足人的需要包括到实践结果的完满规定中去。

---

① 《马克思恩格斯选集》第 3 卷，人民出版社 1972 年版，第 55 页。
② 《列宁选集》第 4 卷，人民出版社 1972 年版，第 453 页。

　　人在变革现实的活动中，实践不断地向人提出认识上的课题。恩格斯讲，社会一旦有了实践上的需要，一旦有了技术上的需要，那么这种需要就比十所大学更能把科学推向前进。实践中提出了某种需要，这就迫使人们不断地为解决这种需要去努力。一定的需要被满足了，新的需要又会提出。这是一个不断深化、万古常新的辩证运动过程。实践不仅提出了新的认识课题，而且实践本身也不断地为解决这些课题提供经验材料和工具、仪器、手段等。这些东西也是在实践中借助于人的智力的物化来解决的。

　　不仅如此，实践对人的主观世界来说，对于人的认识能力来说，也是巨大的推动力量。我们现在对社会主义的认识，同过去相比是清醒多了。那些由于把马列主义教条化或误解所造成的错误认识已被突破了，人们再也不希望用某种僵化不变的模式来理解社会主义了。这说明不仅对事物（社会主义）的认识上取得了新的进展，而且人的认识能力本身也提高了。而这种变化，正是由实践所引起的，是在总结实践经验的基础上获得的。当着一个新的课题被提出来时，通常是大家开始所不熟悉的，凭着以往的认识是无法完全解决的。于是，就要求改造主观世界，改造主观世界与客观世界的关系，改造人的认识能力。

　　由此看来，实践对于认识来说是非常重要的。所以我们说实践的观点是辩证唯物主义认识论的首要的和基本的观点。

　　马克思主义创始人把科学的实践观引入认识论，又把辩证法应用于认识论，应用于认识的过程和发展。这样就很自然地把认识看成是在实践基础上由感性认识上升到理性认识，又由理性认识能动地上升到实践的过程。这个过程循环往复，以至无穷，不断地向高一级程度发展。我们常说，认识是过程，在这个过程中，要处理诸多的关系，如有限和无限，相对与绝对，一般与个别，间断性与不间断性，等等。对于这些关系，都只有用辩证的观点加以考察，才能正确地加以处理，否则便会走向失误。用辩证的观点来对待这些关系，意味着对机械性、呆板性等的否弃，意味着能动性的发扬。所以，马克思主义认识论是能动的反映论，是符合人类认识辩证发展规律的科学的认识论。

　　正因为实践在认识论中有如此重要的地位，所以马克思主义毫不含糊地把实践的观点作为认识论的首要的基本的观点，而同任何轻视或排斥实践的错误观点划清界限。

那么，"实践一元论"又是怎样的呢？

概括地说，实践一元论认为：世界的本原既非物质，也非精神，而是实践。世界的统一性既不在于它的物质性，也不在于精神、上帝、绝对理念等，而在于实践。因此他们讲，他们不是唯物主义一元论者，而是实践一元论者。他们否认哲学基本问题，认为哲学基本问题是"不必要的"，或没有意义的。他们认为，哲学基本问题是无法证明的，即使证明了，也没有什么意义。实践一元论者有时也自称是唯物主义者，但又宣称他们是以"实践"而不是以"物质"作为"唯物主义理论的真正对象和出发点"。在实践一元论者看来。自然界和人、主体和客体、精神和物质，都不过是实践活动的"要素"，双方具有"对立的同一性"，它们都统一于实践，依附于实践。施密特在其《马克思的自然概念》中说："不是所谓物质这抽象体，而是社会实践的具体性，才是唯物主义理论的真正对象和出发点。"对于什么是实践一元论，葛兰西做过这样的解释，他说："一元论是什么意思呢？当然它既不是唯物主义的，也不是唯心主义的，而是在具体历史行动中的对立统一性，即与某种组织起来的（历史化的）'物质'所改变了的自然不可分割地联系在一起的具体意义上的人的活动（历史—精神）。"[①] 这种主张世界既不统一于物质，也不统一于精神，而是统一于"实践"或"人的活动"的观点，实际上是把作为人与自然、精神和物质、主体与客体之联系环节的实践，从中介的地位夸大到本一体的地位，把认识论问题本体论化，从而勾销、否定哲学基本问题，否定唯物主义的基本前提，用所谓实践一元论来取代物质一元论。与这种观点相联系，有些人还否定辩证法的客观性。在他们看来，没有客观的辩证法，只有所谓社会实践的辩证法，既然实践是由人来进行的，是以个人的实践活动为基础的，所以社会实践的辩证法也就是"人学辩证法"。所以，在实践一元论那里，所谓社会实践的辩证法和人学辩证法在内容上是相通的。存在主义者萨特尔认为，辩证法不是人以外的客观对象本身所固有的，而是来自个人或个人的活动。他说："如果我们不愿意把辩证法变成一种神

----

① 《狱中札记》第一卷，第 54 页。

秘的规律和一种形而上学的宿命论，那么它就应该来自各个个人，而不是来自我所不知道的什么超个人集合体。"这种把辩证法的来源说成是"各个个人"或个人的活动，完全是把辩证法主观化或随意化，把它说成是人可以凭空创造出来的，这同我们所讲的唯物辩证法相去甚远。萨特尔在《辩证理性批判》等著作中还讲过，马克思主义好是好，但有一个缺陷，即丢掉了人。在他看来，马克思主义中出现了所谓人学的空场，是马克思主义患的一个"贫血症"，因而他自称要加以填补。他认为，只有历史辩证法，没有自然辩证法。辩证法只来自诸多的个人和个人内部的实践，并非来自人以外的自然界。因此，他要把辩证法确定为"人学的普遍方法和普遍规律"，鼓吹辩证法只能是人学的，而不能是客观的。他们把辩证法局限于思维和社会历史领域以及个人实践范围之内，把自然界排除于辩证法之外，并指责恩格斯把辩证法推广于自然界。这就是一些所谓西方马克思主义流派中很突出的一个特点。

卢卡奇在 1923 年出版的《历史和阶级意识》这本书中说："能够把恩格斯对辩证法说明的误解，主要地归诸于下列事实，即：恩格斯追随着黑格尔的错误引导，把这种方法扩展到也应用于自然。"按他们说来，恩格斯犯了一个"错误"，即把辩证法推广应用于自然界了。可是，自然界的辩证发展却是客观事实，这已为人类对自然界的认识和科学发展的无数事实所证明。他们否认自然辩证法，否定辩证法的客观性，也就从根本上抛弃了辩证法。

某些西方马克思主义者还从各个方面极力冲淡、抹杀哲学基本问题，否定物质第一性这一唯物主义的基本观点。谁要在思维和存在的关系上讲物质第一性，他们就不赞成。他们声言要反对"物质的本体论上的首要性"，反对"崇拜所谓的客观物质世界"。他们认为物质作为客体只不过是一个"术语上的面罩"，一旦客体变成认识的一个对象，这种客体本身的物质方面一开头就通过翻译成认识而被"精神化"了。"客体的客观的方面，是从按一个主观目的进行的分析的观点来看才被称作'客体'的，而在这种分析中，主体的首要性看来是没有疑问的。"[①] 按他们的逻辑，客体有两个方面、两个部分，一部分在成为认识对象的一刹那起，即被精神

———————

① 参见阿多・诺 1966 年出版的《否定的辩证法》。

化了，还有一部分尚未被精神化，对于剩下的这部分客体的客观方面，也要从主观目的方面来进行分析，而在这种分析中主体也占据首要的地位。可见，在这两方面当中，他们所强调的是纯粹主观的首要性，极力贬低物质的首要性，马克思所说的自然界的"优先地位"的思想连点影子都没有了。我们知道，马克思曾讲到两类"自然"，一是有人的劳动和意志渗透于其中的自然，即"人化的自然"，二是未经过人加工的自然，如原始森林、未开掘的矿山、空气以及"不费分文的自然力"等①马克思和恩格斯都很强调！

　　"人化的自然"，强调人们改造自然的极端重要性。但是他们在作这种强调的时候，从来也不是在否定自然的客观存在和规律的客观性的意义上来讲的，而是在唯物主义基础上讲的，并且即使是"人化的自然"，也不过是"人通过自己的活动按照对自己有用的方式来改变自然的物质形态"②，而并不是随心所欲地凭空创造。值得注意的是，一些西方马克思主义者正是从本体论意义上提出问题的。在谈论物质和意识何者为第一性时，他们主张意识是首要的、本原的、具有决定意义的，而"物质"不过是一种毫无意义的"抽象"。

　　法兰克福学派在谈到主体和客体的相互作用时，有两方面的特点：

　　第一，只谈主体对客体的"能动性"，而不谈客体对主体的制约作用，尤其不谈自然界的优先地位。我们说，主体对客体有能动作用，而且对于这种能动作用要给予充分估计和注意，但是，主体的能动作用要受客观条件的制约，主体能动性的发挥归根到底是要以对客观规律的尊重为基础。那种根本不谈客体对主体的制约性，不谈客观存在有其自身的规律性，以为主体的能动作用可以超越于客观条件所允许的界限，可以在这个界限之外为所欲为、可以凌驾于客观规律之上或之外，那就把问题讲歪了。那样的"能动性"就不是马克思主义所讲的能动性。

　　第二，攻击反映论，鼓吹只要"创造"、不要"反映"的观点。他们指责反映论是站在"照相理论"的立场上，是站在"消极反映客观"的

---

①　《资本论》第 2 卷，人民出版社 1975 年版，第 394 页。
②　同上书，第 921 页。

基础上，只知道为现存的东西辩护，是"顺从主义"，是"东方集团的官方的无稽之谈"等①。我们说，反消极直观的反映论，像照镜子式的那种反映论，当然是要不得的。其所以要不得，并不是因为它讲反映论，而是因为它把反映变成了机械的、直观的、消极的、形而上学的反映论，违反了认识论的辩证法。讲反映论并没有错，唯物主义就要承认反映论。而那种宣扬自然界和人、客体和主体都"统一"于个人的活动，它们之间并没有本体论的"绝对第一"的关系，在哲学基本问题的第一个方面宣扬主体和客体的"不可分离"的观点，则是同唯物辩证法毫无共同之处的。

若干年来，一些人还极力贬低恩格斯的自然辩证法，否认辩证法的普遍性和客观性，强调所谓人学的辩证法，攻击恩格斯犯了所谓"实证的辩证唯物主义的错误"。

我们说，恩格斯讲了自然界的辩证法，坚持辩证法的客观性和普遍性，在唯物主义基础上把辩证法贯彻到底，这并不是什么"错误"，而是他的历史功绩。而那种把辩证法说成是依赖于人的意识，说成是决定于或来源于个人的实践活动，则纯粹是"无稽之谈"。

有人讲恩格斯揭示自然界的辩证发展没有意义，说列宁所讲的在人类没有出现之前，自然界就已存在也没有意义。照他们说来，"没有人，自然即无意义，也无运动，它是混沌的、无差别的、无关紧要的物质，从而归根到底是虚无"，②"辩证法不是世界的永恒规律，当人消失的时候，它也消失。"③ 这些人在宣扬自己的上述观点时，还常常从歪曲的意义上引述马克思的一些话，试图以此作为立论的依据。例如，马克思在《1844年经济学—哲学手稿》中确曾说过："被抽象地孤立地理解的、被固定为与人分离的自然界，对人说来也是无。"④ 马克思是在批判黑格尔时说这段话的。黑格尔把自然界说成是绝对精神的外化或异在，"对他说来整个自然界不过是在感性的、外在的形式下重复逻辑的抽象而已……不过是他有意

---

① 参见阿多诺《否定的辩证法》。
② 《卡尔·马克思》，巴黎，1955年，第380页。
③ 参见施密特《马克思的自然概念》。
④ 《马克思恩格斯全集》第42卷，人民出版社1979年版，第178页。

识地重复他的抽象概念的产生过程"。① 黑格尔虽然也说到自然界，但他把自然界说成是与人分离的"自然界的思想物"。所以，马克思说这种作为绝对精神外化的自然界，这种"抽象的自然界"，即与人分离的"自然界的思想物，对于人来说是无"。而并不是像某些引用者所说的那样，似乎马克思把现实的客观自然界看成没有人就是"虚无"。显然，他们的引述是对马克思原意的曲解。这些人说来说去，无非是要把事情描绘为这样：辩证法是依赖于"人"的，人类没有出现之前，自然界既无差别也无运动，是"虚无"，只因为有了人，才有了辩证法，而一旦当人不存在或消失时，辩证法也就不复存在了。这就是一些人所做的"人学"辩证法的文章。大家知道，我们有的同志在概括现代西方哲学思潮时，把它们分成两大类、两股思潮。一是所谓唯科学主义思潮，专门利用自然科学的新成果新情况做哲学文章，如结构主义；另一种思潮是所谓人本主义思潮，即专门利用"人"的问题作哲学文章。就后者来说，又有两方面的背景，一个是在现代资本主义制度的根本矛盾没有解决之前，人的问题不可能得到解决，在那里人有失落感、人有异化感；另一个是一些社会主义国家在如何处理人的问题上有些失误。当然，就我们国家来说，如果把"文化大革命"的起因和失误说成是"不把人当成人看"，那是说不通的，因为这不是历史唯物主义的回答。我们知道，一种社会思潮的产生和出现，它之所以能够在一定时间和范围内产生影响，都是可以得到说明的。一些人之所以在"人"的问题上做文章，这种文章之所以能做得起来，是同上述背景有关的。他们之所以大讲所谓人学辩证法，声称要填补人学的空白，只不过是借着这个机会和利用这个诱人的名称，来否认辩证法的客观性罢了。

实际上，从认识论上说，法兰克福学派、存在主义等，都是把认识论问题本体论化了。因为我们讲实践第一的观点是在认识论范围内讲的，而一旦把这个观点推广到本体论，即物质和意识何者为第一性的问题上，那就会走向唯心主义。我们当然不能赞成这种观点。原因是：

第一，马克思主义认识论首先是反映论。它继承了唯物主义的传统，坚持从物质到精神，从客观到主观的认识路线。在思维和存在、精神和物

---

① 《马克思恩格斯全集》第 42 卷，人民出版社 1979 年版，第 178—179 页。

质何者为第一性的问题上，在是否承认物质第一性、思维第二性的问题上，辩证唯物主义同以往的唯物主义没有差别，也不可能有差别。在哲学基本问题的这一方面，唯物主义者都是一致的。

马克思主义哲学是以物质决定意识、意识是对物质的反映这一唯物主义原则作为自己认识论的基本前提的。假如在否定这个唯物主义的基本前提的基础上来谈论主体和客体的相互规定、相互作用、"不可分离"，谈论没有主体就没有客体、没有客体就没有主体等。这就很难坚持唯物主义，很难同原则同格论划清界限。因为在哲学基本问题的第一方面，只能讲一个决定，即物质决定意识，物质是本原的，第一性的；意识是派生的，第二性的。因为很明显，在何者是第一性的这个范围内，二者的对立是绝对的，只有超出这个范围，它们的对立才是相对的。

第二，实践第一的观点是就认识论的意义和范围而说的。它非但不否定物质第一性这个前提，而且正是在承认这个前提之下来讲实践第一的观点的。如果离开这个前提或否定这个前提来谈实践第一，来谈主客体的"不可分离"、"相互决定"等，那就是把认识论问题本体论化了，就很难坚持唯物主义一元论，就有走向主体决定论的唯心主义的危险，或者有走向主观和客观互为本原、相互决定的二元论的危险。

第三，马克思主义认识论把辩证法应用于认识的过程和发展，因此，当然应当分析考察主体和客体之间的辩证关系及其发展。从认识论上说，主体必须要有一定客体作为自己的认识对象，一定的客体也必须以一定的主体活动为媒介而成为被认识的对象。这就是通常讲的实践是沟通主客体的桥梁或者说在实践基础上主客体的辩证统一。但如果使主客体的关系问题超出认识论的范围，把这种关系提升到哲学基本问题，即何者为第一性的高度，并且在这个意义上来宣扬主客体不可分论和相互决定论，把辩证法归结为只是探索主客体相互作用，并且把主体和客体的辩证法说成是主观决定客观，只讲主体的首要性，说什么这种首要性消除了客观物质本身，那么人们就有理由说，这是在唯心主义基础上发议论，不可避免地要否定客观辩证法的存在，从根本上颠倒了主客观辩证关系。否定辩证法的客观性和普遍性。

事实也正是如此，法兰克福学派的阿多诺就说："辩证法不能作为阐述的普遍规律扩大到自然界中去"①，即不能把辩证法推广应用于自然界。马尔库塞也说："辩证的原则并不是可以等同地适用于任何主题的一般原则②。"在他们看来，辩证法没有客观性、普遍性。这种把辩证法仅仅归结为主体和客体相互作用的理论，其结果必然是：既然自然界没有辩证法存在，那么辩证法就是依赖于主体的，离开了主体以及主体的意识，就没有辩证法。1978年，霍克·海默尔在《关于真理问题》的文章中说："没有概念的秩序、没有理解、没有思维，就没有辩证法。"这就等于说，辩证法来源于人的思维，是人造成的概念的秩序，离开这些就没有辩证法了。施密特在讲到这个问题时也说，辩证法不是世界的永恒规律，当人消失时，它也就消失。这就是说，辩证法的存在取决于人对它的理解，即取决于人的意识和人的思维活动。在人类出现之前和人类消失之后，都没有辩证法。只因为有了人的思维活动，才会有辩证法。可见，这种辩证法不是客观的，而是人为的，辩证法不是被发现的，而是被任意杜撰出来的。可以看出，黑格尔的辩证法不是从物质世界中抽取出来的，而是把绝对观念中的范畴、规律强加于客观世界的。恩格斯在《费尔巴哈和德国古典哲学的终结》一书中指出，费尔巴哈没能够提出在人的活动后面有更深刻的原因，没有提出隐藏在人们活动背后的物质动因，即"动力的动力"的问题，而黑格尔则看到了这一点，提出这个问题，可是他又错误地回答了这个问题。他不是从自然和历史本身中寻求"动力的动力"，去发现客观事物本身的规律，然后再运用于自然和历史，而是把逻辑范畴中先验的规律注入自然界和人类历史。

现在，一些哲学流派中的某些人讲主观活动引起的主客体"相互作用"产生了辩证法。在这种相互作用中，主体又居于首要地位，它足以消融甚至吞并客观物质世界的重要性，以至于这以把它变为"虚无"。黑格尔讲到人的活动的目的和手段的相互关系时曾说，目的通过手段与可观性相结合，并且在客观性中与自身相结合。他还讲，手段比任何一个外在的有限目的更尊贵。因为任何有限的目的所造成的有限的结果，都会被人们

---

① 参见阿多偌1966年版的《否定的辩证法》。
② 参见马尔库塞1959年版的《理性与革命》。

所享受，都会历史地消失，而工具和手段则保留下来。

黑格尔在讲到人和客观世界的关系时指出，人为了需要，必须经过实践同外部自然界发生关系，借助于自然界来满足自己的需要，实践在这里起中介作用。但自然界的力量是强大的，常常对人的活动进行反抗。人为了征服自然界，就必须在人和自然界中加进另外一些自然界的对象和力量，这样可用自然界来反对自然界。正是为此，人制造了工具。黑格尔把这种利用工具、利用自然界的一部分来反对自然界的另一部分从而实现人的目的的活动叫做"理性的技巧"。列宁在《哲学笔记》中把黑格尔这个目的和手段的思想，称为含有历史唯物主义萌芽的思想。

黑格尔在讲到人的目的的实现时指出，人为了改造自然界，满足自己的需要，在自己的活动中就要通过扬弃、"消灭"外部世界的某些规定，使其改变形态，以便使自己的目的获得具有外部现实性形式的实在性。就是说，人为了达到自己的目的，就要改变对象的这些或那些方面，改变它的形态和质，把自然界改造成为合于自己需要的东西，使其从不适合人的需要的方面、质等等，变成为适合人的需要的东西。"人给自己构成世界的客观图画，他的活动改变外部现实，消灭它的规定性（变更它的这些或那些方面、质）。"① 在这种"改变"、"变更"的过程中，当然也包括创造，也就是使原本不存在的东西成为现存的东西，而且这种创造具有十分重要的意义。然而，这种创造的过程，归根到底也离不开对自然界各种物质材料的利用，并不是无中生有。马克思在 1844 年的手稿中一方面指出，只有经过人类劳动实践改造了的自然界，才是"人的现实的自然界"，"人类学的自然界"；另一方面又强调"没有自然界，没有感性的外部世界，工人就什么也不能创造"。

人的目的通过实践的手段而由主观到客观，只有经过实践这个中间环节才能使主观目的变成为客观现实。人的这种改造现实的活动过程包括对两个方面的扬弃：一方面要扬弃外部现实的直接性，使其改变原来的存在形态，另一方面，又要扬弃目的的单纯主观性，也就是说，人的目的往往并不是全都能实现的，有些能够基本实现，有些只能部分实现，而有些是

---

① 列宁：《哲学笔记》，人民出版社 1960 年版，第 235 页。

不能实现的。所以，在讲到人对客观世界的改造时，否认人的能动性，否认黑格尔讲的"理性的技巧"，即人借助于工具等改造对象的智慧和能力，当然是不对的。

　　但问题还有另一个方面，正如马克思讲的："人并没有创造物质本身。甚至人创造物质的这种或那种生产能力，也只是在物质本身预先存在的条件下才能进行。"① 马克思讲这话已经过去一百多年了，岁月的流逝早已使那些过时了的技术成为历史的陈迹，人们的眼界大大开阔了，征服自然的手段从来也没有这样强大过。然而，即使在今天这样科学技术高度发展的时代，人们在谈论新科技革命的成就时也还是要注重于"材料"。美国人把材料比作现代化工业的骨肉，而能源则是血液；日本人则把能源、材料和信息称为现代文明的三大支柱。当前正在酝酿着一场以信息为核心的技术革命，主要是以新型材料、生物工程、新能源以及激光技术、海洋开发和宇宙工业等新技术群为重要标志，而新型材料则是其他新兴技术的物质基础，也是促使技术进步的关键一环。例如，没有半导体材料的工业化生产，便没有目前的计算机技术；没有现代化的耐高温、高强度结构材料，便没有今天的宇航工业；没有低损耗的光导纤维，便不会出现光信息的长距离传输，也就没有当前正在发展着的光通信，等等。如果说在历史上，譬如在石器时代，人们只要对自然界的石头稍加加工便可成为工具，那么现在新兴的材料科学则不是这种情景了。一系列新材料的问世，其间带有更大得多的人类加工的性质。大量的复合或合成材料则是人类智力的结晶，材料本身的形态、性能、结构以及材料由以构成的原基物质和凝聚于其中的体、脑力劳动的比例等等，都不能与往昔同日而语了。但是，不论材料改变的形态多么复杂多样，归根到底仍是物质的一部分，是人们可以用来做成器件、结构件或其他可供使用的物件的那些物质，是改变了的物质形态。同时，新型材料的出现，不管知识或技术的密集程度多高，它们也是在传统材料基础上历史的发展起来的，而且即使最敏感的信息传递、储存和输送，也离不开一定的物质载体。这种载体可能完全是人工的，但也还是改变了的物质形态。由此看来，人在改造世界的活动中，随着历史

───────

　　① 《马克思恩格斯全集》第 2 卷，人民出版社 1957 年版，第 58 页。

的前进，主体的作用是越来越加强了，自然人化的程度越来越高，人所掌握的手段也越来越强大，但是如果因此而在哲学上得出自然界是"虚无"，人可以"无中生有"的结论，那就错了。诚然，马克思确曾说过："单纯的自然物质，只要没有人类劳动物化在其中，也就是说，只要它是不依赖人类劳动而存在的单纯物质，它就没有价值。"①但是马克思这里所说的"价值"，是指物化在自然物质中的劳动。自然界有没有价值，就看有没有劳动物化于其中。因为价值"不过是物化劳动"。由于单纯的自然物质，还没有人的劳动物化于其中，所以仍是"单纯物质"，因而也就没有"价值"。显然这是从经济学角度来讲"价值"的有无，而不是从哲学上说自然界就是"虚无"，或者自然界对人或人的劳动就没有意义。恰恰相反，马克思认为自然界是劳动得以进行的重要条件。他指出："自然界外部的感性世界是劳动者用来实现他的劳动，在其中展开他的劳动活动，用它并借助它来进行生产的材料"②。马克思和恩格斯在讲到人对客体的改造时还说，人在实践中借助于一定的物质材料可以充分发挥自己的能动性和创造力，忽视或看不到这一点是不正确的，但他们同时也指出："当然，在这种情况下，外部世界的优先地位仍然保持着"③。列宁在讲到人的目的的提出时肯定了黑格尔的一个思想即人们提出目的时，与其说是统治现实，不如说是依赖于现实。列宁对黑格尔的上述思想作了高度评价，并指出："事实上，人的目的是客观世界所产生的，是以它为前提的，——认定它是现存的、实有的，但是人却以为他的目的是从世界以外拿来的，是不以世界为转移的'自由'"，"外部世界、自然界的规律，机械规律和化学规律的区分（这是非常重要的），乃是人的有目的的活动的基础。人在自己的实践活动中面向着客观世界，依赖于它，以它来规定自己的活动"④。马克思还曾讲过，人不能随便地提出任务；任务的提出只有在完成这种任务的条件已经具备或者至少是在形成过程中时，提出的任务才是现实的。否则就是脱离实际，再好的设想也是实现不了的。一些"西方马克思主义

---

① 《马克思恩格斯全集》第46卷上册，人民出版社1979年版，第337页。
② 《1844年经济学—哲学手稿》，第45页。
③ 《马克思恩格斯全集》第3卷，人民出版社1960年版，第50页。
④ 《列宁全集》第38卷，人民出版社1986年版，第200页。

者"极力利用"人化的自然"这一点来否定物质存在的客观性，企图用夸大实践作用的方法来否定自然界的客观实在性。他们说，自然是依存于历史的实践的"第二性的东西"。自然本身对于我们来说，只是作为一种内容"存在于人的经验和实践中"。他们在宣扬这种观点时还硬说这是马克思的观点。但是，马克思的观点并非如此。大家知道，马克思针对哥达纲领原稿中那种"劳动是一切财富的源泉"的提法，作了针锋相对的批判。明确指出劳动不是物质财富的唯一源泉，因为财富是由使用价值构成的，而要生产某种使用价值仅有劳动不行，还必须有"自然物质"。所以，自然界和劳动一样也是使用价值的源泉。劳动必须同作为劳动资料和劳动对象的自然界结合，才能创造物质财富。哥达纲领草案中避开劳动得以进行的物质条件和占有形式而空谈"劳动"，这等于说劳动者没有生产资料，单凭自己的劳动就可以创造出财富。这不仅是为剥削制度辩护，而且抹杀了劳动所受的自然制约性，给劳动加上了超自然的神秘的创造力。恩格斯在谈到这个问题时也说："劳动和自然界一起才是一切财富的源泉，自然界为劳动提供材料，劳动把材料变为财富力。"① 如果没有自然界所提供的材料，劳动是不能凭空创造什么的。马克思在《资本论》中明确指出，劳动过程"首先是人和自然之间的物质变换过程"。这个论断之所以深刻，因为它指明了劳动乃是人与自然之间的过程，而不是人与自身的抽象活动；还因为这个过程是人与自然之间的物质变换过程，而不是纯精神活动或理论活动。也正因此，劳动的本质才被揭示出来了，劳动的创造性才被揭示出来了，劳动过程的本质才得到了科学的说明。马克思在讲到构成劳动过程的要素时说，这一过程所需要的因素只有两个："一边是人及其劳动，另一边是自然及其物质，这就够了。"② 如果只是有人及其活动（或劳动），而没有自然及其物质所提供的前提、基础，那么劳动——人与自然之间的物质变换过程就无从开始，就根本不能进行。在这里，我们且不说劳动过程本身也是一种感性的物质的活动，而并非一种超物质的神秘活动，即使就劳动因素之一——人本身来说，也并不是神秘莫测或不可捉摸

---

① 《马克思恩格斯选集》第 4 卷下册，第 508 页。
② 《资本论》第 1 卷，人民出版社 1975 年版，第 209 页。

的。正如马克思所说,"人本身单纯作为劳动力的存在来看,也是自然对象,是物,不过是有意识的物,而劳动本身则是这种力的物质表现"。① 这种关于作为劳动力存在的人本身及劳动本身的科学论断,说明了那种借口劳动或实践的创造性而把劳动或实践神秘化的观点是不正确的,那种以实践来取消、否定自然的客观实在性的观点也是不正确。按照马克思主义的观点,实践是重要的,但它也不是万能的。实践能够改变物质存在的形态,创造出自然界原来没有的东西,以满足人的需要,但实践又不能凭空创造,不能无中生有。

第四,马克思主义认识论背离了实践的重要性,背离了实践是马克思主义认识论之基本的观点,但也不能在马克思主义认识论和实践论之间简单地画等号。为什么这样讲呢?首先,我们讲的实践论和唯物主义讲的反映论是统一的,一切实践活动要受客观实在及其规律性的制约,盲目地实践不行。从我们的历史经验教训来思考,1957 年以后直到"文化大革命",我们有一种片面性,就是只强调思想来自社会实践,而不强调这种思想是对客观实在的反映。这样做的结果,在认识论中有时就实际上是用实践取代了物质。物质、客观实在以及客观规律有时被我们忽略了,反映论有时被我们遗忘了。所以,在实际工作中忘记了一切从实际出发,实事求是的原则,有时甚至把在错误思想指导下的实践以及实践中的失误和经验教训,当作认识的"源泉",并由此引出错误的结论。过去搞阶级斗争扩大化,这本来是不符合客观实际情况的,但却误以为是符合实际的,由此而进行的实践当然只能是阶级斗争扩大化的实践,反过来这样的"实践"又成了认识的"源泉"再反转来加强阶级斗争的实践活动。正是在这种违背客观实际的反复中使发展生产力这一最根本、最重要的任务没有提到历史舞台的正面,给予应有的位置,反而把发展生产力的努力当成了"冲击"阶级斗争实践的障碍而要加以清除,长期地无休止地对"唯生产力论"作批判,以致长期搞阶级斗争扩大化,愈演愈烈。因此,我们如果在说明实践对认识的作用时,不同时强调客观规律对实践的制约,以为"干就是一切",那么,这样的实践就会变成盲目冒险的行动,违背辩证唯

---

① 《资本论》第 1 卷,人民出版社 1975 年版,第 228—229 页。

物主义认识论的原则。

其次，在直接经验和间接经验之间，在感觉经验和逻辑思维之间，也不能互相取代。过去我们讲实践出真知，"斗争长才干"，这个口号本来的意义是对的，但如果把这个口号绝对化，把它当成认识论的呆板公式套用，似乎只要努力去做，便能自发的获得知识，增长才干，似乎只凭以往的感性经验就可以应付一切，似乎理论思维可有可无，那就不正确了。过去我们按此做事，造成了一些不好的后果。比如，在认识论上否定逻辑思维的重要性，而否认了逻辑思维是谈不上完成认识的真正任务的，是谈不上把握事物的本质和规律的，也是谈不上把握事物发展的趋势的。造成的后果之二是在实际上忽视或否认了学习新知识的重要性，也包括否认读书的重要性。因为把直接经验当成了唯一的东西，把感觉经验当成了完成的东西，把已有的认识当成了可以应付一切的东西，那就在实践上必然否定学习新知识和接受新信息的必要性，必然否认读书和掌握各种业务专长的重要性。特别是在知识更新周期如此加速的现时代，如果不重视新的信息，一味崇尚感性经验，否定掌握系统科学知识的重要性，否认理论思维的必要性和意义，其后果是很严重的。今天我们干部队伍的素质不能适应"四化"的要求，知识准备不足，对新事物、新知识缺乏应有的敏感度和紧迫感，以及建立在单纯经验基础上的封闭型、排他性的思维方式，等等，上述情况不能不是一个重要原因。我们过去有时只强调努力去干，误以为只要有直接经验，只要有实践的勇气，一切问题就迎刃而解了，其实这是很大的片面性。所以我们说实践的观点是重要的，任何忽视或排斥实践的观点都是不对的。但也不能简单地把马克思主义认识论和"实践论"画等号，这个"实践论"是指满足于感觉经验而排斥逻辑思维的必要性，以直接经验代替间接经验，代替一切科学知识的那种观点。它是对毛泽东同志的实践论的歪曲和误解。从一定意义上说，马克思主义认识论就是实践论，但这个实践论又是有其特定含义的，即指实践是认识的基础、来源、动力、目的和检验认识真理性的标准。如果对此做了庸俗化或简单化的理解，认为"干"就是一切，甚至崇奉盲目的实践也会取得一切，那就会同马克思主义实践论的本来含义相背离，就不是马克思主义的认识论。因此，在特定的意义上，马克思主义认识论可以叫做实践论，但又不能在马克思主义认识论和实践论之间简单地画等号。

我上面讲的一些意见和所涉及的问题，我觉得是值得研究的。因为在国外的一些哲学流派中，从卢卡奇那里开始，到存在主义、操作主义，法兰克福学派等等，都涉及这个问题。在这个问题上，我们既要坚持马克思主义认识论的基本原理，又要研究他们所提出的问题。也就是说，我们既要坚持实践第一的观点，坚持实践是马克思主义认识论之首要的和基本的观点，又要同"实践一元论"划清界限。我们是辩证唯物主义的物质一元论者，而不是"实践一元论者"。

（原载于《人文杂志》1985 年第 5—6 期）

论实践的正面效应与负面效应

近些年来，我们在探讨实践问题时，比较注重于从正面探讨实践的意义与作用。实践作为人类改造客观世界的物质性活动，的确给整个人类社会带来巨大而深远的影响。然而，人们比较关注实践所带来的正面价值，很少顾及实践过程中出现的负面价值。有感于此，我们认为把实践效应问题纳入研究之中，在研究实践的正面效应的同时，也研究它的负面效应，是有意义的。这既有助于深化对实践的理解，又有助于理解当代世界范围内出现的一些现实性问题。

一

首先关于实践负态效应问题的提出。

实践的负态效应，是指实践活动在认识和改造世界的过程中所产生的对主体的消极的、否定性的作用。实践对人类的影响和作用是一个复杂的问题，因而对实践过程中的诸多相关因素，需要具体分析。

关于实践的结果的问题，马克思主义经典作家早已予以足够的重视。马克思指出："人的思维是否具有客观的真理性，这并不是一个理论的问题，而是一个实践的问题。人应该在实践中证明自己思维的真理性，即自己的思维的现实性和力量，亦即自己思维的此岸性。"① 列宁说："活动的结果是对主观认识的检验和真实存在着的客观性的标准。"② 毛泽东指出："判定认识或理论之是否真理，不是依主观上觉得如何而定，而是依客观

---

① 《马克思恩格斯选集》第 1 卷，人民出版社 1972 年版，第 16 页。
② 《列宁全集》第 55 卷，人民出版社 1990 年版，第 188 页。

上社会实践的结果如何而定。"① 经典作家们都提出了实践的结果和活动的结果，这应当引起我们的注意。很显然，作为结果，实践结果本身有二重性，既可以表现为积极的效应，也可以表现为消极的效应。事实上，人们常常把实践的结果误以为只有一种类型，即实践的正态效应，而很少注意到实践的另一类型结果——实践的负态效应。

从实践的负态效应来考察当今世界面临的一些重大现实问题，这一视点的转换不是我们头脑中的主观臆想，而是立足于对整个人类历史进程的考察之上。

人类从原始社会进入奴隶社会是一个历史的进步，但是这种进步却是以原始平等的丧失和纯朴道德的失落以及私有制的出现为代价的，暴力和私有制作为原始社会向奴隶社会过渡的代价，具有它的历史必然性。资本主义的发展产生了殖民主义和殖民地；资本主义生产所利用的分工的机器，必然使人类生产力的发展以牺牲个人的全面发展为代价；资本主义社会物质财富的发展以产生异化劳动为代价；资本积累和资本家的发财以牺牲工人为代价；资本主义商品经济的发展是以产生商品拜物教、货币拜物教和人对物的依赖为代价。基于这些带有规律性的现象，马克思指出："在我们这个时代，每一种事物好像都包含有自己的反面，我们看到，机器具有减少人类劳动和使劳动更有成效的神奇力量，然而却引起了饱和过度的疲劳。新发现的财富的源泉，由于某种奇怪的、不可思议的魔力而变成贫困的根源。"② 可见，实践负态效应早已在经典作家的理论视野之内，他们对此确有清晰的认识。

其次，当今实践负态效应的表现与特征。

实践既是主观与客观、人与世界对立的基础，又是使这种对立达到统一的基础。马克思说："环境的改变和人的活动的一致，只能被看作是并合理地理解为变革的实践。"③ 列宁说，主体和客体、主观和客观的"交错点 = 人的和人类历史的实践"④。作为主观和客观"交错点"的实践是

---

① 《毛泽东选集》第 1 卷，人民出版社 1991 年版，第 284 页。
② 《马克思恩格斯选集》第 2 卷，人民出版社 1972 年版，第 78 页。
③ 马克思、恩格斯：《费尔巴哈》，人民出版社 1988 年版，第 88 页。
④ 《列宁全集》第 55 卷，人民出版社 1990 年版，第 239 页。

变革现实的活动，这种实践活动最终必然会引起客观对象的改变。当今世界，客观对象的改变给人类带来的负面影响尤为突出，实践负态效应具有如下新特点，不能不引起我们的重视：

（1）规模化。实践负态效应日益增多，其后果日益严重，使人类陷入不可持续发展的困境。在既往的历史条件下，人们选择的是传统实践方式。人类凭借着科学技术的力量，在追求进步和创造文明的同时，又因自己盲目的、非理性的实践活动方式，导致人口激增、生态失衡、环境污染、核战争危机、贫富悬殊、社会不公、南北差距、道德危机等一系列严重的问题。现实表明，人类必须认真地思考传统实践方式的负态效应问题，探索新的实践方式。

（2）相互之间的关联性。实践的负态效应之间相互联系，人类已不能从容地一次只对付一种危机：环境问题、生态问题、人口问题之间相互影响，经济因素与社会因素交互作用。某一个环节的细小变化可能会酿成整个系统的巨大变化，同时，由于世界性的交往及历史日益成为世界历史，整个世界呈现出的一体化趋势使这种相互作用更为明显。

（3）目的与结果的离异化。一般说来，合理的实践产生积极的实践效应，可是现实情况表明，许多合理的实践也产生消极效应，从而使实践结果背离了实践目的，当前实践负态效应所具有的性质与过去大不相同，之所以如此，在于造成这些负态效应原因的性质不同。过去，造成实践负态效应的重大根源是消极根源，如自然灾害、奉行侵略政策的统治者，等等。而在今天，造成现代的许多实践负态效应的根源则是积极根源：是归根结底产生于人类善良愿望所采取的行动的结果。例如，为减轻人类的劳动而利用自然界的非人力能源本来是一件好事，然而它却导致了目前的能源危机。人类大规模的建设活动，如城市建设、修建公路等，虽然在一定程度上改变了自然环境，但同时却导致了环境危机。

（4）表现形式上的滞后性。从实践开始到实践负态效应的爆发之间有一个时间差，我们把这种现象称为滞后现象。比如，工厂排放到河流中的化学物质给沿岸居民生活造成的影响不是一下子就能体现出来的，农业中施用的化学肥料对土壤的影响也不是马上就为人们所完全发现的。因此，人类必须学会预见和控制。

再次，实践负态效应的合理性问题。

实践负态效应是一种客观存在，它是负面价值，对它的忽视，视而不见或置之不理，都会导致更大的失误。正确的态度应该是对实践负态效应进行实事求是的分析并进而采取有效的行动。

马克思说："从前的一切唯物主义——包括费尔巴哈的唯物主义——的主要缺点是：对对象、现实、感性，只是从客体的或者直观的形式去理解，而不是把它们当作人的感性活动，当作实践去理解，不是从主体方面去理解。"① 这启示我们从主体方面去理解实践的负态效应。

实践是人们改造客观世界的物质性活动，是人与外在世界的双向互动，在这种双向互动的活动中，人作为主体与外在客体发生对象性关系。马克思说：当自己的外化把自己现实的、对象性的本质力量设定为异己的对象时，这种设定并不是主体；它是对象性的本质力量的主体性，因而这些本质力量的活动也必须是对象性的活动。主体性存在于主体实践过程中，也只有在实践中，主体性才能得到发挥与体现。实践就是主体性的发生方式、存在方式和现实表现方式。

人类通过认识活动和实践活动，改变自然界自在的存在方式和运动方式，使之发生合乎人类目的的变化，以满足人类生存和发展的需要。在人化自然和自然人化中，人类越来越认识到自身主体性的存在及力量，这就是人的主体性效应。

人的主体地位实现和确立的过程就是人的本质力量对象化的过程。人的本质力量只有通过对象化才能得到确证。为我之物是人本质力量对象化这一动态过程的表现，它形成之后对于人而言又成为外在的必然。人的本质一旦对象化，就会产生两方面的情形：第一，为我之物作为客体具有自己独特的运动方式和发展规律，要求人们重新认识和掌握，否则就会作为必然世界的一部分，作为自在的异己力量生作用。因此，人的本质力量对象化有可能使这种对象化了本质力量脱离主体的控制，从而给人类自身的存在和发展带来阻碍和危害。第二，人的本质力量对象化意味着改变自然界的自然存在状态，自然状态的改变，往往也会给人类存在和发展带来一

---

① 马克思、恩格斯：《费尔巴哈》，人民出版社 1988 年版，第 87 页。

定的影响。这两种情形都表明了人的本质力量的异化，它们构成了反主体性效应。人类活动的主体效应总是与反主体效应相伴随。

在传统的农业社会，人类的主体能力还不是很强大，主体性效应也不大，人们主要是利用和适应自然，开发利用可再生资源来实现自己的发展；与之相应的是反主体性效应也不是那么显著，并且往往是局部的。主体性和反主体性效应之间的冲突度不激烈。进入工业社会以后，人类主体能力空前提高，同时实践的破坏性也越大。尤其是人类进入 20 世纪特别是"二战"以后，反主体性效应逐渐加剧，并成为全球性问题。在当代，由于科学技术的巨大发展和大规模的应用，人类主体地位空前增强，人类从自然中获得了越来越多的满足自身需要的物质财富，自然界加速了作为人类活动客体的生成过程。伴随着科学技术革命的一次又一次浪潮，人类征服自然的空间已越出地球走向太空，人类自身的主体意识、主体意志和主体力量已日益推移到更加广阔的宇宙空间。然而这只是问题的一个方面。人类已面临着来自自然实际上是来自自身的严重挑战。反主体效应的出现与全球化，意味着主体及其实践在与对象的相互关系上应追求合理形态和合理存在方式，促使人们思考主体性的合理发挥和人类实践方式的合理性问题。

不能因为实践具有负态效应，就对实践加以否定；也不能因为某一实践具有负态效应，就把该实践说成是错误的实践。实际上，有时候，正确的实践也能带来负态效应。我们认为：

1. 基于历史发展必然性基础上的实践所带来的负态效应是合理的、不可避免的。

2. 由于实践主体的历史局限性和认识的相对性所造成的负态效应也是合理的、不可避免的。

3. 由某些具体个人的主观失误所造成的实践负态效应是不合理的、可以避免的。

4. 既不符合发展规律又不符合发展目的的实践所带来的负态效应是不合理的。

二

关于实践负态效应与实践标准。

1　实践负态效应与真理

任何一种实践都是人有目的的改造客观世界的活动，因而，实践总是与理论相对应的。我们把某一实践所赖以发动的理论称为该实践的支撑理论。实践负态效应能并且一定能检验其支撑理论的真理性。

（1）真理通过扬弃不合理的实践方式来为自己开辟道路。列宁说："真理是过程。人从主观的观念，经过'实践'（和技术）走向真理。"①在这时，列宁表明了真理是过程的思想，值得我们注意的是，列宁同时也指出，观念是经过实践而走向真理，这中间有一个环节。正如辩证法所揭示的在否定的理解中包含着肯定的因素一样，实践负态效应为我们指明了下一步实践的方向。从总体上而言，它是人类向真理接近的一种方式，是人类向真理无限逼近的一个环节。

（2）实践负态效应是人类获得真理的一种特殊状态。人们的实践总是在一定的理论指导下进行的，我们把该理论称为实践的支撑理论。实践效果是对该支撑理论的一种反馈。如果实践呈正态效应，表明该理论符合客观实际，是正确的；如果实践结果呈负态效应，就意味着该理论或认识的不尽合理，不尽科学。实践负面效应是对某种认识或理论的否定，它表明某种理论或观念不具备真理性。另一方面，实践又是认识的来源，已产生负态效应的实践会促使人们抛弃原有的认识，从而导致新观念的产生。无数事例表明，实践负态效应是人们获得真理的一种特殊状态。其特殊性在于人们不是以肯定某种认识的形成来确认其真理性，而是以否定的形式来验证其是否包含真理性。

2　实践负态效应与实践标准

（1）实践负态效应不是对实践标准的否定，而是一种特殊形式的肯定。它表明，实践仍然是并且继续是检验真理的唯一标准。错误的实践、负面的实践也是检验真理的标准，也能使人得出合乎实际的结论。真理不怕检验，真理愈经实践检验愈能显示其真理性。

---

① 《列宁全集》第 55 卷，人民出版社 1990 年版，第 223 页。

（2）承认并正确认识实践负态效应，有助于深化马克思主义的认识论。实践负态效应表明了实践检验真理的过程性，丰富了马克思主义的真理过程观。它以否定的形式蕴含着人类下一步实践的价值取向。人们经过这一否定之否定的过程，更加认识了真理的内涵。

（3）承认并正确认识实践负态效应，有助于理解马克思主义的实践观。实践负态效应表明：人类的实践具有阶段性、反复性的特征。人类的实践，从总体上说其效应总是呈现积极的、肯定的作用，但是，当实践发挥其积极效应时，同时又包含着不可避免的负态效应。它引导人们思考实践的合目的性、合规律性，以及该怎样看实践，人们该如何选择实践方式等问题。"实践、认识、再实践、再认识……"反映了认识辩证运动过程的反复性和无限发展。然而我们看到，在这个过程中，人们所检验的只是认识，是认识在实践中得到检验，由此而判定该认识是否具有真理性。实践既可以从正面来证明某一认识是否具有真理性，也可以从反面证明某一认识的真理性。不仅人的认识具有反复性，人类的实践也具有反复性，也是一个无限发展和辩证上升的过程。只有在实践中，实践的效果才能得到说明和体现。

三

关于在实践中不断反思带来负效应的实践及其支撑理论。在实践的正负效应问题上，有两种倾向值得注意：一是只看到实践的正态效应而看不到实践的负态效应，夸大实践的正面价值，导致对无理性的实践的盲目乐观态度；二是片面夸大实践的负态效应，导致怀疑实践、否定实践的倾向和消极悲观心理。这两种倾向都不是科学的实践观。实践作为人类改造客观世界的物质性活动，不仅能为人类带来正面价值，同时也包含着负面价值，这就是实践正负效应统一律。

邓小平同志坚持实践的正负效应辩证统一的观点，既重视我国人民在社会主义建设实践中的正面效应，又重视负面效应。他在正面效应和负面效应、正面经验和反面经验的对比中，深刻地总结了实践经验，从而得出了一系列符合当代中国实际和时代要求的新观点、新结论。我们知道，社会主义实践是一项探索性的伟业，其中难免会有失误，有挫折。从总体上看，只要路线正确，对策得当，社会主义实践的负态效应是第二位的，实践的正态效应是第一位的，首要的，占主导地位。正因为如此，我们对社会主义事业始终充满信心。科学社会主义从创立到现在，经历了一百五十多年的风风雨雨。世界范围内的社会主义运动经历了诸多曲折，目前正处于低谷。邓小平在实践中不断反思原有的社会主义模式和传统的某些社会主义观念。冷静的思索和坚定的信心终于使中国的社会主义走上了一条富有中国特色的道路，在世界共产主义运动史上掀起了一个新的高潮，令整个世界为之侧目。

十一届三中全会以来的实践证明，我国社会主义的生产力得到解放与发展，国民经济持续、快速、健康发展，社会政治稳定，综合国力增强，人民生活水平不断提高，社会主义市场经济体制正在建立之中，社会主义事业日益走向繁荣。这在世界性的社会主义运动处于低谷的局面中的确是个了不起的贡献。由此也说明，邓小平理论的指导对于社会主义的兴衰成败确有重大的意义。然而，邓小平理论是对实践中出现的问题进行反思，是在总结实践正反两方面经验教训的基础上不断探索而形成的。

从"超越阶段"的实践负效应中思考"社会主义处在一个什么阶段"——关于社会主义初级阶段理论。关于社会主义发展阶段问题，马克思主义经典作家有过许多论述。马克思把未来共产主义划分为第一阶段和高级阶段，列宁提出了"初级形式的社会主义"和"不发达的社会主义"等概念。在中国，从1956年社会主义改造基本完成到1978年党的十一届三中全会之前，我们党对此也曾作过有益的探索，但总的来说，一直处在不完全清醒的状态。所制定的方针政策等也往往是"超阶段"的，即脱离了中国的现实实际。有时，甚至曾一度认为"共产主义在我国的实现，已经不是什么遥远将来的事情了"。在较长的时间里，又认为我国社会主义社会仍然处在两个阶级、两条道路激烈斗争的"过渡时期"。于是"以阶级斗争为纲"的失误出现了。又发生过"跑步进入共产主义"的实践，人民公社化运动，以及"穷过渡"等，给我们的社会主义事业带来巨大的损失。正是基于这些"大跃进"式的实践中出现的负面效应，邓小平同志高瞻远瞩思考了我们的社会主义到底处于什么阶段这一重大根本问题。

在社会主义初级阶段理论的形成过程中，邓小平作出了卓越的贡献，这些贡献贯穿于《邓小平文选》第三卷之中。他说："从一九五七年下半年开始，我们就犯了'左'的错误。总的说来，就是对外封闭，对内以阶级斗争为纲，忽视发展生产力，制定的政策超越了社会主义的初级阶段。"1980 年邓小平在谈到我国社会主义建设的经验时指出："不要离开现实和超越阶段采取一些'左'的办法，这样是搞不成社会主义的。"1981 年邓小平主持制定的《关于建国以来党的若干历史问题的决议》明确指出："我们的社会主义制度还是处于初级的阶段。"以后在党的十二大报告和十二届六中全会通过的《关于社会主义精神文明建设指导方针的决议》都对社会主义阶段问题做过阐述。十三大前夕，邓小平强调指出："我们党的十三大要阐述中国社会主义是处在一个什么阶段，就是处在初级阶段，是初级阶段的社会主义。社会主义本身是共产主义的初级阶段，而我们中国又处在社会主义的初级阶段，就是不发达的阶段。一切都要从这个实际出发，根据这个实际来制订规划。"党的十三大系统论述了社会主义初级阶段的基本含义、基本特征、基本任务。十四大明确把这一理论纳入建设有中国特色社会主义理论体系之中，并成为这一理论体系的重要基石。十五大对这一理论作了进一步的系统的论述，成为我们制定路线和各项方针政策的根本出发点。

从传统社会主义实行的计划经济模式中思考姓"社"姓"资"问题——关于社会主义市场经济理论。马克思、恩格斯在批判资本主义旧世界、瞻望社会主义新世界时曾经设想，在社会生产力高度发展阶段出现的、以公有制为基础、按劳分配为标志的社会主义社会，不存在商品、货币和市场，社会生产完全是有计划发展的。这些构想是不符合走上社会主义道路国家的实际的。构想中对商品经济的排斥和对市场竞争的否定是不符合社会主义经济发展的内在要求的。长期以来，传统的社会主义模式一直认为，计划经济和市场经济是对立的，并且是区别社会主义与资本主义的一个重要标志。随着社会化生产和商品化趋势日益发展，计划经济体制的负效应越来越突出，成为社会生产力发展和社会主义优越性充分发挥的严重障碍。其结果是，经济效益低，人民生活提高慢。社会主义失去它应有的生机和活力。东欧剧变、苏联解体的原因不是单一的，但生产力长期得不到应有发展，则是最根本最基础的一条。邓小平正是从这一实践教训中重新认识社会主义经济体制。

在社会主义市场经济理论建立过程中，邓小平起了先导作用。1979 年 11 月 26 日邓小平在会见美国不列颠百科全书出版公司编委会副主席兼副总裁古布尼等人时指出："说市场经济只限于资本主义社会、资本主义的市场经济，这肯定是不正确的。社会主义为什么不可以搞市场经济，这个不能说是资本主义。"经过反复思索，1992 年邓小平在南方谈话中指出："计划多一点还是市场多一点，不是社会主义与资本主义的本质区别。计划经济不等于社会主义，资本主义也有计划；市场经济不等于资本主义，社会主义也有市场。计划和市场都是手段。"

从传统社会主义模式的弊端中思考"什么是社会主义"——关于社会主义本质。在社会主义国家的发展中，有一种类型的实践影响较大。即在阶级斗争已不再是主要矛盾的情况下仍然过分夸大阶级斗争，把阶级斗争作为社会主义社会的主要矛盾和主要动力，结果导致了长期忽视生产力的发展，使社会主义制度的优越性不能充分发挥。同时又以为社会主义制度一经建立便会自动保证生产力的迅速发展。或者把主要精力放在生产关系既"大"又"公"的变革上，而脱离了生产力现实发展的要求，到头来还是阻碍了生产力的发展。历史经验证明，背离了社会主义的发展目的和根本任务，社会主义就会走偏方向。

回顾我国社会主义建设的历程，可以看出：脱离解放和发展生产力，强制使人们达到共同富裕，以此来"坚持"和"保卫"社会主义制度，结果却是平均主义思想盛行，大锅饭使得社会越来越贫穷。邓小平说："……贫穷不是社会主义……虽说我们也在搞社会主义，但事实上不够格。"这十分清楚地表明邓小平正是从传统社会主义实践的负态效应——贫穷来思考"什么是社会主义"这一问题的。为什么过去我们长期把发展生产力这个中心任务推到次要地位而以"阶级斗争为纲"？这方面有很多教训可以总结，"如果说，我们总结的经验有很多条，那么很重要的一条经验是：要搞清什么是社会主义，如何建设社会主义"。"什么是社会主义，什么叫马克思主义？我们过去对这个问题的认识不是完全清醒的。"经过系统深入的思考，邓小平指出："社会主义的本质，是解放生产力，发展生产力,消灭剥削,消除两极分化,最终达到共同富裕。"这个关于社会主义本质的新概括,凝聚着社会主义国家发展历程中正反两个方面的经验,具有十分重要的意义。

与此相关,邓小平还思考了一些建设有中国特色社会主义的一系列基本问题,如政治保证问题、外部条件问题等。

四

关于在实践中不断探索带来正效应的实践及其支撑理论。江泽民同志在十五大报告中指出:"旗帜问题至关重要。旗帜就是方向,旗帜就是形象。"党中央号召我们:"高举邓小平理论伟大旗帜,把建设有中国特色社会主义事业全面推向二十一世纪。"建设有中国特色的社会主义理论是在和平与发展成为时代主题的历史条件下,在我国改革开放和现代化建设的实践中,在总结我国社会主义胜利和挫折的历史经验并借鉴其他社会主义国家兴衰成败历史经验的基础上,逐步形成和发展起来的。它第一次比较系统地初步回答了中国社会主义的发展道路、发展阶段、根本任务、发展动力、外部条件、政治保证、战略步骤、党的领导和依靠力量以及祖国统一等一系列基本问题。邓小平理论的形成和发展大体经历了四个阶段:从十一届三中全会到党的十二大,邓小平理论在拨乱反正和改革中开始产生、形成主题;从十二大到十三大,邓小平理论在全面改革中逐步展开、形成轮廓;从十三大到十四大,邓小平理论以南巡谈话为标志走向成熟,形成体系;从十四大到党的十五大,邓小平理论进一步发展。

在不断反思的同时又不断探索,既继承前人又突破陈规,这是邓小平理论形成和发展的一个特色。这一特色在如何对待、处理实践的正负效应上,具体表现为"抑负扬正"。"抑负"与"扬正"是联系在一起的,二者的合力最终产生了建设有中国特色的社会主义理论。邓小平同志的"扬正"体现在他对社会主义根本制度的维护,对党的正确思想路线的重新确立。他在"扬正"的同时又有创新,提出关于社会主义的本质,关于改革是发展的动力,关于社会主义市场经济,关于科学技术是第一生产力,以及"三个有利于"的标准等新论断,把马克思主义推向了一个新阶段。

由于种种复杂的原因，社会主义在历经曲折之后现处于低谷，但这决不意味着社会主义制度本身不是历史发展的必然。作为新生的社会形态，社会主义反映了历史发展的客观趋势。经验告诉我们，社会主义实践的得失成败并不等同于社会主义实践是否正确。也就是说，实践的正确与实践的成败是有区别的。实践的正确与否要从实践的结果中来看，要从"三个有利于"的标准来看；而实践的失败则要区分复杂的情况。失败的或部分失败的实践不一定是因为指导该实践的认识是错误的，还可能有其他因素，如客观条件的成熟等等。错误的实践可能会取得一时的成功，但最终会在实践发展中被否定。正确的实践也许会有暂时的挫折，但最终会走向成功。从邓小平论著中可以看出，多年来他思考的一个重要问题是：究竟什么是社会主义，应当怎样建设社会主义，正是围绕着这个首要和基本问题，邓小平提出了许多新观点，进一步丰富了我们对社会主义的认识，达到了一个新的科学水平。

重新确立党的思想路线问题——解放思想，实事求是。这是新时期的历史起点，也是邓小平理论的探索起点。马克思、恩格斯一贯反对用教条主义的态度对待他们创立的科学社会主义理论。20世纪50年代中期以前，以毛泽东为首的中国共产党人，本着实事求是的精神，探索适合中国情况的社会主义革命和建设的道路，并在经济、政治、文化、国防等方面初步提出一系列不同于苏联模式的新思路。可惜的是，从1957年下半年起，由于主观和客观的种种复杂原因，毛泽东同志逐渐背离了实事求是的原则，而"八大"以后的中央领导集体也未能保持清醒的头脑，以至于连续发生了一次比一次严重的"左"倾错误直至发展到"文化大革命"的十年内乱，给党和人民带来了严重的灾难。这个教训极为深刻。在粉碎"四人帮"后，有人又提出"两个凡是"方针，仍然坚持毛泽东同志晚年的错误和"文化大革命"中那一套极端主观主义的东西。

把马克思主义教条化，本本化，对社会主义建设的危害尤其巨大，已成为前进的阻力。邓小平在关键时刻，支持真理标准大讨论，重新确立了党的思想路线。邓小平同志说："思想路线不是小问题，这是确定政治路线的基础。正确的政治路线能不能贯彻执行，关键是思想路线对不对头。所以，不要小看实践是检验真理的唯一标准的争论。这场争论的意义太大了，它的实质就在于是不是坚持马列主义、毛泽东思想。"邓小平同志把实事求是规定为无产阶级政党的思想路线，并作了完整表述。他说："马克思、恩格斯创立了辩证唯物主义和历史唯物主义的思想路线，毛泽东同志用中国语概括为实事求是四个大字。实事求是，一切从实际出发，理论联系实际，坚持实践是检验真理的标准，这就是我们党的思想路线。"邓小平1978年12月13日作的《解放思想，实事求是，团结一致向前看》的著名报告，是标志党的思想路线重新确立的代表作。这条思想路线，在我国新历史时期的实践发展中，被概括为"解放思想，实事求是"。二十多年来，我国人民在改革开放和社会主义现代化建设中所取得的一切成就，都是在这一思想路线指导下进行的。江泽民同志在十五大报告中指出："一九七八年邓小平《解放思想，实事求是，团结一致向前看》这篇讲话，是在'文化大革命'结束以后，中国面临向何处去的重大历史关头，冲破'两个凡是'的禁锢，开辟新时期新道路、开创建设有中国特色社会主义新理论的宣言书。"这个评价精辟而科学，完全符合历史与现实实际。

长期以来"左"的思想以及僵化的模式和脱离实际的关于社会主义的陈旧观念，对人们的思想影响很大，已成为进一步改革开放的主要阻力。改革使我国的农村、城市都发生了前所未有的变化。社会主义重新获得了生机与活力，我国的社会主义事业蓬勃发展。十三大以后，正当我国改革开放向纵深发展之时，国际上发生了苏、东变故，国内发生了1989年春夏之交的政治风波。此时，党内和社会上又出现了一些怀疑和议论即把改革开放说成是引进和发展资本主义，认为和平演变的主要危险来自经济领域，等等。针对人们的思想问题，邓小平在南方谈话中提出了著名的"三个有利于"的标准。邓小平指出："改革开放迈不开步子，不敢闯，说来说去就是怕资本主义的东西多了，走了资本主义道路。要害是姓'资'还是姓'社'的问题。判断的标准，应该主要看是否有利于发展社会主义社会的生产力，是否有利于增强社会主义国家的综合国力，是否有利于提高人民的生活水平。"江泽民同志在十五大报告中指出："一九九二年邓小平南方谈话，是在国际国内政治风波严峻的重大历史关头，坚持十一届三中全会以来的理论和路线，深刻回答长期束缚人们思想的许多重大认识问题，把改革开放和现代化建设推进到新阶段的又一个解放思想、实事求是的宣言书。"这两个"宣言书"都是在重要历史时刻回答了现实中的迫切问题，为全党和全国人民指出了方向，具有十分重大的意义。

从邓小平理论形成和发展过程中可能看出，解放思想敢于探索的精神像一条红线贯穿于其中。前面提到，实践具有反复性、过程性、阶段性，实践过程及其结果虽然包括阶段性或局部性的实践结果，但最终是看它的总过程和总结果。因而我们应当在实践中不断反思，不断超越。要善于通过实践的正负效应来理解实践对于理论的意义。从邓小平的反思与探索过程中可以看出：（1）实践负态效应促使人们反思它的支撑理论，是理论前进的一种动力。（2）合理的实践所造成的负态效应以"事后矫正"的方式使理论向真理的道路"回归"。（3）不合理的实践所造成的负态效应以"超前提醒"的方式使认识与谬误"决裂"。理论上勇于探索要求我们要解放思想。邓小平说："解放思想就是实事求是"，二者是统一的。在某些时候，在历史的转折关头，解放思想甚至显得更为重要。

另一方面，创造性的实践精神也是非常重要的。经验告诉我们，实践负态效应是一种客观存在，不能因此对实践心存疑虑。社会主义市场经济需要通过利益驱动、利润刺激、市场竞争、资源配置等促进发展，虽然在社会转型时期会出现拜金主义、一定程度的贫富悬殊等等，但决不能因此而畏缩不前，甚至于坐失良机。邓小平同志在南方谈话中指出："改革开放胆子要大一些，敢于试验，不能像小脚女人一样。看准了的，就大胆地试，大胆地闯。……没有一点闯的精神，没有一点'冒'的精神，没有一股气呀、劲呀，就走不出一条好路，走不出一条新路，就干不出新的事业。不冒点风险，办什么事都有百分之百的把握，万无一失，谁敢说这样的话？一开始就自以为是，认为百分之百正确，没那么回事，我从来就没有那么认为。"在实践中不断探索，敢闯，敢冒，敢创新，这是邓小平同志的一个基本态度，也是邓小平科学实践观的一个重要方面。

对于这种创新精神，江泽民同志也在多次谈话中加以强调。不久前，他到北京大学考察时强调指出：当今世界，各国之间的竞争越来越表现为科学技术和人才的竞争。科技的发展，知识的创新，越来越决定着一个国家、一个民族的发展进程。创新是不断进步的灵魂。如果不能创新，不去创新，一个民族就难以发展起来，难于屹立于世界民族之林。创新，最根本的一条就是要靠教育，靠人才。培养同时代潮流和现代化要求相适应的大批人才，不断开拓新的科学研究领域，是关系我国的发展前景和国际地位的百年大计。江泽民同志的这番话说得很精辟、很深刻、很透彻。从邓小平同志到江泽民同志所倡导的这种创新精神，贯穿于建设有中国特色的社会主义的全部实践中，对于我们继续把这个事业推向前进具有十分重大的意义。

（原载《广东社会科学》1991 年第 5 期）

马克思主义哲学中国化的光辉篇章

——学习矛盾特殊性学说的体会

摘要： 走自己的路，就是以普遍性的东西为指导注重研究矛盾的特殊性。正是在把马克思主义中国化的进程中，中国共产党领导中国人民创造了革命、建设和改革的辉煌业绩，谱写了马克思主义哲学中国化的光辉篇章，而矛盾特殊性学说则以其深刻的哲理性凸显出与时俱进的理论品位。

20 世纪初叶，马克思主义哲学传到中国，逐步为中国人民所熟悉，并且在与中国现实相结合的过程中生根、开花、结果，成了中国共产党人率领全国各族人民为改造旧世界、创造新世界而奋斗过程中的强大思想武器。中国共产党所走过的 80 年光辉历程，是马克思主义哲学与中国实际相结合的 80 年，是在这种结台中不断探索、不断总结经验和实现"理论性创造"的 80 年，是马克思主义哲学这一科学的世界观在实践中不断显示其强大威力的 80 年。回顾 80 年奋斗的历程，中国共产党人所积累的经验是多方面的，但归结到一条，最基本的就是把马克思主义的普遍真理同中国革命、建设和改革的具体实际结合起来，走自己的路。

一

关于矛盾特殊性与矛盾特殊性学说。所谓矛盾的特殊性，概而言之就是各种不同事物之间彼此相互区别的特殊的规定、特殊的本质。它是相对于矛盾普遍性而言，指的是矛盾的个性、差别性。而矛盾特殊性学说，则是通过对普遍性和特殊性相互关系的研究，特别着力于特殊性的研究而引出的关于矛盾特殊性的思想、观点的概括，是系统化了的理论观点体系。

矛盾特殊性，是每个人在日常生活中随时都可遇到的。而对矛盾特殊性的自觉意识、对特殊性与普遍性相互关系的研究，揭示矛盾特殊性的丰富内涵及其意义，则是一种理论升华，是只有经由系统的科学研究方能做到。

毛泽东同志在中国革命的过程中，把马克思列宁主义的基本原理同中国革命的具体实际相结合，创立了新民主主义理论，开辟了中国革命的道路，指导革命取得了胜利，并领导中国人民走上社会主义道路。这个把马克思主义中国化的工程并非一帆风顺，而是一个艰难探索的过程。其间有凯歌行进的年代，也伴随着曲折、失误和颠簸。众所周知，主要是在 20 世纪 20 年代后期和 30 年代前期，在国际共产主义运动和我们党内盛行过一种把马克思主义教条化、把共产国际决议和苏联经验神圣化的错误倾向，这种倾向曾使中国革命几乎陷于绝境。这种倾向的基本特征是理论脱离实际，不顾中国国情，拒绝研究矛盾的特殊性，而只知背诵马克思列宁主义的词句和照搬外国的经验，结果只能把中国革命引向歧途。毛泽东以其大无畏的革命胆略同这种错误倾向进行了坚决的斗争。他强调要研究中国的国情，研究中国社会和中国革命的矛盾特殊性。他说："中国社会的性质，亦即中国的特殊的国情，这是解决中国一切革命问题的最基本的根据。"①

他强调必须把马克思列宁主义的一般原理同中国革命的具体实践结合起来，按照中国的特点去应用它；否则，离开中国特点来谈马克思主义，只能是空洞抽象的马克思主义，是根本不能解决中国的问题的。

回顾历史，在长期的革命斗争中，立足于本国的实际，总结实践经验而开拓前进，是毛泽东革命生涯和理论活动的一个重要特点。早在民主革命时期，他在一系列著作中例如在《新民主主义论》、《中国革命战争的战略问题》、《论持久战》、《论反对日本帝国主义的策略》等著作中就系统论述了关于中国革命的诸多问题，得出了一系列的科学结论。而贯穿于其中的基本思想就是从中国的实际出发实事求是，着力于对矛盾特殊性的

---

① 《毛泽东选集》第 2 卷，人民出版社 1977 年版，第 609 页。

研究。他关于新民主主义的政治、经济、文化的科学论断，是建立在对中国社会矛盾和中国特殊国情的科学分析基础之上的。在讲到战争问题时，他提示人们，要研究战争的一般规律，更要研究革命战争的规律，尤其要研究中国革命战争的规律。他的思路非常明确，总是引导人们要注重研究矛盾的特殊性。他关于抗日战争不是"亡国也不能速胜"，而是持久战、中国必胜的结论，以及关于战争进程几个阶段的预测，其惊人的准确性令中外人士为之叹服。而这又是他紧紧抓住中、日双方各自的几个基本特点及其对比的科学分析中所得出的逻辑结论。凡此，都表明毛泽东对矛盾特殊性的特别关注。

把革命实践中的经验升华到哲学理论的高度，系统论述矛盾特殊性学说，是毛泽东在《矛盾论》中完成的。

毛泽东所论述的矛盾特殊性学说，内容丰富思想深刻。概括地说，它包括矛盾普遍性和特殊性相互联结的思想，因此，要求在研究事物矛盾问题时，不仅要注意此一事物与其他事物之普遍性与特殊性的相互联结，而且要特别注意一事物内部矛盾的普遍性与特殊性的相互联结；普遍性寓于特殊性之中，无个性即无共性。各种不同的运动形式、不同的发展过程、发展过程的不同阶段及矛盾的各个方面等，其矛盾都是各个特殊的，是矛盾特殊性的不同表现形态；不同的矛盾和矛盾的不同方面在统一体中所处的不同地位和作用等，都是矛盾力量不均衡性的表现，因此也属于矛盾特殊性范畴；不同性质的矛盾用不同的方式加以解决，以及矛盾斗争形式的多样性，对抗只是矛盾斗争的一种形式，而非一切形式、更非唯一形式等，也是矛盾特殊性学说的内涵。毛泽东还论证了由于事物范围的极其广大和发展的无限性，在一定场合为普遍性的东西在另一场合则为特殊性，反之亦然。这就不仅指明了普遍性与特殊性相互转化的道理，而且说明了这种转化的原因。毛泽东强调，作为我们认识事物的基础的东西是矛盾特殊性。人们的认识秩序是由特殊到一般，又由一般到特殊的过程。他提示人们，要善于从矛盾的特殊性中发现普遍性，从个性中概括出共性，又要善于在一般、普遍的指导下去分析特殊性，去研究那些尚未研究或尚未深入研究过的事物或过程。《矛盾论》中在分析了矛盾的诸多问题特别是重点论述了矛盾特殊性问题之后，还归结说："矛盾的普遍性和矛盾的特殊性的关系，就是矛盾的共性和个性的关系。……这一共性个性、绝对相对的道理，是关于事物矛盾的问题的精髓，不懂得它，就等于抛弃了辩证法。"这是哲学史上第一次把矛盾的普遍性和特殊性问题提到如此高度，指明了其间的道理在辩证法科学体系中的重要地位和意义。显然，毛泽东所阐明的关于矛盾普遍性和特殊性相互联结的思想，特别是在每一事物内部都存在着普遍性与特殊性相互联结的思想以及他所阐明的全部矛盾特殊性学说，是他对马克思主义辩证法的重要贡献。《关于建国以来党的若干历史问题的决议》中指出：毛泽东的"哲学著作和其他许多包含着丰富哲学思想的著作，从总结中国革命的经验教训中深刻地论述和丰富了马克思主义的认识论和辩证法。……他指出不仅要研究客观事物的矛盾的普遍性，尤其重要的是研究它的特殊性，对于不同性质的矛盾，要用不同的方法去解决。"① 这个评价是完全符合毛泽东所论述的矛盾学说，特别是矛盾特殊学说的实际。

1842 年，马克思曾说：哲学不是世界之外的遐想，哲学家"是自己时代、自己的人民的产物，人民最精致、最珍贵和看不见的精髓都集中在哲学思想里"，"任何真正的哲学都是自己时代精神的精华。"② 毛泽东生活于 20 世纪，活动于我们这个东方大国的历史舞台上，他在理论上的一系列建树都是同中国革命的实践紧密相连的，他在哲学上的贡献都是革命实践经验的概括和升华。《矛盾论》、《实践论》等著作写作于 20 世纪 30 年代，至今 60 多年过去了，但其中所阐述的哲学思想仍然闪耀着真理的光辉。他所阐述的矛盾特殊性学说，是时代精神的精华，是他留给我国人民的"最精致、最珍贵"的一笔精神财富。

二

关于矛盾的特殊性与创新精神。毛泽东同志在概括我国革命的经验时强调指出，要想取得中国革命的胜利，就必须以马克思主义为指导，也就

---

①　《关于建国来党的若干历史问题的决议》，单行本，第 47—48 页。
②　《马克思恩格斯全集》第 1 卷，人民出版社 1956 年版，第 120—121 页。

是必须使马克思主义在中国具体化，"使之在其每一表现中带着必须有的中国的特性，即是说，按照中国的特点去应用它"。① 同时，他在谈到什么是理论联系实际时还明确指出：中国共产党人只有在他们善于应用马克思主义的立场、观点和方法，并且"进一步地从中国的历史实际和革命实际的认真研究中，在各方面作出合乎中国需要的理论性的创造，才叫做理论和实际相联系"。② 这个论断十分重要。它凝聚着中国革命实践中的丰富经验，体现着在把一般的东西化为具体的东西时必须有创造性这一重要思想。历史早已证明，过去我们搞民主革命，正是由于坚持一切从中国的实际出发，在各方面作出合乎中国需要的理论性创造，才取得了革命的胜利。矛盾的特殊性，不只表现在同一过程的各个方面，而且表现在此一过程向彼一过程的推移和新过程的发展中，而创新精神则是发展进程所提出的必然要求。在社会主义建设的新时期，这个问题集中地表现在对于建设有中国特色社会主义道路的研究和探索上。

党的十一届三中全会以来，党中央总结了我国多年来进行革命和建设的历史经验，在概括正反两个方面经验和考察现实新鲜经验的基础上，对于在我国如何建设社会主义的问题作了多方面的探索，并且开始找到了建设具有中国特色的社会主义的道路。邓小平在党的十二大开幕词中指出："把马克思主义的普遍真理同我国的具体实际结合起来，走自己的道路，建设有中国特色的社会主义，这就是我们总结长期历史经验得出的基本结论。"这个基本结论，也就是毛泽东同志关于把马克思主义在中国具体化，"使之在其每一表现中带着必须有的中国的特性"这一基本思想在新的历史条件下的运用和发展，邓小平所提出的关于建设有中国特色社会主义的一系列新思想、新观点、新论断，都是在研究新的矛盾特殊性基础上所作出的理论性创造。

邓小平从对当代中国的实际和时代特征的科学概括中，从我国人民所从事的改革开放和现代化建设这一丰富多彩的现实实践中吸取营养，从总结我国社会主义胜利和挫折的历史经验的过程中，深思熟虑，继承前人而

---

① 《毛泽东选集》合订本，人民出版社1966年版，第522页。
② 同上书，第822页。

又突破陈规，坚持马克思主义最基本的东西，同时又大胆地进行理论性创造，从而开拓了马克思主义的新境界，在中国把马克思主义推向了新阶段。作为毛泽东思想的继承和发展的邓小平理论，不仅在20世纪后期社会主义在一些国家历经曲折和震荡的复杂形势下，维护了我国社会主义的已有成果，而且在新时期取得了举世瞩目的伟大成就，更重要的是为我国社会主义注入了新的生机和活力，展现了社会主义继续发展的光辉前程。

邓小平理论是与马列主义、毛泽东思想一脉相承的统一的科学体系。而邓小平理论由于反映了新的时代特点和实践发展的新的需要，体现了马克思主义的与时俱进的可贵品格，从而把马克思主义推向了一个新阶段。

对于这个"新阶段"，江泽民同志从四个方面作了深刻有力的论述。其中包括开拓了"马克思主义的新境界"，对社会主义的认识提高到"新的科学水平"，对当今时代特征和国际形势"作出了新的科学判断"，以及由于邓小平同志第一次比较系统地初步回答了在我国如何建设社会主义、如何巩固和发展社会主义的一系列基本问题，而形成了新的建设有中国特色社会主义理论的科学体系。这里，"新境界"、"新水平"、"新判断"、"新理论"等，都突出一个新字。这四个方面的"新"蕴含着极为丰富而深刻的内容，体现了马克思主义的鲜活的生命力和植根于实践的永不衰竭的创造精神。

江泽民同志在庆祝中国共产党成立80周年的重要讲话中指出："邓小平理论是党和人民实践经验与集体智慧的伟大结晶，是在新的历史条件下对毛泽东思想的最好继承和创造性发展，为我们开创中国社会主义事业的崭新局面作出了重大贡献。全党同志高举邓小平理论伟大旗帜，继续研究新情况、解决新问题，正在全面地创造性地推进建设有中国特色社会主义的伟大事业。在新的历史时期，坚持马克思列宁主义、毛泽东思想，关键要坚持用邓小平理论去观察当今世界、观察当代中国，不断总结实践经验，不断作出新的理论概括，不断开拓前进。"这个评价不仅指明了邓小平理论的重大意义，而且说明了蕴含在这一理论中的可贵的创新精神。

事物总是作为过程而向前发展的。回顾历史，在马克思主义与中国的具体实际相结合的过程中，有两次历史性飞跃，产生了毛泽东思想和邓小平理论两大理论成果。在这两次历史性飞跃和两大理论成果的形成和发展过程中，都贯穿着一个基本思想，即以普遍性的东西为指导，一切从中国的实际出发，实事求是，注重对矛盾特殊的研究。可以说，在把握矛盾普遍性与特殊性相互联结上注重对矛盾特殊性的研究，是实现"理论性创造"的基础一环。因此，要注意研究新情况、解决新问题，从而把建设有中国特色社会主义的伟业全面推向前进。江泽民同志在上述讲话中还明确指出：在社会主义社会的各个历史阶段，都需要根据经济社会发展的要求，适时地通过改革不断推进社会主义制度的自我完善和发展，"这样才能使社会主义制度充满生机和活力"。他强调指出，"全党同志必须牢固树立社会主义改革和发展的基本观点和自觉性。"这就明确地告诉我们，要使社会主义制度充满生机和活力就必须进行改革，把那些阻碍生产力发展的生产关系和上层建筑的有关部分改掉。改革，是社会主义制度的自我完善和发展，也是它不断获得生机和活力的必要前提。在新中国成立以来党的若干历史问题的决议中有个论断说：社会主义生产关系的发展并不存在一个固定的模式，而人们的任务是要根据生产力发展要求，在每一个阶段上创造出与之相适应的生产关系的具体形式。这个论断很重要，它开阔了人们的思路，有助于人们在实践中对适应生产力发展要求的生产关系的具体形式的探寻。

在以往的相当长的时间里，有一种观念影响不小。这就是把社会主义生产关系看成是一种固定不变的模式，总以为这种生产关系一经建立之后便能自发地推动生产力的发展，而无须依现实生产力发展的要求对之进行调节或变革了；即使要"变"，也只能朝着更"大"更"公"的模式去变。这就封闭了人们的思路，放弃了对确能促进生产力发展的具体形式的探求。从一定意义上说，是把社会主义生产关系的先进性看死了，即固定在某种不变的模式之中了。对社会主义自我调节的能力也往往估计偏高了。而另一方面，又把资本主义也看得过死，总以为它既然存在着不可克服的内部矛盾，那么它的死期即指日可待，似乎它已完全丧失了自我调节的能力。乃至于在否定资本主义基本制度的同时，连它所创造的现代文明也一概加以否定，把反映社会化生产规律的经营方式和组织形式都当作资本主义的特有物而拒之门外。从一定意义上也可以说，把资本主义自我调节的能力估计低了。

认识或估计上的这种一高一低的偏差，在理论上说不通，在实践上也常常使我们陷于被动。笔者以为，这个历史经验值得反思。

法国学者佩鲁在其《新发展观》中有这样一段话："……人们持有这样一种观点：进步是一种'带来幸运的必然性'和一种自我维持和积累的过程。经验则证明了恰恰相反的东西：进步取决于永不衰竭的创造能力、严格而细致的管理和坚韧不拔的毅力。正如不存在自我维持的增长一样，也不存在自我维持的进步。……没有任何一种经济或政治制度能自称有进步或振兴的专利权，或证明自己的法则能保证进步。"① 我们说，社会主义较之于资本主义是更高的社会形态，这两种不同的社会制度是不可混淆的。但社会主义本身也有个自我完善发展的过程，社会主义基本制度的确立为发展生产力开辟了道路，但如果不能适时地加以调整和改革，使之适应生产力进一步发展的要求而把某种模式固定化、凝固化，那么也就不能保证进步。从这个意义上说，"自我维持"的进步也是不存在的。只有坚持改革，才能使社会主义在自我完善和自我发展中不断前进，才能使社会主义源源不断地获得生机和活力。历史经验告诉我们如果以为社会主义制度一经建立就可以坐待其成，或者企望在"自我维持"中就能立于不败之地，那不过是不切实际的幻想，根本有悖于历史辩证法的进程。按照辩证法，事物总是在不停地变动中，近百年来实际生活变动之深刻和剧烈的程度，达到了前人难以想象的程度。不可逆的时光使万物更新，理论的生命力离不开它的自我更新和发展，而这种发展的最深刻的源泉在于实践，在于在实践中对新事物的敏感和捕捉，在于着力矛盾特殊性的研究，这也是实现理论创新的必要途径。

三

关于矛盾特殊性与时代精神。马克思主义哲学在改造世界中强大的社会功能，它的生机和活力，来自于同实际生活的密切联系，来自于变革现实的实践，来自于正视现实而又超越现实的理论性创造。毛泽东当年对中

---

① 弗朗索瓦·佩鲁：《新发展观》，华夏出版社 1987 年版，第 21 页。

国国情的科学分析，他所提出的一系列新思想、新观念、新论断，他所开辟的中国革命的道路，邓小平对当代中国国情和时代特征的科学分析，他所提出的一系列新思想、新观念、新论断，他所开辟的建设有中国特色社会主义道路，都体现了一切从实际出发、实事求是的科学态度，体现了马克思主义辩证法正视现实而又超越现实的革命批判的本性。

邓小平理论和毛泽东思想虽然在科学体系上是一脉相承，但所面对的历史课题和时代背景又是不同的。今天，我们是在当代时代背景下进行有中国特色社会主义建设的。这又是在国际环境方面所面临的"实际"。时代在前进，反映时代精神的哲学也必须与时俱进，把握时代发展的矛盾特殊性。邓小平同志在规划中国的未来发展时曾反复强调："中国的发展离不开世界"，"我们最大的经验就是不要脱离世界，否则就会信息不灵"。他还明确指出："我们要赶上时代，这是改革要达到的目的。"我们探讨21世纪的哲学走向，很重要的一点就是面向世界，立足于新的时代高度，联系于世界形势日新月异的全局来思考我们面临的问题。哲学是讲世界观的，讲世界观而"脱离"世界是讲不通的；真正的哲学是要反映时代精神的，而落后于时代，信息不灵，则很难体现时代精神的精华。

马克思主义哲学传到中国已经百多年了。世纪回眸，百年沧桑。实际生活的变动是巨大的，这种变动的剧烈和深刻，百年来达到了前人难以想象的程度。科技发展的日新月异，社会生产力由蒸汽时代经过电子时代、原子能时代，到信息技术飞速发展的现时代，整个社会生产和社会生活从内容到形式的巨大变化；资本主义制度在其历史进程中对生产力所能容纳的幅度及其在生产关系和上层建筑领域所进行的一系列重大调整，它在战后所得到的发展与潜在的危机和固有矛盾；社会主义以社会制度的形式转变为现实及其所经历的严重曲折的发展，以及一系列全球性问题的出现，等等。实际生活中的巨大变动比任何"本本"都更生动、更实际，更能启迪人们的思想，为人们思考已经到来的21世纪的诸多问题时留下了广阔的思维空间。

在过去的一百多年间，人类经历了两次世界大战的浩劫。战争的苦难在几代人的心灵上打下了深深的印记。战后几十年冷战对峙的磨难，也使人们付出了沉重的代价。各国人民都渴望世界持久和平，渴望过上稳定安宁的生活，渴望建立公平合理的国际新秩序，渴望促进共同发展和共同繁荣，期盼共创人类美好的未来。世界要和平，人民要合作，国家要发展，社会要进步，已成为时代的潮流。尽管在今天的世界上，与这种时代潮流不协调的声音仍然存在，但那不是时代的主流。归根到底，逆耳之音，不得人心。

和平与发展是时代的主题。尽管天下仍很不太平，强权政治和霸权主义有时还很猖獗，但这不得人心，与世界最广大人民要求和平和发展的愿望背道而驰。

当今世界，实际生活的变动迅速而深刻。以信息技术为代表的科技革命突飞猛进，知识与技术更新的周期大大缩短。"科学技术是第一生产力"的论断被实际生活所一再证实，而且在现实实践中的表现是与来愈明显了。马克思一百多年前所说的历史，"民族历史"转变为"世界历史"的进程在今天表现出一些新的时代特征。把握历史机遇的必要性，发展的紧迫性，时间和效率的重要性，以及自立意识、竞争意识，开拓进取精神，创新精神，乃至"不进则退"的历史潮流，等等，都是不可以等闲视之的当代意识，也是时代精神的具体体现。

回顾过去，展望未来，我们可以从过去中对未来做某些推断，但未来的一切又没有完全包含于过去之中。种种迹象表明，21世纪将会是发生更大变动的时期。现在，科学技术突飞猛进，世界多极化和经济全球化在曲折中发展，生产和经济的发展更加趋向社会化和知识化。综合国力的竞争将在充满矛盾冲突和历史机遇的复杂进程中展开。在这种情况下，哲学要反映时代精神，服务于现实，就必须面对各种复杂的新现象进行多侧面的、综合的研究。研究它的正面效应，也研究它的负面效应，研究它的过去、现在和未来可能的发展，等等。

今天，当我们展望未来时，一个很突出的问题就是哲学社会科学与自然科学的综合运用。社会经济的发展和人类社会生活的全面进步，不仅是一种自然科学性质的技术过程，同时也是一种体现人们组织程度的社会过程。历史提示我们，人类对自然界的改造，对自然力的征服、利用及其合理性的界限的确定，不能不受人们自身社会结合水平的制约，不能不受制于人们对主客体相互作用过程中各种复杂因素的影响极其后果的自觉意识。今天，由于科学技术的迅速发展，人们手里所握有的改造中偶然的武器是越来越强大了，但其所可能造成的负面影响也越来越严重了。如果说，在过去历史发展的一定阶段和特定范围内，主要靠自然科学和技术要求来确定某种生产和经济活动的合理性，那么，在今天，只有靠自然科学和哲学社会科学的综合运用，才能确定这种合理性。一个国家的长远社会发展战略，生产力布局，对整个社会经济活动的宏观调控，以及地区性、全球性社会经济合作的协调和构想等，都莫不如此。一百多年前恩格斯所说的"一个民族要想登上科学的高峰，究竟是不能离开理论思维的"。这个论断，在今天具有特别重要的意义。人与自然的和谐、共生和协调发展，已在更大的人群中取得共识。可持续发展，既是经济的、自然的，又是道德的、人文的。在我们生活于其中的现时代，由于世界的力量组台和利益分配所发生的新的深刻变化，历史的遗迹远未消除，冷战思维仍在纠缠着一些人的头脑。对立、冲突、斗争、僵持、不协调、非此即彼、你死我活……这些概念仍有其现实土壤，但在另一方面，统一、和谐、协调、稳定、合作、互利互惠、互补双赢、共同发展、共同繁荣……的概念，在政治家的词典里出现的频率是更多了，这也反映了世界广大人民的心声和历史发展的时代潮流而使然。

立足于这样的时代背景下，马克思主义者对发展前途充满信心，历史发展的总趋势是任何力量都无法改变的。那种关于共产主义"历史终结"的叫嚷只能遭到历史的嘲弄。

反思历史，我们过去有过失之于思维在"绝对不能相容的两极对立"之中的教训，不善于打破僵持局面，固守于一些陈旧观念而缺乏超越现实的创新精神，一个很重要的原因就是对发展着的实践视而不见，对发展着的时代和实际生活中所发生的变动失去应有的敏感。讲原则而不讲策略，讲斗争而不注意有利有理有节的道理；讲意识形态的对立而否认人类在发展中创造的共同文明成果；把差别绝对化而否认任何同一性；讲总趋势就忘记了发展在一定条件下的两种可能性，或者忘记了过程中可能出现的震荡和曲折，而一旦出现了突发事件或重大曲折，则又在对发展总趋势的判断上失去信心，等等。凡此，都是脱离生活实际落后于时代的。不摆脱这种思维模式的束缚，就难以洞观全局，驾驭历史，就不能在更加自觉的基础上参与创造历史的活动，就不是当代中国的马克思主义的新高度和新视野。因此，全方位的注重新的实践和新的发展，对现实重大问题的综合性研究，对发展理论包括不同发展道路的历史经验，各种发展模式的比较，不同发展观念的交叉和相互影响，发展中可能出现的困难和机遇，发展的代价和价值取向，可持续发展的前景和实施条件，发展中人文因素的强化趋势等发展观方面的研究，都可能是新世纪中具有深远影响的哲学课题。

（原载《学术研究》2001 年第 11 期）

论事物的两重性

一

世界上的一切事物无不具有两重性，这是由事物内部的矛盾性所决定的。毛泽东同志提出的一切事物具有两重性的论断，是建立在对客观事物本身的内部矛盾性分析的基础之上的。换句话说，是运用对立统一规律来分析事物、观察问题时必然得出的结论，是对立统一规律在认识论中的贯彻。

对立统一规律是宇宙的根本规律，是唯物辩证法的核心；它是发展观，也是方法论。把这样的观点和方法导入唯物主义反映论，就是把辩证法应用于认识论，即辩证唯物主义的认识论。它为我们提供了一种"活生生"的观点，提供了"理解一切现存事物的'自己运动'的钥匙"。提供了"理解'飞跃'、'渐进过程的中断'、'向对立面的转化'、旧的东西消灭和新的东西的产生的钥匙"。① 因此，只有用对立统一的观点和方法，才能把握事物发展的辩证法进程。

按照辩证法，一切事物中都有矛盾，一切过程都是矛盾运动的过程。由事物内部的矛盾性所导出的关于事物两重性的观点，乃是万事万物的共有性格；一切事物、一切过程都毫无例外地具有两重性。一切事物中都有矛盾，因而两重性的观点适用于一切事物；矛盾贯穿于一切过程的始终，因而两重性的观点也适用于过程的任何阶段。某一特定的事物或过程，在其处于绝对运动状态时具有两重性，在其处于相对静止状态时也具有两重

---

① 《列宁全集》第 38 卷，人民出版社 1986 年版，第 408 页。

性。事物在转化过程中也具有两重性。一定的事物因一定的条件而互相依存，又因一定的条件而互相转化，依存和转化都是矛盾的同一性；但同一中又有差别，由依存到转化，某一事物在同一时间内既是自身，又是他者，这表明了事物的一定的两重性。防御中有进攻，进攻中有防御；资本主义造成了自己的掘墓人，社会主义的物质前提寓于资本主义社会中；在一定的条件下，坏的东西可以引出好的结果，好的东西也可以引出坏的结果。抗日战争时期，日本帝国主义侵略中国，日本人叫胜利，中国大片土地被侵占，中国人叫失败；但在中国的失败里面包含着胜利，在日本的胜利里面包含着失败。我们的社会主义建设取得了巨大的成就，并在胜利地向前进展，但是我们事业的胜利发展过程中，也存在着暂时的困难和局部的失误，这些都是事物两重性的表现。帝国主义和一切反动派有两重性，子也有两重性。腐朽的本质和貌似强大，纸老虎和真老虎就是帝国主义和一切反动派的两重性。

　　由此可见，事物两重性的论断，具有普遍意义，它是万事万物所具有的矛盾的共性的表现。是把辩证法应用于认识论并用以观察事物时所必然得出的逻辑结论。对于唯物辩证法来说，"它在现存事物的肯定的理解中，包含着它的否定的理解"。[①] 它在本质上是革命的、批判的，它不承认任何一成不变的东西，也不承认任何不具两重性的过程（或事物）。辩证法，对于它自身来说也承认自己的"保守方面"，即相对方面；在辩论法中无疑是包含着相对主义的，不过它并不把自己归结为相对主义罢了。恩格斯说过："在辩证法哲学看来，并没有什么是一成不变的、绝对的、神圣的东西。辩证法哲学认为一切和任何事物中都有着不可避免的灭亡的印迹；在它看来，除了不断地发生和消灭的过程，除了无穷的由低级进到高级的上升过程以外，没有任何东西是永存的。辩证法哲学本身只不过是这一过程在人的能思维的头脑中的简单反映而已。诚然，辩证法哲学也有保守的方面；它承认认识和社会关系的每一个发展阶段对于它们的时间和条件来说都是正当合理的，但不过如此而已。这一理解方法的保守主义是相对

---

① 马克思：《资本论》第 1 卷，人民出版社 1975 年版，第 18 页。

的，它的革命性质是绝对的——这就是辩证法哲学所承认的唯一绝对的东西。"① 过程发展的前进性是绝对的，因而反映客观过程的辩证法的革命性质也是绝对的，这是马克思主义辩证法所承认的唯一绝对的东西。过程的否定性、发展的前进性，辩证法的革命性质、革命精神是万古长青的；因此，对于唯物辩证法来说，再没有比它自身的革命批判精神更为重要的了。

　　既然发展的前进性是绝对的，而辩证法的本性就是它的革命批判精神，因此，对于唯物辩证法关于事物两重性的论断来说，其精神实质就在于，肯定革命、肯定进步和肯定发展；而为了更好地发展，促进革命，就必须对过程自身的内部矛盾进行科学的分析，引出革命的结论，实现革命的目的。因此，所谓事物两重性的观点，是从革命的立场出发，分清事物发展中的主要面和次要面，正面和反面，好的方面和坏的方面，以及考察二者之间的联系和转化的条件，从而掌握这种条件，使发展有利于革命、而不利于反革命，发扬正面，发扬好事，并从反面的东西和坏事中引出好的积极的东西来。一句话，是从对事物的全面认识中，得出明确和肯定的方向，引出革命的结论。因此，我们从原则上反对一切对社会主义来说的坏事，而发扬一切有利于社会主义的好事；但假如出现了某种坏事的话，我们也并不害怕，一反对二不怕，这就是革命辩证法的结论。当某种坏事发生时，我们就需要有正确的观点和态度，尽量从坏事中引出好的结果来；而坏事之所以能引出好的结果，就在于过程有两重性，在于我们认定坏事可以变成好事，在于我们在过程中掌握了变坏事为好事的条件。这种条件一般地说就是"处理得当"。很显然，如果人们看不到事物的两重性，看不到过程发展的两种可能性，认为坏事中不能引出好的结果，或者好事中不能引出坏的结果，那就会陷于被动，就将放弃对掌握和创造条件的努力，而没有一定的条件，坏事不能变好，好事也可能变坏。在抗日战争时期，如果我们从日本的胜利中看不到它的失败的因素，或者在我们的失败中看不到胜利的因素，那么，就会在严重的局势面前陷于被动，就会悲观失望和丧失信心。一般地说，当我们的革命事业在顺利向前发展时，胜利

---

① 恩格斯：《费尔巴哈与德国古典哲学的总结》，人民出版社1959年版，第6页。

和顺利条件是矛盾的主要方面，当革命的发展遇到了某种严重局面或暂时受挫时，失败和困难则是矛盾的主要方面；正因为如此，我们就越需要以唯物辩证法的观点来分析形势、观察事变的过程，透过现象，抓住本质，揭露过程中的本质东西，认清发展的两重性，在胜利时不骄傲，在失败是不灰心，从敌人的胜利中看到它的失败，从我们的失败中看到胜利的前途，并为争取胜利做最大的努力。我们说从敌人的胜利中看到它的失败的因素，或者从我们的失败中看到胜利的前途时，并不是说事物的界限就不存在了。相反地，胜利和失败，好事和坏事，这都是根本不同的概念，它们反映了客观事物的确定的质的界限，好事就是好是，坏事就是坏事，胜利不同于失败，困难也并不就是顺利，它们之间的界限是分明，不可混淆的。但是，这种界限也只有相对的意义，因为，任何事物的质都是同其自身的反面相比较而存在，而事物的相对静止又总不能是指超出绝对的矛盾运动之外；在客观事物的发展中，不可逾越的绝对界限是不存在的。与"思维于绝对不能相容的对立之中"的形而上学相反，辩证法不是把对立的事物当做死的、凝固的东西去看，而是把对立的事物当做生动的、有条件的、可变动的、互相转化的东西去看。从唯物辩证法来看，"一切差别都在中间阶段中融合，一切对立的东西都经过中间各项互相过渡；……辩证法不知道什么绝对分明的界限，不知道什么无条件的普遍有效的'非此即彼'，它使固定的形而上学的差异互相过渡，除了'非此即彼'又在适当的地方承认'亦此亦彼'，并且把对立的东西调和起来"①。这里，所谓把独立的东西调和起来，当然不是说在对立的东西之间就没有界限了，而是说不能把这种界限绝对化。由于对立面相互斗争的结果，在一定条件下必然导致转化，肯定的东西必将为否定的东西所代替；转化、否定，就是对立的东西互相过渡的环节；即作为联系环节、发展环节的否定、转化。由于事物内部的矛盾性及由此而引起的矛盾的斗争，是对立的事物或对立的方面，不可能是死的、凝固的，而必然是生动的、有条件的、互相转化着的。正因为事物内部有着各种矛盾因素的互相斗争，因此，事物发展可能性本身也至少有两种对立的方面，即两种相反的可能性。毛泽东同志

---

① 　恩格斯：《自然辩证法》，人民出版社 1955 年版，第 175 页。

说："世界上的事情是复杂的，是由各方面因素决定的。看问题要从各方面去看，不能只从单方面看。"① 很显然，无论对于任何事物或现象，如果只从单方面去看，看不到事情的全面和复杂性，看不到各种因素、趋向之间的互相影响和交互作用，那就必然不能把握事物的本质，就会犯片面性错误。事实上，在任何稍微复杂的事情或过程中，都存在着矛盾的诸多方面，矛盾的对立的方面、趋向、因素之间，相互联结着而又互相斗争着，彼此影响交互作用。这样基本上属于两个方面的对立趋势之间的斗争，就使发展必然呈现为两种可能性，而不是一种可能性。不仅如此，对于对立的趋向、方面、因素之间的斗争和交互作用的结果，使两种可能性不仅是完全相反的，而且两种可能性之间相互排斥的情况又常常是很复杂的。例如，在第三次国内革命战争时期，当时的情况告诉我们，不仅存在着两个中国、两个前途的斗争，而且在这种斗争中也存在着两种可能性，即和平和全面内战这两种可能性。至于这两种可能性当时何者能成为现实，其情形常常是很复杂的，往往由于对立趋向之间的斗争及各种条件的变化，时而和平的可能性成为现实，时而战争的可能性成为现实，或者两种可能互相交错的出现处于"亦战亦和"过渡状态：又战争又和平，打了又停，停了又打，打中有停，互相交错，又打又停；有局部战争、大部和平，也有大部战争、局部和平，国民党一方面同我们谈判，一方面又积极进攻解放区，先是局部的打，后来又大打，直到全面内战爆发。事变进程中两种可能性的这种复杂交错的情况，要求我们必须以辩证的观点和方法去把握它，即掌握事变的辩证法进程。显然，这样复杂的进程，绝不是形而上学的头脑所能理解的，具有形而上学观点的人，既看不到事物的两重性和发展的两种可能性，也就不能理解两种可能性的复杂交错的情况，因而，就不能不在事物运动的进程中到处碰壁，而使他们自己处于不可避免的被动地位。事物的两重性、两种可能性及其在发展过程中的全部复杂情况，都是实践中客观事物的本来面貌，都是过程本身的辩证法运动；事物本来就是复杂的，我们的脑子也必须复杂一点；如同毛泽东同志所指出的"中国

---

① 《毛泽东选集》第4卷，人民出版社1991年版，第1156页。

的问题是复杂的，我们的脑子也要复杂一点"①。

　　当我们谈到事物的两重性或发展的两种可能性的时候，当然并不是意味着听凭客观事物的自发发展，也不是说两种可能性在任何条件下都是一成不变或不分主次的；相反地，认清两种可能性，正是为了争取最好的可能性使之变成现实，而两种可能性自身也是因条件不同而有主次、大小的区别。例如，从一方面看，即从国民党反动派的本质和蒋介石一定要打内战的既定方针看，国共两党是不能和平的，是一定要打仗的，但从另一方面看，则还有许多因素，如解放区强大全国人民反对内战和国际形势有利于人民等因素，迫使蒋介石反动派在实现其既定方针时，在客观上还有许多困难，这就迫使他不能不讲现实主义。因此有国内和平的可能性。和平和内战两种可能性同时存在着，但是，这两种可能，何者有较大的可能成为现实，又以双方的力量对比和一定的条件为转移。在抗日战争结束后，由于蒋介石打内战的方针已经定了，而人民的力量一时又不足以制止反动派，因此，全国内战的可能性比之和平的可能性就大得多。由于我们党清醒地估计了事态发展的两种可能性，并向着最坏的一种可能性做准备，所以我们就始终处于主动的地位，使自己立于不败之地。

　　蒋介石发动了内战，向人民大举进攻，暴露了他自己的真面目，反动派在全国人民面前是越来越孤立了；但是，敌人的孤立并不就等于我们的胜利。在敌人已经孤立甚至已经土崩瓦解时，事情的发展也仍然具有两种可能性。是把革命进行到底，还是半途而废；是夺取最后胜利，还是给敌人以喘息之机卷土重来？这仍然是两种可能性。看不到这两种可能性，认为敌人既然已经孤立或土崩瓦解，就可以坐待胜利到来，就可以就此止步，就不必将革命进行到底了，那么，就仍然要上当，就将断送革命事业。因此，无论在过程的初始或终结时，或者在事变进程中，都必须看到两种可能性。只有如此，才能使自己永远立于不败之地。

　　综上所述，事物的两重性和两种可能性，是客观事物（或过程）的本来面貌。由于事物内部的矛盾性和对立面之间的斗争，使两重性和两种可能性成为必然的、客观的；两重性的论断具有普遍意义，它是基于事物内

---

① 《毛泽东选集》第 4 卷，人民出版社 1991 年版，第 1158 页。

部的矛盾性所必然得出的结论，是唯物辩证法特别是它的核心——对立统一规律的彻底贯彻。

二

两重性是万事万物的共有性格，是"统一物之分解为二"的必然结果。但是，对立统一规律所要求的不只是统一物之分解为二，而且还必须对"矛盾的各部分"有正确认识。一切事物中都有矛盾，但每一事物又都有自己的特点。由于事物的性质不同，矛盾的情况不同，因此，不同性质的事物也就具有不同的两重性。这是我们学习和掌握事物两重性的观点时所必须注意的一个根本点，否则，就会混淆事物的性质，模糊是非界限。

资本主义制度具有两重性，它必将为更先进的社会形态即社会主义所代替；这是硬发展的总趋势，是不以任何人的意志为转移的。在其本身所固有的根本矛盾没有解决之前，各种形式的危机必然与之相伴随。但这并不影响我们作出判断：资本主义在其发展历程中也具有两重性。资本主义的经济制度已成为发展的障碍，但通过一些政策性调整特别是把科技成果应用于生产实践，仍然在战后得到了相当的发展，这也是其两重性的表现。

社会主义，也有两重性。两重性，还表现在它自身的过渡性上，即未来向共产主义的发展上，虽必然它在发展过程中历经曲折甚至严重受挫，但作为人类历史上新生的先进社会制度在继续发展，并没有"终结"，也不可能"终结"。这也是不以任何人的意志为转移的历史发展的总趋势。社会主义在社会主义的统一体中有资本主义的东西，如资产阶级思想残余、资产阶级腐朽生活方式的影响等等。这些属于资本主义范畴的东西同共产主义的本性格格不入，但是，作为刚刚从资本主义社会脱胎而来的社会主义阶段来说，却带有这些旧时代的"斑痕"。作为一个客观的发展过程，在社会主义时期既有资本主义的残余，又有社会主义乃至共产主义的因素，这是为客观历史过程的两重性所决定了的。不同的是，社会主义的过渡性，它向未来共产主义的发展，是在人们自觉地发展生产力的基础上，自觉地变革和调整生产关系及上层建筑的必然结果；不同的是，对立面完全处于新的条件之下，社会主义因素和资本主义残余这一对立面之间的矛盾和斗争，是在历史上从未有过的条件下进行的。无产阶级的政党已成为执政党，人民当家做主，社会主义法治已建立并不断完善起来，马克思主义成为全社会的指导思想。这些条件决定了社会主义发展过程的两重性带有自己的特点。在社会主义的发展中，虽然资本主义残余势力，还将在一个相当长的时期内存在，但终因上述种种条件之存在，资本主义复辟的可能性一般成为不可能，但也不是绝对的。

历史上的统治阶级都经历了他们自身的发生发展和转化的过程，这种转化的历史反映了他们的两重性。例如奴隶主阶级、封建地主阶级和资产阶级，在他们取得统治权力以前和取得统治权力以后的一段时间内，他们是生气勃勃的，不愧为革命者、先进者，是真老虎。但是，在随后的一段时间，由于面对面相互斗争的结果，由于奴隶阶级、农民阶段和无产阶级逐步壮大和不断斗争，在一定的条件下，就必然发生转化。原来的奴隶主阶级、地主阶级和资产阶级，转化为反动派，化为落后的人们，化为纸老虎，并终究被人民所推翻。奴隶主阶级、封建地主阶级和资产阶级，由当初的革命者转化为后来的反动派，由真老虎转化为纸老虎，这表明了事物的两重性。

同上述情况根本不同的，是另一种转化，即原来的被剥削阶级转化为统治阶级，由原来被奴役的地位转化为主人翁的地位，例如无产阶级在社会主义革命之后就转化为国家的主人翁，并且自觉地制造自己的历史。原来被剥削别压迫的无产阶级转化为居统治的地位的矛盾的主导方面，成为自己的社会关系的主人，自觉的推动历史之发展。这种转化也表明了事物的两重性。不过和反动派的转化比较起来，这是根本不同性质和不同方向的转化。因此，两重性的性质也就不同。无产阶级在转化为国家的主人之后，在成为自己的社会关系的主人翁之后，当然也不会成为社会的"绝对方面"，也仍然是要在批判自己中前进，因此也还具有两重性。先进和落后，革新和保守，正确意见和错误意见之间的矛盾，在阶级完全消灭之后，也将存在，这对人民内部来说，也没有什么例外。

总之，矛盾的普遍性决定了事物的两重性，使两重性成为万事万物和一切过程的共有性，而矛盾的特殊性又决定了不同性质的事物以及由此而来的两重性的不同性质和情况。普遍寓于特殊之中，没有个性就无所谓共性。两重性的观点既然是对立统一规律的贯彻和应用，那么，两重性的论断所反映的就是普遍和特殊的结合，就是绝对和相对的统一。对立统一规律所要求的，不仅是承认两重性的普遍性，而且要求把不同事物和不同的两重性区别开来。在普遍中把握特殊，在特殊中把握普遍。如果不懂得两重性的普遍性，即不懂得两重性是万事万物的共有品格，就会使认识脱离现实，就会在思想上陷于被动。同样，如果不懂的区别事物，也就没有懂得两重性的真正意义，因而也就不能把握不同事物或过程的不同性质的两重性。就会混淆事物之间的界限，同样会在思想上陷于被动。而无论忽略了哪一个方面，都不是辩证法，都不利于我们的实践。

三

事物两重性的论断是对立统一规律的贯彻；而对立在一定条件下的相互转化，又是对立统一规律的一个重要内容。因此，要真正理解事物两重性论断的实质，就必须从矛盾转化学说方面来加以把握。可以说，能不能从对立面在一定条件下的相互转化来考察事物、分析过程，是能否掌握事物两重性观点的一个关节点。

矛盾着的对立面相互斗争的结果，无不在一定条件下相互转化；对立面相互转化的学说从发展观上揭示了事物或过程的最深刻的本质，揭示了客观过程本身的辩证法内容。事物内部的矛盾性，使一切事物都向其相反的方面转化了去。基于内部矛盾基础上的事物的两重性，是对立面之所以能够相互转化的内在依据。转化，对于唯物辩证法来说，它既是事物内部的对立面相互斗争的结果，又是新事物取代旧事物、推陈出新、除旧布新的辩证法过程。因而有更重要的意义。而任何对里面的相互转化又都是在一定条件下实现的；没有一定的条件，就谈不到对立面的相互转化。

事物的两重性，对立的趋向、力量之间的矛盾和斗争，是事物之所以能够转化的内在根据。因此，不了解事物的两重性，不了解事物内部的矛盾性，就不能掌握实现转化的条件，就不能促使对立面向有利于革命方面的转化。人们的任务就是在认识矛盾的基础上认清事物的两重性，揭示事物本来的辩证法，在实践中积极的创造条件，促使事物的转化，以达到革命的目的。为要实现革命的转化，就必须积极的创造条件。但所谓条件——实现矛盾转化的条件，并不是纯主观的臆想，并不是外部附加的东西，即不是和事物内部的对立面及其斗争互不相干的东西。相反的，辩证的转化所要求的条件，是和事物的两重性不可分割的，是同事物内部的对立面之间的斗争有机的联结在一起的。对立面之间的斗争以及由此引起的双方力量的增减程度，都是与双方所依据的具体条件分不开。一定的条件使对立面共居，相互依存，存在于统一体中，而对立面之间的斗争即寓于同一性之中；寓于同一性中的斗争性，在对立面相互依存时存在着，斗争的结果引起转化，在转化过程中也存在着斗争性，而且这时的斗争性表现得更为显著，因此我们说斗争性是绝对的。有条件的相对的同一性和无条件的绝对的斗争性，是同一事物内部的对立面之间的关系，也是事物的两重性的表现；而不是事物外部的两种关系，不是离开特定的对立面之间的关系的"关系"。这就是说，事物的两重性是事物内部的矛盾关系和表现，是从事物内部的矛盾关系中引申出的结论。而不是互不相干的两种外部关系的合而为一。

既然事物的两重性是事物内部的矛盾关系的表现，因此，当我们谈到对具体事物的两重性进行具体分析的基础上，从而掌握促使对立面转化的条件时，就不能离开客观过程本身发展的要求，就必须认清实现转化的条件和对立面之间的斗争的关系。毛泽东同志在分析国民党在历史上的转化时指出："曾在中国近代历史的一定阶段上起过某种积极作用的国民党，因为它的固有的阶级性和帝国主义的引诱（这些就是条件），在 1927 年以后转化为反革命，又由于中日矛盾尖锐化和共产党的统一战线政策（这些就是条件），而被迫着赞成抗日。矛盾着的东西这一个变到那一个，其间包含了一定的同一性。"[①] 这里，毛泽东同志谈到了国民党的两次转化，指出了实现这两次转化的条件。两次转化本身都表明了国民党的两重性，而实现上述转化的条件，又是同它内部的矛盾性分不开的。国民党第一次转化的条件是帝国主义的引诱，然而帝国主义的引诱能起作用，又同国民党

---

① 《毛泽东选集》第 1 卷，人民出版社 1991 年版，第 317 页。

所固有的反动阶级本性分不开。所以要掌握转化的条件，就必须揭示事物固有的两重性，了解事物矛盾斗争的规律。

　　右倾机会主义者和"左"倾机会主义者，都不承认事物固有的两重性，不懂得斗争过程的辩证法，因而就使他们自己陷于两种片面性。例如，在如何看待敌人的问题上，右倾机会主义者，只看到敌人外表强大的一面，看不到它虚弱的一面，不敢领导人民跟敌人进行针锋相对的斗争。"左"倾机会主义者只看到敌人本质虚弱、革命必然胜利，而不去做艰苦的组织工作和积蓄力量的工作，在对敌斗争中采取轻率态度。总之，他们都各自把一个片面绝对化，把片面夸大成为整体，把整体从属于片面。他们不懂得事物的两重性，不懂得藐视和重视的辩证法。在他们看来，既然在战略上藐视敌人，就应该在战术上也藐视敌人；或者，既然在战术上重视敌人，就应该在战略上也重视敌人。要藐视就不能重视，要重视就不能藐视，他们把战略和战术、藐视和重视看成是绝对不能相容、绝对互相对立的东西。这样，由于他们深深地陷入了形而上学的泥坑，当然也就根本谈不到促使矛盾向有利于革命方面转化了。机会主义者总是片面地看问题，总是把问题绝对化，他们要么突出事情的一个片面，并使之绝对化，要么突出另一个片面使之绝对化，凡是在有对立的地方他们就看不到同一，凡是在同一的地方，他们就看不到对立。可是，在唯物辩证法看来，在对立中存在着同一，而在同一中是存在着对立的；在有区别的地方存在着联系，在相联系的地方又存在着区别。比如，在战略上藐视敌人和在战术上重视敌人，这是既有区别又有联系的两个侧面，是矛盾的统一体。它们之间的区别要求人们不能把藐视和重视混同起来，不能说在战略上藐视敌人就在战术上也藐视敌人，或者在战术上重视敌人就在战略上也重视敌人。应当说，在战略上藐视敌人是更根本的方面，没有这一点，不敢向敌人作斗争，一切都无从谈起；但是仅仅有了这一点还不够，还必须在战略上藐视敌人的同时，在战术上重视敌人，善于同敌人作斗争。藐视和重视是不可分割的两个方面，没有战略上的藐视，就不会有真正的战术重视，没有战术的重视，也就不会有真正的战略藐视；越是更好地把二者结合起来，就越能制胜敌人。毛泽东同志关于在战略上藐视敌人，在战术上重视敌人的思想，深刻地反映了事物的本质，是运用事物的两重性的观点来解决实际问题的典范。

在历史发展进程中，有绝对的前进运动，也有暂时的相对的后退或转向运动；一切反动势力都必将灭亡，但它们又不会自动退出历史舞台；新生力量一定能够胜利，但又必须经过对反动势力的斗争；任何反动力量都阻挡不了历史的进程，但社会历史的发展规律又有自己的特点，它是通过人们的自觉活动来实现的。因此，掌握历史发展的辩证法，认清事物的两重性，把战略藐视和战术重视的思想结合起来，掌握这一制胜敌人的根本法则，促使革命的转化，对于我们革命者来说，就成了极其重要的一个根本问题。

为要促使革命的转化，不仅需要在战略上藐视一切敌人和一切困难，敢于斗争敢于胜利；而且需要在战术上重视一切敌人和一切困难，善于斗争善于胜利。在走向胜利的斗争道路上，既要看到光明的前途，又要看到道路的曲折性。任何困难当它还没有被克服之前，都顽强地存在着，但我们面前的一切困难，只要经过我们的努力都必将被战胜，这是困难的两重性。在我们前进的道路上仍然会遇到这样或那样的困难，但困难本身就带来了克服困难的因素。"一穷二白"，对于我们建设社会主义来说，当然会给我们造成一定的困难，底子薄、经济文化落后、一穷二白本身就是困难；但是"穷则思变"，一穷二白的落后面貌可以激发我们艰苦奋斗、自力更生、发愤图强，为改变一穷二白的落后状况而斗争。这也是事物的两重性。自然灾害会给我们带来一定的困难，但是它可以激发我们的干劲，促使我们为战胜自然灾害而斗争，为改变还不能控制自然灾害的状况而艰苦奋斗。这样，我们在同自然界的斗争中，就不断地由被动转为主动，做大自然的主人！而为要做到这一点，就必须从矛盾的转化方面正确理解事物两重性的观点，掌握实现转化的条件，并在实践中积极自觉地创造条件，促使对立面向有利于革命方面转化。反过来说，在把握矛盾转化的条件方面，懂得事物和过程的两重性，具有重要意义。不理解矛盾的转化，也就不能理解事物两重性的实质；不认清事物或过程的两重性，也就不能更好地掌握矛盾转化的条件，如前所说，基于内部矛盾基础上的事物本身的两重性，是对立面之所以能够互相转化的内在依据。对立面在一定条件下的相互转化是对立统一规律的一个重要内容，是唯物辩证法的革命实质所在，因此它有"更重要的意义"；而事物两重性的观点正是对立统一规律的具体贯彻，它同样体现了唯物辩证法的革命精神。

（原载《新建设》1961 年第 2—3 期）

关于黑格尔哲学

如何对待黑格尔哲学，在国内外学术界都有不尽相同的意见。在 20 世纪 50 年代中期，当时的苏联哲学界曾翻译了一些黑格尔的著作，出版了一些研究黑格尔的辩证法及其唯心主义哲学体系方面的论著。但总的说来居主导地位的是批判之风甚浓。讲到辩证法，在许多情况下也是在宣传列宁的《哲学笔记》时涉及了黑格尔的辩证法思想和有关言论，给人的印象是对黑格尔的辩证法思想本身研究得不够，而对其唯心主义的批判则投入的笔墨较多。对《哲学笔记》中列宁对黑格尔辩证法思想肯定和赞扬的部分，常常是一提而过，而对否定或批评的部分则往往是尽力渲染。斯大林在联共（布）党史四章二节中不讲否定之否定规律，讲对立统一规律时只讲对立面的斗争，不怎么讲对立面的统一，等等，不是偶然的。看来，这与当时苏联哲学界居主导地位的思想不无关系，与如何对待黑格尔哲学特别是其辩证法思想密切相关。当时苏联哲学界的这种状况，对我国哲学界也是有影响的。

我和吴仕康都是辩证唯物主义专业的研究生，自然要把辩证法作为主攻的方向。按当时开列给我们的书目，研究辩证法就必须精读列宁的《哲学笔记》。要读懂《哲学笔记》，就不能不研读黑格尔的《逻辑学》和其他相关著作。这还只是从读书程序上说的，进而言之，也是更重要的是马克思主义哲学的历史渊源问题。众所周知，德国古典哲学是哲学发展史上耀眼的篇章，是马克思主义哲学的直接理论来源。特别是其中的辩证法思想，丰富而深刻。透过那过分繁茂的唯心主义体系，时时放射出逼近真理的光辉，给人以多方面的思想启迪。

为了引起我们对黑格尔辩证法思想的重视，潘梓年先生提示说：黑格尔哲学是个庞大的思想体系，里面藏有"真珠"，但这真珠又是同其体系缠绕在一起的，要进行剥离方能找到真珠。所以对黑格尔哲学，你们既要"钻进去"，又要"跳出来"，"先钻进去后跳出来"。他还举了马克思如何对待黑格尔的例子来说明问题，要我们注意读一下马克思1872年为《资本论》第二版所写的"跋"。马克思在这篇"跋"中讲到，早在30年前，当黑格尔辩证法还很流行的时候，"我就批判过黑格尔辩证法的神秘方面"，但是后来当毕希纳、朗格、杜林等平庸之辈把黑格尔当作一条"死狗"对待时，马克思则"公开承认我是这位大思想家的学生，并且在关于价值理论的一章中，有些地方我甚至卖弄起黑格尔特有的表达方式。辩证法在黑格尔手中神秘化了，但这绝没有妨碍他第一个全面地有意识地叙述了辩证法的一般运动形式"。① 这里，马克思称黑格尔是一位"大思想家"，说他全面而有意识地"叙述了辩证法的一般运动形式"，而且是作这种叙述的"第一人"；这评价是够高的了，但这符合哲学发展历史的实际。在哲学史上，古希腊哲学家那里有很丰富的辩证法思想。赫拉克利特、亚里士多德等都对辩证法有过很精彩的叙述，所以后人称他们为"天才的"辩证法家、"辩证法的奠基人"等。但某一思想的叙述和"全面地"叙述是不一样的，朴素的猜测哪怕是天才地猜测和"有意识地"叙述是不一样的，关于辩证法的某一或某些思想的叙述和对"辩证法的一般运动形式"的全面叙述也是不一样的。黑格尔终究是集辩证法思想之大成而把它推向"自觉"阶段的第一人。潘先生说，黑格尔哲学的神秘化"决没有妨碍"他进行上述巨大思想工程的构筑，那么，我们也就没有理由因其"神秘的外壳"而影响对其合理内核的探求和研究。这也就是我主张你们先"钻进去"然后再"跳出来"的道理。倘若不是这样，还没有钻进去就忙着跳出来，或者刚一接触，还没有弄清那个"大厦"中到底都有些什么货色，浅尝辄止；刚一看到模模糊糊的一点影子，还没有弄清其底细，就忙着进行"批判"；甚至担心别人说你们立场不坚定、唯物主义阵地守得不牢靠，如此等等，岂不是作茧自缚，自己跟自己过不去么？

　　潘先生提示，你们读书时要边读边想，一定要尽力把握书中所说的真正内容和精神实质，而不可以望文生义，只看字面而不顾原意。譬如，马

---

① 《马克思恩格斯选集》第2卷，人民出版社1972年版，第112页。

克思确曾说过，辩证法的本质是"批判的革命的"。但那是指辩证法"在对现存事物的肯定的理解中同时包含对现存事物的否定的理解，即对现存事物的必然灭亡的理解；辩证法对每一种既成的形式都是从不断的运动中，因而也是从它的暂时性方面去理解"。正因为这样，马克思才引出结论说：辩证法不崇拜任何东西，"按其本质来说，它是批判的和革命的。"那么很显然，如果不了解一切事物都处于不断运动和变化的过程中，不懂得对现存事物的肯定的理解中包含着否定的理解，不懂得一切现存事物的暂时性或过渡性的道理，那么对辩证法的"批判的革命的"本质的理解，也必然是不具体的，不可避免地陷入空洞的抽象。

　　为了更多地了解黑格尔哲学的有关情况，我还经常去听西哲史组举办的讲座。当时西哲学史组有贺麟先生、杨一之先生、王玖兴先生等专家。他们对德国古典哲学都很有研究，造诣很深。贺先生是专门研究黑格尔哲学的，他所翻译的《小逻辑》中译本为学界许多人所称赞。当时在西哲史组举办的讲座中，贺先生主讲黑格尔哲学，我经常去听，还个别向贺先生等多次请教，这对我帮助很大。杨一之先生是主攻康德哲学的，但对黑格尔哲学也很有研究，黑格尔的《大逻辑》即《逻辑学》上、下两卷中译本，即为杨先生所译。我除了听杨先生的讲座，还经常向他请教，得益甚多。

　　贺麟先生、杨一之先生和杜任之先生等都在德国生活多年，对黑格尔所生活的时代及有关情况都很熟悉，对黑格尔哲学的来龙去脉及黑格尔哲学本身所特有的东西比较熟悉。因此，从他们的讲座和个别交谈中，能得知许多书本上看不到的东西。

　　贺麟先生、杨一之先生等在谈到黑格尔哲学时，都反复引用恩格斯的论断，即：黑格尔的思维方式有其自身的特点，不同于所有其他哲学家的地方就是他的思维方式有巨大的历史感作基础。形式尽管是那么抽象和唯心，他的思想发展却总是与世界历史的发展平行着，而后者按他的本意只是前者的验证。真正的关系因此颠倒了，头脚倒置了，可是实在的内容却到处渗透到哲学中。"他是第一个想证明历史中有一种发展、有一种内在联系的人，尽管他的历史哲学中有许多东西现在我们看来十分古怪，如果把他的前辈，甚至把那他以后敢于对历史作总的思考的人同他相比，他的基本观点的宏伟，就是在今天也还值得钦佩。在《现象学》、《美学》、《哲学史》中，到处贯穿着这种宏伟的历史观，到处都是历史地、在同历史的一定的……联系中来处理材料的。"①

　　贺麟先生介绍说，黑格尔逝世后官方的黑格尔学派并没有从老师那里学到真正的东西，而只是学会了搬弄"简单的技巧"，到处套用。在他们手里，黑格尔的遗产变成了可以用来套在任何论题上的"刻板公式"，或者是用来掩盖自己缺乏思想的"词汇语录"，结果便是：这些黑格尔主义者懂得一点"无"，却能写"一切"。所以这些先生们显得特别愚蠢和可笑。而黑格尔的辩证法思想，他的思维方式的巨大历史感，则被遗忘了。

　　毫无疑问，在黑格尔那里，劳动、实践不过是"理念"自我发展而又返回自身的一个"环节"，一个重要的"关节点"，但是黑格尔在具体论述劳动、实践活动及其对人类社会的影响时，都引进了大量的内容。譬如在《法哲学原理》中，他把劳动、实践看成是人不断地改造世界以满足自己不断增长的需要的过程，认为"动物用一套局限的手段和方法来满足它的同样局限的需要。人虽然也受到这种限制，但同时证实他能越出这种限制并证实他的普遍性，借以证实的首先是需要和满足手段的殊多性，其次是具体的需要分配和区分为个别的部分和方面，后者又转而成为特殊化了的，从而更抽象的各种不同需要"②。这样，黑格尔便指明了，人和动物的根本区别就在于它们各自的"需要及其满足的方式"根本不相同，在于是否会劳动。不仅如此，黑格尔还在一定程度上揭示了人的实践活动的社会性，指出"不同他人发生关系的个人不是一个现实的人"。个别人为了达到自己的目的，"就只能按普遍方式来规定他们的知识、意志和活动并使自己成为社会联系的锁链中的一个环节。"③ 在《精神现象学》中，黑格尔把实践过程区分为"行动的三个环节"，即（1）目的；（2）达到目的手段；（3）被创造出来的现实。④ 在《逻辑学》中他把实践过程用思辨的逻辑化的方式表述为"行动的推理"过程。他还反复论述了目的通过手段

① 《马克思恩格斯选集》第 2 卷，人民出版社 1972 年版，第 42 页。
② 黑格尔：《法哲学原理》，商务印书馆 1961 年版，第 205 页。
③ 同上书，第 347 页。
④ 黑格尔：《精神现象学》上卷，商务印书馆 1980 年版，第 264 页。

与客观性相结合，并且在客观性中与自身相结合，而手段则是"推论的中项"的思想。总之，黑格尔关于手段和目的、个别劳动与普遍劳动相互关系的思想，关于人的社会性、制造和使用工具是人类活动重要特征的思想，以及他关于"理论"和"实践活动"被描述为既消灭主观性的片面性，又消灭客观性的片面性，实践较之于理论更高级，具有直接现实性品格的特性等论述，把实践和历史都视为发展过程并寻求其发展内在联系的论述等，都不仅包含着极重要的辩证法思想，而且包含着唯物史观的思想萌芽。这就是为什么他的历史观能够成为马克思主义唯物史观"直接的理论前提"的根据。

黑格尔是个唯心主义者，但他又十分强调实践对于获取和检验真理性认识的作用。他认为："真正的思想和科学的洞见，只有通过概念所作的劳动才能获得。"① 又说："哲学必然与现实和经验相一致，甚至可以说，哲学与经验的一致至少可以看成是考验哲学真理性的外在的试金石。"② 黑格尔还表达了"人的和人类的实践是认识的客观性的验证、准绳"的思想。对此，列宁在《哲学笔记》中曾评价说："毫无疑问，在黑格尔那里，在分析认识过程中，实践是一个环节，并且也就是向客观的（在黑格尔看来是'绝对的'）真理的过渡，因此，当马克思把实践的标准引入认识论时，他的观点是直接和黑格尔接近的。"自然，黑格尔所说的实践，只是一种"实践理念"，是绝对理念活动发展的一个环节，而不是"真正现实的、感性的活动"；他所说的主体，也只是一种精神的实体，是绝对理念，而不是现实的人。在他那里，绝对理念既是实体，又是主体，"实体本身就是主体，所以一切内容都是他自己对自己的反思。"③ 杨一之先生有一次对我说，黑格尔所说的实践，当然是"实践理念"，但要注意，他的这个"实践理念"一则不是死的，而是"活"的，是不断流动着的，二则这个"实践理念"又不是孤独自在的，而是处于认识活动过程之中，并且有一种内在的"冲动"与认识活动紧紧"纠缠"在一起。可以说，

---

① 黑格尔：《精神现象学》下卷，商务印书馆 1980 年版，第 48 页。
② 黑格尔：《小逻辑》中译本，商务印书馆 1980 年版，第 43 页。
③ 黑格尔：《精神现象学》下卷，商务印书馆 1980 年版，第 36 页。

没有实践也就没有认识。所以，杨先生提示说，要想把握黑格尔哲学的底里，把握他的辩证法思想和作为这种思维方式的"历史感基础"，就不能简单化，不能因其唯心主义而忽视其间的合理内核。换句话说，不能否认或忽视在黑格尔关于实践和认识的一系列论述中，确实包含着丰富的、深刻的合理思想；概而言之，黑格尔并没有完成认识史上的真正变革，但他确乎在唯心主义的形式下为这种变革做出了他可能做的一切。

（原载《哲学研究》1985 年第 9 期）

关于马克思主义哲学与"三论"的几个问题

一 系统论与辩证法的关系

几年来，对系统论与辩证法的关系作了一些探讨，从一些文章中可以看出，在这个问题上，大体有三种意见：

（1）一种意见认为，系统科学、系统理论中的一些概念或范畴补充、丰富、深化和发展了唯物辩证法，为唯物辩证法的已有原理、范畴和概念提供了新证据和新材料。例如，系统、信息、层次、结构、功能、反馈、稳态、系统质以及系统和要素、部分和整体、有序和无序、平衡与非平衡等等，都从概念或范畴的角度为唯物辩证法提供了一些新东西。

（2）另一种意见认为，不只是从概念或范畴方面，而且从若干基本思想和原理方面为唯物辩证法的科学体系提供了一些新东西。例如，有些论者认为关于系统等一系列范畴被引进哲学体系之后，不只是仅仅增加了某几个哲学概念或范畴，而且改变了人们关于世界在存在方式和运动形式方面的图景，为哲学增添了新的观念。有的论者主张，"系统"和"运动"，"时空"等是属于同一层次的范畴。有的主张把"系统"放在"运动"之后、"时空"之前，有的还主张把"系统"放在"运动"之前。可以表述为：世界是物质的——物质是系统的存在——系统存在着的物质是运动的。或者表述为：世界的本原是物质的——物质是运动着的——而任何运动都是系统的。

又例如信息，认为作为事物的属性，信息是普遍的存在，而且信息是事物的一个本质属性。由于信息的发现，在物质或事物之间，以及系统与环境之间，除了系统的物质和能量的交换之外，又增加了信息的交换，而且无论在自然界或社会生活领域，特别是在现代化社会生活中，信息的传递和交流有着日趋重要的意义——这就大大改变了人们关于比界在存在属性和运动形式方面的图景，"信息"的发现和被引进哲学领域，为唯物辩证法增加一个新的基本观念。

再如，认为物质存在的系统，进一步从物质的系统整体性、等级层次性、开放性、自组织性、结构与功能的统一性上回答了世界是什么的问题——这是对辩证唯物主义物质论体系的丰富和深化，也是一个重大的新发展。

（3）第三种看法，是直接从哲学层次上探讨和论证"三论"特别是系统论规律的普遍性。有的论者提出了三大规律，有的论者提出五大规律或七大规律。在这些规律与辩证法的三个基本规律之间相互关系上，有的论者认为这两个系统的规律在内容上有些是相通的，或者内容是基本一致的，只是在表述上或规律的形式上有所不同。也有的论者认为，辩证法的几条规律，在系统论的规律中都包括了，而系统论的其他某些规律辩证法中则没有包括。有的论者在谈到这两个系列规律的来源问题时还谈到，系统论的规律是反映了现代科学技术的发展、反映了科学发展的最新趋势，因而可以说系统论的规律来自于现代科学，是科学技术发展最新成果的概括和反映，而唯物辩证法的规律则与此有所不同，认为是从黑格尔那里来的，即从黑格尔到马克思的思维逻辑发展的必然。

有的论者针对上述看法提出了不同意见，认为所说的那五大规律或七大规律，在论证上还不够充分，论据也欠严谨；认为有的只不过是对事物过程或现象的描述，还不能称其为规律。例如"系统层次规律"，说自然界的一切现象都是系统的存在，都是有系统性，系统又是有层次的，这当然不错，但这只是对事物存在状态的一种描述（或反映），而不是事物自身的规律。事物存在的状态与事物发展的规律是不同的。规律是关系、本质之间的关系，不揭示隐蔽在现象深处的本质的联系怎么说得上是规律呢？比如质量互变规律，黑格尔和恩格斯对这一规律的表述都是：量转变为质和质转变为量的规律，后来这一规律通常被简化为"质量互变规律"。我们之所以主张对这一规律的表述不能再简化，例如简化为"量变质变规律"，就因为这样简化不能确切表达这一规律的内容；容易引起误解。对否定之否定规律的表述也是如此，因为"肯定否定"的表述法。不能揭示这一规律的内涵，容易被误解为事物存在的两种状态，似乎是两种存在状态的循环交替。

二 信息论与认识论的关系

近些年来，人们对"信息"从各个方面给出了很多定义，不下数十种了。大体说来可以分这样几类：

（1）一种是一些辞书，字典中的说法。例如：《辞海》中信息一词的注释是："信息是指对消息接受者来说预先不知道的报道。"美国《韦伯字典》把信息解释为"用来通信的事实，在观察中得到的数据、新闻和知识"。英国的《牛津字典》认为："信息就是谈论的事情、新闻和知识。"日本的《广辞苑》也说："信息是所观察事物的知识。"

还有的说，信息——消息。不过，信息是消息的内核，而消息是信息的外壳。也有人把信号和信息联系起来加以考察，认为信号是信息的载体，信息则是信号所表示的内容。

以上这些，是一般字典、辞书中的说法。可以看出，这些说法都侧重于从新闻报道的角度给"信息"作了规定。

（2）另一类是信息论、控制论的创始人的说法，以及其他人围绕这些说法所作的解释。例如：信息"是用以消除随机不定性的东西。"——这是信息论创始人申农陶说法。信息"就是我们在适应外部世界和控制外部世界过程中，同外部世界进行交换的内容的名称"。——这是控制论奠基人维纳的说法。还有信息"是集合的变异度"；"是事物的差异或关系"；"是系统的有序性"等说法。

（3）再一类的说法是：信息是"缩小偶然事件出现的不确定性的度量"。这是即将出版的中国大百科全书哲学卷中"信息"这个辞条的定性表述。

还有一些着重从哲学上阐释信息的说法。如："信息是系统内部和系统之间的相互联系的形式，是系统有序程度的标记。"

既不能把信息归结成为"物理客体"，也不能把它视为与存在和思维并列的"第三个存在领域"，因为它归根到底是事物普遍存在的一种属性。信息是事物或现象在运动中表现出来的属性，是事物内部或事物之间相互联系和相互作用的一种形式。

在分析信息的特殊性时，有的说：信息来源于物质，来源于物质运动，但又不是物质本身。

信息也来自精神领域，但又不限于精神。

信息和能最难分，但又有本质的区别：能量的作用在做功，而信息的作用在于提供知识。

苏联小辞典把信息表述为"系统的负熵"。解释是：偶然事件出现的不确定性是由该事件的概率熵度量的。信息量在数值上等于概率熵。熵既然是表示系统的紊乱无章、未经整理的程度的，所以信息可以被称为"系统的负熵"。

此外还有：系统是事物的运动状态以及关于运动状态的陈述。并解释说："运动状态本身（观察到的事实、现象）是直接信息，关于事物运动状态的陈述是间接信息。两者都向主体（观察者）提供关于事物运动状态的知识。"

还有的说，信息是现代科技的三大支柱之一：物质提供材料，能量提供动力，信息提供知识和智慧。

需要研究的是：（1）作为哲学范畴的信息，究竟应当给以怎样的定性叙述，或者说，用哲学语言讲，信息的科学定义究竟是什么？（2）作为通讯理论或技术工程中技术用语的信息，以及作为日常生活用语中的信息，与哲学上的信息，它们之间的联系和区别是什么？（3）信息或信息论与认识论之间的关系是怎样的？科普宁否认信息是哲学概念，认为信息相当于生理学上的反射概念。而他感兴趣的是"反映"。那么，反映与认识论又是什么关系呢？

国内有的论者提出了一个引人注目的论断，即认为认识的定义需要修改，主张把认识是"人脑对客观世界的反映"改为"认识是对信息的选择"。理由是，"反映"的定义忽视了认识的主体性、中介性、目的性和创造性，因而不能揭示认识发生，发展的微观机制。所提出的论据是：（1）选择性是认识固有的本质属性，而反映性则不是。（2）法国古典哲学揭示了认识的选择性，这是"新定义"的思想来源。（3）皮亚杰的发生认识论启示我们理解认识的选择性。（4）脑科学的新成就证明大脑的生理结构具有选择机能。（5）认为人工智能已经"完全、彻底地否定了反映概念"，而把选择作为认识的本质特征。

上述观点发表以后，在哲学同行中也引起了一些议论，议论的中心点是：讲认识的主体性或认识主体的目的性、创造性等这当然并不错，把信息引入认识论，说认识是对信息的"选择"，这在某种确定的意义上也是讲得通的。问题在于，认识的主体性与认识对象的客观性究竟是什么关系？主体的选择性与表征事物属性的信息——主体对它的反映性究竟是什么关系，难道讲认识主体的选择性一定要以否定反映性为前提吗？主体对信息的选择和对信息的反映这两者能不能统一起来呢？

申农在充分肯定信息论的意义的同时，他指出了它应用的界限，提示人们不要把它当作"万灵药"，即使在通信领域，它也不是"万灵药"，其他领域就"更是如此"。中心是告诫人们不能简单化，因为用简单化的办法搞出的"人为的繁荣"，很容易遭到"一夜崩溃"的后果。

三　关于方法论

从一些著作或文章中可以看出，在方法论上一般分为几个层次，例如，哲学方法论；一般科学方法论；具体科学方法论。一些论者还指出，层次的划分只有相对的意义，因为不同层次之间也是相互渗透、交叉和过渡的。

有的论者指出，既然系统是复杂要素和过程的集合体，具有多质、多层次、多变量、多向性等特点，那么，就要求人们对事物的研究，在方法上有个重大的转变，这就是：从传统的以实体为中心上升到以系统为中心；从单值研究上升到多值研究，从线性研究上升到非线性研究；从纵向研究上升到纵横结合型研究；从单纯的结构研究上升到对结构与功能、信息与反馈，有序和无序、平衡与非平衡、精确与模糊等的综合研究；从静态描述到系统的形成、转变、演化、控制等动态分析……总之，在方法论上也为哲学提供了一些新的启示。

有的论者还谈到，系统论等这些横断科学的出现及其所提供的成果，无疑使我们对世界图景的观察比以往更具体了，它们开阔了人们的眼界，在人类精神成果的宝库中增添了新的信息，丰富了人们的认识，从而使唯物辩证法的已有原则得到了新的确证、丰富和发展。譬如系统方法，有些论者指出，它是基于事物的系统性和由此概括出的系统思想而发展起来的一门科学方法。人们把利用这种系统方法来解决复杂的技术问题乃至社会问题的工程通称为系统工程。系统方法或系统工程，都是以一般系统论为依据的。一般系统论的创始人把系统定义为"相互作用的诸要素的复合体"，着重阐明了系统和要素、系统与环境等多方面的复杂关系，以及系统的整体系、层次性、等级性、相关性、有序性和协调性等原则。作为哲学方法论的唯物辩证法，揭示了各种现象普遍联系和无限发展的一般情景，但它并没有穷尽每一现象联系的具体形式和发展的具体途径。而系统论所揭示的自然界中各种等级和水平的整体与部分、总和与组合、种类与个体、复合物与单一物等之间的相互关系，以及概括这种关系的系统和要素等范畴，则在揭示现象间各种联系和无限发展的具体图景上，在描述统一的物质世界在具体的存在样式和运动形式多样性等方面，提供了相当丰富的材料，从而为丰富和发展唯物辩证法提供了新的可能性。方法论具有层次性。系统方法，虽因具有跨学科的特点而不同于具体科学方法论，但作为一门独立的科学方法，它不仅包括有哲学层次的内容（系统思想），而且包括有科学技术层次的内容（具体化的、定量化的内容）。而辩证法，虽然也应用于各门具体科学中，但按其本质说，则是哲学形态的科学方法，属于哲学方法论。这里有一般和特殊的差别。所以有些论者认为，辩证法是系统方法的理论基础，而系统方法则是辩证法的一种具体形态。一般系统论所考察的现象已经是有所"超越"。不再是某一部门或工程中的具体系统，而是系统一般。这种系统一般因其跨学科的特性而得到了升华，获得了普遍性的规定，但这种一般（或普遍性）相对于哲学上的一般而言，仍是特殊的。

还有，现在人们对数学化、抽象化的方法谈论得比较多。

数学化、形式化、抽象化等等，作为方法都从一定的侧面和角度为人们带来了一些新的信息，反映了人们在认识事物过程中所运用的一种手段，也可以说是认识过程的一个必要环节。因而无论从理论上或实践上说，都是有意义的，是值得研究的。当然我们也不能忘记，数学化在计量方面有其特点，它可以使比较模糊的东西明确化，提供可靠的数据，这是它的优点。而我们知道，任何事物的量又是同一定的质相关联的；形式化有其长处，但也有它的局限性。发展着的知识动态系统，同把某种现存知识固定化的方法不可避免地会发生冲突。生动多变的知识内容，它的发展和增值，必以突破现有形式为条件。数学化、形式化方法的特点是注重确定性，讲究准确性，力求明晰性。然而，在辩证法的观点看来，事物或过程又总是确定性与不确定性的统一，模糊与明晰是相伴而行的，根本排斥模糊性的绝对明晰性世界上根本就不存在，所以只讲确定性，不讲不确定性，犹如只讲不确定性，不讲确定性一样，都是片面的。正因为这样，对数学化、形式化、抽象化等加以重视，并进行研究和运用是完全必要的，但不能把它们绝对化，即不能把它们当作理想的、最高的思维方式。科学的思维方式或哲学方法论，应是辩证地思考，应是马克思主义的辩证理性思维。

（原载《系统科学的哲学探讨》1986 年第 5 期）

论认识是个过程

——兼谈要学会辩证地思考

（一）马克思主义的创始人把实践引入认识论，把辩证法应用于认识的过程和发展，从而实现了人类认识史上的革命变革，创立了马克思主义的科学认识论。这种认识论，把认识的对象和认识自身的发展都当作过程来考察；认识是个过程，便是科学认识论的重要结论之一。

（二）把认识视为一个过程，并不是马克思主义哲学的独创。在马克思主义问世之前，就已经有人这样看了。黑格尔就是把认识作为过程来考察的。虽然，他所谓的认识是在否定认识对象的客观性即物质世界客观性的基础上进行的，是概念的自我运动过程。但是，把认识作为过程来对待，其意义终究是不可低估的。恩格斯曾经说：黑格尔哲学的"真实意义和革命性质，正是在于它永远结束了以为人的思维和行动的一切结果具有最终性质的看法。哲学所应当认识的真理，在黑格尔看来，不再是一堆现成的、一经发现就只要熟读死记的教条了；现在，真理是包含在认识过程本身中，包含在科学的长期的历史发展中"。① 真理不是先验地存在于认识过程之前或独立于认识过程之外，而是包含在认识过程之中；人们对真理的认识不是一蹴而就和一劳永逸的，而是一个历史发展过程。恩格斯曾经把这种认为世界不是一成不变的"事物的集合体"，而是"过程的集合体"的思想，称为"一个伟大的基本思想"。这个伟大的基本思想认定：

一切似乎稳定不动的事物以及它们在我们头脑中的思想印象即概念，都不是僵死不动的，而是"处在生成和灭亡的不断变化中"，是个不断发

---

① 《马克思恩格斯选集》第 4 卷，人民出版社 1972 年版，第 212 页。

展的过程。照恩格斯说，这个关于发展变化的基本思想"特别是从黑格尔以来，已经如此深入一般人的意识，以致它在这种一般形式中未必会遭到反对了"。恩格斯同时提示人们说："但是，口头上承认这个思想是一回事，把这个思想具体地实际运用于每一研究领域，又是一回事。"

（三）恩格斯讲这番话至今已将近一百年了。科学的发展和人类历史的发展早已不是百年前的情况所能比拟。今天，现代科学正以几何级数在增长，它的发展速度与从其出发点起的时间的距离的平方成正比。现代知识更新的周期已大大缩短，人类知识总量每隔十年就要翻一番。近十年人类掌握的知识总量，超过了以往两千年的总和。人的认识，在宏观方面已扩展到一百亿年的时间和一百亿光年的空间；在微观方面，人们对物质结构的认识由原子而原子核，由原子核而基本粒子，由基本粒子而层子或"夸克"，已经深入到更深的层次了。电子计算机已更新四代，可模拟人的部分思维。一系列跨学科的中间科学出现了，到处都是科学的生长点。以原子能利用，空间技术和电子计算机为标志，现代科学技术正经历着一场伟大的革命，酝酿着新的突破。在社会历史领域，百余年来的发展变化也远非昔比。科学社会主义早已越出理论领域，在世界广大地区变成了现实。社会主义在其自身发展中，虽然由于种种原因而经历着某些曲折，但是作为总的历史趋势它是不可逆转的。无论什么力量都无法阻挡社会主义胜利前进的步伐。总之，无论是在自然界或社会生活领域，一切都处在发展变化之中，一切都作为过程而不断向前发展着。恩格斯所阐明的关于世界是个过程的辩证法思想，已为科学和历史发展的无数事实所证实。

（四）然而，当年恩格斯所提示人们注意的，即一般地承认事物是个发展过程是一回事，而把这个思想具体地实际运用于每一研究领域，却又是一回事。在认识论领域，考察人的认识本身的发生和发展，把辩证法的上述思想应用于认识过程本身，就更有其特殊的复杂性。而在历史运动急剧变化和形势比较复杂的情况下，对待各种问题和在每一特殊场合，都能坚持辩证唯物主义的认识论，坚持认识是个过程的思想，确实也并不那么简单，那么轻而易举。例如，一个正确认识的形成就是很不容易的，以对人的本质的认识来说，在马克思主义问世之前，无论是唯心主义者和旧唯物主义者，都没有对它作出科学规定。且不说唯心主义者在这个问题上的种种谬误，即使是旧唯物主义者或者古典政治经济学家，也是把人的本质归结为自然属性，把劳动看作纯粹外在的东西，不能把二者联系起来加以考察。客观唯心主义者黑格尔不仅看到了劳动是为了满足个体的本能需要，而且还猜测到劳动具有社会性，猜测到劳动是人的本质的思想。但是由于黑格尔所说的劳动终归是精神活动，是概念发展的一个阶段的产物，所以到头来他也只是在唯心主义的基础上，把人的本质和劳动联系了起来，他关于劳动是人的本质的思想是建立在唯心主义基础之上的。虽然，就黑格尔把劳动和人的本质联系起来加以考察这一点来说，他超出了前人的自然本性论，但这离开用人的社会性来规定人的本质还有差距。只有马克思主义才在历史唯物主义基础上揭示了人的社会本质，作出了人的本质是社会关系的总和这样的科学规定。不难看出，黑格尔关于人劳动是人的本质的思想，正是旧唯物主义者关于人的自然本质论，到马克思主义关于人的本质是社会关系总和这种科学论断之间的一个中间环节。这就说明，一个正确的认识不仅包含着当时对于认识对象的本质的探讨，而且包含着对于认识史上的有关经验的历史考察。我们通常所说的要全面地历史地把握对象或认识事物，就包含着上述的含义。

由此看来，历史地考察对象，对人的认识的发展也当作历史的过程，乃是辩证思维的一个重要内容。

（五）列宁曾提示人们说："要真正地认识事物，就必须把握、研究它的一切方面、一切联系和'中介'，我们决不能完全地做到这一点，但全面性的要求，可以使我们防止错误和防止僵化。"① 把握、研究事物的一切方面、联系和"中介"的必要性，取决于事物本身各种关系和联系的客观性。事物是统一的，又是多样的，一个事物总是在与其他事物处于错综复杂的关系之中；事物的不同侧面以及与其他事物之间的联系，有直接联系，也有间接联系，有些联系又是通过若干中间环节即"中介"而连成一体的。直接的联系比较明显，易于为人们所看到，而间接联系则不那么明显，因而易于为人们所忽略，特别是那些经过诸多环节而方能体现出来的联系就更不易为人们所察觉。如果说无产阶级与资产阶级之间的联系是直

---

① 《列宁全集》第32卷，人民出版社1984年版，第83页。

接的，那么无产阶级与封建地主阶级之间的联系就比较间接。生产关系与生产力之间是直接联系，而上层建筑与生产力之间则多是通过经济基础的中介而联系的。

同样是上层建筑，其各种形式（如政治、法律制度和观点、哲学、艺术、道德等）与经济基础之间的联系也呈现出相当复杂的情况，如此等等。正因为事物的普遍联系是客观的，所以反映事物一方面关系的概念只有在与其他概念的联系中才能获得自身的规定性。离开上，便无法确定下，离开必然，便无法确定自由，离开基础又怎么能理解上层建筑呢？孤立的概念、原则，本身并无自决的内容，它是不确定的。用孤立的即无确定性的概念、原则作依据，哪怕原来是正确的概念，原则也会导致错误的结论。民主，本是一个重要的原则。没有民主就没有社会主义。但是，如果孤立地讲民主，排斥其他一切原则，使之成为想干什么都可以的"绝对民主"，那将会如何呢？显然，那将会使正常的社会生活无法进行。就会使民主丧失自身的规定性；如果离开集中这层关系，那便会成为"极端民主"，便无法同无政府主义划清界限。同样，自由本是一个重要的原则。但是如果孤立地讲自由，排斥其他一切原则，使之成为"绝对自由"，那就会成为一切为所欲为的根据，就可以替任何侵犯他人合法权益、妨碍别人自由的行为找到"理由"。可见，孤立地片面地考察事物，把本来相互联系相互制约的关系割裂开来，从某一点上抽出一个规定，把它变成一种脱离整体的抽象的东西，并用以排斥其他原则，便会导致错误的结论。所以列宁说，只有"现实的各个环节的全部总和的展开"，才等于"辩证认识的本质"。① 他还告诫人们说："如果不是从全部总和，不是从联系中去掌握事实，而是片断的和随便挑出来的，那么事实只能是一种儿戏，或者甚至连儿戏都不如。"

由于社会生活的复杂性，由于任何事物都有其多方面的关系、联系等等，因此只要是不顾事物的整体及其历史发展，而用随意的方法去玩弄"事实"，那就可以为任何不正确的东西进行辩护，就可以随便为其找出"论据"。在复杂多样的实际生活中是不乏这种"论据"的。所以，要学

---

① 列宁：《哲学笔记》，人民出版社 1960 年版，第 140 页。

会辩证地思考，就必须深入实际，在调查研究的基础上掌握事物的各方面的关系，了解事物的不同方面和此一事物同其他事物之间的联系，然后再借助于逻辑思维的功夫揭示事物的本质。这里，理性思维是十分重要的。这是因为，如果离开理性思维，那"就会连两件自然的事实也联系不起来，或者就会连二者之间所存在的联系都无法了解"。① 可见，理性思维的作用及其意义，是不可低估的。人们在感性认识的基础上，借助于理性思维所把握的不只是事物或现象之间的横的联系，而且是纵的联系，即从动态中来把握事物的历史发展的。这就是为什么科学的认识论必须把认识作为过程来考察的根本道理。

（六）按照辩证唯物主义的观点看来，认识之所以是个过程，首先是由认识的对象本身即客观物质世界是个发展过程所决定的。毛泽东同志说："事物（经济、政治、思想、文化、军事、党务等等）总是作为过程而向前发展的。"② 人们要正确地认识事物，在思维中把客观过程加以分解、"切断"和粗糙化，是必要的，因为不如此就不能把对象作为相对稳定的东西来把握。但是，当我们对客观事物进行分解的时候是不能忘记综合的，当把过程加以"切断"的时候是不能忘记各部分之间的联系的。逻辑思维过程中的抽象，改造制作功夫等等，非但不否定而正是以承认事物的普遍联系和作为过程而向前发展这一点为前提的。否认了事物总是作为过程而向前发展这个根本道理，就必然陷于思想停滞和僵化，就不能正确地认识事物。

（七）事物是作为过程而向前发展的，变革现实的实践也是作为过程而不断发展的。辩证唯物主义的认识论把变革现实的实践作为认识的来源和基础，作为检验认识之真理性的唯一标准。因此，把实践的观点作为第一的和基本的观点的科学认识论，同任何排斥实践、否定实践、贬低实践之意义的观点都是不相容的。认识之所以是个过程，是由于人们只有借助于实践才能使主体与客体发生关系，离开了它，认识就无从谈起，就无所谓认识，而实践正是人们改造客观世界的现实的、感性的活动，是个历史

① 《列宁全集》第23卷，人民出版社1990年版，第279页。
② 毛泽东：《加强相互学习，克服故步自封、骄傲自满》，单行本，第2页。

发展过程。这种物质性的历史活动是认识由以发生的基础。人们变革现实的实践是不断向前发展的，永无终止那一天，因而是绝对的、无限的。但在每一特定历史阶段上，人们实践活动的广度和深度又都是有限的，相对的。因此，认识发展的辩证法是这样：实践的发展是无止境，而任何伟大的和有卓越才能的思想家，总是生活在特定的历史环境中，在其有生之年，只能认识有限的事物及其规律，而不可能超越历史，认识一切。马克思和恩格斯是人类历史上最伟大的思想家，他们创立了唯物史观和剩余价值学说，从而使社会主义从空想变成为科学，为全世界无产阶级和广大人民指明了历史前进的方向。但是，他们没有预见到帝国主义时代资本主义发展的特殊规律，对于社会主义社会中的诸多问题他们也只是指出了它的一般特征，没有也不可能说出它的一切。这不是说马克思主义创始人不伟大，或者缺乏智慧，而是说他们不可能超越时代所给予他们的限制。恩格斯说得好："我们只能在我们时代的条件下进行认识，而且这些条件达到什么程度，我们便认识到什么程度。"

正因为人的认识要受到历史条件的限制，包括实践发展水平的限制，客观事物暴露程度的限制，以及科学技术水平的限制等等，所以人的认识在每一特定历史阶段上都只能达到一定的水平，而不能超越时代所给予的极限。以人们对电子的认识为例，就是一个很复杂的过程。电子作为一种实在的东西，从来就是存在的。但是，在 20 世纪以前，人们一直没有认识它，就连伟大的物理学家牛顿也不知道它的存在。原因就在于当时的生产和科学技术发展水平，还没有提供发现电子所必需的知识和实验手段。列宁在 1908 年预言电子不可穷尽的时候，还不能具体指明电子的内部结构的什么样子，因为那时人们还没有掌握了解电子内部情况所必需的手段。现在人们已发现了电子内部有结构、有质量、电荷、自旋和磁矩。因为人们已经掌握了高能加速器这样的手段。当人们凭借现代科学所提供的强大手段用以轰击电子、质子时，人们终于发现：原来被称为"基本粒子"的这些东西也并不"基本"，它们内部也是有结构的和可分的，等等。

（八）由于主、客观条件的限制，任何人都无法超越这种限制，因此人们通过实践虽然可以认识真理，掌握事物发展的规律，但是人们又不可能一下子认识真理和一劳永逸地穷尽对象。因此，认识必然是个无限发展的过程，认识不能不是一个过程。又由于客观事物的极其复杂及其发展的无限性，由于主、客观矛盾运动的复杂性及其发展的无限性，所以人类对客观世界的认识，在本质上具有不可穷尽的性质。"思想和客体的一致是一个过程。""认识是思维对客体的永远的、没有止境的接近。自然界在人的思想中的反映，应当了解为不是'僵死的'，不是'抽象的'，不是没有运动的，不是没有矛盾的，而是处在运动的永恒过程中的。"① 在主观与客观的矛盾运动中，人们能够不断地解决它们之间的矛盾，求得主、客观的具体的历史的统一，但是任何人都不能终结这个矛盾；人们能够不断地接近真理，但永远也不能穷尽真理；人们在实践中能够不断地打破历史条件所加给人的认识的种种限制，并且这种限制每打破一重，人的认识能力就提高一步，提高了的认识能力反过来又进一步推动人们改造客观世界的实践活动，如此循环往复，以至于无穷。但是无论什么人，只要他想根本超越主、客观条件的限制，根本不受历史条件的制约，以为无所不能，可以成为结束真理的"超人"，那都只能是荒唐的想法，是同马克思主义的认识论格格不入的。恩格斯说，辩证哲学正是"推翻了一切关于最终的绝对真理和与之相应的人类绝对状态的想法"。

（九）多少年来，特别是林彪、"四人帮"横行时期，搞个人迷信，把个人封成神，好像人们发现真理，不是一个过程，只要一说话，就可以成为真理。好像无论什么事情一开始说的做的都是百分之百正确，不可能有错误，不需要认识过程。什么明察秋毫呀，洞悉一切呀，句句是真理，一句顶一万句呀，等等。这都是同马克思主义认识论背道而驰、水火不容的，是封建愚昧的表现。这种封建性的迷信，只能窒息人们的思想，堵塞人们认识真理的道路，剥夺人民群众的主动精神，扼杀他们的创造性。在这种风气之下，必然把人们的思想束缚的死死的，把人们的思维方式搞得越来越呆板、简单、极端和片面。谓予不信，试举几例：

把生动活泼的政治思想工作，变成为念报告，抄社论，说一套空话、现话和套话，管他群众情绪如何，实际效果如何，反正是"照章办事"，念的报告抄的社论都是别人的，出了错与我无关；用机械的、形式主义的

---

① 列宁：《黑格尔〈逻辑学〉一书摘要》，《列宁全集》第38卷，人民出版社1986年版，第208页。

态度对待上级指示，照抄照转，一字不掉，一层一层地往下灌，根本不结合本地区本单位的实际情况，更没有如何切实地加以实施的方案和措施，管他实际效果如何，反正我是照转了事；思想懒惰，工作中毫无生气，得推便推，得靠便靠，能等便等；根本不发挥个人的主动性，把自己置于完全消极被动的地位。思想陈旧，完全忘掉了在工作中开创新局面的思想路线，创造性与"我"无缘，推、等、靠"最保险"。

凡此种种，虽然在表现形式上不尽相同，而思想实质则是一个，这就是思想僵化，思想脱离实际，根本不懂得一切从实际出发，实事求是的道理。从认识论上说，就是不懂得每一地区每一单位和每一具体过程，都有其各自的特点，都需要花工夫，下力气，进行艰苦的调查研究和深思熟虑，才能在了解本地情况的基础上把一般的东西变成为具体的东西。这是因为，任何一般的理论、方针、政策都要与当地的具体情况相结合，以求得真正落实。对其他地区、单位和具体过程的了解也不能代替对本地实际情况的了解，上述思想僵化情况的发生，有其深刻的历史根源，脱离实际，脱离群众，做官当老爷，照抄照转"最保险"，则是其现实的思想基础。

（十）列宁曾说，人的认识是从生动的直观到抽象思维，再到实践的辩证运动过程。生动的直观虽然是认识由以出发的起点，但把握本质的认识并不是在认识的起点上，而是认识终了的结果，真理是过程。所以列宁作了这样的概括："人们从这点开始，这是正确的，可是真理不是在开端，而是在终点，更确切些说，是在继续中。真理不是最初的印象。"列宁在剖析黑格尔的《逻辑学》时还作过这样的分析："逻辑学是关于认识的学说，是认识的理论。认识是人对自然界的反映。但是，这并不是简单的、直接的、完全的反映，而是一系列的抽象过程，即概念、规律等等的构成、形成过程，这些概念和规律等等……有条件地近似地把握着永恒运动着的和发展着的自然界的普遍规律性。"接着列宁着重指出："在这里的确客观上是三项：（1）自然界；（2）人的认识——人脑（就是那同一个自然界的最高产物）；（3）自然界在人的认识中的反映形式，这种形式就是概念、规律、范畴等等。"①

---

① 列宁：《哲学笔记》，人民出版社 1960 年版，第 167—168 页。

这里，列宁讲的是三项，不是两项，更不是一项；这自然界、人脑、概念三项不是任意的，可有可无的，而是任何一个完整的认识过程所"客观"存在着的。可是，如果把认识的完整过程加以简单化或加以割裂，便会导致对认识过程的歪曲。譬如，否定了"自然界"这一项，便会使认识成为无源之水，无本之木；否定了反映形式这一项，便会导致崇尚感性，否定理性，以干代学，犯否定科学抽象的错误。又譬如，当把人的认识的能动性不适当地加以夸大的时候，把这种能动性夸大到客体即自然界所给予的那个极限时，便会陷入唯心主义的怀抱。同样，如果一方面大讲特讲人的能动性，同时又拒绝对概念、范畴、规律等这些自然界在人的认识中反映形式的研究，那么所谓认识的能动性便是一句空话。在上述两种场合，或者是由于使认识的主体离开认识的对象即自然界，而使认识成为主观的杜撰；或者是由于否定了思维所借以存在的各种形式而使认识本身受到窒息。在这种情况下，哪里还谈得上认识过程的辩证法呢？

由此可见，割裂统一的认识过程，把认识过程简单化，是既不能坚持认识论中的唯物论，也不能坚持认识论中的辩证法的。

由此可见，那种把认识过程简单化，否定认识是个过程的思想，是不符合认识的辩证发展规律的。由此出发，那种遇事就急于下结论，凡事急于求成，异想天开，简单从事等，都是脱离实际的。认识既然是个过程，而且是一个充满矛盾的复杂运动过程，那就决不可以用简单化的办法来加以对待。众所周知，我国人民在民主革命过程中是经过了两次失败两次胜利的反复对比，才认识了中国革命的规律性的。新中国成立以后，对于社会主义革命和社会主义建设的规律虽作了一些研究，但由于在长时间里对我国的国情缺乏认真的研究和清醒的认识，因而不了解在我们这样一个农民占百分之八十的大国和穷国，要把落后的生产力提高到先进的水平，需要经过长期的实实在在的艰苦努力，方能做到。也正因此，过去我们经济建设的指导思想总是急于求成，总是犯"左"的错误，办了许多力不能及的事情。以至于直到今天我们还明显地感到这种"左"的错误所造成的后果。党的十一届三中全会以来，党中央总结了历史经验，确定了正确的路线、方针和政策。这就使得我们在短短几年的时间里取得了令人欢欣鼓舞的成绩，形势好转之迅速的确是振奋人心的。自然，长期以来所造成的后果并不是一下子就都能消除的。人们对党的十一届三中全会的路线、方针、政策的认识和深刻了解，也有一个过程。同时，党的路线，方针大计是定了的，三中全会所指明的方向是定了的。三中全会以来的实践有力地证明了党中央路线、方针、政策的正确性，这是毫无疑义的。当然，在这里认识也是一个过程。随着过程的向前发展，党的路线、方针和政策，也会在实践中不断丰富、补充和发展，这也是完全符合认识的发展规律的。那种要求一下子什么都尽善尽美，或者看到在一定的时间在某些方面有所调整、补充和具体化的情况，就以为不可理解，或者认为一切都"变"了，甚至怀疑三中全会路线的正确性的想法，都是错误的。

（十一）认识是个过程，也完全适用于每个人对自己的认识。这就要求对待各种社会问题，社会矛盾，都要采取严格的科学的态度，无论是看问题，发议论，搞学问或从事各项工作，都不能凭感情说话，而应采取实事求是的科学态度。即兴发议论是很容易的，但是它无助于认识事物的本质，无助于实际问题的解决。随便从哪本书上搬来干巴巴的两句话，演绎出一套夸夸其谈的"理论"，也许并不困难，但是这种做法同马克思主义的认识论毫不相干，它根本不能取代艰苦的调查研究，深入的思考，对群众情绪的具体考察等基本功夫。还是列宁说得好，"在认识论上和在科学的其他一切领域中一样，我们应该辩证地思考。也就是说，不要以为我们的认识是一成不变的，而要去分析怎样从不知到知，怎样从不完全的不确切的知识到比较完全比较确切的知识。"① 要学会辩证地思考，就要历史地考察认识的对象和认识本身，就要坚持认识是个过程这个马克思主义认识论的科学规定。

（原载《内蒙古社会科学》1981 年第 5 期）

---

① 《列宁选集》第 2 卷，人民出版社 1972 年版，第 100 页。

真理的光辉闪耀在历史转折关头

——纪念真理标准问题讨论二十周年

二十年前，在中国大地上开展了关于真理标准问题的大讨论。1978 年 5 月 11 日，《光明日报》发表了特约评论员文章：《实践是检验真理的唯一标准》。文章发表后，引起了很强烈的反响。一方面它受到不公正的指责，说"犯了方向性错误"，是"砍旗"，理论上是"错误的"，政治上问题"很大"，影响"很坏很坏"，等等。另一方面，由于文章所阐述的是马克思主义的一个基本观点，因而得到越来越多的人的赞同。对同一篇文章的两种不同判断，引起了全社会范围的一场大讨论。这场大讨论，不仅引起了广大理论工作者的密切关注，也引起了党的各级领导和广大干部和群众的密切关注。开始是哲学界、理论界，继而是各级干部和广大群众，其波及范围之广，意义之重大和影响之深远，是此前历次哲学论争所无法比拟的。

这场大讨论，发生在我国历史转折的一个重要关头。"文革"结束以后，历史又一次将"中国向何处去"的问题提到了人们的面前。我们党是率领全国人民从"十年动乱"所造成的困境中走出来，重新奋起，走向新的历史时期，还是继续迷恋"以阶级斗争为纲"，搞所谓无产阶级专政下的"继续革命"；是从教条主义、个人迷信的禁锢中解放出来，把我国人民引向改革开放，开辟建设社会主义的新路，还是一切照抄照搬，搞"两个凡是"而断送我国社会主义的前程，这是关乎党和国家命运的选择。真理标准问题的大讨论正是发生在这样的历史转折关头。以邓小平同志为核心的第二代中央领导集体，率领我国各族人民毅然选择了向新的历史时期过渡的正确道路。要实现向改革开放、进行社会主义现代化建设新历史时期的过渡，就必须冲破"两个凡是"的禁锢，打破长期以来所形成的思想僵化、迷信盛行状态，就必须重新确立解放思想，实事求是的思想路线。而实践是检验真理唯一标准问题的讨论，则在全社会范围为实现上述历史转变准备了思想条件，为解放思想、实事求是思想路线的重新确立提供了有力的理论支持，成了实现全党工作重点转移，走向改革开放新时期的思想先导。

邓小平同志对真理标准问题的讨论给予了高度评价，明确指出："目前进行的关于实践是检验真理的唯一标准问题的讨论，实际上是要不要解放思想的争论。……进行这场争论很有必要，意义很大。从争论的情况来看，越看越重要。一个党，一个国家，一个民族，如果一切从本来出发，思想僵化，迷信盛行，那它就不能前进，它的生机就停止了，就要亡党亡国。"

一个哲学理论观点的讨论，在历史转折关头与现实实践的迫切需要紧相联系；与冲破"两个凡是"的禁锢和一切陈旧观念的束缚，与解放思想，实事求是思想路线的确立，与建设有中国特色社会主义新道路的开辟，联系得是如此紧密，如此直接和现实，这在党的历史上也是不多见的。按马克思主义认识论，人的思想、认识、计划、方案等是否正确，是否反映了事物发展的客观规律，不能以人们主观上觉得如何而定，而要靠社会实践来检验，只有实践才是检验真理的唯一标准。这个马克思主义的基本观点在任何时候都是颠扑不破的，通常情况下也不会发生争论，而在历史转折关头，这个基本观点则更加闪耀着真理的光辉，显得格外光彩夺目。

二十年前的那场大讨论已历史地载入史册。但如果从历史与现实相统一的角度来审视我们已经走过的历程，只要悉心体察，那就仍然可以听到二十年前发生在中国大地上那场大讨论的回声。新问题的探索，前进道路上诸多困难的克服，禁区的突破，各种困惑人们的思想问题和认识问题的解决，一切不符合当代中国国情和时代发展要求的旧观念的扬弃，乃至于在政治经济学、社会主义学说等领域对传统观念的某些"改写"，等等，都是坚持解放思想、实事求是思想路线的必然结果，都是与坚持实践是检验真理的唯一标准这个马克思主义的基本观点密切相关的。

　　江泽民同志在党的十五大报告中指出，一个世纪以来中国人民在前进道路上经历了三次历史性的巨大变化。第一次是辛亥革命，第二次是中华人民共和国的成立和社会主义制度的建立，第三次即是十一届三中全会以来的新历史时期，即实行改革开放和集中力量进行社会主义现代化建设的历史新时期。这个历史新时期，是以党的十一届三中全会为标志的。而实践是检验真理唯一标准的大讨论，则是迎接新历史时期到来的舆论先导，也为后来一系列问题的解决奠定了坚实的思想理论基础。二十年来，我国人民在党的十一届三中全会精神的指引下，成功地走出了一条建设有中国特色社会主义的道路，在经济、政治、科技、教育、文化、军事、外交等各方面都取得了辉煌成就。国人欢欣，举世瞩目。特别是邓小平同志尊重实践，尊重群众的首创精神，善于集中群众的经验和智慧，在开辟建设有中国特色社会主义道路的过程中，坚持实践是检验真理唯一标准这个马克思主义基本观点，从而创立了邓小平理论，成了我们继续夺取新胜利的根本保证。

　　更重要的是，实际生活的变动是不停息的。这种变动的剧烈和深刻近一百多年来达到了前人难以想象的程度。新世纪正在向我们走来，前所未有的机遇与挑战已现实地摆在我们面前，随着时间的推移还会出现新的机遇与挑战。地平线上的新事物是层出不穷的，未来的一切并没有完全包含于过去之中。有许多未被认知的领域对现今的我们来说，仍是必然王国。江泽民同志指出，在世纪之交，在我们把建设有中国特色社会主义事业全面推向21世纪的时候，要坚定不移地沿着十一届三中全会以来的正确路线胜利前进，要高举邓小平理论伟大旗帜，继续开拓前进。"要抓住机遇而不可丧失机遇，开拓进取而不可因循守旧"。江泽民同志说，高举邓小平理论伟大旗帜，把邓小平理论确定为党的指导思想，是十五大作出的最重要的战略决策，是把建设有中国特色社会主义事业全面推向21世纪的根本保证。他还特别提示我们，在学习邓小平理论时"要在把握邓小平理论的科学体系和领会它的精神实质上下功夫，尤其要着重领会解放思想、实事求是这个邓小平理论的精髓"。

　　二十年前，当邓小平同志率领我们全党和全国人民走向新历史时期时，靠的是解放思想、实事求是；二十年来当邓小平同志依据马克思主义基本原理，针对中国国情，结合时代特征，围绕着"什么是社会主义、怎样建设社会主义"这个首要的根本问题，得出了一系列新的结论，从而创立了建设有中国特色社会主义理论时，靠的是解放思想、实事求是。今天，江泽民同志提示我们在学习邓小平理论时"尤其要着重领会解放思想、实事求是这个邓小平理论的精髓"，可见，把握这个精髓的极端重要性。

我们在现实中面临着改革攻坚与开创新局面的艰巨任务；在落实党的十五大精神时不同地区、不同部门、不同单位，又面临着如何把普遍的一般的东西化为特殊的具体的东西的任务，照抄照搬不灵，形式主义的轰轰烈烈也不灵，而要靠开动机器，做艰苦细致的工作，一言以蔽之要靠解放思想，实事求是。现在，"知识经济"又成为理论界和一些实际部门工作者的热门话题。继农业社会、工业社会以后，一个"知识经济"的时代已经到来，知识经济与传统的农业经济、工业经济相比具有诸多特点。有的论者指出，在知识经济中，其生产要素已发生了根本性的变化。与以土地和劳动为基础的农业经济不同，与传统工业的生产要素亦不同，在知识经济时代一切都以知识为基础。在所有创造财富的生产要素中，知识是最基本的生产要素，其他的生产要素都必须靠知识来更新，靠知识来装备，所谓的高新技术不过是高新知识的凝结。因此，所有财富的"核心"都是知识，所有经济行为都依赖于知识的存在。美国一个杂志以《迎接知识经济》为题发表一篇文章，其中举了两个公司的例子。一个是"微软公司"，这个公司是一个有形工厂较小、原材料库存量较少的公司，其资产价值达 2000 亿美元。相比之下，通用汽车公司作为工业时代的堡垒，其全球设施和库存量均居世界首位，但它的资产价值只有 400 亿美元。这究竟是怎么回事呢？原来这是"知识经济"而使然。随着公司越来越重视无形资产而轻视有形资产——或者说，越来越重视知识而轻视库存——关于成功的整个定义都发生了变化。现在衡量成功的尺度是创新能力，是知识的占有量。一个公司若取得成功，就必须积蓄自己的智力资源。这是知识经济所表现出来的一个重要特点。

1988 年邓小平同志强调指出："马克思讲过科学技术是生产力，这是非常正确的，现在看来这样说恐怕不够，恐怕是第一生产力。"① 邓小平的这个科学论断，是对第二次世界大战以后，特别是近三十年以来世界经济和科学技术发展的新情况、新经验、新趋势的新概括，具有十分重大的意义。这个科学论断把人们对科学技术作用的认识，即科技对促进经济发展和社会全面进步的认识，提到了一个新的高度，是对马克思主义的一个重大发展。江泽民同志在北大百年校庆讲话中指出：当今世界，科学技术突飞猛进，知识经济已见端倪，国力竞争日趋激烈。邓小平同志反复教导我们，科学技术是第一生产力。必须尊重知识、尊重人才。他的这些重要思想是我们实行科教兴国战略的理论基础。全党和全社会都要高度重视知识创新、人才开发对经济发展和社会进步的重大作用，使科教兴国真正成为全民族的广泛共识和实际行动。可以看出，从十年前邓小平同志"科学技术是第一生产力"的重要论断到党的十五大关于科教兴国的战略决策，到今天江泽民同志所讲的要重视知识创新、人才开发，以及使科教兴国真正成为全民族的广泛共识和实际行动，等等，都表明党和国家在新历史时期把对科学技术，对知识创新和人才开发等都切实提到行动日程上来了，这也是我们在把建设有中国特色社会主义事业全面推向 21 世纪时所迈出的关键一步。这既是对严峻挑战的有力回答，也是对历史机遇的敏锐捕捉，是具有深远历史意义的。

知识，是科学技术之源，是推动经济发展的决定性因素。在一些发达国家，技术进步对经济增长的贡献率已达到 60%—80%。高科技、新知识所带来的高效益，已大大超过了传统观念中的资本和劳动力。资料显示，在过去三年，美国的经济增长中，27% 来自于高新技术产业，而传统支柱产业中的建筑业只占 14%，汽车业仅占 4%。

不久前，江泽民同志到北京大学考察时强调：必须紧紧围绕经济建设这个中心，坚定不移地实施科教兴国战略。北大方正、联想集团、清华紫光等高科技企业，都是以新知识、新科技为后盾的。据悉，北大、清华去年高科技产业的技工贸总收入高达 74 亿元。这是很有启发意义的。江泽民同志强调指出：当今世界，各国之间的竞争越来越表现为科学技术和人

① 《邓小平文选》第 3 卷，人民出版社 1993 年版，第 275 页。

才的竞争。科技的发展，知识的创新，越来越决定着一个国家、一个民族的发展进程。创新是不断进步的灵魂。如果不能创新，不去创新，一个民族就难以发展起来，难于屹立于世界民族之林。创新，最根本的一条就是要靠教育，靠人才。培养同时代潮流和现代化要求相适应的大批人才，不断开拓新的科学研究领域，是关系我国的发展前景和国际地位的百年大计①。江泽民同志的这番话说得很精辟、很深刻、很透彻。那么，让我们高举邓小平理论伟大旗帜，在以江泽民同志为核心的党中央领导下，开拓进取，锐意创新，为落实十五大精神，更加自觉地注重对现实问题的研究，研究新情况，解决新问题，以更好的理论研究成果贡献给社会。我想，这也是对真理标准问题讨论二十周年的最好纪念。

（原载《让思想冲破牢笼》，人民大学出版社 1998 年版）

---

① 参见《北京日报》1998 年 5 月 3 日。

理论的生命力来自于实践

这次纪念《实践论》、《矛盾论》发表 60 周年理论研讨会，是在党的十五大前夕召开的。按照各发起单位和会议领导小组的一致意见，这次研讨会的指导思想是深入学习江泽民同志 5 月 29 日在中央党校的重要讲话，领会其精神实质，坚持理论联系实际，研讨改革开放和现代化建设中的一些理论问题，以期我们的理论研究更好地为现实服务。我完全赞成这个指导思想。同时，我受肖前教授、杨春贵教授的委托，代表中国辩证唯物主义研究会，向对我们这次研讨会给予热情支持的各位领导和单位，表示衷心的感谢，对来自全国各地的学界朋友表示热烈欢迎。下面谈点个人的学习体会。

一

马列主义、毛泽东思想、邓小平理论是一脉相承的统一的科学体系，而邓小平理论则是马克思主义在中国发展的新阶段。

对于这个"新阶段"，江泽民同志在讲话中从四个方面作了深刻有力的论述。其中包括开拓了"马克思主义的新境界"，对社会主义的认识提高到"新的科学水平"，对当今时代特征和国际形势"作出了新的科学判断"，以及由于邓小平同志第一次比较系统地初步回答了在我国如何建设社会主义、如何巩固和发展社会主义的一系列基本问题，而形成了"新的建设有中国特色社会主义理论的科学体系"。这里，"新境界"、"新水平"、"新判断"、"新理论"等，都突出一个"新"字。这四个方面的"新"蕴含着极为丰富而深刻的内容，体现了马克思主义的鲜活的生命力和植根于实践的永不衰竭的创造精神。江泽民同志指出，邓小平理论"是贯通哲学、政治经济学、科学社会主义等领域，涵盖着经济、政治、科技、教育、文化、民族、军事、外交、统一战线、党的建设等方面比较完备的科学体系，又是需要从各方面进一步丰富发展的科学体系"。这就提示我们，作为科学体系的邓小平理论，内容极为丰富，涵盖面很广，几乎包括社会生活的各个方面。而作为理论形态它又不限于某一领域，而是贯通哲学、政治经济学、科学社会主义等各个领域的。

我们传统讲马克思主义的三个组成部分，即哲学、政治经济学、科学社会主义。这三个组成部分，其联系是很密切的。这不仅从一般意义上说它们都是马克思主义的组成部分，而且从它们所阐述一些理论内容方面来说也是如此。例如，哲学历史唯物主义中所讲的某些内容与政治经济学、科学社会主义所讲的某些内容就有着显而易见的联系，有的甚至存在着某种交叉。更引人注意的是，随着近几十年来实际生活的变动，社会实践的发展和科技的迅速进步，不同学科的渗透和交叉，不同领域的贯通和融合的趋势似乎更明显了。例如"发展"这个概念，哲学当然要研究，经济学、社会学、政治学、法学、美学等学科也在研究。于是，发展经济学、发展社会学、发展美学等都应运而生了。第二次世界大战以后，不同国家，不论是发达国家或者发展中国家，都在寻求自己"发展"的路子。战后初期的"经济增长论"、罗马俱乐部的"增长极限论"、法国学者佩鲁的"新发展观"等都是研究"发展"问题的。诸多学科，尽管研究的角度和侧重点不同，观点各异，但都把目光集聚到"发展"上，发展几乎成了诸多学科共同关注的时代课题。我们从国内外的有关论著中可以看到关于"发展"的几十种定义，除了某种特殊的情形之外，一般的很难说哪一种对"发展"的界定就一定是毫无根据的"胡言乱语"。战后初期的"经济增长论"，几乎是当时人们的普遍看法，它是以"经济增长"等于"发展"为理论支点的，而随着实际生活的变动，出现了"有增长而无发展"或"没有发展的增长"这一事实后，人们就不能不把"增长"和"发展"这两个概念区别开来了。这就启示我们，在不同条件下人们在某些问题上取得共识不仅是可能的，而且是人类认识历史长河中的必然现象。今天，在人口、环境、资源……一系列全球性问题更加突出的形势下，人们不仅取得共识的领域比过去拓宽了，而且条件也越来越好了。

　　毫无疑问，在共同的东西后面还有些不同的东西，这也是今天的现实促使我们不能不加以注意的。

　　诸多学科对同一问题的研究并且在学科间出现了一些新的结合点，并不意味着不同学科的特点就不存在了。哲学、政治经济学、科学社会主义作为马克思主义的不同组成部分，原本就有各自的研究对象，它们不仅研究的角度、侧重点各不相同，而且理论抽象的程度也不同。相比较而言，政治经济学、科学社会主义是更接近现实的部分，而哲学则凌驾于现实的上空，与现实的贴近程度是不一样的。正因为这样，改革开放以来，在政治经济学、科学社会主义领域被"改写"的理论就比较多、比较明显。社会主义市场经济概念的创立，对社会主义本质的深刻揭示，围绕着"什么是社会主义、怎样建设社会主义"这个主题而作出的一系列新论断，等等，都是在概括实践经验的基础上对政治经济学、科学社会主义的"改写"，其中既有继承也有发展，"改写"就是发展。邓小平同志坚持科学社会主义理论和实践的基本成果，同时又抓住"什么是社会主义、怎样建设社会主义"这个根本问题，深刻地揭示社会主义的本质，阐述了相关的一系列问题，从而把对社会主义的认识提高到新的科学水平。

　　江泽民同志指出：离开本国实际和时代发展来谈马克思主义，没有意义。静止地孤立地研究马克思主义，把马克思主义同它在现实生活中的生动发展割裂开来、对立起来，没有出路。这两个"没有"的论断十分重要。我们今天纪念《实践论》、《矛盾论》发表60周年的目的，就是要领会毛泽东所阐明的深刻哲学思想，并用以指导我们的实践，领会邓小平怎样在新时期运用"两论"中的哲学思想，而创造性地提出了一系列的新思想、新观点，从而把马克思主义推向了新的境界。也就是说，我们重温"两论"是在于对现实问题的理论思考，是着眼于新的实践和新的发展。

　　大家知道，《实践论》、《矛盾论》都是光辉的哲学著作，是毛泽东对中国革命实践经验的科学总结，是这种经验的哲学升华。在整个马克思主义哲学发展史上都占有很重要的地位，是马克思主义的光辉篇章。"两论"写于1937年，至今60年过去了。但是，其中所阐明的深刻的哲学思想并没有因岁月的流逝而减弱它的光辉，反而为生活实践的发展所一再证实。"两论"中所阐明的关于实践是认识的基础、实践第一的观点是认识论的首要的和基本的观点的论断，关于认识是过程、认识过程的复杂性和无限发展，关于实践是检验真理的唯一标准的观点；关于矛盾的普遍性和特殊性相互联系的论断，对矛盾特殊性多种情形的精辟细致的分析，关于在实践中不断开辟认识真理的道路，等等，都是颠扑不破的真理。

实践验证理论，也通过对已有理论的检验提出新的课题，因而实践又是理论得以丰富和发展的重要源泉。邓小平理论的一个重要特点就是它与现实的息息相通，与实践的紧密联系。邓小平把毛泽东哲学思想运用于新的时期，用来剖析当代中国的实际和新的时代特征，创立了建设有中国特色社会主义理论，开辟了在我国建设社会主义的新路，同时在各个方面都作出了合乎当代中国实际需要的理论性创造，把马克思主义推向了新的境界。这是一件了不起的大事，关乎中国社会主义的命运和前途。正如江泽民同志所说，"在当代中国，只有这个理论而没有别的理论能够解决社会主义的前途和命运问题"。

正因为邓小平理论与我国现实实践的这种紧密关联性，与当今时代的紧密关联性，所以当邓小平在创立建设有中国特色社会主义理论的过程中提出一些新思想、新观点、新论断的时候，一方面体现了邓小平理论鲜明的时代精神，同时也回应了并不断回应着我国人民所从事的现实实践的迫切需要。20多年来我国人民在改革开放和社会主义现代化建设中每前进一步，困难的克服，障碍的超越，破除陈规与解除困惑等，都是同邓小平理论的指导分不开的。道理很简单，因为这种理论在更深的层次上反映了事物发展的客观规律，在更现实更直接的意义上反映了实践的呼声和我国人民的根本利益。邓小平理论与马列主义、毛泽东思想是一脉相承的，但它与当代中国的现实贴得更近，关系更直接，它是以我国人民"正在做的事情为中心"的，并且着眼于新的实践和新的发展。所以这一理论在实践中显示了强大的威力，赢得了我国人民的衷心拥护。在当代中国，坚持邓小平理论，就是真正坚持马克思列宁主义、毛泽东思想；高举邓小平理论的旗帜，就是真正高举马克思列宁主义、毛泽东思想的旗帜。

邓小平从对当代中国的实际和时代特征的科学概括中，从我国人民所从事的改革开放和现代化建设这一丰富多彩的现实实践中吸取营养，从总结我国社会主义胜利和挫折的历史经验的过程中，深思熟虑，继承前人而又突破陈规，坚持马克思最基本的东西，同时又大胆地进行理论性创造，从而开拓了马克思主义的新境界，在中国把马克思主义推向了新阶段。作为毛泽东思想的继承和发展的邓小平理论，不仅在本世纪后期社会主义在一些国家历经曲折和震荡的复杂形势下，维护了我国社会主义的已有成果，而且在新时期取得了举世瞩目的伟大成就，更重要的是为我国社会主义注入了新的生机和活力，展现了社会主义继续发展的光辉前程。

二

关于所有制结构问题。江泽民同志明确指出："继续调整和完善所有制结构，进一步解放和发展生产力，是经济体制改革的重大任务。"还要求在改革的一些重大方面取得"新的突破"，在优化经济结构方面取得"重大进展"。江泽民同志所展开的精辟、深刻而富有新意的论述，反映了我国改革开放和现代化建设实践进程中的迫切需要，具有十分重大的意义。

众所周知，坚持生产关系一定要适合生产力发展水平，促进生产力发展，这本来是马克思主义的基本观点。但即使在社会主义条件下如果所有制结构不合理，也会成为生产力发展的障碍。这已为历史和现实的大量事实所证实。

在国际共运的历史中，斯大林关于社会主义社会生产关系与生产力"完全适合"的论点流传甚广，但这种论断经不起实践的冲击。毛泽东1957年关于社会主义社会的基本矛盾仍然是生产关系与生产力、上层建筑与经济基础之矛盾的论断，以及认为社会主义社会没有矛盾乃是"天真"的想法，社会主义社会仍在矛盾中前进的观点等，都是理论上的重大突破，因而具有重要意义。但在实践的发展过程中，在如何使生产关系适合生产力的发展方面，也经历了艰难、曲折的过程。在理论上的提法和表述上也是有个过程的。在《再论无产阶级专政的历史经验》中，曾用辩证法语言，即处于"数量"变化阶段的矛盾来加以表述，后来又以"又相适合又相矛盾"、基本适合仍有矛盾等来概括。对生产关系或上层建筑的某些环节或方面进行"调整"是经常提的，但一则对所要调整的"环节"

或"方面"不一定抓得很准，二则所有的"调整"都是在不触动原有经济体制的框架内进行的。因此，在一方面，这种修修补补、小打小闹的"调整"，根本不能触动阻碍生产力发展的高度集中的计划经济体制；在另一方面，又把很大精力用在所有制结构单一化、纯粹化模式的追求上，总以为越大越公越纯越好。十一届三中全会以来，我们党认真总结了以往在所有制问题上的经验教训，引出了一系列新的结论，并采取有效措施逐步消除所有制结构不合理对生产力的羁绊，开创了生产力得以迅速发展的新局面。

回顾历史，从"有的"环节、"某些"环节到有些"环节"和"方面"，再到"一系列相互联系的环节和方面"，在认识上经历了一个不断深化的过程。党中央在关于新中国成立以来党的若干历史问题的决议中有个论断说：社会主义生产关系的发展并不存在一个固定的模式，而人们的任务是要根据生产力发展的要求，在每一个阶段上创造出与之相适应的生产关系的具体形式。这个论断很重要，它开阔了人们的思路，有助于人们在实践中对适应生产力发展要求的生产关系的具体形式的探寻。

在以往的相当长的时间里，有一种观念影响不小。这就是把社会主义生产关系看成是一种固定不变的模式，总以为这种生产关系一经建立之后便能自发地推动生产力的发展，而无须依现实生产力发展的要求对之进行调节或变革了；即使要"变"，也只能朝着更"大"更"公"的方向变。这就封闭了人们的思路，放弃了对确能促进生产力发展的具体形式的探求。从一定意义上说，是把社会主义生产关系的先进性看死了，即固定在某种不变的模式之中了。对社会主义自我调节的能力也往往估计偏高了。而另一方面，又把资本主义也看得过死了，总以为它既然存在着不可克服的内部矛盾，那么它的死期即指日可待，似乎它已完全丧失了自我调节的能力。乃至于在否定资本主义基本制度的同时，连它所创造的现代文明也一概加以否弃，把反映社会化生产规律的经营方式和组织形式都当作资本主义的特有物而拒之门外。从一定意义上也可以说，对资本主义自我调节的能力估计偏低了。

认识或估计上的这种一高一低的偏差，在理论上说不通，在实践上也常常使我们陷于被动。笔者以为，这个历史经验值得反思。

　　江泽民同志明确指出："公有制为主体、多种所有制经济共同发展，是我国社会主义初级阶段的一项基本经济制度。"并且从我国社会主义性质和初级阶段国情等方面作了深刻、有力的论证。显然，"基本经济制度"，具有长期稳定的性质，只要我国社会主义初级阶段没有结束，这个基本经济制度是不变的。这个重要论断，不仅对指导我国当前调整和完善所有制结构有重要现实指导意义，而且在至少一百年的时间都将对我国未来经济结构的格局和经济的发展产生深远的影响。

　　在如何理解公有制的问题上，江泽民同志指出：公有制经济不仅包括国有经济和集体经济，还包括混合所有制经济中的国有成分和集体成分。很明显，这是对传统公有制观念的重要突破。这种认识上的突破，其意义不只是对公有制经济含义的拓宽，而且对我们理解和把握公有制主体地位、国有经济的主导作用和控制力等也是非常重要的。

　　公有制的实现形式问题，更是相当一个时期以来人们关注的一个热点，也是国有大、中型企业改革实践中经常遇到的问题。近年来理论界联系国内外情况就某些问题所展开的争论，也同这个问题密切相关。那么，公有制可不可以有多种实现形式，是不是讲公有制实现形式的多样化就是"私有化"？股份制是现代企业的一种资本组织形式还是私有化的必然形式？公司制是适应社会化大生产发展的一种现代企业组织制度，还是资本主义所特有的企业组织制度？等等，这些问题不仅在理论界时而引起争论，而且在实际生活中也困惑着一些人的思想，影响着改革实践的推进。在关于"批判"私有化的议论中，我们可以看到两种情况，一种是以总结苏东演变经验教训的形式批判"私有化"，另一种是针对国内国有企业改革中的一些形式批判"私有化"。但是，人们对私有化内涵的理解又是不同的。国外原苏东的一些论者所讲的私有化，不仅包括产权的私有化，而且包括经营私有化和管理私有化，如企业改为公司制、股份制、股份合作制，他们叫"私有化"；改为承包、租赁、委托经营等等，也叫"私有化"。总之，凡不是国有并且由国家直接经营的企业，只要经营方式改变了，他们统统称之为"私有化"。由此出发，我们有时看到的关于苏联和原东欧国家普遍搞私有化的报道或批判，是并不完全准确的。

　　在国内，我们在国有企业改革中的种种办法，如承包、租赁、托管和授权经营，公司制、股份制、股份合作制等等，都是我们正在探索的公有制的实现形式或推进改革的具体办法。如果把这些已为实践证明为效果较好的做法，都当作"私有化"加以批判，那在理论上等于是作茧自缚，在实践上等于是自我设置障碍。

江泽民同志在科学概括实践经验的基础上明确指出："公有制实现形式可以而且应当多样化。一切反映社会化大生产规律的经营方式和组织形式都可以大胆利用。要努力寻找能够极大促进生产力发展的公有制实现形式。"至于股份制，则是现代企业的一种资本组织形式，它有利于所有权和经营权的分离，有利于提高企业和资本的运作效率，因此资本主义可以用，社会主义也可以用。不能笼统地说股份制是公有还是私有，关键就看控股权掌握在谁手中。如果是国家和集体控股，不仅不是什么"私有化"，而且有利于扩大公有资本的支配范围，增强公有制的主体作用。江泽民同志关于"要从战略上调整国有经济布局"、"提高国有资产的整体质量"的论述，关于对国有大中型企业"实现规范的公司制改革"的论述，关于对国有企业"实施战略性改组"的论述，提出建立"以资本为纽带，通过市场形成具有较强竞争力的跨地区、跨行业、跨所有制和跨国经营的大企业集团"，以及采取改组、联合、兼并、租赁、承包经营和股份合作制、出售等形式，以加快放开搞活国有小型企业的步伐等举措，都为我国国有企业改革的深化，特别是对居于举足轻重地位而在改革推进中又举步维艰的大中型企业的改革，指出了十分明确的方向，并具有操作性很强的特征。江泽民同志的一系列论述对于澄清人们思想上的混乱，明确争论中的是非界限和解除困惑一些人思想上的问题，更有着十分重要的意义。

可以看出，江泽民同志的一系列论述是对全党和全国人民智慧的集中，是对我国改革深化过程中新鲜经验的科学概括，是建立在实践经验基础之上的。解放思想，实事求是，像一条红线一样贯穿于这些论述之中，体现着尊重实践、开拓进取、勇于创新的可贵精神。江泽民同志在一次讲话中曾说："创新是一个民族的灵魂，是国家兴旺发达的不竭动力。……一个没有创新能力的民族，难以屹立于世界民族之林。"① 在我们所处的世

---

① 江泽民：《在全国科学技术大会上的讲话》，见《人民日报》1995 年 6 月 5 日。

纪之交的历史时刻，把我们的事业全面推向 21 世纪，这种开拓进取的创新精神实在是太重要了。

　　法国学者佩鲁在其《新发展观》中有这样一段话："……人们持有这样一种观点：进步是一种'带来幸运的必然性'和一种自我维持和积累的过程。经验则证明了恰恰相反的东西：进步取决于永不衰竭的创造能力、严格而细致的管理和坚韧不拔的毅力。正如不存在自我维持的增长一样，也不存在自我维持的进步。……没有任何一种经济或政治制度能自称有进步或振兴的专利权，或证明自己的法则能保证进步。"[①] 我们说，社会主义较之于资本主义是更高的社会形态，这两种不同的社会制度是不可混淆的。但社会主义本身也有个自我完善发展的过程，社会主义基本制度的确立并不能自动地保证进步。从这个意义上说，"自我维持"的进步也是不存在的。只有坚持改革，才能使社会主义在自我完善和自我发展中不断前进，才能使社会主义源源不断地获得生机和活力。历史经验告诉我们，如果以为社会主义制度一经建立就可以坐待其成，或者企望在"自我维持"中就能立于不败之地，那不过是不切实际的幻想，根本有悖于历史辩证法的进程。按照辩证法，事物总是在不停地变动中，近百年来实际生活变动之深刻和剧烈的程度，达到了前人难以想象的程度。不可逆的时光使万物更新，理论的生命力离不开它的自我更新和发展，而这种发展的最深刻的源泉即是实践。

　　　　　　　　（原载《邓小平对"两论"的继承和发展》，学术研究出版社 1997 年版）

---

①　弗朗索瓦·佩鲁：《新发展观》，华夏出版社 1987 年版，第 21 页。

闪耀着辩证法光辉的重要文献

毛泽东同志的《论十大关系》公开发表了。这是我国人民政治生活中的一件大喜事。

《论十大关系》是二十年前即 1956 年 4 月 25 日，毛主席在中共中央政治局扩大会议上的讲话。当时，我国人民已经取得了对农业、手工业和资本主义工商业社会主义改造的重大胜利，是一场深刻的社会变革。在新的社会主义生产关系基本建立起来的条件下，还有个用什么样的方针和政策来充分地调动广大群众的积极性，调动各方面的一切积极因素，更好地为社会主义事业服务的问题。正如毛泽东同志所说："提出这十个问题，都是围绕着一个基本方针，就是要把国内外一切积极因素调动起来，为社会主义事业服务。"毛主席深刻地分析了当时的形势，以苏联的经验为鉴戒，总结了我国的经验，论述了我国社会主义革命和社会主义建设中的十大关系，提出了适合我国情况的建设社会主义总路线的基本思想，从而为我们继续前进，加速建设社会主义，指明了正确的方向，提供了强大的思想武器。

一

《论十大关系》是马克思列宁主义的普遍真理同中国革命的具体实践相结合的又一典范，是闪耀着马克思主义辩证法光辉的重要文献。

在社会主义社会里，特别是在生产资料所有制的社会主义改造基本完成之后，还有没有矛盾？有什么样的矛盾？毛主席运用对立统一规律来分析社会主义社会，指出了在生产资料所有制问题基本解决之后仍然存在着矛盾，存在着阶级、阶级矛盾和阶级斗争。当时所论述的十大关系，就是在我国社会主义改造基本完成以后，摆在我们面前的诸多矛盾中的十大矛盾。毛主席说："这十种关系，都是矛盾。世界是由矛盾组成的。没有矛盾就没有世界。我们的任务，是要正确处理这些矛盾。"为了多快好省地建设社会主义，就必须运用唯物辩证法的世界观和方法论，来观察和分析各种事物的矛盾运动，并根据这种分析，指出解决矛盾的方法，制定正确的路线、方针和政策，从而调动起各种积极因素。

分析事物的矛盾，首先必须坚持两点论，反对形而上学的一点论。重工业和轻工业、农业的关系，沿海工业和内地工业的关系，经济建设和国防建设的关系，国家、生产单位和生产者个人的关系，中央和地方的关系，汉族和少数民族的关系，党和非党的关系，革命和反革命的关系，是非关系，中国和外国的关系，这十种关系，都是实际生活中存在的重大问题，是影响全局的重要战略问题。毛泽东同志在分析每一个具体问题时，总是坚持辩证法的矛盾观，坚持两点论，既强调矛盾的主要方面，又阐述矛盾的次要方面，分析矛盾的双方各自的具体地位，揭示出矛盾双方之间的相互影响和相互作用。一切对立的成分，都是在一定条件下互相联结着，互相影响着，相反而又相成。毛泽东同志教导说："总之，是两点而不是一点。说只有一点，叫知其一不知其二。"

对广大干部和群众来说，不懂得辩证法两点论的道理是认识问题、思想方法问题，而对于别有用心的人来说，则往往是有意歪曲马克思主义的两点论，用以其及反革命的需要。王张江姚"四人帮"更是形而上学猖獗，把物质与精神、政治与经济、革命与生产、生产关系与生产力、上层建筑与经济基础、红与专等关系，绝对地对立起来，抓住矛盾的一方面，把它夸大为抽象的孤立的存在，从而否定矛盾的另一方面。"四人帮"狂热地散布形而上学一点论，完全是背叛马列主义、毛泽东思想的。

一点论之所以要不得，就因为它是不符合客观实际的，是反辩证法的。形而上学的特点是思维于绝对不相容的对立之中。对形而上学者说来，以重工业为主，就不能以农业为基础；强调了统一性，就不能有任何的独立性，中央和地方，国家和集体，集体和个人，独立自主、自力更生和学习外国、洋为中用等关系，在形而上学者看来，都是绝对不相容的。用这种割裂矛盾双方对立统一的观点看问题，就必然要歪曲客观事物的本来面貌。

按照唯物辩证法的观点，一切对立的成分不仅在一定条件下相互联结着，而且在一定条件下相互转化。正确和错误、穷国和富国、有利条件和不利条件、积极因素和消极因素等，都是可以在一定条件下相互转化的。一个人犯了错误固然是坏事，但是只要他善于从错误中吸取教训，改正错误，就可以转化为好事，增强免疫力，以后少犯或不犯同类性质的错误了。毛主席指出，我们中国有两条缺点，同时又是两条优点：一为"穷"，二为"白"。一穷二白，对我们建设社会主义来说是不利条件，但是，从发展的观点看，这并不坏。"穷就要革命"，"一张白纸，正好写字"。这就又是有利条件了。《论十大关系》中，唯物辩证法的思想贯彻始终，首先从错综复杂的社会生活中找出十大关系，又通过对各种矛盾的具体分析探索正确应对的思路和办法，从而把各种积极因素，党内的党外的，国内的国外的，直接的间接的，全部调动起来，集中到为社会主义事业服务这个总目标上来，显示了唯物辩证法改造世界的巨大力量。

二

毛主席在《论十大关系》中指出："从原则上说，统一性和独立性是对立的统一，要有统一性，也要有独立性。""各个生产单位都要有一个与统一性相联系的独立性，才会发展得更加活泼。"我们是在社会主义条件下发展经济，要求全国一盘棋，这是统一性。各个地区、生产单位都有其自身的特点，这又要求有独立性。"我们要统一，也要特殊。"统一性存在于各个局部之中，是各局部的普遍的共同本质的集中，因此，全局高于局部，各个局部的独立性只能是相对的，即"在统一领导下的独立性"。而另一方面，正由于统一性仅仅是各个局部的共同本质的概括，每个局部都有它自身的特点，所以就不能对各个局部框得太死，就应当允许它们有相对的独立性。总之，"不能只顾一头"，而"必须兼顾"。毛主席说："无论只顾哪一头，都是不利于社会主义，不利于无产阶级专政的。""四人帮"反党集团在破坏统一性和独立性的对立统一关系上，搞了种种阴谋活动。他们为了颠覆无产阶级专政，疯狂地破坏毛主席革命路线的贯彻执行，把黑手伸向四面八方。他们或者片面地强调所谓的

"统一性"，给这里下指示，往那里送材料，调阅这里的文件，听取那里的汇报，千方百计地想指挥一切，调动一切，而实则分裂党中央；他们或者片面地强调所谓的"独立性"，在这个问题上另搞一套，在那个问题上独断专行，在这个方面对中央的指示阳奉阴违，在那个方面对中央的指示歪曲篡改，挖空心思要把"在统一领导下的独立性"变成"在统一领导外的独立性"，总而言之，"四人帮"为篡党夺权的阴谋得逞什么事都干得出来，歪曲、利用领袖的言论是他们经常使用的一手，在统一性与独立性问题上也是如此。

《论十大关系》中尖锐地批评了那种在国家和农民的利益上只顾国家利益不顾农民利益、只顾统一性不顾独立性的错误做法："你要母鸡多生蛋，又不给它米吃，又要马儿跑得好，又要马儿不吃草。世界上哪有这样的道理！"毛主席历来提倡艰苦奋斗，反对把个人物质利益看得高于一切；同时也历来提倡关心群众生活，反对不关心群众痛痒的官僚主义。在社会主义革命时期，毛主席也一贯教导我们要正确处理国家、生产单位和生产者个人的关系，在生产和分配、积累和消费、生产和生活等方面，都要统筹兼顾，适当安排。提倡艰苦奋斗和提倡关心群众生活是统一的，都是我们党的优良传统。可是，这些年来，祸国殃民的"四人帮"肆意破坏我们党的优良传统。他们把艰苦奋斗和关心群众生活完全对立起来，他们只要群众艰苦奋斗，却不解决群众生活中的实际困难，甚至不顾群众的死活，而且谁要关心一下群众生活，他们马上挥舞什么"物质刺激"、"福利主义"一类的棒子打人。这就不能不挫伤群众建设社会主义的积极性，也不能不影响党和群众的血肉联系。现在，粉碎了"四人帮"，我们应当迅速恢复党的优良传统，按照毛主席的教导，正确处理国家、集体和个人三个方面之间的关系，才能充分调动广大群众的积极性，促进社会主义事业的发展。

三

唯物辩证法认为，矛盾的斗争性是绝对的，矛盾斗争的形式则是相对的。由于事物矛盾的性质不同，解决矛盾的方法即斗争形式也应当不同。这是毛主席的一贯教导。毛主席早在《矛盾论》中就指出："对抗只是矛盾斗争的一种形式,而不是它的一切形式。"王明搞"残酷斗争,无情打击",其思想上的根源就是混淆不同性质的矛盾,并把对抗当成矛盾斗争的一切形式。在《论十大关系》中,毛主席进一步指出:"有些人很有点像假洋鬼子。他们不准犯错误的人革命,不分犯错误和反革命的界限,甚至把一些犯错误的人杀掉了。我们要记住这个教训。"历史上的王明、张国焘是这么干的,王张江姚"四人帮"反党集团也是这么干的。"四人帮"肆意歪曲和篡改马列主义、毛泽东思想,断章取义地引用毛主席的话,曲解斗争哲学的本意,阉割马克思主义哲学的精神实质,把斗争哲学歪曲成为可以随心所欲地打向无产阶级和广大群众的一根大棒,歪曲成为给他们篡党夺权扫清障碍的反动思想武器。"四人帮"用心险恶,甚至把革命同志间正常的批评、帮助、谅解,统统斥为"中庸之道"。你讲既要分清是非、又要团结同志吗,他就说你是"折中主义";你要坚持"团结—批评—团结"的公式吗,他就说你是"和稀泥"、"老右倾";等等。总之,他们疯狂地破坏我国人民正常的政治生活,肆意践踏毛主席亲自培育的我们党几十年来的优良传统,一心要把无产阶级的天下搞乱,以便乘乱夺权。

毛主席总结了我们党历次斗争的经验,谆谆教导我们,对犯错误的人"一要看,二要帮"。只看不帮,是消极的。积极的态度就是"要设立各种条件帮助他改"。这些条件中包括合乎实际的批评,也包括必要的恰如其分的斗争,同时又包括具体地分析其所犯错误的原因、环境等等,并给予在实践中改正错误的机会。"对于革命来说,总是多一点人好。"毛主席的这些话,真是说到了广大干部和广大群众的心坎上。在马列主义、毛泽东思想哺育下,我们党在战胜国内外强大敌人,战胜各种错误的斗争中,教育和挽救了许许多多犯过这样或那样错误的同志,使革命的队伍从小到大,越战越强,我们的党越来越兴旺。而那些别有用心者专门整人,整得过分,则搬起石头砸自己的脚,"常常整到自己身上",统统都没有好下场。"四人帮"今天给这个人扣帽子,明天对那个人抡棍子,搬起石头专门想打人,企图把自己的"对立面","一个一个地收拾掉",结果呢?是"对立面"把自己一起"收拾掉"了,"四人帮"落得个"过街老鼠,人人喊打"的下场。

　　多年来，"四人帮"为了实现他们篡党夺权的狼子野心，打着马克思主义的旗号，专门搞阴谋诡计。他们是唯心主义横行的罪魁，形而上学猖獗的祸首。毛主席讲的十大关系，他们是条条破坏，处处捣乱。《论十大关系》这一马克思列宁主义的光辉文献，是我们彻底清算"四人帮"及其反革命罪行的强大思想武器，是澄清他们在一系列问题上所制造的混乱的法宝，是进一步现"四人帮"原形的照妖镜。《论十大关系》这一马克思列宁主义的光辉文献，又是我们在新的历史条件下，建设社会主义现代化国家，争取新胜利的重要指导思想。众所周知，以高度集中为特征的苏联模式，曾在社会主义国家产生过重大影响。这种模式是历史地形成的，后来走上社会主义道路的国家，由于没有先例可循，所以这种模式的影响是很容易而自然的，而摆脱这种模式的影响在各自的国家中另辟新路，探寻适合于本国的发展模式又是并不那么容易且是很艰辛的过程。中国共产党人为找到适合于本国的建设之路，进行过艰辛的探寻，并且取得了一些重要认识成果。虽然，在党的十一届三中全会之前，这种探寻总的说来并未实现历史性飞跃，但认识到必须探寻，必须摆脱那种模式的影响，探寻中取得的初步成果也是非常可贵的，以及成为十一届三中全会后开辟的建设有中国特色社会主义道路的重要思想资源，则弥足珍贵。毛泽东的《论十大关系》是一篇杰作，是进行这种"探寻"的重要篇章，是闪耀着辩证法光辉的重要文献。

　　《论十大关系》中，分析了现实生活中的诸多"关系"，这些关系几乎是人们在实际生活中经常遇到的，如果处理不好，将使国家和人民生活受损，如果处理得当，则大大有利于推进我国社会主义事业前进，广大人民的生活和积极性都会进一步提高和增强。所以，这十大关系是事关全局的大事，是战略性举措。毛泽东主席在论述这样十大关系时用语简洁通俗易懂，几乎基层干部都不难看懂，而其中所包含的辩证法哲理则非常深刻，有重大而深远的意义。

（原载《光明日报》1976 年 12 月 27 日）

邓小平对毛泽东哲学思想的继承和发展

邓小平建设有中国特色社会主义的理论，是当代中国的马克思主义，是对毛泽东思想的继承和发展。在这种继承和发展的关系中，内含着邓小平同志在我国社会主义建设新时期对毛泽东哲学思想的杰出运用和发展。

一

注重矛盾特殊性的研究，从中国的实际出发揭示普遍性与特殊性相互联结的道理，是邓小平运用毛泽东哲学思想的一个重要方面。毛泽东在《矛盾论》等著作中指出：要正确地认识事物，不仅要研究客观事物的矛盾的普遍性，尤其重要的是研究它的特殊性。他还提示人们，在研究事物矛盾问题时，不仅要注意此一事物与其他事物之普遍性与特殊性的相互联结，而且要特别注意一事物内部矛盾的特殊性与普遍性的相互联结。这里所说的"尤其重要"、"要特别注意"等，都是指的矛盾的特殊性。毛泽东所论述的关于矛盾的普遍性与特殊性相互联结的道理，关于要特别注意矛盾特殊性问题的研究，乃是中国革命实践经验的哲学升华，具有普遍的指导意义。

邓小平在对当代中国问题的深入思考中，高瞻远瞩，通观全局，联系于世界形势发展的新特点和国际共运发展的大背景下来考察中国问题，同时又特别注重于中国实际、中国社会主义发展所面临的现实矛盾问题的研究，从而引出一系列符合于客观实际的科学结论。从国际上看，"世界形势日新月异，特别是现代科学技术发展很快，现在的一年抵得上过去古老社会几十年、上百年甚至更长的时间"。[①] 20 世纪 70—80 年代以来，世界新技术革命蓬勃兴起，促进了社会生产力的迅猛发展。在这种新形势下，

---

① 《邓小平文选》第 3 卷，人民出版社 1993 年版，第 291 页。

世界各国在经济上相互竞争又相互依存的倾向日益明显，国际市场不断扩大，经济生活日趋国际化。马克思当年所说的世界已经"连成一片"、"民族历史"转变为"世界历史"的情况，在 20 世纪 80 年代以来以其更加明显更加特殊的形态显露出来了。这就迫使各国和各种政治力量不能不适应这一新的世界形势而调整自己的政策，从而使国际经济政治格局发生了很大变化。与 50 年代两大阵营对立的格局不同，世界多极化的趋势已经形成并正在加速发展，经济因素在国际关系中的主导作用愈益突出，推进缓和、谋求发展已成为当代国际形势的主流。这种新的国际关系把争取和平与发展这两大任务历史地提到了世界人民面前，这也为社会主义国家发展建设提供了有利的国际环境。邓小平同志明确指出："现在世界上真正大的问题，带全球性的战略问题，一个是和平问题，一个是经济问题或者说发展问题。"[①] 长期的冷战局面之后，和平与发展已经成为当代世界的主题。邓小平同志正是基于对国际形势发展新特点的分析，作出了和平与发展是当代世界的两大主题的科学论断。这个科学论断，是建设有中国特色社会主义理论得以形成和确立的国际条件方面的重要依据。另一方面，已经走上社会主义道路的国家多年来也经历了坎坷的路程。一些国家由于长期以来体制僵化积累下来的弊端日益暴露出来，以至于进入 70 年代以后东欧国家和苏联的经济增长速度普遍下降，到 80 年代前半期更趋恶化，降到了历史的最低点。苏联从 1981 年至 1985 年的第十一个五年计划的主要指标都没有完成。一些东欧国家由于经济发展的不景气和沉重的外债负担，而遇到了相当严重的经济困难。经济滑坡，政局不稳，人民生活得不到应有改善和不满情绪日益增长，这是导致后来社会主义事业在这些国家被断送的重要原因。造成这种局面的具体原因不是单一的，各国的情况也不尽相同。例如有的根本不进行改革，有的则把改革引向邪路，但从思想理论根源上说，都有个如何处理普遍性与特殊性的关系问题，对许多国家说来，原有的僵化的社会主义模式越来越不能适应形势发展的要求，不符合于实际的高度集中的体制成为束缚生产力发展的障碍，则是一个根本的共同的原因。

---

① 《邓小平文选》第 3 卷，人民出版社 1993 年版，第 105 页。

二

从中国的情况看，我们有自己的一些特点。第一，中国共产党人在领导中国人民的长期奋斗中有自己的历史传统，这就是把马克思列宁主义的普遍真理与中国革命的具体实践相结合的优良传统。毛泽东同志在领导我国人民实现这种"结合"的过程中取得了伟大的成功，赢得了新民主主义革命和社会主义革命的胜利，在我国成功地确立了社会主义制度。在社会主义建设方面也取得了巨大成就。并且对在我国如何进行社会主义建设这方面也进行了可贵的探索，取得了一些很有价值的见解。但是，在我们这样原本经济文化比较落后的国家，无产阶级在取得政权和建立了社会主义基本制度之后，如何进行社会主义建设，如何巩固和发展社会主义这个当代重大课题，从总体上并没有真正解决。这个问题的真正解决是在党的十一届三中全会之后。第二，新中国成立以来，我国人民在社会主义建设中取得巨大成就的同时，也走过了艰难曲折的道路。由于长期"左"的指导思想的影响和不符合实际的高度集中经济体制的束缚，严重影响了生产力的发展，经济发展缓慢，人民生活未能得到应有改善，社会主义制度的优越性不能充分发挥。特别是十年动乱造成了严重后果，使民经济濒临崩溃的边缘。这种情况促使人们不能不进行历史的反思：社会主义的优越性为什么未能得到充分发挥，怎样才能使社会主义的优越性更好地发挥出来，——这就是在把马克思主义的基本原理同我国新历史时期的具体实践相结合时所面临的一个重要课题。第三，人口多、底子薄，经济文化发展水平还比较低，是我国的基本国情。邓小平同志说：中国算是一个大国，"这个大国又是小国。大是地多人多，地多还不如说是山多，可耕地面积并不多。另一方面实际上是个小国，是不发达国家或叫发展中国家。"① 我国社会还处于社会主义的初级阶段，"一切都要从这个实际出发，根据这个实际来制订规划。"② 上述关于普遍真理与具体实践相结合的历史传统、

---

① 《邓小平文选》第3卷，人民出版社1993年版，第105页。
② 同上书，第252页。

我国人民在社会主义道路上的曲折历程以及中国的现实国情等，都表明在把普遍的东西与特殊的东西相结合的过程中，必须着力于矛盾特殊性的研究，注重一切从中国的实际出发，实事求是。研究矛盾的特殊性，就是要研究地平线上所出现的新事物，新情况，新问题；或者对过去已经出现的事物但还未研究或尚未深入研究的事物进行研究。科学社会主义问世至今已一个半世纪多了。它以理论形态转化为现实社会制度，第一个社会主义国家的出现已 70 多年了。第二次世界大战后在世界广大地区转变为现实也几十年过去了。这期间成功与失败，胜利和挫折，都为人们研究社会主义提供了正、反两个方面的经验。但是，社会主义又是在实践中不断发展变化着的事物。马克思当年以英国等发达资本主义国家为背景所提出的关于社会主义的构想，与后来俄国及其他许多国家社会主义的现实具有很大差距。如果一切照抄照搬，拒绝或忽视每个国家具体情况的研究，那就必然受挫，就谈不上社会主义革命的胜利。走上社会主义道路之后如何建设社会主义，各国的情况也是千差万别，各个特殊的。如果拒绝或忽视本国特殊性的研究，而照搬别国模式或书本上的条文，也会在实践中受挫，谈不上巩固和发展社会主义。邓小平同志指出："一个党，一个国家，一个民族，如果一切从本本出发，思想僵化，迷信盛行，那它就不能前进，它的生机就停止了，就要亡党亡国。"① 马克思主义的生机和活力，社会主义的声望与生命力，都是与实践的发展密切相关联的，离不开对事物矛盾特殊性的研究。邓小平同志在构想中国社会主义的发展道路时，不是抽象地谈论社会主义的一般原则，不是靠"本本"，而是靠实践，靠实事求是，强调把普遍的东西化为具体的东西；在充分研究中国国情和历史与现实经验的基础上，强调一切从中国的实际出发，走自己的路。多年来国内外关于社会主义虽然谈论了很多，但只有邓小平同志把问题提到了这样的高度："不解放思想不行，甚至于包括什么叫社会主义这个问题也要解放思想。经济长期处于停滞状态总不能叫社会主义。人民生活长期停止在很低的水平总不能叫社会主义。"② 他这样尖锐地提出问题是有现实针对性的，

---

① 《邓小平文选》第 2 卷，人民出版社 1994 年版，第 143 页。
② 同上书，第 312 页。

体现了实事求是的科学态度。要发展经济和改善人民生活，这本是社会主义的题中应有之义。而社会主义国家所走过曲折道路，包括困难和失误，等等，所造成的在长时间里经济停滞不前、人民生活水平还很低等等，与社会主义的要求之间又形成了不容忽视的现实矛盾。不研究社会主义在发展过程中在特定历史条件下所出现的这种现实矛盾，要想走出一条符合于中国实际的社会主义新路是很困难的。邓小平同志不仅提出在"什么叫社会主义"的问题上也要解放思想，而且反复论述了"贫穷不是社会主义"、"发展太慢也不是社会主义"的道理。与此相关联，他关于社会主义的根本任务是发展生产力的论断，关于社会主义的本质是解放生产力，发展生产力，消灭剥削，消除两极分化，最终达到共同富裕的新概括，关于"社会主义经济政策对不对，归根到底要看生产力是否发展，人民收入是否增加乃是压倒一切的标准"① 的论断，等等。可以看出，从什么叫社会主义到社会主义的本质是什么，从社会主义的根本任务到检验经济政策的标准，等等，这些关于社会主义的论断之间都有着内在的联系，成为建设有中国特色社会主义理论体系中有机组成部分。而所有这些论断又都是从客观实际出发，建立在对现实矛盾的科学分析基础之上的。

三

　　一切从实际出发，理论联系实际是马克思主义的基本原则。但是究竟什么是理论和实际相联系呢？对此毛泽东同志是这样说的："中国共产党人只有在他们善于应用马克思列宁主义的立场、观点和方法，进一步地从中国的历史实际和革命实际的认真研究中，在各方面作出合乎中国需要的理论性的创造，才叫做理论和实际相联系。"② 这个论断极为重要。就是说，理论和实际的关系，理论联系实际，绝对不能理解为一方面是理论，一方面是实际，只要把两者简单地"挂钩"就万事大吉了。用一般原则代替对事物的具体分析，把理论简单地套用于实际，这是只有思想懒汉才欣

---

① 《邓小平文选》第 2 卷，人民出版社 1994 年版，第 314 页。
② 《毛泽东选集》第 3 卷，第 778 页。

赏的东西。与此相反，真正的理论联系实际，乃是一个艰苦的过程，它离不开研究矛盾的特殊性。正如毛泽东同志在民主革命时期在研究中国实际基础上作出了一系列合乎中国需要的理论性创造一样，邓小平同志在我国社会主义发展的新历史时期，注重当代中国实际问题的研究，作出了一系列合乎中国需要的理论性创造。例如关于社会主义初级阶段，关于社会主义市场经济、计划和市场都是经济手段，关于改革也是解放生产力，改革是社会主义发展的动力，关于社会主义的本质，关于科技是第一生产力，关于两手抓、两手都要硬，关于一国两制等，都属于理论性创造的范畴。这些理论性创造，大大开阔了人们的眼界，把马克思主义推向了新境界。邓小平同志集中全党智慧所创立的建设有中国特色的社会主义理论，是马克思列宁主义与当代中国实际和时代特征相结合的最新成果，是毛泽东思想的继承和发展。这一理论，无论从科学社会主义学说、马克思主义政治经济学等方面来说，其发展是很明显的。从哲学上说，邓小平对毛泽东哲学思想的继承和发展也是很明显的。笔者前不久参加了关于邓小平的哲学思想的研讨会，会上哲学工作者从各个方面对这个问题进行了探讨，听来颇有启发。例如，有的论者着重从解放思想、实事求是是建设有中国特色社会主义理论的"精髓"和哲学基础这方面发表了很有启发的意见。又如有些论者提出：邓小平哲学思想体系基本框架中带有根本意义的有四个方面。这就是：以解放和发展生产力为根本任务的社会发展中心论；以改革开放为鲜明特色的社会主义发展动力论；以物质文明、精神文明、制度文明建设同时并举、增强综合国力为战略的社会发展合力论；以实现共同富裕为目标、造就"四有"新人为任务的人的全面发展论；等等。论者们的侧重点有所不同，但一致认为邓小平在创立建设有中国特色社会主义理论的过程中，对毛泽东的哲学思想是继承、丰富和发展的关系。就本文所涉及的范围而言，我以为邓小平同志对毛泽东哲学思想的继承和发展，有下述两点：

第一，邓小平同志继承了毛泽东同志在《矛盾论》等著作中所阐明的关于矛盾的普遍性与矛盾的特殊性相互联结的原理，在考察和分析当代中国的诸多问题时，坚持普遍性存在于特殊性之中、无个性即无共性的基本观点，并且在揭示我国社会主义建设发展规律时，牢牢把握从中国的实际出发，实事求是，特别注意对矛盾特殊性的研究。他在探索中国社会主义建设发展道路问题时，坚持走自己的路，从中国的具体国情中揭示普遍性与特殊性的相互联结，并且在这方面作了长足的发挥，作出了一系列合乎中国需要的理论性创造。自然，要善于从每一事物内部发现普遍性与特殊性的相互联结，这个观点毛泽东早就讲过了。然而，观点虽相同，但毛泽东和邓小平在不同历史时期所面临的现实实践任务却不同。邓小平所面临的是社会主义基本制度确立之后，在我们这样的东方大国、原本经济文化比较落后的国家如何建设社会主义、如何巩固和发展社会主义的崭新课题。对于这样的课题，书本上没有也不可能有现成的答案，照搬别国现成模式的做法早已为实践所否决。我们自己以往的成功经验是需要继承的，但又不能代替对新任务的研究。所以，在马克思主义基本原则的指导下，只能"走自己的路"，从中国的实际出发开辟建设有本国特色的建设社会主义的道路。

我们从《邓小平文选》第二卷和第三卷中，可以看到他在形成和发展建设有中国特色社会主义理论的过程中，对一系列问题的论述都着眼于中国的实际，坚持一切从中国的现实国情出发，坚持实事求是。可以说，注重当代中国这个矛盾特殊性问题的研究，从这个特殊对象本身揭示其发展规律，摈弃一切离开中国实际的关于社会主义的抽象原则，是邓小平在新历史时期对矛盾特殊性学说的运用和发展，是对每一事物内部普遍性与特殊性相互联结这个重要观点的继承和发展。

第二，邓小平同志在论述当代中国的诸多问题时，紧紧把握时代发展的新趋势，他视野广阔，高瞻远瞩，在世界经济政治形势发展的大背景下观察中国的问题。

他强调学习马列主义、毛泽东思想基本理论的重要性，强调加强工作中的原则性、系统性、预见性和创造性。他在观察和分析各种问题时，很强调系统的观点。他认为建设有中国特色的社会主义事业本身就是一个复杂的系统工程。他所创立的建设有中国特色社会主义理论，其中的诸多理论观点都有着内在的联系，构成为一个科学的理论体系。如果说，一些横断科学如系统论、控制论、信息论等方面的研究成果，为丰富和发展马克思主义哲学提供了可贵资料，那么，在社会系统工程这方面邓小平同志在他的著作中所阐述的诸多问题，他关于中国社会主义建设发展战略的整体构想和具体设计，都体现了唯物辩证法的系统观。由于邓小平同志所论述的诸多问题都事关重大，关乎在一个历史转折关头中国向何处去，关乎我国社会主义事业的前程和命运，关乎我国各族人民的福祉和中华民族的伟业复兴，所以他集中全党和全国人民智慧所开辟的建设有中国特色的社会主义这条新路，就具有特别重大的意义。

（原载《马克思主义研究》1995 年第 1 期）

划时代的理论成果

——学习《邓小平文选》第三卷

　　《邓小平文选》（简称《文选》）第三卷的出版发行，是我国人民政治生活中的一件大事，也是思想理论战线的一件大事。《文选》第三卷，汇集了邓小平同志 1982 年至 1992 年的主要著作。这些著作，在十年前出版的第二卷的基础上，进一步论述了关于建设有中国特色社会主义的诸多问题，创造性地提出了一系列论断，集中体现了当代中国马克思主义的精华，成为建设有中国特色社会主义理论的重要组成部分。邓小平同志关于建设有中国特色社会主义的理论，是把马克思主义的基本原理与中国新时期的实际和时代特点相结合的产物，具有重大而深远的意义，是划时代的理论成果。

一

　　社会主义在实践中的发展，经历了曲折前进的过程，而建设有中国特色社会主义的理论，则在历史发展的一个重要关头指明了走上社会主义道路的国家，如何建设社会主义、如何巩固和发展社会主义的前进方向。社会主义学说从空想到科学的转变，至今已 150 余年了。科学社会主义理论以社会制度的形式第一次转化为现实也 70 余年了。第二次世界大战后走上社会主义道路的国家也走过了 40 多个年头。这期间，社会主义事业有蓬勃发展、凯歌行进的年代，也有历经曲折颠簸乃至严重受挫的时候。成功与失败、前进与后退、正面经验与反面经验，都发生在同一历史过程中，都是与社会主义国家的历史行程相伴而生的现象。

　　历史现象复杂多变。这是由参与历史活动的多种因素交互作用的结果。而历史发展的客观规律则总是深藏在历史现象的背后而不易为人们所察觉。更重要的是，已被揭示的历史发展的普遍规律，只有与时代发展的特点、每一国家或民族的具体实际相结合，找到它得以实现的具体形式时，方能在实践中取得成功。马克思、恩格斯在唯物史观和剩余价值学说基础上所创立的科学社会主义理论，揭示了人类社会发展特定历史阶段的普遍规律，但是只有当列宁在 20 世纪初把这种普遍的东西与俄国的具体实践相结合时，才找到了社会主义革命的现实道路，取得了十月革命的成功。中国人民在长期的革命斗争过程中，历经艰难曲折，终于找到了马克思列宁主义与中国革命实践相统一的思想——毛泽东思想，从而取得了革命的胜利，建立了中华人民共和国，走上了社会主义道路。已经走上社会主义道路的国家，都面临着如何建设社会主义、如何巩固和发展社会主义的问题。这个问题，在无产阶级取得政权的最初年代，显得还不是像后来那么突出和尖锐。但是，随着时间的推移，在社会主义制度已经确立的条件下，如何进一步发展生产力，怎样建设社会主义和怎样巩固与发展社会主义等问题，就日益突出和尖锐起来了。社会主义历史发展中的实践表明，无论是基于对马列本本中的某些原则或设想的教条式理解，或者是照搬其他国家的现成模式，都不能解决在各自国家中如何建设社会主义、如何巩固和发展社会主义的问题。邓小平同志在党的十二大开幕词中明确指出："我们的现代化建设，必须从中国的实际出发。无论是革命还是建设，都要注意学习和借鉴外国经验。但是，照抄照搬别国经验、别国模式，从来不能得到成功。这方面我们有过不少教训。把马克思主义的普遍真理同我国的具体实际结合起来，走自己的道路，建设有中国特色的社会主义，这就是我们总结长期历史经验得出的基本结论。"①

　　邓小平同志在总结新中国成立以后到十一届三中全会近 30 年的历史时，曾多次指出，这 30 年的成绩很大，但做的事情不能说都是成功的。新中国成立头 8 年，发展是健康的，形势非常好。以后就出问题了。从 1958 年到 1978 年，耽误了整整 20 年的时间。这 20 年中也做了许多工作，

---

① 《邓小平文选》第 3 卷，人民出版社 1993 年版，第 2—3 页。以下该书引文，只在文中注明页码。

经济建设也在逐步发展，但"就整个经济情况来说，实际上是处于缓慢发展和停滞状态"，人民生活没有多大改善。这期间，对于如何建设社会主义的问题也曾进行过诸多探索，并且也取得了一些有价值的见解，但总的说来，在我们这样原本经济文化比较落后的国家如何建设社会主义的问题，从总体上并没有解决。这个问题的真正解决是在党的十一届三中全会以后。党的十一届三中全会是我国社会主义发展中的一次重要转折。在那次会上，制定了解放思想、实事求是的思想路线，实现了工作重点的转移，采取了一系列新的方针政策，正如邓小平同志所指出："从十一届三中全会到十二大，我们打开了一条一心一意搞建设的新路。"（第 11 页）从邓小平同志在十二大开幕词中明确指出"走自己的道路，建设有中国特色的社会主义"，到 1992 年在南方视察时的重要谈话，是中国共产党领导全国各族人民全面开创改革开放和社会主义现代化建设新局面的时期。人民群众所从事的伟大实践创造了日益丰富的新经验，这就为进一步丰富和发展有中国特色社会主义的理论提供了可贵基础。而新出版的第三卷正是邓小平同志对这些新经验的理论总结。同时，这期间又是经历了国内风波和国际局势巨大变动的时期。第一个走上社会主义道路的国家解体了，一些在社会主义道路上走过了几十年的国家也发生了巨大的历史变故，社会主义在发展中遇到了严重的挫折。

这些国际上的巨大变动，促使人们进行深刻的历史反思。这就为我们从更广阔的领域总结社会主义发展的历史经验教训，从而为丰富和发展建设有中国特色社会主义的理论提供了国际条件。一些国家在社会主义道路上走过了几十年，竟然使社会主义成果毁之于一旦，固然有多方面的原因，但有一点似乎是共同的，即没有在普遍性与特殊性相结合中找到适合各自国家特点的建设社会主义的正确道路，特别是经济长期搞不上去。正如邓小平同志所说："世界上一些国家发生问题，从根本上说，都是因为经济上不去，没有饭吃，没有衣穿，工资增长被通货膨胀抵消，生活水平下降，长期过紧日子。"（第 354 页）这一时期邓小平同志还反复论证了社会主义国家发展生产力的极端重要性，说明了如果经济长期搞不上去，或者经济发展老是停留在低速度，生活水平就很难提高，其结果只能是丧失人心，这就不只是经济问题，而是政治问题了。

　　另一方面，邓小平同志还对世界形势的发展作出了新的概括。1980 年初邓小平同志就提出把"反对霸权主义，维护世界和平"作为我们 80 年代的三大任务之一。1984 年，又提出了"和平和发展是当代世界的两大问题"的重要论断。1988 年，基于对美苏两极格局开始瓦解的分析，提出要建立国际政治新秩序的著名观点。凡此，都是我国在新时期制定"独立自主的和平外交政策"的重要依据，也是我们在国际形势发展的新条件下，集中力量进行改革开放和社会主义现代化建设的重要依据。这样，从党的十一届三中全会制定的一整套方针政策，改革开放和现代化建设在实践中的不断发展，到十二大邓小平同志明确指出"走自己的道路，建设有中国特色的社会主义"，直到视察南方时的重要讲话和党的十四大，历时 15 年，中国大地上发生了历史性的重大变革。我国人民在改革开放和社会主义现代化建设中取得了举世瞩目的成就。以邓小平同志为核心的第二代中央领导集体率领全国人民开辟了建设有中国特色的社会主义道路。而在理论上取得的最大收获，则是邓小平同志集中党和群众的智慧所创立的建设有中国特色的社会主义的理论。这一理论，在社会主义发展史上第一次比较系统地初步回答了中国这样的经济文化落后的国家如何建设社会主义、如何巩固和发展社会主义的一系列基本问题，继承、丰富和发展了毛泽东思想，是马克思主义同中国实际相结合的最新成果；是邓小平同志在科学总结历史经验的基础上，立足于我国人民在社会主义发展新时期的崭新实践所创立的当代中国马克思主义的新篇章。如果说，对以往经验的历史反思是正确理解有中国特色社会主义道路的必要前提，那么，运用马克思主义的基本观点和基本方法研究实践中所出现的各种新问题、新经验，进行大胆探索和开拓前进，则是建设有中国特色社会主义理论赖以形成的最切近的现实基础。回顾我国社会主义发展的曲折历程，再看看其他一些社会主义国家所走过的坎坷道路和兴衰成败的经验教训，中国共产党人在 20 世纪 70 年代末以来领导我国各族人民所从事的改革开放和社会主义现代化建设的伟大实践，重新焕发了社会主义的生机和活力，展现了社会主义事业蓬勃发展的光辉前程。显然，在社会主义发展进程中面临种种困惑、前所未有的困难和屡屡受挫的严重关头，以邓小平同志为核心的第二代中央领导集体领导我们所开创的建设社会主义的"新路"，他所创立的

建设有中国特色社会主义的理论，是马克思主义发展史上响彻云霄的一曲
凯歌，具有划时代的意义。

二

建设有中国特色社会主义的理论，是我国人民改革开放和社会主义现
代化实践经验的理论总结，反过来这一理论又是我们继续胜利前进的科学
指南。在我国社会主义事业的发展中，邓小平同志所创立的这一理论，不
仅使我国人民从"文化大革命"造成的深重灾难中走了出来，摆脱了长达
20 年由于"左"的错误所造成的经济发展的缓慢和停滞状态，而且还基
于对当代中国和世界形势的深刻的科学分析，使我们党和国家重新走在时
代潮流前面，把我国的社会主义建设引上了健康发展的康庄大道。人们的
思想解放了，改革之风吹遍了中华大地，社会主义的优越性得到了前所未
有的发挥。显然，这对我国社会主义事业的发展有着划时代的意义。

江泽民同志在学习《邓小平文选》第三卷报告会上的讲话指出："中
国共产党成立之初，就郑重地把马克思列宁主义写在自己的旗帜上。经过
延安整风和党的七大，又郑重地把马克思列宁主义与中国革命的实践之统
一的思想——毛泽东思想写到自己的旗帜上。从十一届三中全会开始，经
过十二大、十三大到十四大，我们党又郑重地把邓小平同志建设有中国特
色社会主义的理论写到了自己的旗帜上。这是我们党付出了巨大代价获得
的极为珍贵的精神财富，是我们党和人民进行新的历史创造的科学总结，
是我们发展社会主义事业的伟大旗帜，是我们民族振兴和发展的强大精神
支柱。"① 马克思主义是深深植根于实践并在实践中不断发展的科学。建设
有中国特色社会主义的理论，是以邓小平为核心的第二代中央领导集体，
在把马克思主义的基本原理与我国实际相结合，在实现第二次历史性飞跃
中创立的。它立足的基础是党和人民的崭新实践。十一届三中全会以来，
我国人民所从事的改革开放的社会主义现代化建设是全新的事业，它前无
古人，别无他国。因而，只能在实践中不断探索，开拓前进。邓小平同志

_____

① 《光明日报》1993 年 11 月 4 日。

是我国社会主义改革开放和现代化的总设计师。他善于概括群众的经验和创造，在领导我们进行改革开放和社会主义现代化建设的伟大实践中，一方面为我们设计了有中国特色社会主义的一整套发展战略，规划了崭新的和切合中国实际的宏伟蓝图，同时又在概括实践经验的基础上，提出了一系列创造性的马克思主义的理论观点。例如，关于社会主义初级阶段的重要论断，关于改革是中国的第二次革命、改革也是解放生产力的重要论断，关于社会主义的本质的新概括，关于科学技术是第一生产力，关于和平与发展是当代世界的两大主题，关于社会主义商品经济，关于计划与市场、关于社会主义和市场经济不存在根本矛盾，关于两手抓、两手都要硬，关于坚持"一个中心，两个基本点"的基本路线一百年不动摇，关于抓住时机，加快发展，争取国民经济隔几年上一个新台阶，关于发展是硬道理，等等。都是对马列主义、毛泽东思想的继承、丰富和创造性发展，体现了时代精神和马克思主义的创造本性。正因为邓小平同志在实践发展过程中进行了艰辛的锲而不舍的理论探索，提出了一系列新思想、新观点和新论断，才使马克思主义理论在当代中国进入新境界，达到了新高度。这些理论上的新思想、新观点和新论断，都是建设有中国特色社会主义理论的有机组成部分。他们也是我国人民在 15 年来的改革开放和现代化建设过程中排除各种干扰、克服种种困难而不断前进的重要理论基石，也是我们在建设有中国特色社会主义道路上胜利前进的重要理论基石。事物是不断发展变化的。民族要发展，需要有民族精神；时代要前进，需要有时代精神；亿万群众所从事的伟大实践，需要有反映时代特点和新的实践水平的理论为旗帜。邓小平同志建设有中国特色社会主义的理论，就是我们这个民族在这个时代凝练而成的极其珍贵的精神财富，是激励我国人民为实现社会主义现代化不懈奋斗的力量源泉，是我们民族振兴和发展的强大精神支柱。所以，把邓小平同志建设有中国特色的社会主义理论写到我们的旗帜上，是社会主义实践发展的要求，是完全合乎逻辑的历史性结论。

　　十一届三中全会以来，我们之所以能开创改革开放和社会主义现代化建设的新局面，我国的经济建设、综合国力、人民生活之所以能上一个大台阶，我们的社会主义制度之所以能够在世界风云急剧变幻的情况下，不断焕发出生机和活力，在国际共运中连连发生巨大变故和震荡的时候，我们的国家之所以能稳如泰山，我们的发展道路之所以如此开阔和坚定不移，根本原因就在于有邓小平建设有中国特色社会主义的理论。历史和现实经验一再表明，坚持邓小平建设有中国特色社会主义的理论，就是真正坚持马克思列宁主义、毛泽东思想。江泽民同志在党的十四大报告中明确指出："党的基本路线要毫不动摇地长期坚持下去，社会主义的改革开放和现代化建设要搞得更好更快，国家要长治久安和繁荣富强，关键在于我们党。"最近，在学习《邓小平文选》第三卷报告会的讲话中，江泽民同志又强调指出：党的十四大关于用邓小平建设有中国特色的社会主义理论武装全党是作为"战略任务"提出的，强调这是推进改革开放和社会主义现代化建设的"迫切需要"，是新时期加强和改进党的建设的"重大措施"，也是坚持党的基本路线一百年不动摇的"根本保证"。这些，都指明了用建设有中国特色社会主义理论武装全党的极端重要性。而《邓小平文选》第三卷的出版，则为我们进一步落实这个战略任务提供了最好的教材和最有力的武器。毫无疑问，随着实践的发展，建设有中国特色社会主义的理论也将不断丰富和发展。我们在前进的道路上还会不断遇到新问题、新情况，需要我们去研究、探索和解决。我们越是用建设有中国特色社会主义的理论武装起来，就越能提高研究和解决新问题的能力。

三

我国人民在改革开放和社会主义现代化建设中所取得的巨大成就，对现实实践中诸多新问题的探索，以及一系列陈腐观念的突破和理论上的创新，都是以"解放思想、实事求是"的思想路线为基础的；解放思想、实事求是，是贯穿于建设有中国特色社会主义理论全部观点的精髓。多年以来，邓小平同志反复论述了解放思想、实事求是的极端重要性。1978 年12 月 13 日，邓小平同志在中央工作会议上作了"解放思想、实事求是，团结一致向前看"的讲话，强调了打破思想僵化、解放思想的重要性。在接着举行的党的十一届三中全会上，作出了工作重点转移等一系列重大决策，确立了解放思想、实事求是的思想路线。1988 年 5 月，邓小平同志在讲到这个问题时又明确指出："我们党的十一届三中全会的基本精神是解放思想，独立思考，从自己的实际出发来制定政策。"（第 260 页）我们从《邓小平文选》第三卷中看到，如同在 10 年前出版的第二卷一样，邓小平同志多次讲到了"解放思想"和"实事求是"，一再提示人们要解放思想而不要为一些陈旧观念所束缚，"不要固守一成不变的框框"，"各国必须根据自己的条件建设社会主义。固定的模式是没有的，也不可能有。墨守成规的观点只能导致落后，甚至失败。"（第 292 页）在讲到思想路线时，邓小平同志还多次把"解放思想"和"实事求是"联系起来一起讲。在把马克思主义的普遍原理与中国实际相结合的第一次历史性飞跃中，对思想路线用"实事求是"来概括，这是毛泽东的功绩，而在第二次历史性飞跃中结合新时期的实际和历史形成的特点，把"解放思想"纳入思想路线的范畴，把"解放思想、实事求是"作为新时期思想路线来概括，则是邓小平的一个突出贡献。把"解放思想"提到思想路线的高度，用"解放思想、实事求是"作为新时期思想路线的概括，有深刻的现实根据和重大意义。一般地说，人们要想使思想和实际相符合，使主观和客观相符合，就必须实事求是。但客观事物和人们变革现实的实践又是不断发展变化的，所以，要求获得主观和客观的具体的历史的统一，就不能把已经取得的认识凝固化，不能思想僵化。否则，就会使思想脱离已经变化了的实际。这就要求解放思想。只有解放思想，才能达到实事求是，达到主观和客观具体的历史的统一。这是就一般认识论意义上说的。特殊地说，我国改革开放和社会主义现代化建设的新时期，是从当时既已形成的特殊历史条件下起步的。粉碎"四人帮"以后一段时间，历史的重负仍然强压着人们。思想僵化，迷信盛行。长期以来所形成的一些精神枷锁仍然禁锢着人们的头脑。加之，"当时主持中央工作的同志坚持'左'的政治路线，又提出了错误的思想路线，叫做'两个凡是'"。（第 9 页）这样，便造成了当时一种特殊的局势，一方面举国上下为粉碎"四人帮"而欢欣鼓舞，同时又对许多现象感到迷惑不解，在这种情势下，如果不强调解放思想，破除迷信，打破思想禁锢，简直是寸步难行。在那种情况下，邓小平同志提出了毛泽东思想的精髓是实事求是，领导并高度评价了关于真理标准问题的讨论，批判了"两个凡是"的错误观点，提出了一定要"拨乱反正，打破精神枷锁，使我们的思想来个大解放"的正确主张。人们还记得，邓小平同志在那一时期所提出的关于完整地准确地理解毛泽东思想科学体系的光辉论断，在我国理论界引起了强烈反响，受到了广大理论工作者和广大干部与群众的热烈称赞，这对于打破思想枷锁，冲破"两个凡是"的重重迷雾起了重要作用。邓小平同志的另一段论述把问题说得更透彻："一个党，一个国家，如果一切从本本出发，思想僵化，迷信盛行，那它就不能前进，它的生机就停止了，就要亡党亡国。"这段马克思主义的光辉论述，以其深刻的思想、恢宏的气势、无可辩驳的真理性震动了国内外论坛，在我国广大干部和群众中引起了热烈反响。15 年前，当这段光辉论述在报纸上公开发表时，在我国理论界所引起的热烈情景，至今仍然历历在目。当时我们社科院的许多研究生把这段话抄在特制的"卡片"上，立案于书桌前，作为指导自己学习和进行社会科学研究的指针。在笔者所参加的一些全国性的理论讨论会上，来自全国各地的学者在发言中纷纷引证这段话，阐发各自的学习体会和作为论证自己某一理论观点的经典根据。这一切不是偶然的。这段论述，与我国当时政治生活和思想生活的实际紧相联系，与解放思想、破除迷信的现实任务紧相联系，显得特别有力和可贵。人们从中不仅看到了邓小平同志的巨大理论勇气、精深的思想和非凡的胆略，而且看到了中国共产党人率领全国各族人民即将开辟社会主义建设新局面的决心，看到了国家发展和民族振兴的希望。在当时的形势下，如果不强调解放思想，不坚持"解放思想、实事求是"的思想路线，就不能完成思想路线上拨乱反正的紧迫任务，也就谈不上进入改革开放的社会主义现代化建设的新时期。可见，强调"解放思想"的重要性，把它提到思想路线的高度，是与当时的形势相联系的，是历史发展所提出的客观要求。

　　另一方面，在跨入社会主义发展新时期以后，我们所面临的是改革开放的社会主义现代化建设这样全新而艰难的任务。在这种开创全新事业的过程中，我们只能以马克思主义的基本原理为指导，一切从国情出发，在实践中学习，在实践中探索前进。而一些长期流行的传统观念，又沉重地压在人们的身上，禁锢着人们的头脑。包括那些由于对马克思主义的某些原则、某些本本的教条式理解而来的一些观点，也包括那些对社会主义的不科学的甚至扭曲的认识，还包括那些由于照搬别国模式而带来的各种框框，以及那些超越社会主义初级阶段的观念，等等。所有这些，大都已年久日深，形成它们的原因又错综复杂：有来自马克思的，也有来自苏联模式的，还有我们自己亲手铸造的；有些以观念形态的形式存在着，有些则已成为某种业已确立的制度或体制（如"人民公社"、高度集中的计划体制），等等。特别是来自马克思主义创始人的某些论点和设想，突破起来就很不容易。例如，马克思曾经设想，在社会主义社会里，商品与货币将消失。但是一则马克思当年的说法所依据的是以资本主义商品经济高度发达的国度为社会主义的前提的，二则马克思原来寄予希望的英、法等发达国家的革命并未转化为现实，而取得革命胜利的国家大多都是原来经济比较落后的。因此，马克思关于社会主义不存在商品经济的设想，与现实中的社会主义社会就形成了很大反差。现实中的社会主义社会，要想"消灭"商品经济是不可能的，这与马克思的说法相冲突。列宁在俄国曾不得不允许一部分商品的存在，但又认为实行"新经济政策"不过是暂时的让步。斯大林则只把商品经济限制在很小的范围内。这种社会主义社会与商品经济不相容的观点曾长期流行，成为束缚人们头脑的一种重要观念。突破这样的观念是很不容易的。20 世纪 80 年代中叶，我们党在《关于经济体制改革的决定》（以下简称《决定》）中，提出了"社会主义有计划的商品经济"的新概念，认为商品经济是社会主义不可逾越的阶段，社会主义经济就是商品经济。邓小平同志对《决定》评价很高，认为说出了"新话"，是一次真正的理论上的突破，是马克思主义基本原理和中国社会主义实践相结合的政治经济学。把计划经济与社会主义相等同，把市场经济与资本主义相等同，认为社会主义是根本排斥市场经济的，这也是既有对马克思主义的教条式理解的"根据"，又有现实中固定不变的模式的"根据"，因而是流行多年的传统观念，要突破这样的观念殊非易事。翻阅《文选》第三卷，我们多次看到了邓小平同志在这个问题上精辟而深刻的见解。尤其是，有些东西是长期的历史地形成的，又是经过我们自己铸造起来的东西，一旦定型化，突破起来就更加困难。譬如，长期的革命斗争的环境使人们习惯于从一种固定的思路来看待社会主义社会。加之，走上社会主义道路的国家在相当长的时间内生产力赶不上发达国家。因而谈论什么是社会主义，在界定社会主义的规定性，在把握社会主义的本质时，往往只着眼于生产关系，而对生产力和发展生产力则长期忽略。社会主义的生产关系或所有制形式似乎是越大越公越纯越好，至于生产力的现实水平和要求，能不能促进生产力的发展，似乎无足轻重。显然，这是同忽视生产力的传统思路或扭曲了的关于社会主义的观念相联系的。邓小平同志关于社会主义本质的新概括，是对上述观念的重大突破，有重大而深远的意义。如此等等，改革开放和社会主义现代化建设的每一步发展，都是同解放思想、实事求是的思想路线密不可分的。江泽民同志在学习《邓小平文选》第三卷的报告中强调指出："我们的认识要随着历史的前进、时代的发展、实践的深化不断提高。全党同志在任何时候都要坚持解放思想、实事求是的思想路线。邓小平同志的著作，为坚持这条思想路线提供了光辉典范。我们学习新一卷《邓小平文选》，就要牢牢把握这个精髓，紧紧抓住这个实质。"① 解放思想、实事求是的思想路线，是同那些不合乎当代中国的实际、不合乎时代进步潮流的陈旧观念相对立的。这条马克思主义的思想路线具有鲜明的时代特点。它是建设有中国特色社会主义理论的哲学思想基础。它像一根红线一样，贯穿于建设有中国特色社会主义理论的全部观点之中，闪耀着马克思主义哲学的灿烂光辉，具有划时代的意义。

（原载《社会经济问题研究》1999 年第 2 期）

---

① 《光明日报》1993 年 11 月 4 日。

论"发展才是硬道理"

邓小平同志在视察南方的重要谈话中明确指出："对于我们这样发展中的大国来说，经济要发展得快一点，不可能总是那么平平静静、稳稳当当。要注意经济稳定、协调地发展，但稳定和协调也是相对的，不是绝对的。发展才是硬道理。这个问题要搞清楚。如果分析不当，造成误解，就会变得谨小慎微，不敢解放思想，不敢放开手脚，结果是丧失时机，犹如逆水行舟，不进则退。"邓小平同志的这些思想是对社会主义历史经验的深刻总结，是对社会主义发展的现实经验和对当代国内外形势进行科学分析所作出的科学论断，是建设有中国特色的社会主义理论的有机组成部分和重要战略思考。其间关于稳定、协调的相对性，以及对两者关系的分析，生动体现了事物在发展的动态过程中的辩证法进程；把"发展才是硬道理"与"逆水行舟，不进则退"对应起来讲，深刻阐明了在事物川流不息的辩证法进程中"进"与"退"的转换关系，从而说明了"发展才是硬道理"的极端重要性，对人们解放思想，抓住机遇，放开手脚，大胆实践有十分重大的启迪作用。江泽民同志在党的十四大报告中，以建设有中国特色社会主义的理论为指针，充分体现了邓小平同志视察南方谈话精神和丰富内容。对此，认真地学习、领会并在实践中加以贯彻，对于我们开创加速改革开放和经济建设的新局面，具有十分重要的意义。

一

关于稳定的相对性和发展的绝对性问题。邓小平同志在 1985 年指出："中国搞社会主义走了相当曲折的道路。二十年的历史教训告诉了我们一条最重要的原则：搞社会主义一定要遵循马克思主义的辩证唯物主义和历史唯物主义。"① 按照辩证法的观点,事物总是作为过程而向前发展的,发展的动因是事物内部的矛盾性。由于事物矛盾的变动性和矛盾力量的不均衡性以及条件之不同,在发展过程中事物便显现出阶段性。当事物的发展还处于量变阶段的时候,事物便呈现为相对稳定的状态。而由于事物内部和矛盾斗争具有绝对的性质,因而总要促使过程不断向前发展。这种发展或运动是无条件的,因而是绝对的。这样,人们便常常把"相对稳定"、"相对静止"与"绝对运动"、"永恒发展"对应起来加以运用,这是符合客观事物发展规律的。

在社会主义建设过程中,国民经济各部门之间,社会总供给与总需求之间,以及生产与消费之间的关系,都是相比较而存在的,都是在一定条件下而显现出来的对比关系。作为构成整个社会系统的要素,它们彼此之间存在着相互依赖、相互制约的关系。因此,必要的稳定和协调,暂时的相对平衡的可能性是事物存在的根本条件,也是事物发展的必要条件。如果它们之间的关系出现了严重的比例失调,某一方面的社会产品出现了严重缺口,势必会影响正常的发展进程。所以,在一定条件下依据客观实际的需要,采取必要的措施协调它们之间的关系,求得经济稳定、协调的发展是必要的。但这种稳定或协调是有条件的、相对的,不是绝对的。而发展则是无条件的、绝对的,因而"发展才是硬道理"。按事物发展的辩证规律,无条件的、绝对的东西不是离开有条件的、相对的东西而存在,而是通过相对的有条件的暂时阶段而体现出发展的无限性和绝对性。

还须明确,稳定或协调都是为了更快更好地发展,是实现这种发展的手段,而不是目的本身。如果把"稳定"从整个发展链条中隔绝开来,甚至把"稳定"看作是排斥发展的东西,那便是一种误解,是对稳定与发展之辩证法的不正确反映。这种因把稳定绝对化而造成的误解,势必使人们不敢解放思想,不敢放开手脚,会使人们变得谨小慎微,丧失开拓进取的意识和能力。结果只能是在把"稳定"绝对化、目的化的迷雾中坐失良机,对实践是很不利的。

大量事实告诉我们,上述关于国民经济各部门、社会总供给与总需求

---

① 邓小平:《建设有中国特色的社会主义》(增订本),第107页。

等，它们作为整个社会系统的要素，在系统中所处的地位、作用等也不是完全相同的，而是不断变化的。因此，即使在某种确定的条件下，它们之间的稳定或协调也只有相对的意义。正因为这样，我们不能设想国民经济各部门均在同一时间内齐头并进，以绝对均势的速度发展，而总是有轻重缓急之别，呈现为重点带动一般从而促进整体迅速发展的辩证法进程。大家知道，我国的改革大业首先是从农村开始的，而且农村家庭联产承包责任制的实行，也是首先在三分之一的地区，继而在三分之二的地区，最后才在全国普遍推广开来。农村改革几年初见成效以后，又推动了城市的改革。这样，农村和城市、农业和工业相互影响并相互促进，呈现为很正常生动的发展过程。至于社会总供给与总需求之间的关系，以及生产、建设、流通、消费之间的关系等，其"平衡"、"均势"、"稳定"、"协调"等，都不能从绝对意义上去理解。只要是大体上处于正常状态，国民经济的运行机制属于良性运行的范畴，某一方面的增长或加速发展没有出现掣肘和伤害全局的弊端，没有超出经济发展的客观进程在某一特定历史阶段所给定的可能范围和界限，那么，就不能"听到风便是雨"，不能轻易地谈论或断言经济"过热"、比例"失调"等。这是历史和现实实践所提供的一条重要经验。

　　邓小平同志视察南方的重要谈话，极大地调动了广大干部和群众的积极性、主动性和创造性，成为加快改革开放和经济发展的强大动力。我国去年上半年国民经济的发展和改革开放都出现了令人欢欣鼓舞的势头。据国家统计局所公布的数字，我国经济在 1992 年上半年的发展中，在生产、建设、流通领域均以两位数的速度增长，国民生产总值比 1991 年同期增长 10.6%。[①] 并且出现了改革开放和经济发展相互促进、加速发展的好势头。可能有人担心，这是不是又出现了经济"过热"现象呢？国家统计局发言人从总供求关系、市场和物价、国民经济的比例关系等方面，以一系列令人信服的事实和数据说明了我国经济虽然发展迅速，但仍处于绿灯区范围之内，[②] 没有形成经济过热。在谈到与广大群众日常生活关系密切的

---

　　① 参见《光明日报》1992 年 7 月 21 日。
　　② 绿灯区：根据宏观经济运行综合评分以五种信号灯来作为标志，即蓝灯表示经济冷，浅蓝灯表示偏冷，绿灯区表示稳定，黄灯表示偏热，红灯表示过热。

市场、物价问题时，发言人指出：当前市场货源充足，商品丰富多彩，绝大多数商品供求平衡或供过于求，群众购物心理正常。而且，随着城镇住房、医疗制度改革的推行，以及证券热、股票热的兴起，还会分流一部分消费品的购买力，故而市场压力不太大。发言人还指出，当前物价上涨主要是政策性的价格调整和成本拉动的影响，这同经济过热时商品供不应求，自发性涨价占很大比重的情况，有本质的区别。① 还需说明，我国是一个幅员辽阔、各地情况千差万别的发展中大国。原来的基础比较落后，内地与沿海发展并不平衡，各地区亦均有各自的特点，包括短处和优势。在这样的国度里进行社会主义建设，要改变落后面貌，没有一个积极发展的速度是不行的。而且在迅速发展的进程中出现某种起伏，呈现波浪式发展的前进运动，也是合乎事物发展规律的现象。邓小平同志在视察南方的重要谈话中着重提出了"发展才是硬道理"的科学论断，这是对我国社会主义建设经验的科学概括，也是对经济落后的国家如何发展社会主义经济、正确地把握发展进程的规律性认识。我们曾经吃过由于超过客观的实际可能而急于求成，结果是欲速不达的苦头。我们应该对失误的教训正确地加以总结，使其成为我们避免重犯类似错误和更好地前进的可贵精神财富。而不能不论客观的可能和条件如何，最好是一切平平稳稳，甚或认为是愈慢愈保险，把慢腾腾的步伐或滞后行为看作是可供选择的最佳方案。显然，这是从一个极端走向另一个极端了。我们说，不顾客观可能和条件，把根本办不到的事情硬是要付之于实践，急于求成，这不是实事求是的科学态度。同样，把本来可以办到的事情，放弃主观努力而坐失良机，不懂得犹如"逆水行舟，不进则退"的道理，也不是实事求是的科学态度。

二

关于如何处理经济发展的速度问题和怎样把握稳定与发展的关系问题。我国的社会主义建设有过高速发展效益甚好的年代，也有过发展甚

---

① 参见《光明日报》1992 年 7 月 21 日。

缓、基本上处于停滞不前的时期。在如何处理稳定与发展的关系上，我们既有正面的成功经验，也有严重的反面教训。正反两个方面的经验一再提示我们，经济发展的速度问题，以及如何正确处理稳定与发展的关系，确实是不可以等闲视之的大事。它关系到我国社会主义建设的战略全局，关系到我们对社会主义本质的正确把握和社会主义优越性的充分发挥。

我们通过对我国社会主义发展历史的简略回顾，便可以从中得到一些启迪。新中国刚刚成立的时候，我们所面临的是生产力极其低下，社会经济破败不堪，社会生产动荡不已的局面。要在这样的基础上把国家治理好绝非易事。但是，以毛泽东同志为代表的中国共产党人靠着实事求是这条马克思主义的思想路线，在短短几年的时间里就谱写了中华人民共和国最初年代的辉煌篇章。历史表明，除了其他方面的工作之外，最基础最根本的是全党全国人民致力于经济的恢复和发展，较快地医治了长期战争所造成的创伤，使全国的经济获得了较快的发展。尤其是那时我们所面临的任务是多方面的。要医治战争创伤，要继续完成民主革命所遗留下来的任务，要进行社会治理和涤荡旧社会残留的污泥浊水，还要对付帝国主义的侵略和内部敌人的破坏，等等。但即使如此，我们党仍然紧紧抓住了发展生产力，致力于国民经济的恢复和发展这个根本之点，并且在此基础上使人民生活得到改善，在完成各项复杂任务的同时保持了社会的稳定。很明显，这是发展中的稳定，是在我们在各方面工作中取得成效的基础上所实现的稳定。

正因为我们在新中国成立的最初年代正确地把握了稳定和发展的关系，创造了光辉业绩，才给社会主义中国带来了很好的声誉，使古老的民族呈现出勃勃生机。可惜，由于种种原因这种局面没有保持下去，从20世纪50年代末期开始发生了严重失误。实践的结果表明无产阶级在取得政权之后虽然创造了使生产力得以迅速发展的政治前提，但政治前提并不能代替对经济发展规律的研究，不顾生产力发展的客观规律，试图用搞群众运动的方式发展经济，结果是造成了经济严重比例失调，以至于到60年代初不得不采取"三年调整"的措施。"三年调整"之所以能够顺利进行，并使形势有了转机，除了其他方面的原因之外，新中国成立后前8年在恢复和发展国民经济取得的成就，则是一个根本的重要原因。

历史经验还启示我们，在社会主义条件下，如何正确处理政治与经济之间的关系，也是保持社会稳定，促进经济发展的一个十分重要的问题。从大的方面来说，当阶级斗争已不再是社会的主要矛盾，历史的客观进程已把发展生产力的任务提到了首要地位的时候，是以阶级斗争为纲，还是把发展生产力作为根本任务；是以经济建设为中心，政治工作要服从和服务于这个中心，还是偏离或冲击这个中心，这是走上社会主义道路的国家必须认真对待和正确地加以处理的问题。

社会主义国家的发展史表明，原本经济落后的国家在走上社会主义道路之后，本应致力于生产力的发展而使新生的社会制度获得可靠的物质基础，为不断改善人民生活创造条件，也为最终战胜资本主义奠定基础。那么，维护新生的社会主义制度、改善人民生活以及创造高于资本主义的劳动生产率，等等，有没有政治意义呢？在实现上述各项政治任务中要不要做好政治工作呢？答复当然是肯定的。我们的教训在于，在经济落后的社会主义国家里或者是在相当长的时间里忽视发展生产力这个根本任务，或者是对发展生产力的任务有所重视，但未能遵循经济发展规律，而是寄希望于试图通过政治手段创造经济发展的"奇迹"。对生产力现实情况及其发展规律的研究，对促进经济发展的社会机制的研究，以及对改善人民生活的重视和研究，往往被看作是与社会主义理想相悖的"忽视政治"的表现。显然，这是对马克思主义关于经济是基础、政治是经济的集中表现这一正确观点的偏离或误解。

三

"稳定"这个概念可以在不同意义上来运用。在说明一定的社会环境或政治局面时，"稳定"是相对"动乱"、巨大的社会"震荡"等而言的。我们常常用"十年动乱"描述"文革"时的情景，说明那时的社会作为一个系统，它的内部机制已遭到严重破坏，失去了正常运行功能，社会陷入了严重的动乱状态。

历史的经验说明，无论是经济建设或改革开放，都需要有稳定的政治环境，如果社会动乱不安，就无法进行现代化建设和改革开放。而要保持社会稳定，就要有政治保障。坚持四项基本原则就是保持中国长治久安的最根本的政治保证。我们针对那种否定四项基本原则，制造政治动乱的企图和活动，提出四项基本原则绝不能动摇，安定团结的政治局面不容破坏。通常所说的"稳定是压倒一切的"、"稳定是中国人民的最高利益"，就是在这个意义上说的。

社会的真正稳定，离不开经济的发展。经济发展了，综合国力增强了，人民生活的改善就有了可靠的物质基础；再加上政策对头，各方面的关系得到调整和理顺，政通人和，就会出现真正的社会稳定。随着客观过程的不断推移，实践的不断发展，广大人民对物质和精神生活的提高也会不断充满新的期待，而只有改革才是解决问题的必由之路。在不断前进的过程中，有关发展、改革、稳定的各项任务会经常出现。而理顺他们之间的关系，使之相互协调，从而把建设中国特色的社会主义事业不断推向前进，使发展改革的成果由广大人民共享，使各种社会矛盾得到正确妥善的处理，便会从根本上为人民"安居乐业"、社会"长治久安"创造条件。在发展过程中，我们面临着各方面的多项任务，而以经济建设为中心的则是兴国之要，是完成各方面任务的基础一环。发展仍是解决我国所有问题的关键。今天，我们重温"发展才是硬道理"的科学论断，使我们深感其中大而深远的意义。从发展才是硬道理到执政兴国的第一要务，再到科学发展观的提出和落实，犹如一条红线贯穿于我国改革开放新时期的全程，对我国社会生活产生了深刻而重大的影响，对中国特色社会主义事业的推进起了重大作用，并将产生久远的影响。

（原载《阵地》1993年第1期）

关于社会主义初级阶段

在邓小平理论的科学体系中，社会主义初级阶段论居于根本的基础的地位，对于我们各方面的工作都有着十分重大的指导意义。因此，加深对社会主义初级阶段的认识，不断增强在这个问题上的自觉性，对我们进一步理解和把握邓小平理论的科学体系，理解和把握社会主义发展的历史进程，在建设有中国特色社会主义的伟业中取得新胜利，是十分必要的。

人们对事物的认识，不会是一蹴而就，而往往是十分复杂和曲折的过程。特别是对社会历史现象的认识，更是如此。

人们对自己所处的社会历史阶段的认识之所以特别重要，从根本上说，这是对自己所处的社会环境的自觉意识和对历史方位的明确自觉，是他们进行历史活动的重要基础，是在这种历史活动中制定各种方略和对策的根本出发点。现在我国处于社会主义初级阶段，并将长时期处于初级阶段。在这个阶段上，我们制定的路线、方针和政策，都必须从社会主义初级阶段这个客观实际出发，否则，就会在实践中受挫。

江泽民同志多次指出：十一届三中全会以来，党正确地分析国情，作出了我国还处于社会主义初级阶段的科学论断。这是邓小平建设有中国特色社会主义理论的重要基础，是我们制定路线、方针、政策的根本出发点。1987 年 3 月 21 日在报给邓小平的《关于草拟十三大报告大纲的设想》中提出，党的十三大报告全篇拟以社会主义初级阶段作为立论的根据。"初级阶段"这个提法，在党的文件中已三次出现，但都没有发挥，党的十三大报告的起草工作准备循着这个思路加以展开，说明由此而来的经济建设的发展战略，由此而来的发展社会主义商品经济的任务和经济体制改革的方向，由此而来的建设社会主义民主政治的任务和政治体制改革的原则，由此而来的加强和改善党的领导的任务，由此而来的理论和思想指导上避免"左"右两种倾向的必要性，等等。这一系列的"由此而来"，都紧紧扣在"初级阶段"这个基本事实基础上，表明"初级阶段"问题的极端重要性。邓小平 3 月 25 日对这个设想作了批示："这个设想好。"

党的十三大召开之前夕，即 1987 年 8 月 29 日，邓小平同志又指出："我们党的十三大要阐述中国社会主义是处在一个什么阶段，就是处在初级阶段，是初级阶段的社会主义。社会主义本身是共产主义的初级阶段，而我们中国又处在社会主义的初级阶段。就是不发达的阶段。一切都要从这个实际出发，从这个实际来制定规划。"① 1987 年 10 月党的十三大系统地阐述了社会主义初级阶段的理论，在这个理论的指导下，一是坚定地贯彻十一届三中全会以来的路线、方针和政策；二是更新了中央领导班子，保证我们的改革开放政策连续贯彻执行下去，并且加快步伐。

可以看出，从对党的十三大报告设计方案的批示到十三大对社会主义初级阶段理论的系统阐述，从党的十三大前对我国社会主义处于什么阶段的论断到会后对十三大两个特点的说明，都表明邓小平同志对社会主义初级阶段这个问题是非常重视的。在他所创立的建设有中国特色社会主义理论的科学体系中，"初级阶段论"不仅是这一理论的重要内容，而且是构建整个理论体系的重要基础。

回顾历史，十一届三中全会前我们在社会主义建设方面出现的失误，一个根本原因就在于提出的一些任务和政策超越了社会主义初级阶段。无论是脱离生产力的现实水平而在生产关系变革方面求大求公求纯，或者是脱离客观实际的建设任务、指标的提出，以及急于求成的政策、方案等，在指导思想上都是"左"倾错误。而"左"倾错误的重要认识论根源则是对中国社会所处的历史阶段缺乏科学的认识，最主要的是对"社会主义初级阶段"这个基本国情认识太晚了，不了解自己的国家处在社会主义的什么历史阶段上。正是由于对"社会主义初级阶段"这个重要问题上没有做出科学的判断，陷入了盲目性，分不清这个"初级阶段"与其他阶段的区别，没有把握住"初级阶段"的质的规定性，因而所制定的路线和政策

---

① 《邓小平文选》第 3 卷，人民出版社 1993 年版，第 252 页。

不能建立在科学基础上。时而把社会主义初级阶段混同于过渡时期，导致错误地分析生产资料所有制社会主义改造基本完成后的阶级关系，把阶级斗争扩大化；时而又把社会主义的初级阶段混同于实现了现代化的较高发展阶段的社会主义，在发展生产力上脱离实际，从主观愿望出发，制订了一些不可能实现的宏观计划，在经济建设上急于求成，脱离实际可能。

十一届三中全会以来，我们在改革开放和现代化建设中取得了举世瞩目的成就，根本原因之一就是一切从社会主义初级阶段的实际出发，克服了那些超越阶段的错误观念和政策，闯出了在中国建设社会主义的一条新路。实践证明，这是在脚踏实地建设社会主义，社会主义重新获得了生机和活力，使社会主义在中国真正活跃和兴旺起来了，广大人民从切身感受中更加拥护社会主义了。正反两个方面的经验启发我们，只有从社会主义初级阶段这个实际出发，才能在实践中不断取得成功。

江泽民同志说，社会主义初级阶段这个科学论断是邓小平建设有中国特色社会主义理论的重要基础，是我们制定路线、方针、政策的根本出发点。"今天所以有必要重新强调这个问题，是因为：面对前所未有的机遇和挑战，面对改革攻坚和开创新局面的艰巨任务，我们解决种种矛盾，澄清种种疑惑，认识为什么必须实行现在这样的路线和政策，关键还是在于对所处的社会主义初级阶段的基本国情要有统一认识和准确把握。"[1] 显然，如果在认识上脱离现在的基本国情，一遇到某些困难就还是要回到老路上去，把超越社会主义初级阶段的一些错误观念和主张当作"正确"的东西加以坚持，用"别样的"路线和政策干扰十一届三中全会以来的正确路线和政策，那就只能遭到实践的否决。人们思想上的某些疑惑，前进道路上可能遇到的种种矛盾，不是靠一些似是而非的言论，某些超越阶段的错误主张所能解决的，而只能通过对基本国情的认识和再认识，把思想统一到社会主义初级阶段的科学论断上来。

对基本国情的认识也不可能一劳永逸，而是一个不断加深的过程。认识越深入，就会使我们对社会主义初级阶段的认识越深刻，越能在更准确的程度上来把握"初级阶段"这一科学论断的实质，增强行动的自觉性。

---

① 江泽民：《1997 年 5 月 29 日在中共中央党校的讲话》。

以江泽民同志为核心的党中央高举邓小平理论伟大旗帜，在领导我国人民建设有中国特色社会主义的实践中不断总结新经验，丰富和发展已有的理论，强调指出：我国社会生产力水平的多层次性和所有制结构的多样性，是我国社会主义初级阶段的“重要特征”；公有制为主体、多种所有制经济共同发展是我国的“基本经济制度”；非公有制经济是社会主义市场经济的“重要组成部分”；以及实行按劳分配为主体、多种分配方式并存的制度，把按劳分配与按生产要素分配结合起来，并且鼓励资本、技术等生产要素参与收益分配，等等，都反映了对新的实践经验的科学概括，表明对社会主义初级阶段的认识加深了，表明对社会主义初级阶段理论的丰富和发展。随着社会主义发展历史进程的推移，我国人民在21世纪建设有中国特色社会主义的实践中，经验将更加丰富，在制度创新和科技创新等方面将更有作为，新的实践经验的积累亦必将丰富已有的认识，我们对社会主义初级阶段理论的理解和认识必将进一步深化。邓小平同志所创立的社会主义初级阶段的理论在新的实践发展中将不断显示它的威力，使我们在面向世界、面向未来的发展进程中保持清醒的头脑，随时注意立足于现实，加深对我国“最大的国情”即社会主义初级阶段的认识，从而使我们的构想、计划、方案等置于从实际出发、实事求是的可靠基础上。多年来的经验提示我们，超越现实必须立足于现实，只有立足于现实，才能更好地实现跨越式发展，才能为改变现实、超越现实创造条件和提供可靠的基础。

人们知道，在世界社会主义发展的历史进程中，有的国家（苏联）也曾提出过“发达的社会主义”的论断，并宣称已经建成“发达的社会主义”，并且指日可待地要向共产主义过渡了。甚至向共产主义过渡的时间表都堂而皇之地列入议事日程中了。但是，脱离实际的设想只能遭到实践的否决。无论是对书本上的东西的教条式理解或搬用，或者是脱离现实的一切主观设想，都经不起实践的检验。当然，这也从另一方面向世人提供了可资借鉴的历史经验教训。

我国人民对社会主义初级阶段的认识，也经历了长期的探索过程。我们知道，在20世纪50年代末60年代初，毛泽东在读苏联《政治经济学》教科书时，曾经谈到：社会主义可能要有两个阶段，一个是不发达阶段，一个是比较发达的阶段。把社会主义作这种"不发达的"和"发达的"阶段划分，从理论上是有重要意义的，这也表明毛泽东在这个问题上的可贵探索，表明对我国当时现实国情的一定认识。从思想发展的渊源来说，后来邓小平所概括的我国社会主义初级阶段的理论与之也是相通的。从思想发展脉络来说，是一种继承关系，是一脉相通的。但又不是简单的继承，而是在概括以往经验和现实经验基础上的重大发展。这是因为，作为邓小平理论重要内容和现实基础的社会主义初级阶段论，不只是继承了关于社会主义有"发达的"、"不发达"的阶段划分的思想，而且纠正了过去的"左"的指导思想的失误，在初级阶段的内涵、跨度、背景和这一论断在整个理论体系中的地位和重要性等方面，都有新的发展，而成为邓小平理论的有机组成部分了。正如有的论者所说，在 1959 年、1960 年之交毛泽东在讲到社会主义有"不发达"阶段和"比较发达"阶段的时候，他的思想框架和前提首先是批评苏联教科书中"彻底巩固"集体农庄的说法，认为这就是不前进了，不向共产主义过渡了。在庐山会议反右倾的影响下，当时在我国自己的实践中还在积极探讨人民公社从基本队有向基本社有过渡的部署，甚至还有预期 20 世纪末中国整个社会进入共产主义的浪漫设想，足见那时的思路跟我们今天讲的社会主义初级阶段的思路是不同的。所以说，那种对十一届三中全会以来邓小平在新时期所创立的社会主义初级阶段理论的意义和重要性认识不足，认为似乎社会主义初级阶段理论在毛泽东那里早已有之，没有新意或没有发展，是不符合实际的。邓小平理论是当代中国的马克思主义，是对马列主义、毛泽东思想的继承和发展，是马克思主义在中国发展的新阶段。包括社会主义初级阶段论在内的邓小平理论，是与当代中国的实际和时代特征联系在一起的，内含着对社会主义发展历史进程和国际共运中正反两个方面历史经验的深入思索，对国内外历史和现实经验的科学概括，因此它是一种继承，又是发展的新阶段。

（原载《学术研究》1987 年第 6 期）

发展与发展观

——兼论可持续发展

在 20 世纪行将结束之际，世界上几乎所有的国家都在审视以往的行程，谋划自己的发展战略，以迎接新世纪的到来。而在不同的发展战略后面，又是以关于发展的不同理论为支点的。

对各学科研究发展的成果给予宏观审视，把"发展"本身作为对象加以考察，这是哲学所面临的课题。可持续发展，是一种理论见解，也可以是一种发展模式，还可以成为可供选择的发展战略，同时它又是一种发展观。我国在跨世纪的系统工程中，已把可持续发展作为战略确定下来。开展对发展与发展观的研究，包括对可持续发展的研究，有重要意义。

一

对当代发展理论历史进程的一般考察，是正确理解现实和未来发展的必要前提。

第二次世界大战结束以后，与世界许多国家和地区谋求战后重建、恢复和发展的要求相适应，各种研究发展的理论便应运而生。发展成为了诸多学科关注的热点。仅就理论流派而言，就有发展纯理型学派、心理学学派、传播学派、社会学学派等。新的发展学科更是层出不穷，如发展经济学、发展政治学、发展社会学、发展战略学、发展伦理学、发展美学，以及未来学发展理论等。这些不同的学科，虽然其研究的专业和侧重点各不相同，但视角却一致，即都把注意力集中在"发展"上。在这诸多的发展学科、发展理论中，有以罗斯托为代表的"经济发展阶段论"、罗森斯坦等人的"大推进平均增长理论",还有"基本需求论","增长加公平论",等等,这其中又有诸多的增长模式,如卡尔多增长模式、新古典学派的增长模式等。在未来学和经济学的发展理论中,有战后初期的"经济增长论"、罗马俱乐部提出的"增长极限论"、卡恩的"大过渡理论"、托夫勒的"权力转移论"等。

概括地说,就战后社会经济发展理论的基本线索而言,大体上是经历了一个从"经济增长论"到"增长极限论",再到"综合发展观",到"可持续发展论",以及相伴而行的"以人为中心的发展观"等历史演进过程。

(一) 经济增长论

这种观点在发展理论中出现最早,在经济发展的起初阶段,对许多国家产生了很大影响。发展学是从发展经济学开始的,然而发展经济学起初实为增长经济学。战后西方经济学家重视经济增长理论,为了促进经济的增长,提出了若干经济增长模式和理论。当时一般学术界还没有把"发展"与"增长"两个概念区别开来。多数学者实际上是认为"发展=增长"。这种发展理论指导下的发展战略是以国内生产总值的增长为目标的。这种观点把经济的增长作为发展的唯一绝对的标准,把发展简单地等同于经济的增长。其具体表现就是对国民生产总值的百般追求。这种"发展=增长"的观点虽然促进了经济的增长,但却带来了经济和社会方面的许多问题,带来了"没有发展的增长"或"只有增长没有发展"的严重后果。于是人们对这种发展理论和发展战略产生了怀疑。

随着时间的推移,人们对增长与发展的相互关系的认识也日益加深了。20世纪60年代末以后,关于发展离不开增长,但增长不等于发展的见解,在更大的范围内取得了共识。国际学术界几乎普遍认为,不能把发展简单归结为经济增长,而应当把发展与增长两个概念加以区别。一般认为,经济增长的含义较窄,通常指纯粹意义的生产增长;而发展的含义较广,除了生产数量的增长,还包括经济结构和某些制度的变化;不仅包含经济增长,还包含社会状况的改善和体制的进步;等等。而且,这种单纯地追求经济增长而不顾其他各种相关因素对增长的制约,那么总有一天,这种增长本身也是难以维持的。

（二）增长极限论

这种观点在当今的发展理论研究中影响很大，大家都知道这是罗马俱乐部在 20 世纪 70 年代为批判以经济增长为中心的发展观而提出的。增长极限论认为，人们对自然资源的掠夺与浪费使经济增长已临近自然生态极限，再这样下去，环境将被严重破坏，并且这种破坏是不可逆的。增长极限论的确给人类敲响了一个巨大的警钟，告诫人们要从人与自然的角度来看待发展问题。

1972 年，受罗马俱乐部的委托，由美国麻省理工学院的梅多斯等人提出了第一个报告，即"增长的极限"。这个报告一出版，就在全世界的学术界和思想界引起了极大的震动。

《增长的极限》的中心论点是：人口的增长、粮食的生产、投资的增加、环境的污染和资源的消耗都具有一种指数增长的性质。也就是说，过一段时间就增加一倍。如果这个趋势继续下去，我们这个星球上的经济增长就会在今后一百年内某个时期达到极限。原因就在于一个简单的事实，地球是有限的，空间是有限的，资源是有限的，地球吸收污染的能力也是有限的。作者为我们勾画了一幅极限到来时的可怕情景：由于粮食不足造成的饥饿和死亡，地球上不可再生的资源消耗殆尽，环境急剧恶化。这样，整个人类的生存问题就要受到威胁，世界末日就会到来。

《增长的极限》一出版，立即在全世界思想界和学术界引起轩然大波。许多人把这本书看作是悲观主义的代表作，有人甚至认为这本书反映了资产阶级对前途的绝望情绪；也有人指出了本书存在的一些技术上的不足之处，如所用模式的缺点、对于科学技术进步作用的忽视，等等。但近几年来，越来越多的有识之士则认为，在人口爆炸性增长、资源大量消耗、生态平衡遭到严重破坏的今天，梅多斯等人能一反世人的俗见，把长期受到忽视的问题尖锐地提到人们的面前，无疑具有积极的作用。

导致罗马俱乐部对世界发展持比较悲观态度的一个重要原因，是他们忽视了人类把握自己命运的能动作用以及科学技术进步所能产生的积极影响。法国学者就曾指出，罗马俱乐部所制定的一系列"全球模式"，局限于以"增长—资源—环境"的相互关系为出发点，而把人—社会、人—文化、价值、体制结构等极其重要的关系和因素排除在研究之外。这样，他们的立论是不能令人满意的。这个批评，可以说是一语中的。

（三）综合发展观

经济增长论是由经济学家提出来的，增长极限论和可持续发展是由未来学家提出来的。发展问题的日益突出促使人们对发展问题进行跨学科的研究。多学科的介入，极大地丰富了发展观，于是，一种新的发展观——综合发展观应运而生。佩鲁的《新发展观》一书可以视为综合发展观的代表作。综合发展观认为发展应当是整体的、综合的。这种观点注重人与人、人与环境、人与组织的关系，强调发展是包括经济增长、政治民主、社会转型、文化变迁、自然协调、生态平衡等方面的综合。

佩鲁的《新发展观》序言中讲道："自柏拉图时代以来，人们就已经认识到思想产生于矛盾，而发展这一概念恰恰造成了我们时代一个重要的自相矛盾的事实：向往进步但又对其后果心存疑虑……对整个发展问题的看法同时就是理解现实和现时代的钥匙。"[①] 佩鲁在书中关于影响发展的各方面因素应予综合考察的观点，对于理解现实和现时代的发展，确有重要意义。佩鲁的《新发展观》是一本从哲学的理论高度来论述发展问题的重要著作。他认为，新的发展就是为全人类和一切人的利益服务的发展，也就是促进人类和一切人自身的发展。文化价值在发展中起十分重要的作用。在发展战略上，新发展观强调发展战略应该是整体的、综合的、内生的：所谓整体的，是指发展模式必须有一个整体的观点，既要考虑到作为整体的社会——人的各个方面，又要看到人们相互依存关系中出现的多样性；所谓综合的，是指各个部门、地区的协调一致；所谓内生的，则是指充分正确地利用本国的力量和资源来促进发展。[②] 新发展观认为，"新的发展"不是也不可能是西方发达国家所能输出的模式，要实现新的发展，必须改变现存的不平等和不合理的国际经济秩序。新的发展战略力图改变发

---

① 佩鲁：《新发展观》，华夏出版社 1987 年版，第 1、2—3 页。
② 同上书，第 201—202 页。

展各个子系统联系不紧密的状况，强调发展的各个侧面是互相紧密依存的。

可见，佩鲁的发展观中最基本的一点就是他十分重视联系的多层次性与全面性。

（四）以人为中心的发展观

当代发展研究中真正把以人为中心提到发展观高度的是 1995 年 3 月在哥本哈根召开的世界发展首脑会议。该会议通过的《宣言》和《行动纲领》中指出："社会发展是全世界各国人民的中心需要和愿望，也是各国政府和民间社会各部门的中心责任。"社会发展"以人为中心"，"社会发展最终目标是改善和提高全体人民的生活质量"，"人民是从事可持续发展的中心课题"，"社会发展与其发生的文化、生态、经济、政治和精神环境不可分割"。不难看出，在以人为中心发展的各种观点中，尽管歧义很多，对"人"的理解不尽一致，但其共同点是突出了人的主体地位。

（五）可持续发展观

"可持续发展"的概念是 80 年代提出的，并且围绕可持续发展的内容和意义进行了讨论。发展中国家与发达国家进行了一系列对话和辩论，终于在 1989 年 5 月联合国环境署第 15 届理事会期间达成共识："可持续发展"系指满足当前需要又不削弱子孙后代满足其需要的能力的发展。可持续发展观可以看作是增长极限论的续篇。这种观点认为以往的发展模式尤其是西方的工业化发展模式已走入绝境，强调发展应建立在生态持续能力的基础之上，重视与自然界的协调发展。

从上述可以看出，关于发展的各种理论和观念，都不仅与某一特定阶段的历史条件相联系，而且也与不同地区、不同国家的具体情况相联系的。从"经济增长论"到"增长极限论"，再由"综合发展论"到"可持续发展论"，以及"以人为中心的发展观"等，大体上反映了人们所走过的历史发展进程，反映了人们在不同条件下对于影响发展的诸多因素及其相互关系的认识程度；发展的观念一般的总是在不断进步的。但是不同的发展论断在历史演进中的关系，并不是以先后顺序一个全错另一个全对的关系，而是在历史间断性、前进性的同时也存在着连续性、互补性。相互吸收，辩证扬弃，是发展理论在发展中的一个重要特征。

另外，一种发展理论在不同国家和地区的运用，一定要以那里的具体国情具体条件为转移。这个基本点，是马克思主义辩证法这种发展观的不可移易的真理。比如说"增长"，把社会的发展简单地归结为经济增长，在经济增长与社会发展之间画等号，这是不可取的，因为它忽视了导致发展的其他因素，忘记了社会的全面发展，因为它导致了"有增长而无发展"的后果。但这并不是说，似乎可以离开经济增长而言发展；果如是，那一定是空谈发展。发展学家 M. A. 西纳索在给佩鲁《新发展观》一书所写的序言中也说，什么是发展呢？"发展，既指发展的活动，又意味着结果的状态。"① 增长与发展的关系又如何呢？"增长是规模的一项指标，它是从发展中获得自身意义的，这种发展虽然同增长保持着差异，但又围绕着它，并在增长取得进展时显示出自己的效益。"② 这就是说，没有结果的"发展"活动是无意义的。而发展，虽然不能等同于增长，两者有"差异"，但发展又必须围绕着增长，而不是避开或抛弃增长，并且只有在增长取得进展时才能显示出效益，即达到有结果的发展。

发展与增长的差别性，使我们不能把两者混同，两者的同一性又使我们不能把它们决然割裂开来。

二

可持续发展，是关于发展理论的一个重要进展，是人类文明进展到新历史时期的重要标志，也是实现跨世纪工程的一个基本要素。因此，在概览了发展理论的历史进程之后，有必要对此作些分析。

"可持续发展"，作为一种新的经济发展观是 20 世纪 70 年代以后提出的，"二战"以后，一些经济发达国家经过劳资关系的调整等措施，特别是把科技发展成果应用于经济发展，使得一些发达国家经历了 20 多年的

---

① 佩鲁：《新发展观》，华夏出版社 1987 年版，第 3 页。
② 同上书，第 10 页。

经济高速增长期。一些发展中国家也取得了经济快速增长的成果。但无论是发达国家或发展中国家所取得的经济发展成果，都是以各种资源的巨大消耗、日益严重的环境污染为代价的。一些全球性问题的出现，人口的急剧增长、资源的破坏、生态环境的恶化等引起了一些生态学家、经济学家、未来学家、哲学家、环保学家的关注。前面提到，1972 年罗马俱乐部的《增长的极限》，作为研究人类困境的第一个报告问世。这一报告对以往的发展模式作了反思，提出：如果不改变发展模式，"只要人口增长和经济增长的正反馈回路继续产生更多的人口和更高的人均资源需求，这系统就被推向它的极限——耗尽地球上不可再生资源"[1]。这就是有名的"增长的极限论"。这个研究报告中的悲观结论受到许多人的反对，但其中所提出的观点却包含着合理的因素，而"增长极限论"在全世界引起的巨大反响和争论本身，也标志着人们对以往发展模式的反思。

1981 年，美国农业科学家莱斯特·R. 布朗出版了《建设一个持续发展的社会》一书。对可持续发展面临的问题，走向持续发展的途径，以及可持续发展的社会形态等问题作了系统的论述。布朗的这本书被认为是对可持续发展观的首次系统阐述。

可持续发展观的一个重要特点，是研究了人们代际关系即一代人与后代人的关系问题，这是此前的发展论中较少或根本没有系统论述过的。与此相关联，布朗还对未来的可持续发展的社会情景作了一些描述："持续发展社会同我们现今所处的社会，在某些方面将有所不同。人口规模多少处于稳定状态，能源利用将有效得多，经济将主要依赖可再生产能源来维持，其结果，人类和工业活动范围将更为分散，远不像在靠石油支持的社会中那样集中在城市。"[2] 可以看出，"可持续发展"的观念并不是凭空杜撰出来的，而是基于对以往经济发展所带来的一系列生态问题和面临的人口、资源等一系列难题应运而生的，它是对人类传统的单纯追求产量、产值的片面发展的历史反思的结果。

可持续发展观在人与自然的关系方面也带来了一些正面的影响。回

① 梅多斯等：《增长的极限》，中译本，四川人民出版社 1984 年版，第 75 页。
② 莱斯特·R. 布朗：《建设一个持续发展的社会》，科学技术文献出版社 1984 年版，第 198 页。

顾历史，在人类征服自然的过程中，的确一次次取得了重大胜利，但历史的发展提示我们：不要过分陶醉于我们对自然界的胜利，因为对于每一次这样的胜利，自然界都要报复我们。每一次这样的胜利，在第一步都取得了我们预期的结果，但是在第二步和第三步却有了完全不同的、出乎预料的影响，常常把第一个结果又取消了。今天，人类文明已达到前所未有的高度，人类的力量，特别是现代科学技术的飞速发展使这种力量空前强大，使得人们在人与自然的相互作用中显示出对环境和资源的巨大支配力，但是与这种"支配力"相伴而行的是对环境和资源的巨大破坏力。这种破坏力是如此强大，以至于在人类"征服"自然过程中，在某些领域使环境的破坏成为不可逆转的，使某些资源成为不能再生的，使自然界本身自我修复、自我再生的能力有根本丧失的危险。在这种形势下，迫使人们不能不重新审视人与自然的关系了，改变观念和"端正"态度已成为历史发展的必然要求。这就是改变过去那种人与自然的对立斗争以及一味"征服"的旧观念，而代之以符合时代特点的新观念。建立人与自然之间的和谐、统一的新关系，是人们所面临的重大现实课题。这种观念转变包括：应从历史上那种人与自然的对立斗争转变为尊重自然并与自然和谐相处；从一味向自然索取转变为考虑持续发展，并且以未来发展来规划现在。

以未来发展规划现在，建立人与自然和谐统一的关系，使人类与地球从"互相为敌"的怪圈中解放出来，而且人类必须采取主动，这也是观念转变的重要一点。一些学者提出，"人类只有一个地球赖以生存"，我们生活于其中的这个"小小寰球"变得似乎越来越小了，"人满为患"的说法反映了一定的现实。有论者提出：这个地球不是我们从上一代人手中继承下来，而是我们从下一代人手中借来的。这就是说，我们讲发展不能只顾今天，而不顾明天，不能只顾发展而不顾环境，不能只顾利用资源而不顾保护资源。所谓可持续发展，就是既符合当代人的利益，又不危害未来人类利益的发展，只有这种发展才能持续永久，才能保障人类在地球上世世代代繁衍生息下去。用哲学的语言来说，就是使发展成为在今天是现实的、合理的，同时又能使明天的发展获得可能的空间和条件，因此也是为未来发展创造条件的发展。

三

放眼望去，我们所生活于其中的现实世界，是社会—经济—自然的复合体，而这个复合体生态系统中的人文因素则常常被人们所忽视。

概括地说，体制的失调，行为的偏颇，价值观的混乱等人文因素都可能造成对复合生态系统的不利影响，都会影响可持续发展战略的实施。

首先，体制对复合生态系统的影响。在旧时代，传统的政治体制旨在管理众人，人和人之间社会关系的变迁伴随着千百年来的改朝换代；而人和人之间的社会关系的失调又辐射着人和自然的关系，从而制约着经济的发展。不同时代的体制在世世代代的人类有序和无序地排列组合起来的同时，自然资源也就成为相互对立阶级之间斗争的无辜牺牲品。人类的体制在不同时代由不同民族、国家、政府所操纵，各不相同的目标、操作方法在许多情况下相互矛盾、相互掣肘，导致复合生态系统各子系统之间相互排斥，从而造成了不利于人类的后果。

资本主义的掠夺和竞争使得工业革命后已屡受破坏的自然环境进一步恶化，在通过消耗大量资源为代价促进经济增长的同时，导致严重的社会后果。

在社会主义条件下，体制的不健全，形势判断的失误，连续不断的政治运动等，既不能促进经济的发展，也会造成对自然生态系统的破坏，更不利于实现可持续发展。我们在深化改革中，实现两个根本性转变，即经济体制和经济增长方式的转变，非常有利于社会经济自然生态系统的良性循环，也是落实可持续发展战略的重要保证。

其次，文化对复合生态系统的影响。人类文化始于对自然环境的认识。生态危机表面上是人和自然矛盾的激化，其本质是人类文化的危机，即人类文化的失衡引起的社会经济自然复合生态系统的紊乱，"文明人跨过地球表面，在他们的足迹所过之处留下一片荒漠。"[1] 生态危机对经济发展的影响是直接的，而对人类文化的摧残却是难以定量的。

---

[1]　弗卡特、汤姆戴尔：《表土与人类文明》，中国环境科学出版社1987年版，第26页。

中国古代文化传统中，有一些积极的东西很值得重视。例如，把天人合一当作修身养性的道德准则，这也有可取之处。在备受生态危机冲击的西方，许多学者转向对中国传统文化的研究，寻找挽救地球的真谛，不是偶然的。

我国古代朴素辩证自然观的"阴"表示保守性、柔弱性；"阳"表示进取性、刚韧性。"动静有常，刚柔断矣。方以类聚，物以群分，吉凶生矣。在天成像，在地成形，变化见矣。是故刚柔相摩，八卦相荡，鼓之以雷霆，润之以风雨。日月运行，一寒一暑。"① 概括了自然界阴阳的互补性。

在中国古代哲学中，达到"仁"的境界，便和天地浑然一体。朱熹的"温然利人爱物之心"② 将爱人之心和爱自然统一起来。

荀子曾告诉人们不能逆自然而行，"天行有常，不为尧存，不为桀亡。""天不为人之恶寒也辍冬，地不为人恶辽远也辍广。"③

节俭美德在我国代代相传，使得今天的中华民族在占世界7%的耕地上，生产了占世界20%的粮食，养活了占世界22%的人口。虽然骄奢淫逸是历代统治阶级的生活方式，但是，古代关于阴阳平衡、天人合一等有机自然观，在满足人类合理需要的同时，提倡与自然和谐相处，是社会经济自然复合生态系统持续发展的思想源泉。中国传统文化以"究天人之际，通古今之变"为目标，许多仁人志士不畏权贵，反对奢侈生活。孔子提倡朴素的礼乐制度，"中人之情，有余则侈，不足则俭，无禁则淫，无度则失，纵欲则败。故饮食有量，衣服有节，宫室有度，蓄聚有数，车器有限，以防乱之源也。"④ 庄子提倡安于自然赐予的生活，"甘其食，美其服，乐其俗，安其居。"⑤ 在消费时尚不断翻新的今天，享乐主义不仅败坏了人的素质，而且也在洗掠自然界，这不仅给经济发展增加沉重的负荷，而且使得文化滑坡。古代先哲提倡节俭、反对浪费对保护自然资源仍不失

① 《周易·系辞上传》。
② 《文集·仁说》。
③ 《荀子·天伦》。
④ 《孔子集语·齐侯问》。
⑤ 《老子》第80章。

其现实意义。

意识是存在的反映，而人类对环境变化机理缺乏研究，则造成了不利的影响。"一条日益扩大的鸿沟把我们同真实的世界分隔开来。"[①] 面对急剧变化的大自然，人类文化的进步落后于生态循环的节奏，"世界要求我们所做的，是要我们适应从一个文明时代走向另一个文明时代的急激变革。"[②] 人类必须从文化上自救，在生态意识、生态思维上实现和自然的平等相待，这也是社会—经济—自然复合生态系统得以持续发展的条件。

最后，价值观对复合生态系统的影响。传统的价值观以人类中心主义为出发点，以征服自然为进步特征，从而获取最大限度的经济利益。这种价值观的后果一方面误导人们不择手段地向自然索取，不是理智地思考人类应该怎样合理利用自然资源，而是能利用多少就利用多少，多多益善。另一方面，更为可怕的是当生态平衡失调的同时，人类的价值趋向也走向混乱，造成人类的自我异化。传统价值观在强化复合生态系统的经济子系统的同时，削弱了社会、自然两个子系统的功能，致使复合生态系统紊乱。实现持续发展，必须更新传统价值观，普及和强化社会效益、经济效益、生态效益相统一的价值观。社会的进步、经济的发展不是在空中楼阁中实现的，而是植根于现实世界的自然环境。生态平衡是复合生态系统的关键一环，走出生态危机的怪圈是实现社会—经济—自然复合生态系统的良性循环，实现持续发展的必要条件。

（原载《学术研究》1997 年第 2 期）

---

① 佩切伊：《未来一百页——罗马俱乐部总裁的报告》，中国展望出版社 1984 年版，第 140、141 页。

② 同上。

视野宽广　求真务实

——谈科学发展观的特点

在我国改革开放以来的新时期，发展问题一直处于举足轻重的地位，邓小平同志在总结历史经验的基础上十分重视发展问题的极端重要性，强调发展是解决一切问题的基础，发展才是硬道理。

"发展才是硬道理"！这不是一个简单的口号，也不是日常生活的普通用语，它所表达的是一个凝聚历史经验而又事关全局和长远发展的重大战略思想。从发展是硬道理到发展是执政兴国的第一要务，到科学发展观的提出，表明中国人民在建设中国特色社会主义道路上奋勇前进的坚定步伐，表明党中央对发展问题一以贯之的极大关注。为了更快更好地前进，党中央提出了以人为本、全面协调、可持续发展的科学发展观。这一科学发展观的酝酿和构建，是随着实践的不断发展而逐步形成的。以面向世界面向未来的宽广视野来审视和规划当代中国的发展问题，和立足本国实际着力解决实践发展中的迫切问题，以实现更快更好发展的求真务实精神，是这一科学发展观形成过程中显现的明显的思路轨迹。与此相联系，这一科学发展观不仅有着统领全局促进发展的战略品格，而且在各方面表现出一些具体特点。

一　与实践的紧密关联性是科学发展观的重要特点

"以人为本"、"全面、协调、可持续"的科学发展观，是以胡锦涛同志为总书记的党中央从新世纪新阶段党和国家事业发展全局出发提出的重大战略思想。从科学发展观的内涵来看，其中许多关于发展的重要思想都与邓小平理论和"三个代表"重要思想有着一脉相承的继承关系，同时它又是概括新的实践经验基础上所实现的理论升华，是与时俱进的重要理论成果。科学发展观，是对实践经验的深刻总结和对现实实践所提出的问题的科学回答，与我们正在从事着的实践有着不可分割的内在联系。科学发展观以"发展"为主题，回答的是为什么要发展和怎样发展的一系列基本问题。

科学发展观有着丰富而深刻的内涵。其中所涉及的各种关系的内涵是同我国20多年来的实践发展紧相联系，是以实践发展中所提出的现实问题为基础的。我国人民所从事的变革现实的实践，是这一科学发展观产生的最直接最现实的基础。因此，我们越是从现实实践与发展理念内在统一的角度把握它，就越有助于正确理解这一发展观的内涵和要求，越能增强牢固树立和贯彻落实这一科学发展观的自觉性。

事物是作为过程而向前发展的，而在发展的不同阶段则有其各自的特殊性。今天，我国正处于全面建设小康社会、加快推进社会主义现代化的新的发展阶段。在这样一个新阶段，对我国来说是机遇与挑战并存，既有继续发展的可能和巨大发展潜力，又有阻碍发展的各种困难和风险。对历史所提供的难得的发展机遇期，我们不能错过；对各种困难和风险，必须认真面对。这就需要转变发展观念，创新发展模式，提高发展质量，以实现又快又好的发展。以人为本的科学发展观，正是回应实践发展的迫切需要"应运而生"的。它从我国发展现今阶段的客观实际出发，从战略高度通盘考虑我国发展的全局，从发展的根本理念上提供了可靠的思想理论基础。科学发展观中所涉及的内容，已不是简单的某一方面的具体政策，而是各项方针政策的根本理论依据。这一科学发展观内容丰富，一"本"、三"发展"、五"统筹"，层次清晰，结构严密，概括程度高而覆盖面广，可以说是一个以全面协调发展为基础，以促进经济社会全面进步和人的全面发展为目标的统一完整的科学理论体系，是具有普遍性的关于发展的根本理念。笔者以为，与实践的紧密关联性和理论的严整性，是这一科学发展观的一个重要特点。

二　科学发展观吸收了当代发展理论的积极成果

以人为本的科学发展观，立足于当代中国的实际，同时又借鉴了世界文明发展的积极成果，对于已有的发展理论中的许多有价值的思想都采取了有分析的吸纳态度。"二战"结束以后，与世界许多国家和地区谋求发展的要求相适应，当代各种发展理论应运而生，大体上经历了一个从"经济增长论"到"增长极限论"，再到"综合发展观"、"可持续发展观"以及"以人为中心的发展观"等历史演进过程。战后初期，一般学术界还没有把"发展"与"增长"两个概念区别开来，多数学者实际上认为"增长＝发展"。正是在这种观点指导下，便把经济增长作为唯一绝对的标准，致力于对国民生产总值的一味追求，结果是经济虽然在一定条件下有了增长，但却带来了经济和社会方面的许多问题，带来了"只有增长没有发展"的严重后果。

罗马俱乐部的"增长极限论"问世于20世纪70年代。它的中心论点是人口的增长、投资的增加、环境的污染和资源的消耗等，都具有指数增长的性质，也就是说过一段时间就增加一倍。如果这个趋势继续下去，我们这个星球的经济增长就会在一百年内的某个时期达到极限。

随着过程的发展，继之而来的又有"综合发展观"、"可持续发展观"、"以人为中心的发展观"等。"综合发展观"注重人与人、人与环境、人与组织的关系，强调发展是包括经济增长、政治民主、社会转型、文化变迁、自然协调、生态平衡等方面的综合。"可持续发展"注重一代人与后代人关系的考察，强调对资源、环境的适度利用和保护，以创造持续发展的条件。至于以人为中心的发展观，1995年3月在哥本哈根召开的世界发展首脑会议通过的《宣言》和《行动纲领》中讲道："社会发展是全世界各国人民的中心需要和愿望"，社会发展"以人为中心"，"社会发展最终目标是改善和提高全体人民的生活质量"，等等。

历史表明，关于发展的各种理论和观念，是与客观过程的推移相伴而行、不断演进的。从"经济增长论"到"增长极限论"，再由"综合发展论"到"可持续发展论"，以及"以人为中心的发展观"等，大体上反映了人们所走过的历史发展进程，反映了人们在不同条件下对于影响发展的诸多因素及其相互关系的认识程度；发展的观念，一般的总是在不断进步的。但是不同的发展理论在历史演进中的关系，并不是以先后顺序一个全错另一个全对的关系，而是在历史间断性、前进性的同时也存在着连续性、互补性。相互吸收，辩证扬弃，是发展理论在发展中的一个重要特征。我们从发展观的历史演进中可以看出其间蕴含着可资借鉴的关于发展的诸多见解，而对已有的发展理论中的积极成果的借鉴和吸纳，是以人为本科学发展观的又一特征。

三　科学发展观突出了以人为本的根本理念

科学发展观的一个重要特点，是把以人为本纳入了发展观范畴，并且把它置于很重要的地位。

以人为本，是科学发展观的本质和核心，也是一个基本原则。坚持以人为本，就是要把人民的利益作为一切工作的出发点和落脚点。作为科学发展观的本质和基本原则，相对于"全面"、"协调"、"可持续"、"五统筹"等而言，有着统摄的意义，它从本质上揭示了这一科学发展观的鲜明特征。

多年以来，人们对发展问题进行了连续不断的探讨，在探讨中终于取得了这样的共识："发展越来越被看作是社会灵魂的一种觉醒。""社会灵魂的觉醒"，当然首先是作为社会主体的人的觉醒。人意识到自己在历史发展长河中的主体地位经历了一个漫长的历史过程。把以人为本作为科学发展观的核心理念和重要原则，这无论在提法上和含义上均有新意。马克思主义创始人强调共产主义是"自由人的联合体"，"在那里，每个人的自由发展是一切人的自由发展的条件"。指明未来社会将是一个更高级的"以每个人的全面而自由的发展为基本原则的社会形式"。科学发展观把以人为本作为重要原则引入发展观，把"促进人的全面发展"作为目标确定下来，又把为通向未来崇高理想而不断创造条件的现实实践作为发展观的内容，这就使这种发展观的目标非常明确，而实现目标的途径、过程和条件又非常现实和具体。这个发展观所要求的不是为发展而发展，而是为实现社会的全面进步和人的全面发展而谋求和促进发展。切实保障人民群众的经济、政治和文化权益，让发展的成果"惠及全体人民"，对人民群众的经济、政治、文化权益予以"切实保障"，这反映了实践发展所提出的现实要求，是从事着实践活动的人们的强烈愿望，体现了党中央对广大人民群众切身利益的高度关注。以人为本中的"人"，是既包括群体也包括个体的，是个体与群体的统一。"人民"这个概念是具体地、历史地发展着的，在不同的历史时期它有着不同的内容。"人民群众"也是一个"具体的抽象"，它是由无数具体的个人组成的。因此，以人为本，让发展的成果惠及全体人民，就包含着对人民中每个个体的权利的确认和尊重。我们国家已将"尊重和保护人权"写入宪法，就是以人为本理念的重要体现。根据以往国际国内的历史经验教训，如果离开具体的现实的活生生的个人，对"人民"的理解就可能陷入抽象化，离开个体而言群体，实际上是把这个"群体"变成了空洞的抽象。在这种情况下，就很容易在维护"群体"利益的名义下导致对现实的个人、对每个个体的正当权益的忽视。正因为这样，我们今天讲以人为本，并不是对过去某种口号的简单重复，而是对历史和现实经验的深刻总结和新的概括。

在全球化进程不断加速的今天，在新技术革命日新月异的新时代，许多涉及全人类共同面对的课题日趋增多，各地区各国之间的交往已非往昔可比，在这种条件下，以人为本原则与时代发展潮流相一致。确认以人为本，将使我们在国际交往中受益，立于非常主动的地位。另一方面，新的历史条件下大大凸显了人的主体地位，人的精神、智慧、素质等在经济和社会发展中的作用，越来越突出和明显，在这种情况下，把以人为本引入科学发展观范畴，无疑具有重大而深远的意义。以人为本的科学发展观，是发展理论的重大进展，是具有时代特征的理论成果。

四 科学发展观以中华文明为丰富思想资源和深厚历史底蕴

以五千年的中华文明为丰富思想资源和深厚历史底蕴，是科学发展观的另一特点。

中华民族在几千年前就创造了光辉灿烂的古代文明。这是我们这个民族历经磨难而生生不息，得以生存和发展的内在源泉，也是中华文明著称于世而对人类文明作出的重大贡献。这种中华文明，具有深厚的历史根基、丰富的内容、强固的承续力量和持久的功能；世代相传，连绵不断，影响着人们的思想和生活。

民本思想，在我国历史上源远流长，在内容上也不乏多重含义，而其中最重要的是民为邦本的思想。相传早在夏朝就有了"民为邦本"的意识。在我国最古老的经典《尚书》中，有"民为邦本，本固邦宁"的记载。在先秦时期，一些思想家敏感地注意到了这个问题，他们以史为鉴，阐发了以民为本的思想。春秋时期齐国的相国管仲还讲到了"以人为本"："夫霸王之所始也，以人为本。本治则国固，本乱则国危。"为了突出民本的意义，孟子甚至说，"民为贵，社稷次之，君为轻"。先秦以后，民本思想仍被看作治国安邦的优秀传统而被流传下来。

中华民族是爱好和平的民族。与各国人民和平相处、"协和万邦"，是中华民族具有深厚底蕴的历史传统。古代思想家提出的"亲仁善邻，国之宝也"的思想，"己所不欲，勿施于人"、"己欲立而立人，己欲达而达人"的思想，都反映了中华民族爱好和平、渴望与各国人民友好相处的良好愿望。

倡导和谐相处，建立天下为公、人人平等的大同世界，是中国传统文化的最高社会理想。虽然在如何实现这一理想的途径和方法方面诸子百家有不同主张，但是，"和合"精神却被普遍赞同。这种"和合"思想对中华民族的融合和团结起了重要的积极作用。《国语·郑语》中说："夫和实生物，同则不继，以他平他，谓之和，故能丰长而物归之；若以同裨同，尽乃弃矣。""和也者，天下之达道也。"大千世界，丰富多彩，"和"之便生万物，又能发展。"和"讲的是统一性，但又将差别包含于自身，而不是单纯绝对的"同"。和而不同，才是"君子之道"，这其间蕴含着深刻的辩证法思想。

"天人合一"、人与自然和谐相处，是中国古代哲学的一个重要思想。老子关于天、地、人相通和"道法自然"的思想，就是"道"以自然为法，力求人的一切作为都要合乎自然的本来面貌和变化规律。庄子发挥了天人合一、人与自然并生、共存的思想。道家的"无为"，是以否定目的论，拒斥把人的意志、欲望强加于自然的无度追求和刻意有为为前提的。从这个意义上说，其崇尚自然，主张天地与我"并生"的思想也有其可取的一面。直至今日，人与自然如何和谐相处，仍是任何人群都无法回避的现实课题。

在人与人，人与社会的关系上，孔子倡导"仁者爱人"，要待人以中恕："己所不欲，勿施于人。"孟子主张凡事要"推己及人"，"老吾老以及人之老，幼吾幼以及人之幼"。墨子倡导"兼相爱，交相利"的原则："天下兼相爱则治，交相恶则乱。"他把"兼相爱，交相利"作为处身立世的根本原则，把这种原则用于人与人的关系上是兼爱互利；推广到国与国的关系上，主张"非攻"，反对不义战争和掠夺；用于百姓的生活上，则要求"节用"、"节葬"、尚节俭、反对奢侈。可见，从人际关系到社会治理，在墨子那里都贯穿着兼爱的原则，而其强调的重点是互利，兼爱以互利为基础。儒家和墨家所倡导的这种仁爱、忠恕、利民、共处、互利等思想，虽然有其时代的特点和历史局限性，但在广阔的社会领域透过对复杂关系的分析，反映了广大人民要求安居乐业、和谐共处、向往和平美好生活的愿望，而思想家所提供的诸多思想和见解，也确乎是从不同层面不同角度对人世间各种纷繁复杂关系的一定程度的把握和深邃见地。至于《周易》中所讲的"天行健，君子以自强不息"、"地势坤，君子以厚德载物"，更是中华文明的经典名言。它昭示人们，"天"的运行生生不已，君子要以天为榜样而自强不息；还要秉承大地之广袤宽厚的本性，容载万物。这既体现了天地人（君子）和谐统一的根本理念，也体现了君子自强不息、宽厚包容的价值取向。所有这些，都是中华文明思想精华的具体表现。这种积淀于历史深处的中华文明，在古老的华夏上空熠熠生辉，普照神州大地，哺育我们这个民族世代延续，生生不息。尽管世事沉浮，历史变动不居，但中华文明所固有的生命力和恒久的持续功能却能够在历史的延伸中经久不衰，使世代的中华儿女时时可以听到它的历史回声。我们不想把今日科学发展观的某项内容与古代先贤的某种说法作语录式的"接轨"，因为这样做既无必要，也并不恰当。但毋庸置疑的是，问世于21世纪的科学发展观具有中国的特色，是对当代中国如何发展问题的中国式回答。它的一个重要的思想来源是历史悠久的中华文明。以人为本的科学发展观，是中国古代文明中相关思想在当今历史条件下的继承、弘扬和创新。如果说，以民为本、与自然建立协调的关系、人与人和谐共处、惠民利民等思想的实现在旧时代不能不受到诸多社会条件的限制，总的说来是不可能的；那么新中国的成立则为实现一切有价值的思想创造了政治前提，为中国古代文明在新时代大放异彩提供了可能性。而马克思主义指导思想的一元化，则是使这种可能转化为现实的决定性条件。以胡锦涛为总书记的党中央提出以人为本的科学发展观，把构建社会主义和谐社会和树立社会主义荣辱观提到全国人民面前，作为落实科学发展观的重要举措，是有重大现实意义的。中华文明中那些闪光的思想，人们对和谐社会的向往，只有在社会主义条件下和社会主义的发展中方能实现。我国人民所从事的建设中国特色社会主义伟大实践，是古老的中华文明得以传承和弘扬的现实土壤。以人为本，全面、协调、可持续的科学发展观，构建社会主义和谐社会和倡导社会主义荣辱观等重大战略举措，之所以在广大干部和人民群众中引起热烈反响，就因为它顺民心，合民意，反映了广大人民群众的切身利益和强烈愿望，是中华文明所固有的普遍性和生命力在 21 世纪的生动体现。以中华文明为丰富思想资源和深厚历史底蕴为基础的科学发展观，是时代的，也是民族的，是具有中国气魄、中国品位的科学发展观。

（原载《今日中国论坛》2006 年第 12 期）

科学发展观:具有时代标志的理论成果

摘要：文章首先联系世界的发展对当代发展理论进行了历史考察，指出相互吸收，辩证扬弃，是发展理论在发展中的一个重要特征。一种发展理论在不同国家和地区的确立、推广和运用，必以那里的具体国情、具体条件为转移。对我国发展历程的反思和对现实实践发展需要的理解，是我们牢固树立科学发展观的基础。把"以人为本"作为科学发展观的重要原则和基本要求，无论在提法上还是在含义上均有新意。

关键词：科学发展观　以人为本　时代　发展历程

当今时代，世界上几乎所有的国家都在审视以往的行程，谋划自己的发展战略，而在不同的发展战略后面，又是以关于发展的不同理论为支点的。

今天，当我国人民正在建设中国特色社会主义道路上谋求更快更好发展的历史关头，党中央提出必须坚持以人为本，树立全面、协调、可持续的发展观，促进经济社会和人的全面发展。强调要按照统筹城乡发展、统筹区域发展、统筹经济和社会发展、统筹人与自然和谐发展、统筹对内发展和对外开放的要求，推进改革和发展。这一科学发展观，是对我国改革开放和现代化建设实践经验的深刻总结，是中国共产党人立足现实，放眼世界，以开阔的视野和时代眼光观察当代世界和当代中国发展问题的产物，是在新时期反映和回应我国现实实践发展要求的重要理论成果。这一科学发展观，内涵丰富而深刻，既有很强的现实针对性，又具有高度概括性，它涵盖面广，普遍地适用于我国社会生活的各个领域和各个方面的工作。树立和落实这一科学发展观，对于我们实现既定的战略目标和中国特色社会主义事业的未来发展，都具有重大而深远的意义。

一

对我国社会主义发展历程的反思和对改革开放以来新鲜经验的总结，是正确理解科学发展观的现实基础。然而，当代中国的发展又离不开世界的发展。因此，联系世界的发展对当代发展理论的历史进程加以考察，是有意义的。

纵观世界各国，在"二战"以后都经历了各自特殊的发展历程。西方资本主义国家在谋求发展，战后走上独立的不发达国家在谋求发展，走上社会主义道路的各国也在不断探索自己发展的道路。社会制度不同，各国的情况不同，但发展以及如何发展的问题，几乎成了摆在人们面前的共同性问题。

"二战"结束以后，与世界许多国家和地区谋求战后重建、恢复和发展的要求相适应，各种研究发展的理论便应运而生。"发展"成为诸多学科关注的热点。仅就理论流派而言，就有发展纯理性学派、心理学学派、传播学派、社会学学派等。新的发展学科更是层出不穷，如发展经济学、发展政治学、发展社会学、发展战略学、发展伦理学、发展美学，以及未来学发展理论等。这些不同的学科，虽然其研究的专业和侧重点各不相同，但视角却一致，即都把注意力集中在"发展"上。在这诸多的发展学科、发展理论中，有以罗斯托为代表的"经济发展阶段论"、罗森斯坦等人"大推进平均增长理论"，还有"基本需求论"、"增长加公平论"等。在未来学和经济学的发展理论中，有战后初期的"经济增长论"、罗马俱乐部提出的"增长极限论"、卡恩的"大过渡理论"、托夫勒的"权力转移论"等。总之，发展理论的研究呈现出很复杂的局面，但是我们仍然可以沿着历史发展的轨迹从中看出当代发展理论的一般情景。

概括地说，就战后社会经济发展理论的基本线索而言，大体上是经历一个从"经济增长论"到"增长极限论"，再到"综合发展观"，到"可持续发展论"，以及相伴而行的"以人为中心的发展观"等历史演进过程。

先说"经济增长论"。这种观点在发展理论中出现最早，在经济发展的起初阶段，对许多国家产生了很大影响。发展学是从发展经济学开始的，然而发展经济学起初实为"增长经济学"。战后西方经济学家重视经济增长理论，为了促进经济的增长，提出了若干经济增长模式。但当时一般学术界还没有把"发展"与"增长"两个概念区别开来。多数学者实际上认为"发展＝增长"。这种发展理论指导下的发展战略是以国内生产总值的增长为目标的。这种观点把经济的增长作为发展的唯一绝对的标准，把发展简单地等同于经济的增长，经济增长被视为发展的同义词。其具体表现就是对国民生产总值的百般追求。这种"发展＝增长"的观点虽然促进了经济的增长，但却带来了经济和社会方面的许多问题，带来了"没有发展的增长"或"只有增长没有发展"的严重后果。于是人们对这种发展理论和战略产生了怀疑。

随着时间的推移，人们对增长与发展的相互关系的认识也日益加深了。20世纪60年代以后，关于发展离不开增长、但"增长不等于发展"的见解，在越来越大的范围内取得了共识。国际学术界几乎普遍认为，不能把发展简单归结为经济增长，而应当把发展与增长两个概念加以区别。一般认为，经济增长的含义较窄，通常指纯粹意义上的生产增长。而发展的含义较广，除了生产数量的增长，还包括经济结构和某些制度的变化；不仅包括经济增长，还包括社会状况的改善和体制的进步，等等。而且，如果单纯追求经济增长而不顾其他各种相关因素对增长的制约，那么总有一天，这种增长本身也是难以维持的。

发展理论的另一理念是罗马俱乐部的"增长极限论"。1972年，受罗马俱乐部的委托，由美国麻省理工学院的梅多斯等人提出了第一个报告，即《增长的极限》。增长极限论的中心论点是：人口的增长、投资的增加、环境的污染和资源的消耗等，都具有指数增长的性质，也就是说过一段时间就增加一倍。如果这个趋势继续下去，我们这个星球上的经济增长就会在一百年内的某个时期达到极限。原因就在于一个简单的事实——地球是有限的，空间是有限的，资源是有限的，地球吸收污染的能力也是有限的。作者为人们勾画了一幅极限到来时的可怕情景：由于粮食不足造成的饥饿和死亡，地球上不可再生的资源消耗殆尽，环境急剧恶化。于是整个人类的生存问题就要受到威胁，世界末日就会到来。《增长的极限》一出版，立即在全世界思想界引起轩然大波。许多人把这本书看作是悲观主义的代表作，有人甚至认为这本书反映了资产阶级对前途的绝望情绪；也有人指出了这本书存在的一些技术上的不足之处，如所用模式的缺点、对于科学技术进步作用的忽视，等等。但近些年来，越来越多的有识之士则认为，在人口爆炸性增长、资源大量消耗、生态平衡遭到严重破坏的今天，梅多斯等人能一反世人的俗见，把长期受到忽视的问题尖锐地提到人们面前，也不失其警世醒人的作用。

导致罗马俱乐部对世界发展持比较悲观态度的一个重要原因，是他们忽视了人类把握自己命运的能动作用以及科学技术进步所能产生的积极影响。法国学者就曾指出，罗马俱乐部所制定的一系列"全球模式"，局限于以"增长—资源—环境"的相互关系为出发点，而把人—社会、人—文化、价值、体制结构等极其重要的关系和因素排除在研究之外。这样，他们的立论是不能令人满意的。这个批评，可以说是一语中的。

发展问题的日益突出，促使人们对发展问题进行跨学科的研究。多学科的介入，极大地丰富了发展观，于是，一种新的发展观——"综合发展观"应运而生。佩鲁的《新发展观》一书可以视为综合发展观的代表作。这种发展观认为发展应当是整体的、综合的。它注重人与人、人与环境、人与组织的关系，强调发展是包括经济增长、政治民主、社会转型、文化变迁、自然协调、生态平衡等方面的综合。

佩鲁的《新发展观》序言中讲道："自柏拉图时代以来，人们就已经认识到思想产生于矛盾，而发展这一概念恰恰造成了我们时代一个重要的自相矛盾的事实：向往进步但又对其后果心存疑虑……对整个发展问题的看法同时就是理解现实和现时代的钥匙。"① 佩鲁在书中关于影响发展的各方面因素应于综合考察的观点，对于理解现实和现时代的发展，确有重要意义。佩鲁的《新发展观》，是一本从哲学理论高度来论述发展问题的重要著作。他认为，"新的发展"就是为全人类和一切人的利益服务的发展，也就是促进人类和一切人自身的发展。文化价值在发展中起十分重要的作用。在发展战略上，新发展观强调发展战略应该是整体的、综合的、内生

---

① 弗朗索瓦·佩鲁：《新发展观》，华夏出版社 1987 年版，第 1 页。

的；所谓整体的，是指发展模式必须有一个整体的观点，既要考虑到作为整体的社会—人的各个方面，又要看到人们相互依存关系中出现的多样性；所谓综合的，是指各个部门、地区的协调一致；所谓内生的，则是指充分正确地利用本国的力量和资源来促进发展。① 佩鲁还认为，"新的发展"不是也不可能是西方发达国家所能输出的模式，要实现新的发展，必须改变现存的不平等和不合理的国际经济秩序。新的发展战略力图改变发展各个子系统联系不紧密的状况，强调发展的各个侧面是互相紧密依存的。

可见，佩鲁的发展观中最基本的一点就是他十分重视联系的多层次性与全面性。

人们关于如何发展的观念也是不断发展的，"可持续发展"是发展观念的一个重要进展，也是人类文明进到新历史时期的重要标志之一。"可持续发展"的概念是20世纪80年代提出的，并且在此前后围绕可持续发展的内容和意义进行了讨论。发展中国家与发达国家进行了一系列对话和辩论，终于在1989年5月联合国环境署第15届理事会期间达成共识："可持续发展"系指满足当代需要又不削弱子孙后代满足其需要的能力的发展。这种发展观的一个重要特点，是研究了人们的代际关系即一代人与后代人的关系问题，这是此前的发展论中较少或根本没有系统论述过的。

还应提到的是"以人为中心"的发展观。关于人在发展中的地位问题，是诸多发展论者时常触及的，但在当代发展研究中真正把以人为中心提到发展观高度的，是1995年3月在哥本哈根召开的世界发展首脑会议。该会议通过的《宣言》和《行动纲领》中讲道："社会发展是全世界各国人民的中心需要和愿望，也是各国政府和民间社会各部门的中心责任。"社会发展"以人为中心"，"社会发展最终目标是改善和提高全体人民的生活质量"，"社会发展与其发生的文化、生态、经济、政治和精神环境不可分割。"不难看出，在以人为中心发展的各种观点中，尽管歧义很多，对"人"的理解不尽一致，但其共同点是突出了人的主体地位。

由上述可以看出，关于发展的各种理论和观念，都不仅与某一特定阶

---

① 弗朗索瓦·佩鲁：《新发展观》，华夏出版社1987年版，第2—3页。

段的历史条件相联系，而且也与不同地区、不同国家的特殊背景相联系。从"经济增长论"到"增长极限论"，再由"综合发展论"到"可持续发展论"，以及"以人为中心的发展观"等，大体上反映了人们所走过的历史发展进程，反映了人们在不同条件下对于影响发展的诸多因素及其相互关系的认识程度；发展的观念，一般总是在不断进步的。但是不同的发展论断在历史演进中的关系，并不是以先后顺序一个全错另一个全对的关系，而是在历史间断性、前进性的同时也存在着连续性、互补性。相互吸收，辩证扬弃，是发展理论在发展中的一个重要特征。

另一方面，一种发展理论在不同国家和地区的确立、推广和运用，必以那里的具体国情具体条件为转移。这个基本点，是马克思主义辩证法这种哲学发展观的不可移易的真理。不了解人类在创造世界文明进程中所取得的积极成果，那是作茧自缚，闭目塞听；不熟悉本国在发展中的具体行程和现状，就不能真正把握何以发展、怎样发展这样的根本问题。

二

对我国发展历程的反思和对现实实践发展需要的理解，是我们牢固树立科学发展观的重要基础。

我国人民在社会主义道路上有凯歌行进的年代，也有过曲折颠簸乃至严重受挫的时候。成功与失败、发展与停滞、正面经验与反面经验，都发生在同一历史过程中，都是与社会主义国家的历史行程相伴而生的现象。社会主义国家发展的曲折历史表明，每个国家或民族走上社会主义道路之后，都面临着社会主义发展模式的选择问题，面临着把马克思主义的普遍真理与本国的具体实际相结合的艰难任务，面临着在这种"结合"中探索、研究并创造性地开辟出本国建设社会主义的现实道路问题。在人民共和国的最初年代，我们在恢复和发展生产、社会变革和社会治理、推动国民经济和各项事业发展等方面，都取得了辉煌成就，人民欢欣鼓舞，在欢庆已有成就的同时企望在社会主义道路上继续前进。然而，在原本经济文化落后、人口众多的东方大国中如何建设社会主义、如何继续发展的问题，终究是一个崭新的课题。由于课题本身的难度，无先例可循，最初的探索虽艰辛但并不成功。对"一大二公"的热衷和不尽追求，使社会失去了其得以支撑的生产力基础，而以阶级斗争为纲则导致了全面性的失误。这样，我国在历史进程中继续发展的问题非但没有解决，而且付出了长达20年停滞不前的沉重代价。邓小平同志说："从一九五八年到一九七八年这二十年的经验告诉我们：贫穷不是社会主义，社会主义要消灭贫穷。不发展生产力，不提高人民的生活水平，不能说是符合社会主义要求的。"[1]实践标准、生产力标准、三个有利于标准，都凝聚着邓小平同志对发展问题的深层次思考，都贯穿着对发展生产力和改善人民生活的高度关注。在邓小平同志率领全党和全国人民从"十年动乱"所造成的困境中走出来，走向社会发展的新时期时，发展问题一直是处于举足轻重的地位。他讲，发展才是硬道理，贫穷不是社会主义，发展太慢也不是社会主义，发展是解决一切问题的基础；发展首先是发展生产力，发展经济，不改革，不发展生产力，不改善人民生活，社会主义就没有出路，只能是死路一条。邓小平所开辟的建设有中国特色的社会主义道路，他所创立的邓小平理论，从根本上解决了我国社会主义的发展问题。在当代国内外条件下，我国的社会主义事业怎样发展，发展的动力、途径和条件等，都是邓小平理论的重要组成部分。在他所设计的分"三步走"的发展战略中，不仅强调了发展战略的极端重要性，而且也谈到了可持续发展问题。1985年，他在听取汇报时指出："改革的意义，是为下一个十年和下世纪的前五十年奠定良好的持续发展的基础。没有改革，就没有今后的持续发展。所以，改革不止是看三年五年，而是要看二十年，要看下世纪的前五十年。这件事必须坚持干下去。"[2] 1989年，他还"建议组成一个班子，研究下一个世纪前五十年的发展战略和规划"[3]，邓小平同志如此强调"发展战略"的研究，强调为下一个世纪前50年奠定良好的"持续发展"的基础，强调改革对"持续发展"的意义，绝不是偶然的。其中凝聚着他对我国社会主义发展历史经验的深思熟虑，对世界各国经验的考察和观照，对时代特点的牢牢

---

① 《邓小平文选》第3卷，人民出版社1993年版，第116页。
② 同上书，第131页。
③ 同上。

把握和对发展趋势、发展前景的科学预见。

"发展才是硬道理"！这不是一个简单的口号，也不是日常生活的普通用语，它所表达的是一个凝聚历史经验而又事关全局和长远发展的重大战略思想。从发展是硬道理到发展是执政兴国的第一要务，到科学发展观的提出，表明中国人民在建设中国特色社会主义道路上奋勇前进的坚定步伐，表明党中央对发展问题一以贯之的极大关注。正因为这样，我们取得了前所未有的发展，25 年来，我国国内生产总值每年以 9.3% 的速度增长，2003 年，人均 GDP 跨上了 1000 美元的重要台阶，实现了预计的第二步战略目标。生产发展了，综合国力增强了，人民生活总体上已达到小康水平。

为了更快更好地发展，就必须解决制约发展的各种问题。温家宝在向十届全国人大二次会议所作的政府工作报告中，列举了多年积累的矛盾所带来的难题，包括农民增收缓慢，就业和社会保障任务重，区域发展不平衡，部分社会成员收入差距过大，资源和环境压力增加等，以及经济快速发展所带来的一些新矛盾，包括盲目投资、低水平重复建设，能源、交通和部分原材料供求关系紧张，违法违规占用耕地，社会事业发展滞后，城乡低收入居民生活困难，等等。

实践中诸多难题的破解，有赖于战略布局的调整和相应的一系列方针政策的贯彻和落实。而党的十六届三中全会关于"以人为本"科学的发展观的提出，则从发展的根本理念上提供了重要思想理论基础。这个"以人为本"，"全面、协调、可持续"的科学发展观，以"发展"为主题，回答的是为什么要发展和怎样发展的一系列基本问题。"以人为本"，就是要以实现人的全面发展为目标，从人民群众的根本利益出发谋发展、促发展，不断满足人民群众日益增长的物质文化需要，切实保障人民群众的经济、政治和文化权益，让发展的成果惠及全体人民。"全面发展"，就是要以经济建设为中心，全面推进经济、政治、文化建设，实现经济发展和社会全面进步。"协调发展"，就是要统筹城乡发展、区域发展、经济社会发展、人与自然和谐发展、国内发展和对外开放，推进生产力和生产关系、经济基础和上层建筑相协调，推进经济、政治、文化建设的各个环节、各个方面相协调。"可持续发展"，就是要促进人与自然的和谐，实现经济发展和人口、资源、环境相协调，坚持走生产发展、生活富裕、生态良好的文明发展道路，保证一代接一代地永续发展。

可以看出，这个科学发展观有着丰富而深刻的内涵。其中所讲到的问题也不是过去完全没有讲过，例如城乡关系，不同地区之间的关系，发展生产和改善人民生活的关系，人与自然的关系，等等。但一则，过去讲到这些问题时多半是从具体政策层面上说的，二则同样的"关系"概念在实践的发展中其内涵已今昔不尽相同。科学发展观中所涉及的各种关系的内涵是同我国 20 多年来的实践发展紧密相联系，是以实践发展中所提出的现实问题为基础的。我国人民所从事的变革现实的实践，是这一科学发展观产生的最直接最现实的基础。因此，我们越是从现实实践与发展理念内在统一的角度把握它，就越有助于正确理解这一发展观的内涵和要求，越能增强牢固树立和贯彻落实这一科学发展观的自觉性。同时，科学发展观中所涉及的内容，已不是简单的某一方面的具体政策，而是各项方针政策的根本理论依据。这一科学发展观内容丰富，一"本"、三"发展"、五"统筹"层次清晰，结构严密，概括程度高而覆盖面广。可以说是一个以全面协调发展为基础，以促进人的全面发展为目标的统一完整的科学理论体系，是具有普适性的关于发展的根本理念。笔者以为，与实践的紧密关联性和理论的严整性，是这一科学发展观的一个重要特点。

第二个重要特点是，"以人为本"的科学发展观，立足于当代中国的实际，同时又借鉴了世界文明发展的积极成果，对于已有的发展理论中的许多有价值的思想都采取了有分析的吸纳态度。这一点，从本文的前述关于发展观的历史演进概述中可以看出。不仅从"综合发展观"、"以人为中心的发展观"，"可持续发展观"的内容中可以看出这种历史演进的连续性，而且即使是战后初期的"经济增长论"也不是一无是处，单纯的经济增长论当然是不对的，但并不是说其间就没有任何合理成分了。譬如说"增长"，把社会的发展简单地归结为经济增长，在经济增长与社会发展之间画等号，这当然是不可取的，因为它忽视了导致发展的其他因素，忘记了社会的全面发展，因为它导致了"有增长而无发展"的后果。但这并不是说，似乎可以离开经济增长而言发展；果如是，那一定是空谈发展。发展学家 M. A. 西纳索在给佩鲁《新发展观》一书所写的序言中也说，什么是发展呢?"发展,既指发展的活动,又意味着结果的状态。"① 增长与发展的关系又如何呢?"增长是规模的一项指标,它是从发展中获得自身意义的,这种发展,虽然同增长保持着差异,但又围绕着它,并在增长取得进展时显示出自己的效益。"② 这就是说,没有结果的"发展"活动是无意义的。而发展,虽然不能等同于增长,两者有"差异",但发展又必须围绕着增长,而不是避开或抛弃增长,并且只有在增长取得进展时才能显示出效益,即达到有结果的发展。由此看来,发展与增长的差别性,使我们不能把两者混同,两者的同一性又使我们不能把他们决然割裂开来。同样的道理,我们今天讲全面发展,不等于不要经济增长,因为经济增长是其他发展的基础。讲协调发展,也不等于平均发展,以经济建设为中心仍是科学发展观的重要内容。由此可见,对已有的发展理论中积极成果的借鉴和吸纳,是"以人为本"科学发展观的又一特征。

科学发展观的第三重要特点是,把"以人为本"纳入了发展观范畴,并且把它置于很重要的地位。"以人为本",是科学发展观的本质和核心,也是一个基本原则。坚持以人为本,就是要把人民的利益作为一切工作的出发点和落脚点。作为科学发展观的本质和基本原则,相对于"全面"、"协调"、"可持续"、"五统筹"等而言,有着统摄的意义,它从本质上揭示了这一科学发展观的鲜明特征。

多年以来,人们对发展问题进行了连续不断的探讨,在探讨中终于取得了这样的共识:"发展越来越被看作是社会灵魂的一种觉醒。"③ 社会灵魂的觉醒,当然首先是作为社会主体的人觉醒。人意识到自己在历史发展长河中的主体地位经历了一个漫长的历史过程。我们在这里只想着重说明,在唯物史观的视野里,历史发展的客观规律性即它的不以人的意志为转移的特性,与人在历史发展中的作用和地位这两者是统一的。没有人的创造历史的活动,就没有历史,"历史不过是追求着自己目的人的活动而

---

① 弗朗索瓦·佩鲁:《新发展观》,华夏出版社 1987 年版,第 10 页。
② 同上书,第 3 页。
③ 联合国教科文组织:《1977—1982 年中期规划》,第 64 页,第 3106 节,转引自佩鲁《新发展观》,华夏出版社 1987 年版,第 112 页。

已。"① 但人的活动又受到客观条件的制约，每一代人所遇到的客观历史条件都是给定了的，任何人都不能随心所欲地创造历史。而历史发展的客观规律又不是在人的活动之外，而是通过人们的活动体现出来的。这种历史发展的客观规律性与人在历史活动中追求的目的性是内在统一的。历史表明，无论是自然界或既定的历史条件对人的活动和能力的限制，都具有双重的意义。一方面，它限制着人类自由特性的发挥和本质力量的显现，使人感受到自身主体的有限性，即人所特有的认识和改造世界能力的有限性；另一方面，这种限制，又是人类本质力量得以发挥和发展的契机和途径，没有这种限制，人的本质力量无以发挥，人的自由而全面的发展也就失去了根据。可见，人在历史活动中的合目的性与合规律性是内在统一的，统一的基础是实践。因为实践是人的存在方式，是人的本质力量得以发挥发展的基础，所以唯物史观所讲的人，是从事着实践活动的现实的人，而不是抽象的人。

把"以人为本"作为科学发展观的重要原则和基本要求，这无论在提法上和含义上均有新意。马克思主义创始人强调共产主义是"自由人的联合体"，"在那里，每个人的自由发展是一切人的自由发展的条件"。② 指明未来社会将是一个更高级的"以每个人的全面而自由的发展为基本原则的社会形式"。③ 科学发展观把"以人为本"作为重要原则引入发展观，把"促进人的全面发展"作为目标确定下来，又把为通向未来崇高理想而不断创造条件的现实实践作为发展观的内容，这就使这种发展观的目标非常明确，而实现目标的途径、过程和条件又非常现实和具体。这个发展观所要求的不是为发展而发展，而是为实现人的全面发展而谋求和促进发展。切实保障人民群众的经济、政治和文化权益，让发展的成果惠及全体人民，这既是现实的政策举措，又是"以人为本"原则的具体体现。

在全球化进程不断加速的今天，在新技术革命日新月异的现时代，许多涉及全人类共同面对的课题日趋增多，各地区各国之间的交往已非往昔

---

① 《马克思恩格斯全集》第 2 卷，人民出版社 1957 年版，第 119 页。
② 《马克思恩格斯选集》第 1 卷，人民出版社 1972 年版，第 294 页。
③ 《马克思恩格斯全集》第 23 卷，人民出版社 1972 年版，第 649 页。

可比，在这种条件下，"以人为本"原则与时代发展潮流相一致。确认
"以人为本"，将使我们在国际交往中受益，立于非常主动的地位。另一方
面，信息社会的到来，新经济的涌现，新的历史条件大大凸显了人的主体
地位，凸显了人的精神、智慧、素质等在经济和社会发展中的直接的越来
越巨大的推动意义，在这种情况下，把"以人为本"引入科学发展观范
畴，无疑具有重大而深远的意义。"以人为本"的科学发展观，是发展理
论的重大进展，是具有时代特征的理论成果。

（原载《哲学研究》2005 年第 7 期）

构建社会主义和谐社会与中华文明

社会和谐是中国特色社会主义的"本质属性"，这是一个很重要的论断。它不是对某种社会现象的描述，而是从本质上揭示了中国特色社会主义的一个基本特征，是对其社会属性的一种定位。构建社会主义和谐社会，在党中央所采取的一系列战略举措当中具有重要的地位，是以胡锦涛同志为核心的党中央从中国特色社会主义事业总体布局和全面建设小康社会全局出发提出的重大战略构想，是对实践发展中所提出的现实问题的有力回应，也是对中国特色社会主义未来发展的科学设计。从党中央《关于构建社会主义和谐社会若干重大问题的决定》中可以看出，构建社会主义和谐社会，是既面向现实，又考虑长远，既注重解决现实中的各种矛盾和问题，同时又面向未来，思考构建一个什么样的社会主义社会，以实现国家和社会的长治久安。可以说，构建社会主义和谐社会和以人为本的科学发展观紧密相连，都是中国特色社会主义理论在实践进程中的丰富和发展，是对什么是社会主义、怎样建设社会主义的理论升华。

构建和谐社会，是以我国人民变革现实的实践为基础的，同时也借鉴了很多人类文明的成果。而中华文明则是构建和谐社会的重要思想渊源。

以五千年的中华文明为丰富思想资源和深厚文化历史底蕴，是我们在今天所构建的社会主义和谐社会的重要特色，是别人所不具备的独特优势。

中华民族在几千年前就创造了光辉灿烂的古代文明。这是我们这个民族历经磨难而生生不息，得以生存和发展的内在源泉。也是中华文明著称于世而对人类文明作出的重大贡献。这种中华文明，具有深厚的历史根基、丰富的内容、强固的承续力量和持久的功能；世代相传，连绵不断，影响着人们的思想和生活。而在发展进程中，历代的人们又在不同的历史条件下赋予它以新的内涵；在继承中发展，在传承中创新。又使古老的文明继续延伸，增强了强大的生命力和时代内容。

以人为本，是科学发展观的核心理念，也是构建社会主义和谐社会必须遵循的一个重要原则。这与我国历史上的民本思想有着思想渊源上的联系。民本思想，在我国历史上源远流长，在内容上也不乏多重含义，而其中最重要的是民为邦本的思想。相传早在夏朝就有了"民为邦本"的意识。在我国最古老的经典《尚书》中，有"民为邦本，本固邦宁"的记载。在先秦时期，一些思想家敏感地注意到了这个问题，他们以史为鉴，提出并阐发了以民为本的思想。荀子的舟水比喻说讲得明白："君者，舟也；庶人者，水也。水则载舟，水则覆舟。"说明了以人为本对于维护统治者的地位的极端重要性。荀子认为，统治者若要得到百姓的拥护，就会得天下："用国者，得百姓之利者富，得百姓之死者强，得百姓之誉者荣。三得者具而天下为之，三得者亡而天下去之。"[①] 天下的得失决定于民心的向背，取决于是否以民为本。这是历史经验的总结，也是对历代统治者的严正告诫。春秋时期齐国的相国管仲还讲到了"以人为本"，他说："夫霸王之所始也，以人为本。本治则国固，本乱则国危。"[②] 为了突出民本的意义，孟子甚至说："民为贵，社稷次之，君为轻。"先秦以后，民本思想仍被看作是治国安邦的优秀传统而流传下来，并且被一些思想家不断地加以总结秦亡之后，汉朝思想家贾谊以秦之灭亡为鉴，对民本思想作了进一步的发挥。指出："民者，万事之本"，"民无不为本也"。他认为百姓可以决定国家的安危，君主的荣辱，"与民为仇者，有迟有速，民必胜之。"[③] 由此看来，得民心、顺民意，实在是太重要了。而违背民意与民为敌者，则必被人民所抛弃。

以民为本的思想，反映在对异国、异族的关系上，则主张"协和万邦"，和平共处。我国古代，夏商周三代，小国林立，由春秋而战国，从"五霸"鼎力演变为"七国争雄"，再到秦始皇一统天下。除了战争兼并

---

① 《荀子·王霸》。
② 《管子·霸言》。
③ 《新书·大政上》。

以外，政治上采取协和政策也起了很重要的作用。如，实施"合纵""连横"政策；在经济上建立贸易关系，像开辟海上和陆上的"丝绸之路"，开展"茶马互市"之类的边界贸易，都是协和之举。文化上采取包容、协和政策，允许外来文化与本土文化的交流与互补，如唐朝实行儒、道、佛三教并存，起到了促进内外交流，互补共荣的作用。此外，在一定条件下通过交往、"和亲"等政策改善关系，避免了大规模的战乱，达到了促进经济发展和文化交流的目的。

以民为本，"协和万邦"的观念使中华民族成为具有美好传统的"礼仪之邦"饮誉四海。

天地人和谐合一，建立天下为公、人人平等的大同世界，是中国传统文化的最高社会理想。虽然在如何实现这一理想的途径和方法方面诸子百家有不同主张，但是，"和合"精神却被普遍赞同。这种"和合"理念对中华民族的融合与团结起到了重要的积极作用。《周易》中说："乾道变化，各正性命，保合太和，乃利贞"。这里突出了"和"的理念，它的对立面是"刚"和"暴"；弃刚暴而和合，万物各守其性命之"正"，保全住太和之气，方能达到万物生长、万国安宁的和谐境界。《国语·郑语》中说："夫和实生物，同则不继，以他平他，谓之和，故能丰长而物归之；若以同裨同，尽乃弃矣。故先王以土与金木水火杂，以成百物。是以和五味调口，刚四肢以卫体，调六律以充耳。"金、木、水、火、土讲的是多样性，"和"之便生万物，又能发展，以满足人们的多种需要。"和"讲的是统一性，但又将差异包含于自身，而不是单纯绝对的"同"。和而不同，才是"君子之道"，这其间蕴含着深刻的辩证法思想。孔子进一步说："礼之用，和为贵"，"知和而和，不以礼节之，亦不可行也。"可见，"和"不仅是十分可贵的，因为它是不同事物的共生、统一，是事物不同方面的和谐，是凝聚、合作与互补，而且只有"和"的愿望不够，还要有达到和的办法。"和"以承认事物（包括人群）的多样性和差别为前提，"和"的主旨在于强调事物的不同方面必须有机地协调一致，和谐共处，以达到统一（和）。而要实现"和"按孔子说必须"以礼节之"。只知为和而合不行，而必须用一定的东西来规范它，方能达到"和"的目的。儒家的中庸之道就是用来解决各种社会问题和个人修身处世的一个重要手段，也是实现"和"的重要手段。孔子认为，"中庸"是一种至高的德："中庸之为德也，其至矣乎，民鲜久已"（《雍也》）。"中也者，天下之大本也；和也者，天下之达道也，致中和，天地位焉，万物育焉"（《中庸》）。达到中和境界，天地万物和人类社会便各安其位、各得其所。而要实现"和"，则必须"执中"，孔子认为"过犹不及"，提倡对事物的发展采取"叩其两端"的方法。就是说分析事物不要绝对化，须讲究分寸，要把握事物的度。北宋的程颐对"中庸"解释说："不偏之谓中，不易之谓庸。中者天下之正道。庸者，天下之定理。"（《遗书卷七》）不偏不倚，扣其两端取其中，防止从一个极端走向另一个极端，乃是正确认识事物的"正道"。

　　天人合一、人与自然和谐相处，是中国古代哲学的一个重要思想原则。老子说："人法地，地法天，天法道，道法自然。"（《老子·二十五章》）所谓"道法自然"，就是道以自然为法，力求人的一切作为都要合乎自然的本来面貌和变化规律。庄子发挥了天人合一、人与自然并生、共存的思想："天地与我并生，而万物与我合一。"（《庄子·齐物论》）天地万物和我们同生于道，人的生命要与天地万物的生命合一；人与万物相应、协调，并与天地共存、同长久。道家的"无为"，是以否定目的论，排斥把人的意志、欲望强加于自然的无度追求和刻意有为为前提的。从这个意义上说，其崇尚自然，主张天地与我"并生"的思想也有其可取的一面。直至今日，人与自然如何和谐相处，仍是任何人群都无法回避的现实课题。在人与人、人与社会的关系上，孔子倡导"仁者爱人"，要待人以忠恕："己欲立而立人，己欲达而达人"（《雍也》），"己所不欲，勿施于人。"孟子主张发誓要"推己及人"，统治者要"乐民之乐，忧民之忧"，"老吾老以及人之老，幼吾幼以及人之幼。"墨子倡导"兼相爱，交相利"的原则："天下兼相爱则治，交相恶则乱"，"爱人者，人必从而爱之，利人者，人必从而利之"（《兼爱中》）。他把这种"兼相爱，交相利"作为处身立世的根本原则。把这种原则用于人与人的关系上是兼爱互利；推广到国与国的关系上，主张"非攻"，反对不义战争和掠夺；用于百姓的生活上，则要求"节用"、"节葬"、尚节俭、反对奢侈。可见，从人际关系到社会治理，在墨翟那里都贯穿着兼爱的原则，而其强调的重点是互利，兼爱以互利为基础。儒家和墨家所倡导的这种仁爱、忠恕、利民、共处、互利等思想，虽然有其时代的特点和局限性，但在广阔的社会领域透过对复杂关系的分析反映了广大人民要求安居乐业、和谐共处、向往和平美好生活的愿望，而思想家们所提供的诸多思想和见解，也确乎是从不同层面不同角度对人世间各种纷繁复杂关系的一定程度的把握和深邃见地。至于《周易》中所讲的"天行健，君子以自强不息"、"地势坤，君子以厚德载物"，更是中华文明的经典名言。它昭示人们，"天"的运行生生不已，君子要以天为榜样而自强不息；还要秉承大地之广袤宽厚的本性，容载万物。就是说，要进行道德修养，达致高尚境界，就要奋发有为自强不息，以广袤大地般的博大胸怀宽以待人容纳万物。在这里，君子作为人的代表，成了贯通天地、进化万物的主体和动力，体现了天地人（君子）和谐统一的根本理念，也体现了君子自强不息、宽厚包容的价值取向。所有这些都是中华文明思想精华的具体表现。纵观历史，这种积淀于历史深处的中华文明，在古老的华夏上空熠熠生辉，普照神州大地，哺育我们这个民族世代延续，生生不息。尽管世事沉浮，历史变动不居，但中华文明所固有生命力和恒久的持续功能却能够在历史的延伸中经久不衰，使世代的中华儿女时时可以听到它的历史回声。我们不想把今日构建社会主义和谐社会的某项内容与古代先贤的某种说法做语录式的"接轨"，因为这样做既无必要，也并不恰当。但毋庸置疑的是，问世于 21 世纪的科学发展观和构建社会主义和谐社会的宏伟构想，具有中国的特色，是对当代中国如何发展问题的中国式回答。他立足于当今中国的现实，植根于国人所正在从事着的实践，合乎时代发展的潮流并借鉴了人类文明发展的积极成果；同时它的一个重要思想来源是历史悠久的中华文明。我们要构建的社会主义和谐社会，实是在中国特色社会主义道路上，中国共产党领导全体人民共同建设、共同享有的和谐社会。中华文明中那些闪光的思想，人们对和谐社会的向往，只有在社会主义条件下和社会主义的发展中方能实现。我国人民所从事的建设有中国特色的社会主义的伟大实践，是古老的中华文明得以传承和弘扬的现实土壤。中华文明之所以历经五千年而连续不断，长盛不衰，就在于它有吸纳百川、兼收并蓄的独特品格，它能够不断地吸取其他文明的积极成果，又能够在发展着的历史和现实实践中不断汲取营养，从而使自身活力永葆，生命永存。这是中华文明所固有的普遍性和生命力之所在。党中央在《关于构建社会主义和谐社会若干重大问题的决定》（以下简称《决定》）中明确提出，要"弘扬我国传统文化中有利于社会和谐的内容，形成符合传统美德和时代精神的道德规范和行为规范"。《决定》中还提出了"社会主义核心价值体系"这个新概念，指明这是建设社会主义和谐文化的根本。而马克思主义指导思想、中国特色社会主义共同理想，以爱国主义为核心的民族精神和以改革创新为核心的时代精神，社会主义荣辱观，则是社会主义核心价值体系的基本内容。坚持以社会主义核心价值体系引领社会思潮，尊重差异，包容多样，最大限度地达成社会思想共识，是构建和谐社会的重要任务，也是我们理论工作者发挥作用的重要场地和光荣使命。我们从党中央关于以人为本的科学发展观、构建社会主义和谐社会、社会主义荣辱观等的丰富内涵中，都可以感受到中华文明中那些闪光的思想与现时代中国实际生活在思想上的紧密联系。以中华文明为丰富思想资源和深厚文化历史底蕴为基础的科学发展观、社会主义和谐社会的构想，是时代的，也是民族的，是中华文明在新的历史时代的继承、弘扬和创新，是具有中国气魄、中国品位的重大战略决策。以胡锦涛同志为总书记的党中央在新世纪新阶段所做出的这些重大战略选择，必将对我国社会生活产生重大而深远的影响，是推动中国特色社会主义事业继续前进的强大动力。这些关系到国计民生和历史发展的重大战略选择和决策，之所以在广大干部和人民群众中引起热烈反响，就因为它反映了历史发展的客观规律的要求，得民心顺民意，体现了全党和全国各族人民的共同愿望。这也是在马克思主义的旗帜下在中国特色社会主义道路上，中华文明所固有的普遍性和生命力在21世纪的生动体现。

（原载人民网2007年3月6日——《中国社会科学院院报》）

社会主义制度的自我完善与辩证的发展论

摘要　社会主义国家在几十年的实践中进行了各种各样的探索，出现了各种模式。实践证明了马克思主义关于社会主义基本原理的无比正确，同时也在许多方面超出了马、恩当年的原则设想，科学社会主义理论在实践中更加丰富和发展了。在社会主义时期，生产力发展所提出的客观要求；人民群众关于变革现实，从而更好地发挥社会主义制度的优越性要求，乃是我国和其他一些社会主义国家进行改革的最深刻的动因，也是社会主义自我完善和自我发展的必由之路。改革和四化建设要求有科学的思维方式与之相适应，数学化、形式化、抽象化等方法提供了有价值的东西。坚持马克思主义的辩证理性思维与不断地吸取科学所提供的新成果是一致的。

一　引　　言

马克思所创立的科学社会主义学说，至今已有一百三十多年的历史了。这一学说以社会主义制度的形式转化为现实，也已经走过了六十多年的路程。20 世纪 40 年代，中国革命的胜利和其他一系列国家走上社会主义道路的事实，使社会主义制度早已超越了一国的范围，在世界广大地区转变为现实。社会主义国家在几十年的发展中积累了正、反两方面的历史经验，实践也提出了许多新问题。社会主义制度的自我完善和发展，就是一个带有共同性的重大现实问题。在总结历史经验和不断地概括现实经验的基础上，对于我们所面临的问题进行马克思主义的探索和再认识，无疑具有重大意义。

二　科学社会主义理论与实践

数十年来，世界上许多社会主义国家在社会主义建设中进行了各种各样的探索，出现了各种模式，并且在某些方面超出了马克思、恩格斯关于社会主义社会的原则设想，马克思主义创始人曾经设想，社会主义革命将在高度发达的资本主义国家中先取得胜利，而实践的发展却突破了这个设想，是在资本主义统治链条中的最薄弱环节首先取得了胜利。他们还设想，随着社会主义革命的胜利，在实现了生产资料公有制之后，个人劳动可直接体现为社会劳动，于是就有可能由一个统一的社会中心来计划整个社会的生产和分配，因而商品、货币关系就会自动消亡，商品经济将为有计划的产品经济所代替。而社会主义往实践中的发展，也已经突破了这些设想。社会主义各国的实践经验再次表明，在社会主义这个历史阶段，如果没有商品经济的高度发达，没有高度发展的社会生产力，没有高度的劳动生产率，个人的劳动在数量上和质量上还存在着很大的差别时，劳动还主要是谋生的手段，旧的社会分工还不可能一下子消除，相应地各个企业还存在着相对独立的经济利益，因而商品、货币关系就不会消亡，也不可能实现由商品经济向产品经济的立即过渡。就是说，在条件都不具备的时候，就不可能实现马克思、恩格斯当年的设想。

这种情况说明了什么呢？是不是说马克思主义创始人关于科学社会主义的理论已经过时了呢？当然不是。这是因为，一方面马克思、恩格斯的上述设想都是与特定的历史条件相联系的。他们在 19 世纪 40 年代，通过对当时可见的历史条件和资本主义社会发展规划的分析，提出了对未来社会的上述一些设想。可是，当实践的发展超出了原来的设想，当那些设想得以实现的条件都不具备的时候，对这种设想依实际情况作相应的调整和变动乃是必然的合乎规律的事情。另一方面，虽然他们对未来社会的某些设想未能实现，但是他们所阐明的关于科学社会主义的基本原理却经过历史的检验而被证明为是完全正确的。他们所揭示的关于社会主义必将代替资本主义的历史必然性，关于无产阶级的历史使命的光辉论断，关于无产阶级在争取自己的政治统治后要实现对生产资料的所有制进行社会主义改造，并以极大的努力发展社会生产力，增加生产力的总量的基本思想，以及相应的要发展科学、文化、教育，为人的全面发展创造条件等基本原理都是正确的。所以说，社会主义实践的发展突破了马克思主义创始人一百多年前对未来社会的某些设想这个事实，只能证明科学社会主义学说在实践所提供的新经验的基础上更加丰富和发展了。我们必须把他们所论述的基本原理与某些设想和个别原理区别开来。

马克思主义创始人在 1872 年为《共产党宣言》，德文版所写的序言中说："不管最近二十五年来的情况发生了多大变化，这个'宣言'中所发挥的一般基本原理整个说来直到现在还是完全正确的。个别地方本来可以做某些修改。这些基本原理的实际运用，正如《宣言》中所说的，随时随地都要以当时的历史条件为转移，所以第二章末尾提出的那些革命措施并没有什么特殊的意义。"① 这里，一方面说明了随着时间和条件的变化，个别原理或原来的某些设想的修改乃是题中应有之义，同时也着重说明即使是基本原理，它的"实际运用"也要以当时的历史条件为转移。这是因为，按马克思主义辩证法的发展论，各个国家的情况千差万别，每一国家都有其特殊的历史传统、文化背景和具体国情，而且情况也处在不断地发展变化之中。这就决定了必须把具有普遍意义的基本原理与当时当地的具体情况结合起来，而不能把基本原理当成可以生搬硬套的固定公式。正因为这样，马克思、恩格斯曾多次声明，他们的学说不是教条，而是行动的指南。恩格斯还特别指出："马克思的整个世界观不是教义，而是方法。它提供的不是现成的教条，而是进一步研究的出发点和供这种研究使用的方法。"② 1882 年，恩格斯在讲到社会主义从空想到科学的发展时曾说，科学社会主义的产生一方面要有当时英国和法国的已经发展了的经济关系和政治关系为基础，因为就 19 世纪 40 年代的德国情况来说，由于它落后的政治和经济条件还没有提供科学社会主义得以产生的基础，而只能产生"社会主义的讽刺画"；另一方面，只有英国和法国已经发展了的经济和政治条件还不行，因为这种经济或政治条件还需要进行哲学的处理，所以只

① 《马克思恩格斯选集》第 1 卷，人民出版社 1972 年版，第 228 页。
② 《马克思恩格斯全集》第 39 卷，第 406 页。

有在英国和法国所造成的经济和政治的情况"受到德国辩证法的批制"以后，才能产生真正的结果，即才能产生科学社会主义学说。所以恩格斯指出："科学社会主义本质上是德国的产物，而且也只能产生于古典哲学还生气勃勃地保存着自觉的辩证法传统的国家，……唯物主义历史观及其在现代的无产阶级和资产阶级之间的阶级斗争上的特别应用，只有借助于辩证法才有可能。"① 众所周知，唯物史观和剩余价值学说的发现，使社会主义从空想变成为科学，而唯物史观在"现代的"特别应用则借助于辩证法。也就是说，当时英国和法国已经发展了的经济和政治关系，以及对这些关系的辩证地思考，用科学的方法对展现在人们面前的经济和政治关系作出综合的考察，这是科学社会主义学说得以产生的不可或缺的条件。所以恩格斯又说，科学社会主义既是德国的产物，同时又不是专属德国的，而同样是国际的产物。这些，都说的是科学社会主义产生时的背景情况。今天，当科学社会主义学说问世已经一百三十多年以后，特别是社会主义国家已经有了六十多年的历史以后，当实践的发展不仅已经突破了马克思主义创始人当年的某些设想，而且在社会主义各国的发展中还突破了社会主义建设的历史上曾被认为是不可更易的某种固定模式时，当实践不断地发出强有力的呼声而促使人们作深刻反思和进行新的探索的时候，我们重温马克思主义创始人关于他们的学说不是教条而是行动的指南，关于马克思的整个世界观不是教义，而是进一步研究的出发点和供这种研究使用的方法，关于基本原理和实际运用也要以历史条件为转移等光辉论断，从而坚持马克思主义的辩证的发展论与社会主义在实践中发展的统一，就具有特别重要的意义。

三　马克思主义与时代任务

已经走上社会主义道路的国家，在社会主义建设实践中不断遇到了一些新问题，而社会主义制度的自我完善和发展则是最现实、最尖锐的问题之一。

---

① 《马克思恩格斯选集》第3卷，人民出版社1972年版，第377—378页。

　　回顾社会主义国家发展的历史，当社会主义制度刚刚建立及其发展的最初年代，由于国内外阶级斗争的影响，使得新生的社会主义国家不能不以极大的注意力集中在维护新生的政权，建立和巩固社会主义制度方面。但是，事物发展的客观辩证法总要把过程不断推向前进。当生产资料所有制的社会主义改造已基本完成，社会主义的经济制度已经建立起来，剥削阶级已被基本消灭的条件下，如何发挥社会主义制度的优越性，集中力量发展生产力，就成了头等重要的任务。但是在相当长的时间里，许多国家由于在这方面还缺少经验，而在一定历史条件下曾被采用过的模式又成了可供效法的唯一形式。这就造成了把某一国家的经验绝对化、神圣化的弊端，形成了某种只能搬用的固定模式。这种固定模式的产生有着一定的历史必然性，但是它却给一些国家的社会主义建设事业造成了消极影响，阻碍了人们结合各国的实际进行新的探索的努力。但是，实践的呼声终究是强有力的，它提示人们：社会主义的生产关系并没有什么固定不变的模式，问题的关键就在于依据每一国家和每一发展阶段上生产力的现实状况和发展要求，找到推动生产力迅速发展的具体形式，找到在各自条件下建设有本国特色的社会主义的具体道路。

　　列宁曾经指出："恩格斯在谈到他自己和他那位赫赫有名的朋友时说过：我们的学说不是教条，而是行动的指南。这个经典式的定义异常鲜明有力地强调了马克思主义的往往被人忽视的那一方面。而忽视这方面，就会把马克思主义变成一种片面的、畸形的、僵死的东西，就会阉割马克思主义的活的灵魂，破坏它的根本的理论基础——辩证法，即关于包罗万象和充满矛盾的历史发展的学说；就会破坏马克思主义同时代的一定的实际任务，即随着每一次新的历史转变而改变着任务之间的关系。"① 这里列宁着重说明了马克思主义与"一定的实际任务"之间的联系，而按照辩证的发展论，这种"实际任务"是随着历史转变而改变着的。无产阶级尚未建立自己的政治统治之河，它的"实际任务"就是为取得政权而进行各方面的准备和斗争，直到取得政权为止。取得政权以后，是一次重大的历史转变，它的"实际任务"也改变了，即利用手中所握有的有利的政治条件，

---

　　① 《列宁选集》第 2 卷，人民出版社 1972 年版，第 398 页。

对生产资料的所有制进行社会主义改造，建立社会主义的经济制空。这种所有制改造任务的基本完成，是又一次重大的历史转变，随着这一转变，人民生产力，从事社会主义建设这样的"实际任务"又提到了首位，成为无产阶级和广大人民在新的历史时期的根本任务。很明显，取得政权，改造所有制，进行全社会规模的社会主义之建设，都是无产阶级肩负的历史任务的有机组成部分，但这些任务之间又是相互区别的。它们标志着历史转变的阶段性，标志着随着这种转变而改变着的"实际任务"之间的差异性。马克思主义与"一定的实际任务"之间的联系之所以往往被人们所忽略，是由于：第一，人们对当下的现实的实际任务比较熟悉，而对即将到来的历史转变和由此而来的新的"实际任务"则并不熟悉，从认识上说，历史发展链条中不同阶段之间的差异性容易为人们所忽视。第二，普遍性与特殊性的结合，马克思主义与新的"实际任务"之间的联系，是一项艰巨而复杂的任务，需要运用马克思主义的基本观点和基本方法，结合新的实际，探寻解决经济、政治、社会、文化等各方面新问题的答案。这里，不仅需要探索，而且需要创造。用教条主义的态度对待马克思主义不行，照搬别人的模式也不行，把自己过去的经验原封不动地搬来，用以应付新的实践所提出的各种复杂任务，也是不行的。那么，究竟应该怎样理解马克思主义理论与不断改变着的一定的"实际任务"之间的联系呢？对此，毛泽东同志在概括中国革命的经验时是这样说的："中国共产党人只有在他们善于应用马克思列宁主义的立场、观点和方法……进一步地从中国的历史实际和革命实际的认真研究中，在各方面作出合乎中国需要的理论性的创造，才会做理论和实际相联系"①。历史早已表明，中国革命的胜利，是与在各方面作出合于中国需要的"理论性创造"分不开的；没有这样的创造，也就没有中国革命的胜利。

革命时期如此，社会主义建设时期尤其如此。这是因为，社会主义是人类历史上崭新而复杂的事业。这个事业的许多课题，是以前的马克思主义者没有也不可能提出和解决的。特别是，各国的情况千差万别，每个国家在进行大规模的社会主义建设时所遇到的主、客观条件都不可能是完全

---

① 《毛泽东选集》第 3 卷，第 778 页。

相同的。因此，照抄照搬别国经验、别国模式，从来不能得到成功。这就"要求把马克思主义的普遍真理同各国的具体实践结合起来，从本国的实际情况出发，走自己的路，作出适合本国需要的理论性创造，从而开辟有本国特色的建设社会主义的道路"。

历史经验告诉我们，已经走上社会主义道路的国家，在社会主义建设中已经走过了几十年的路程，其间有伟大的成功，也有不少曲折和失误。这种曲折和失误，与缺乏经验有关，也与对即将到来的大规模的社会主义建设缺乏必要的思想准备和科学研究密切相关。特别是像社会主义建设这样艰巨而复杂的社会系统工程，如果没有相应的科学研究与之相配合，是很难驾驭的，也可以说出现失误是不可避免的。加之，建设时期和战争时期有个很大的不同。如果说在战争中主观指挥上的失误，违背了客观规律，就会立即遭到惩罚和报复，而且在战场上这种惩罚是以你死我活的形式表现出来的。在建设事业中，违背了客观规律同样会遭到惩罚，但是这种惩罚或报复的形式就不像战争时那么尖锐和直接，它的后果往往是在若干时日以后才显现出来的，因而也就容易为人们所忽视。

社会主义建设中出现的曲折和失误，除了缺乏经验和必要的思想准备之外，还同执政党主观指导上的失误密切相关。违反客观实际的形势估量，由此而制定的错误方针和政策，特别是在新时期如何把马克思主义的普遍原理与本国的具体实践相结合上所出现的失误，如照抄照搬别国模式，把马列著作中的某些设想或论点加以误解或绝对化，等等，都属于主观指导上失误的范畴。这种种失误，不能不对社会主义建设带来消极影响，以至于在相当的时间里使社会主义制度的优越性不能得到充分发挥，并且在一定程度上减弱了社会主义制度的生机和活力，有损于它的应有声望和对广大群众的吸引力。

但是，挫折和失误教育了人们。社会主义在实践中的曲折发展正在唤醒社会主义国家的人民和执政党对已经走过的道路进行反思，正在对已有的历史经验进行总结，并且在把普遍的东西与本国的具体国情的结合上，在探索本国如何建设社会主义的具体道路以及如何实现社会主义制度的自我完善和发展方面，作出了巨大的努力。这就是近些年来在我国和其他一些社会主义国家所出现的改革。自然，由于各国的情况不同，因而改革的起步有早有晚，改革的具体内容、形式和方法也不尽相同。但改革的必要性是实践本身所提出的，因而也就为越来越多的人们所认识；改革作为社会主义的实践发展而汇成的历史潮流已是人心所向，不可逆转。在马克思主义的指引下，自觉地进行经济体制和其他领域的改革，从而使社会主义制度在自我完善和发展的道路上重新增添生机和活力，是多年来社会主义建设实践提供的重要经验，也是社会主义制度的生命力的体现。

马克思主义的辩证的发展论从来不认为事物发展的道路会那么笔直，而没有任何曲折。问题在于经过了曲折和失误之后，能够以批判的态度回顾过去和规划未来，历史的经验提示我们，社会主义实践的发展正在突破历史上形成的关于社会主义固定模式的束缚。生产力发展所提出的客观要求，人民群众关于变革现实，从而更好地发挥社会主义制度优越性的要求，乃是一些社会主义国家对原有的经济体制和其他一些具体制度进行改革的最深刻的动因。这也是社会主义自我完善和自我发展的必由之路。

四　改革与思维方式

全面而系统的改革，必是一个复杂的系统工程，它要求有科学的思维方式与之相适应，中国的改革是在相当复杂和艰难的背景下开展起来的。党的十一届三中全会以前，由于多年来"左"的指导思想的影响，特别是林彪、"四人帮"在十年动乱中所造成的破坏，不仅在物质生产方面为我国的社会主义事业带来了严重的后果，工作重点长期未能转移，国民经济严重此例失调，一大堆历史遗留问题有待处理；而且在经济体制上和人们的观念上，都留下了很沉重的历史包袱，体制上的诸多弊端束缚着生产力的发展，脱离客观实际的关于社会主义的一些观念禁锢着人们的头脑。由于长期的平均主义、"大锅饭"而造成的懒散、懈怠，对集体和公共事业漠不关心的精神状态：安于现状、故步自封、墨守成规的习惯势力；僵化的思维模式，"单打一"、"一刀切"、绝对化等形而上学思想方法，等等。这一切都是阻碍生产力发展和社会进步的精神因素。至于在理论上，除了"四人帮"在一系列问题上所制造的混乱和理论失衡之外，还存在着由于把马列的某些东西加以误解或教条化而产生的一些错误观念。这种理论上的颠倒、混乱或失误，也在更深的层次上影响着人们的头脑。

上述这种在物质基础、经济体制、精神状态、思维方式等方面所存在的问题，就是改革伊始时我们所面临的现实情况。这种不利方面的现实情况，一方面说明了进行改革的必要性和重要性，另一方面也说明了改革的艰巨性和复杂性。

党的十一届三中全会总结了多年来我国社会主义建设的历史经验，作出了一系列英明果断的决策，决定把工作重点转移到社会主义现代化建设上来，同时也提出了改革的问题。正如邓小平同志在概括十一届三中全会以来的工作时所说："我们主要做了两件事：一是拨乱反正，二是全面改革。"① 改革先从农村开始，在短短几年的时间里取得了明显的成效。接着又转入了以城市为重点的经济体制的全面改革。"改革促进了生产力的发展，引起了经济生活、社会生活、工作方式和精神状态的一系列深刻变化。改革是社会主义制度的自我完善，在一定的范围内也发生了某种程度的革命性变革。这是一件大事，表明我们已经开始找到了一条建设有中国特色的社会主义的道路"②。通过改革，在我国社会生活的各个领域都发生了相当深刻的变化。在所有制结构方面，过去那种同现阶段我国生产力发展水平不相适应的基本上单一的公有制结构，正在逐步向以社会主义公有制为基础的、多种经济形式和多种经营方式共同发展的结构转变。在分配方面，过去那种集中分配、统收统支、吃"大锅饭"的分配制度，正在逐步向分级分配、按劳付酬、责权利相结合的分配形式转变。在宏观管理方面，过去那种以直接控制为主的运行机制，正在逐步向以间接控制为主的运行机制转变。在企业管理方面，过去那种政企职责不分、统得过多、管得过死的体制，正在逐步向政企职责分开、增强企业内在活力和自我发展能力的体制转变。在对外经济关系方面，过去那种封闭半封闭型的经济，正在逐步向有效利用国际交换的开放型经济转变。总之，经济体制的改革，正在朝着在公有制基础上发展社会主义有计划的商品经济的方向前进。在科技、教育等其他领域的改革，也引起了相应的变化。改革不仅大

---

① 邓小平：《在中国共产党全国代表会议上的讲话》。

② 同上。

大促进了生产力的发展，在物质生产方面取得了巨大成效，而且也促进了人们思想观念的变化。改革的实践有力地冲击着那些阻碍社会进步的陈腐观念。人们的视野开阔了，思想进一步得到解放。关于社会主义建设只能有一种固定模式的观念被突破了，建设有中国特色的社会主义道路正在为越来越多的人们所认识，成为他们的自觉行动。作为思想解放的成果，作为改革实践所引起的人们观念上的深刻变化，对于我们把改革和"四化"建设继续推向前进，无疑有着重大而深远的意义。

但是，改革的实践本身并不能代替人们在精神文明建设方面的自觉努力。同时，改革本身也是一项很复杂的社会活动。人们对于改革过程中的许多问题的认识，在开始时常常是很不完善的，但又不可能完善了再走步。所以，既要提倡勤于思考，又要勇于实践，在实践过程中不断完善和深化我们的认识。有一种现象值得深思，即：人们往往对多年来的积弊可以习以为常，但却很难容忍改革过程中所出现的失误。显然，这是一种习惯势力，也是一种非辩证的思维方式。

经济体制的改革以及其他领域的改革，都有其内在的深刻的动因。每一方面的改革都是由诸多的要素构成的，都因其内在要素的有机构成而形成各具特色的系统。每一系统内部的各个要素之间，不同系统之间以及系统与环境之间，都处于相互联系和交互作用之中。以城市为重点的整个经济体制改革，是一项十分艰巨复杂的社会系统工程。其间包含着各方面的经济关系和经济活动，这些不同方面的经济关系和活动，彼此相互制约着，普遍联系着。生产决定着分配，分配也反过来影响生产；为了革除统得过多过死的弊端就必须在微观上放开放活，就必须减少国家对企业活动或微观经济的直接控制，但是减少直接控制的范围、程度和步骤，还必须同国家在客观上加强间接控制的能力相适应。所以，改革中的各个方面、各个环节或各种要素之间，都必须相互适应、相互配套，以求得改革在整体上的最佳效益。

按辩证的发展论，世界上没有孤立的静止的事物。各种事物都是按其本身所固有的特殊矛盾而成为彼此相异而又相互联系的育机系统。在某一系统中的各个要素相互作用着，这种相互作用是交互的，而不是单向的。各种要素之间有没有因果关系呢？有，但又不只是一种线性的因果关系，更重要的是一种非线性的多元的立体网络关系，呈现为各种要素交互作用的复杂情景。因此，我们在认识这些事物或处理问题时，就要考虑到事物联系的复杂性，学会辩证地思考，而不能简单化。

由于客观事物的复杂性，现象间的联系有直接和间接之分，有内部联系和外部联系，必然联系和偶然联系等。唯物辩证法认为，世界上的一切现象都处于普遍联系和相互作用之中。但是有些事物或现象之间的联系是直接的，而有些则是间接的。一般说来，对于现象之间的直接联系还比较易于被人们所把握，但对于间接联系，特别是通过若干环节的中介而体现的联系则不易为人们所把握，或者说，在认识上往往为人们所忽视。譬如，一个企业的生产活动，当然需要一定的设备、工具和劳动力，这是显而易见的。因为不具备这些要素，生产就无从进行。可是，设备需要更新，工具需要改进，劳动力的素质需要提高，而这些又必须以智力投资为条件。那么，比较而言，智力投资与生产活动之间的联系，就不像工具与生产活动之间的联系那样直接，所以前者可以称作间接联系。可是这种间接联系又是不可忽视的。虽然智力投资的效果不是一时就能看到的，它需要三年、五年乃至更多的时间。但智力投资又是提高劳动力素质、提高劳动生产率所绝对必需的。对于改革措施得失的权衡也是这样，有的改革措施的效益当下可见，有些则要经过若干时间之后其效益才能显现出来。又譬如，一个企业的领导者，对于本企业的生产活动与经济效益之间的关系往往考虑得比较多，但是一个有远见的领导者不仅要看到当下的直接的经济效益，而且还要看到长远后果；不仅要看到本企业的经济效益，而且还要看到社会效益，要有整体的综合效益观。这就要求有科学的思维方式。

我们知道，人们的思维方式是历史地发展着的。在古代有过朴素的辩证的思维方式，它的特点是把各种现象看作是相互联系的总体，因此对世界图景总画面的了解实质上是正确的。但是，这种思维方式又是建立在直观基础之上的，并没有科学论证的依据，带有很大局限性。这种局限性预示着它在以后的发展中必然屈从于另一种观点，为形而上学的思维方式所代替。可是正如恩格斯所说，"但在这里，也存在着它胜过它以后的一切形而上学敌手的优点。如果说，在细节上形而上学比希腊人要正确些，那么，总的说来希腊人就比形而上学要正确些"①。形而上学的思维方式在历史上统治人们头脑数百年之后，终于又为辩证法的观点所取代。这种历史的更替始于德国古典哲学。康德首先以其天体演化学说打开了形而上学统治的缺口，这是与 18 世纪科学发展的水平相适应的，是与康德运用辩证的观点概括了当时关于天文学、力学发展的最新成就相联系的。继康德之后，黑格尔以其宏伟的形式概括了自然科学和哲学的发展，系统地阐述了辩证法思想。他不仅认为各种现象是互相联系的，而且把整个自然的、历史的精神的世界描述为一个过程，即把它描述为处在不断地变化和发展的过程，并企图揭示这种运动和发展的内在联系。这是黑格尔对辩证法思想的深刻阐发，也是他的一大历史功绩。黑格尔的发展论是辩证的，然而又是立足于唯心主义基础之上的。唯其如此，他的发展论又是不彻底的，有尽头的。他的庞大的哲学体系在唯心主义基础上展现了整个世界辩证发展的图景，提出并论证了消除一切教条的辩证的方法论，但是当他的哲学体系最终完成，被宣布为绝对真理时，一切发展都终结了。"这样一来，黑格尔体系的全部教条内容就被宣布为绝对真理，这同化解消除一切教条东西的辩证方法是矛盾的"②。与此不同，唯物辩证法是个开放性的科学体系，它认定自身并没有结束真理，而是在实践中不断地开辟认识真理的道路。它的一个基本思想，就是认为"世界不是一成不变的事物的集合体，而是过程的集合体，其中每个似乎稳定的事物以及它们在我们头脑中的思想映象即概念，都处在生成和灭亡的不断变化中，在这种变化中，前进的发展，不管一切表面的偶然性，也不管一切暂时的倒退，终究会给自己开辟出道路"③。这个辩证发展论的基本思想，不是马克思主义哲学所独有，因为黑格尔也是具有这种思想的。但是一则立足点不同，二则能不能把这一基本思想贯彻到底也是不同的。马克思主义创始人在唯物主义基础上对于上述基本思想的阐明和论证，不但冲破了多少年来有很大影响的形而上学思维方式的束缚，而且也摆脱了各种唯心辩证法特别是黑格尔的唯心辩

① 恩格斯：《自然辩证法》，人民出版社 1955 年版，第 49 页。
② 《马克思恩格斯选集》第 4 卷，人民出版社 1972 年版，第 214、210 页。
③ 同上。

证法的局限，永远结束了那种关于最终的绝对真理和与之相应的人类绝对状态的设想和奢望。在唯物的辩证发展论面前，不存在任何最终的、绝对的、神圣的东西，它指出所有一切事物（包括它自身）的暂时性，因为唯物辩证法作为思维方式不过是客观过程在人们头脑中的自觉反映而已。正因为这样，唯物辩证法无论在什么时候都毫不犹豫地确认：客观事物的联系是复杂而多样的，客观事物的发展也是个无限的过程，迄今人类对事物的认识和把握，虽然已经取得了令人鼓舞的成果，但是现在已经认识的东西仍然是无限发展着的客观世界的有限部分，是人类认识历史长河中的一个阶段。随着实践的发展，事物的更多方面，更复杂的联系将会日益显示出来，随之辩证的认识所把握的方面也必然日益增多和加深。发展是无限的，人的认识也是无限的。这是一个万古常新的辩证法过程。如果确认这一点，那么关于最终的绝对真理的要求也就不会提出了。唯物辩证法所强调的这个基本道理，它自身的这种开放性的体系，是根本不同于黑格尔的，这也是马克思主义辩证法的一个特点，是它的生命力之所在，也是全部马克思主义学说的革命的、批判的精神的理论基础。

　　正是基于这种批判的、革命的精神，马克思、恩格斯一生反对因循守旧、墨守成规，反对对一切已丧失其生命力的旧事物采取妥协态度，在变革已成为必要时，竭力支持这种变革。也正是基于这种批判的、革命的精神，马克思、恩格斯一生反对把自己的学说当作僵死的教条，多次声明他们的理论是发展的理论，而不是必须背得烂熟并机械地加以重复的条文，前面提到，列宁把马克思主义创始人所说的，我们的学说不是教条而是行动的指南称作"经典式的定义"，并且阐明了马克思主义的活的灵魂是具体地分析具体情况；毛泽东同志所阐述的矛盾的普遍性与特殊性及其相互联结的道理，他关于认识由个别而一般，又由一般而个别的认识论公式，他所着重阐明的以一般的东西为指导，继续研究新事物的极端重要性的道理，以及他关于只有把共性与个性结合起来，作出适合本国需要的理论性创造，才能做真正的理论联系实际的光辉论断，都是唯物辩证法的批判的、革命的精神的体现。党的十一届三中全会以来，党中央集中广大群众的智慧，把马克思主义的普遍真理与我国社会主义建设的具体实践相结合，在如何建设有中国特色的社会主义道路上进行了创造性的探索，突破了社会主义建设只能有一种固定模式的框架，扬弃了一切不符合客观实际的关于社会主义的陈旧观念。在拨乱反正、全面改革的伟大实践中，在"四化"建设的伟大实践中，中华大地充满生机和活力，有一系列的理论性创造。全面改革本身与建设有中国特色的社会主义道路本身，都是伟大的创造。各方面的理论性创造，反映在党的十一届三中全会以来的文件中，也反映在邓小平同志和其他中央领导同志的重要讲话中，反映在广大干部和群众所从事的伟大实践和理论工作者的理论探索中。所以说，十一届三中全会以来我们党所取得的成就，是马克思主义在我国社会主义新时期的新证实，是它的丰富和发展，共同体现了唯物辩证法的创造精神。很明显，没有发展，没有创新，我们所取得的成就是不可想象的；没有发展，没有创新，就没有建设有中国特色的社会主义的道路；没有发展，没有创新，就失去马克思主义哲学失去它的生命力，失去它的最有价值的革命批判精神。

我们说作为思维方式的主观辩证法，是客观辩证法的反映：两者在形式上是不同的，而在内容上又是一致的。这种内容上的一致，提供了一种必然性：作为客观事物辩证法发展的反映，思维辩证法是个无限发展的过程，它反映现实的方面永远不断地增加着；这也决定了辩证的思维方式本身就不能不是个开放性的体系，它从生活实践中不断吸取营养，具有强大的生命力。因此，建立在唯物主义基础上的群众的理性思维方式，它的正确性和力量，不只是表现在它一百多年前诞生时所依据的自然科学的三大发现上，而且也表现在看来对自然科学最新成果的不断概括中；不只是表现在对 19 世纪 40 年代工人运动经验的总结上，而且也表现在对那时以来的历史运动经验的不断考察中。譬如，系统论、控制论、信息论的兴起都是最近几十年的事情，在唯物辩证法问世时还没有这一切。虽然，关于整体大于部分的思想，各种现象普遍地相互联系和相互作用的思想，关于社会结构和社会有机体的思想，以及各种因素交互作用和无限发展的思想等，都是唯物辩证法早已阐明了的。但是系统论等这些新成果的出现，无疑使我们对世界图景的观察比以往更具体了。它们开阔了人们的眼界，丰富了人们的认识，使唯物辩证法的已有原则得到了新的确证、丰富和发展。现在，人们对数学化、形式化、抽象化的方法谈论的比较多，这不是没有原因的。随着科学技术革命的进展和社会生活的进步，一个很突出的问题就是讲究严格的数据和计量。严密而迅速的计算方法，各种工程的可行性论证，最佳方案的选择等，都离不开数学化，要管理好一个复杂的大系统，对其中的许多变量及其相互作用的分析，需要解几百个方程，只靠传统的微积分已经不够用了，而需要借助于概率论、集合论等现代数学理论。而且只靠人工的计算方法不行，须借助于电子计算机，这就需要形式化。所谓形式化，就是一种使知识内容固定化的方法。这种方法被广泛地运用于现代科学。例如，在研究信息的传递过程、控制过程时，形式化的方法就是非常必要的。电子计算机中信息的存储、检索、处理、输出输入等，都须编辑程序，这离不开形式化的方法。至于抽象化，人们的解释不尽相同，一说是指科技的最新进步不再凭单纯的经验积累而是靠系统化的知识，即从经验主义、试错法到抽象法的过渡。简言之，抽象化，就是指理论知识的系统化。美国社会学家丹尼尔·贝尔在讲到他所谓的"后工业社会"的特征时，认为这种特征在认识论和方法论方面的表现，就是从经验主义、试错法到抽象法的过渡。照他说来，19 世纪以前的发明，主要靠经验的积累，靠试错法，靠天才的直觉，如发明炼钢技术的人并不了解同时代人关于钢的微观结构学说，爱迪生发明了电灯，但他并不了解麦克斯韦的电磁场方程。而现代化新兴工业，则是以科学理论为基础的，是靠先于生产的理论研究工作。例如要搞化学合成，必须具备有关分子的理论知识；没有固体物理学方面的理论研究工作，就不会有电子计算机技术的飞跃发展，等等。

由此可见，数学化、形式化、抽象化等，作为方法都从一定的侧面和角度为人们带来一些新的信息，反映了人们在认识事物过程中所运用的一种手段，也可以说是认识过程的一个必要环节。因而是有意义的，是值得研究的。列宁曾说："要继承黑格尔和马克思的事业，就应当辩证地研究人类思想、科学和技术的历史。"[①] 对数学化、形式化等方法的研究，当然也属于科学和技术历史研究的范围。当然，我们也不能忘记，数学化在计量方面有其特点，而任何事物的量又是同一定的质相关联的；形式化有其

----

① 《列宁全集》第 38 卷，人民出版社 1986 年版，第 154 页。

长处，但也有它的局限性，数学化、形式化方法的特点是注重确定性，讲究准确性。但是，在辩证法的观点看来，事物或过程又总是确定性和不确定性的统一。只讲确定性，不讲不确定性，也同只讲不确定性，不讲确定性一样，都是片面的。因此，对数学化、形式化、抽象化等进行研究是完全必要的。但不能把它们绝对化，即不能把它们当作理想的、最高的思维方式。科学的思维方式或思维方法的科学化，应是辩证的思考，应是辩证的理性思维，即唯物辩证法这唯一科学的世界观和方法论。但由于唯物辩证法是开放的不断发展着的科学体系而不同于任何宗派主义和绝对主义，所以一切科学成果都在它的视野之中，它非但不排斥而且正是以容纳、吸取一切有价值的东西为自身发展的条件的。因此，坚持思维方式上的多层次性，在世界观和哲学方法论的层次上坚持唯物辩证法的一元论，与在一般科学方法论和具体科学方法论上的多样性是统一的。坚持这种统一性和多样性的统一，对于我们正确地认识改革和建设中的各种问题，对于从多层次、多角度、多侧面观察和把握我们所面对的复杂系统，从而更直接更有效地驾驭它们，达到我们预期的目的，都是很重要的。

（原载《北京航空学院学报》1986 年第 2 期）

论一般与个别

——兼谈建设有中国特色的社会主义

一般与个别、共性与个性、矛盾的普遍性与特殊性，都是属于同一序列的范畴。正确地理解这些范畴，不仅对于从理论上把握马克思主义辩证法的科学体系是重要的，而且对于正确理解建设具有中国特色的社会主义这个伟大的战略决策，增强我们在实践中的自觉性，也是重要的。

一

任何科学的哲学范畴，都是对社会实践经验和科学成果的概括。它来自于生活，又反作用于生活。而随着生活、实践的发展，人们对这些哲学范畴的理解也在不断加深，哲学范畴本身也处于不断的丰富和发展过程中。一般与个别这对范畴，马克思、恩格斯、列宁都在不同场合作过许多精辟的论述，毛泽东同志在《矛盾论》、《实践论》，以及其他一些著作中也反复论述了这个问题。例如，毛泽东同志关于战争的普遍规律与特殊规律的论述，关于事物的共性与个性的论述，关于人的认识过程由个别到一般，又由一般到个别的论述，等等。他在《矛盾论》中关于矛盾的普遍性与矛盾特殊性的分析，则从各个方面对这个问题作了广泛、深入的展开，以其特有的完备的理论形态丰富和发展了马克思主义辩证法。《矛盾论》所说的关于共性个性、绝对相对的道理是事物矛盾问题的精髓的论断，不仅从理论内容上包含着对个别与一般、个性与共性的相互关系的科学分析，而且指明了这个问题在唯物辩证法科学体系中的重要地位。毛泽东同志的科学论述所包含的丰富内容，它所显示的逻辑力量，从根本上说，是以中国社会的异常复杂的矛盾和中国革命实践中的丰富经验为基础的。因此，即使是同样的概念，人们所赋予它的内容以及人们对它的理解，就有抽象和具体的区别，人们对它的内容的把握就存在着贫乏和丰富的差异。这种区别或差异是不可以忽视的，否则，就有可能走向理论上的失误。我们通常所说的马克思主义普遍真理同中国革命的具体实际相结合这个关乎革命成败的基本原则，升华到哲学理论的高度，就是毛泽东同志关于矛盾普遍性与特殊性及其相互关系的科学论断。毛泽东思想本身就是上述"结合"的产物。

　　毛泽东同志在概括革命实践经验时早就指出，要想取得中国革命的胜利，就必须使马克思主义在中国具体化，"使之在其每一表现中带着必须有的中国的特性，即是说，按照中国的特点去应用它"。①　同时，他在谈到什么叫理论联系实际时还明确指出：中国共产党只有在他们善于应用马克思列宁主义的立场、观点和方法，并且"进一步地从中国的历史实际和革命实际的认真研究中，在各方面作出合乎中国需要的理论性的创造，才叫做理论和实际相联系"②。这些论断，都凝聚着中国革命实践中的丰富经验，体现了他关于矛盾的普遍性和特殊性学说的光辉思想。历史早已证明，过去我们搞民主革命，正由于坚持一切从中国的实际出发，按毛泽东同志开辟的农村包围城市的道路前进，才终于取得了革命的胜利。

　　我们知道，马克思、恩格斯关于无产阶级革命的一般原理是普遍适用的，但是这种一般原理的应用只有同每一国家每一民族的具体实际相结合才能具体地表现出来。列宁领导十月革命取得胜利，是马克思主义的胜利，但十月革命的胜利实现本身就是一个伟大的创造。列宁领导的布尔什维克党是在帝国主义世界的薄弱环节所取得的突破，我们中国共产党人也是在敌人控制薄弱的地区首先取得突破，这在原则上是相同的。中国革命的胜利，是马克思列宁主义关于革命的一般原理的新证实。但是这种一般原理又是"带着必须有的中国的特性"而具体表现出来的，是合于中国需

---

①　《毛泽东选集》合订本，人民出版社 1966 年版，第 522 页。
②　同上书，第 829 页。

要的理论性的创造。没有这种创造，离开中国的具体国情和由此所决定的农村包围城市的革命道路，那就没有中国革命的胜利。

由此看来，矛盾的普遍性与矛盾的特殊性的关系，以及反映它们的一般原理和每一国家具体实际的关系，并不是两个事物之间的并列关系，而是事物矛盾的两种属性的内在联系。一方面，任何特殊都不能超出于矛盾的普遍联系之外；另一方面，矛盾的普遍性即存在于矛盾特殊性之中，无个性即无共性。正由于矛盾的普遍性与特殊性是相互联结的，由于每一事物内部不但包含了矛盾的特殊性，而且包含了矛盾的普遍性，普遍性即存在于特殊性之中，所以毛泽东同志提示说："当着我们研究一定事物的时候，就应当去发现这两方面及其互相联结，发现一事物内部的特殊性和普遍性的两方面及其互相联结，发现一事物和它以外的许多事物的互相联结。"事物矛盾的普遍性和特殊性这种互相联结的客观性和内在性，是人们在主观思维中之所以能够对它们加以区分和把握的基础；同样，这种互相联结的客观性和内在性又决定了人们对它们加以区分的时候，无论如何不能把普遍性与特殊性的区别绝对化，以至于否定了它们之间的互相联结。由此出发，我们谈到把一般原理与具体实际相结合的时候，也不是说把一般原理加以死记硬背、照抄照搬，或者只是简单地把一般原理看作一个东西，把实际看作另一个东西，只要在两者之间"挂钩"就行了。这种做法，实际上只能是对矛盾普遍性和特殊性相互关系上的一种误解，是只有思想懒汉才欣赏的东西。与此相反，唯物辩证法所要求的是在一般原理的指导下，对每一时期、每一国家以及每一单位等的具体情况作具体分析，从而找到正确解决矛盾的方法。这其间包括对每一国家的历史和现状的周密系统的调查研究，对历史实际和革命实践中所遇到的诸多问题的精细的研究和深思熟虑，包括对主、客观条件和各方面情况的统一了解和具体分析，也包括认识前所未有的新事物和在此基础上所作出的合乎实际需要的理论性创造，等等。显然，这就需要花力气，是一个艰苦的创造性过程，特别需要在研究矛盾特殊性上下功夫。

黑格尔在讲到概念的矛盾运动时，曾用"共相"与"殊相"这样的概念来说明普遍性与特殊性的关系。照他说来，"真正的普遍者，用通俗的话说来，表现为普遍者自身和特殊者相结合。"① 而"如果只就形式方面去看共相，将共相与殊相并列起来，则共相自身也就会降为殊相了。这种并列的办法，即使应用在日常生活的事物中，亦显得不适宜，不可通。譬如，在日常生活里那会有人只是愿意要水果，而拒绝樱桃、梨子和葡萄，因为它们只是樱桃、梨子、葡萄，而不是水果呢?"② 这里，黑格尔不仅说明了普遍性与特殊性是相结合的，而且提出不能把共相与殊相相并列。因为如果把二者"并列"起来，就会造成一种误解：似乎共相是独立于殊相之外的，普遍性与特殊性是相割裂的。而一旦把它们"并列"起来，不仅会剥夺普遍性的真实内容，而且在把普遍性独立于特殊性之外的条件下，必然把普遍性自身也降为一种特殊性了，这样，就不再是普遍性与特殊性的关系，而成了一种特殊性与另一种特殊性的关系了。黑格尔认为，这种把普遍性与特殊性割裂开来的做法，把共相与殊相并列起来的做法，是对两者关系的形式主义的了解。这种形式主义之所以要不得，因为它"仅是把捉住一些抽象的命题或公式，例如，'在绝对中一切是一'、'主客同一'等话，遇着特殊事物时，亦只有重复抬出这千篇一律的公式去解释"。③ 黑格尔讲的是概念的自我运动，但是透过其唯心主义的迷雾，他关于普遍性与特殊性相结合的观点，不能把两者并列起来即不能对它们作形式主义了解的观点，都包含着深刻的辩证法思想。这是马克思主义经典作家早就肯定过的。恩格斯在讲到唯物辩证法的规律及其应用时，曾尖锐指出："仅仅知道麦植株和微积分被'否定之否定'这个概念所概括，我还不会把麦子种好，也不会演算微积分，正好像仅仅知道音乐取决于弦的粗细长短的规律，我还不会演奏提琴一样。"④

毛泽东同志在《矛盾论》中所深刻论述的关于矛盾的普遍性与矛盾的特殊性相互关系的原理，特别是他所着重论述的关于从普遍性与特殊性的相互联结上来把握特殊性、关于特殊性是我们认识事物的基础的论断，关于一般来自于个别，又必须以一般为指导去继续研究那些尚未研究或尚未

---

① 黑格尔：《哲学史讲演录》第一卷，生活·读书·新知三联书店1956年版，第72页。
② 黑格尔：《小逻辑》，贺麟译，商务印书馆1980年版，第67页。
③ 同上书，第65页。
④ 参见《反杜林论》。

深入研究过的新事物的论断，既是对人类认识史上积极成果的继承，更重要的是对中国革命实践中丰富经验的科学概括，不了解或忽视问题的这后一个方面，就不能正确理解毛泽东同志关于矛盾普遍性与特殊性的学说，也无法理解以毛泽东同志为代表的中国共产党人在把马克思列宁主义的一般原理应用于我国具体条件下时所作出的种种理论性创造。

二

普遍与特殊、一般与个别的关系，不只表现在同一过程的各个方面，而且表现在此一过程向另一过程的推移和新过程的发展中，在社会主义建设的新历史时期，这个问题集中地表现在对于建设有中国特色的社会主义道路的研究和探索上。

党的十一届三中全会以来，党中央总结了我国多年来进行革命和建设的历史经验，在概括正反两个方面经验和考察现实新鲜经验的基础上，对于在我国如何建设社会主义的问题作了多方面的探索，并且开始找到了建设具有中国特色的社会主义的道路。邓小平同志在党的十二大的开幕词中指出："把马克思主义的普遍真理同我国的具体实际结合起来，走自己的道路，建设有中国特色的社会主义，这就是我们总结长期历史经验得出的基本结论。"[1] 这个基本结论，也就是毛泽东同志关于把马克思主义在中国具体化，"使之在其每一表现中带着必须有的中国的特性"这一基本思想在新的历史条件下的运用和发展，是在进一步加深对我国国情认识的基础上所作出的理论性创造。

建设有中国特色的社会主义，就是一切从我国的实际出发，依靠群众的智慧和力量，走自己的道路。其中包括对于各方面关系的正确处理，包括对于我们已有经验的历史回顾和最新认识，也包括对于在四化建设中所出现的新条件的具体分析和对新鲜经验的不断总结。就我国与其他社会主义国家的关系来说，由于各个国家的具体条件不同，政治、经济、文化思想和历史传统等情况的不同，因而我们既要认真学习其他社会主义国家的

---

① 《邓小平文选》第 3 卷，人民出版社 1993 年版，第 372 页。

建设经验，同时又须立足我们自己的实际，正确地有选择地加以吸收。由于各国的情况千差万别，每个国家的社会主义建设事业不可避免地具有自己的特点，它们在建设社会主义的实践中必有不同的模式，不同的建设的道路、方针和方法。这是由每个国家所固有的矛盾特殊性所规定的，是与每个国家所处的具体的历史条件相联系的。所以，决不能脱离自己国家的实际情况，不加分析地照抄照搬别国的经验和模式。即使是其他国家的成功经验，也不能生搬硬套。此其一。第二，就我国与资本主义国家的关系来说，今天我们面临着前所未有的一些新条件，对于这种有利于我国的新条件我们当然要加以利用。这就要从已经出现的新情况、新条件出发来决定我们的对策。邓小平同志说："我们高举毛泽东思想的旗帜，就要在每一时期，处理各种方针政策问题时坚持从实际出发。我们现在要实现四个现代化，有好多条件，毛泽东同志在世的时候没有，现在有了。中央如果不根据现在的条件思考问题、下决心，很多问题就提不出来、解决不了。"[①] 党中央关于对外开放的决策，正是反映了四化建设中新的实际，是建立在对客观情况科学分析基础之上的。在实践中，已经取得了明显的成效。我们要继续坚定不移地实行对外开放政策。对于资本主义国家那些合乎科学的组织和管理大生产的经验，对于那些反映客观规律的科学技术，我们当然都要学习。但是，这种学习也必须以有利于改善我们的经营管理，以有利我国的四化建设为原则。就是说，独立自主，自力更生，始终是我们的立足点。至于一切体现资本主义的经济关系、社会关系的腐朽的、反动的东西，我们则必须坚决加以抵制。第三，走自己的路，建设有中国特色的社会主义，还包括如何正确地对待马克思主义理论与我们自己所从事的社会主义建设实践之间的关系问题。马克思主义关于科学社会主义的理论，来自于客观实际，是马克思主义创始人通过对资本主义社会和人类历史的深刻分析所引出的科学结论。但是任何正确的理论都要由实践赋予活力，要在实践中不断得到丰富和发展；某些个别原理、个别结论由于条件的变化而必须加以修正也是题中应有之义。马克思主义创始人关于社会主义和共产主义两个阶段的划分。关于无产阶级在争得自己的政治统

---

① 《邓小平文选》第 2 卷，人民出版社 1994 年版，第 122 页。

治后必须对生产资料所有制进行社会主义改造的基本思想，关于建立社会主义的公有制和实行按劳分配，以及在新的生产关系下要最大限度地发展生产力，增加社会财富以不断满足人民需要的基本观点等等，都是在实践中得到确证的。因此，社会主义的实践，不能离开马克思主义基本原则的指导。同时科学社会主义又决不是一字不差地按照马克思主义经典著作的论述去实现，否则，就不是随着社会主义实践的发展而发展的活的马克思主义，而只能变成一种僵死的没有生命力的教条了。

正因为实践是不断发展的，理论的生命力在于它同实践的不可分割的联系，所以我们的思想就要随着历史的发展而发展，就要历史地辩证地对待已有的理论和我们自己在实践中所积累的经验。这就是，对于凡为实践所证明的正确理论原则都要毫不动摇地加以坚持，而对于凡属于不符合新的历史任务和实践要求的东西都应当敢于抛弃，对于已有理论中的某些个别结论、个别原理，以及我们已往经验中某些不符合实际的东西，都应当用现实实践所提供的新经验、新结论取代之。这就是在实践中不断地丰富理论和发展理论，也是我们在把马克思主义在我国社会主义建设中具体化，走自己的路，建设具有中国特色的社会主义的必由之路。

尊重实践，在实践中不断丰富和发展理论，是与尊重人民群众、尊重和充分发挥人民群众在社会主义建设中的历史主动性、创造性相一致的。这是因为，人民群众是实践和认识的主体。几年来我国广大农民群众在实践中创造了农业生产责任制这一具有强大生命力的新事物，党中央及时总结了这种经验，加以提高和升华，使之成为符合我国现实生产力状况和广大群众要求的农村经济合作的新形式，反过来成为推进我国农业生产迅速发展的强大力量。因此，走自己的路，建设有中国特色的社会主义，就包含着尊重人民群众的实践，充分发挥人民群众的首创精神和创造才能这样的内容。

如上所述，学习社会主义国家的经验要立足于我们的实际，学习资本主义国家的某些经验要以我为主，为我所用，要历史地辩证地对待理论与实践的关系，要在群众的实践中不断地创造新经验和充分发挥人民群众在社会主义建设中的历史主动性等等，都是走自己的路，建设有中国特色的社会主义的主要特点，是需要我们在实践中正确地加以处理的几个方面的关系。而贯穿其中的根本之点就在于一切从我国的实情出发，实事求是。"中国的事情要按照中国的情况来办，要依靠中国人自己的力量来办。独立自主，自力更生，无论过去、现在和将来，都是我们的立足点。"① 只有立足于我们自己的实际，一切从我国的具体国情出发，实事求是地处理各种问题，才符合建设有中国特色的社会主义的要求，才是对普遍性与特殊性、一般与个别关系的正确处理。

按照辩证法，"个别一定与一般相联而存在。一般只能在个别中存在，只能通过个别而存在"。② 任何一般都只是大致地包括一切个别事物，任何个别都不能完全地进入一般之中。这是因为，某一个别事物不但有与其他事物相联系的共性和本质，而且还有与其他事物相区别的个性、特殊性。作为思维中的一般，它所反映的是诸多事物的共性、本质，但并不能反映个别事物的所有具体特性，并没有把诸多个别的一切细节都包罗无遗。否则，一般就不成其为一般了。也正因此，当我们把普遍性的认识应用于特殊事物的研究时，当把从诸多个别中所概括出来的一般应用于对新事物的研究时，就特别需要注重普遍性与特殊性的相互联结，防止把一般僵化，而要把一般与个别结合起来，用一般的东西为指导，着力于对特殊性的研究。科学社会主义学说所提供的只是关于社会主义的一般指导原则，至于这种一般原则在每一国家怎样实现，以怎样的具体形式实现，社会主义建设怎样进行，通过什么样的具体国情和民族形式表现出来，此类的问题归根到底要以每个国家的具体情况为转移，要以实践经验提供的决定性指示为准绳，要通过实践来解决。

一般说来，人们对于个别不能完全地进入一般之中这层意思还易于理解，而对于一般或普遍的理解上则往往存在歧义。例如把普遍仅仅理解为"抽象"的，把一般理解为根本排斥个别，便是这种误解之一。

列宁在《哲学笔记》中肯定了这样的思想："'不只是抽象的普遍，而且是自身体现着特殊、个体、个别东西的丰富性的这种普遍'（特殊的

---

①　《邓小平文选》第 3 卷，人民出版社 1993 年版，第 372 页。
②　《列宁选集》第 2 卷，人民出版社 1972 年版，第 713 页。

和个别的东西的全部丰富性!)"① 列宁认为这是绝妙的公式,好极了。

大家知道,黑格尔是在谈到"具体概念"时表述上述思想的。在以往的哲学史上,人们往往把概念仅仅看成是抽象的,认为它所表现的只是一些事物的共同点,而并不涉及事物的特殊性、个性,因而认为愈高的概念其内容也就愈贫乏。针对这种情况,黑格尔提出"具体概念"与之相对立,认为概念不只是抽象的;而且也是具体的,即体现着特殊东西的全部丰富性的,因而愈高的概念其内容也就愈丰富。黑格尔还用"格言"、"文法"、"逻辑"等事例说明了这个道理。黑格尔还特别强调不要把具体的普遍性与排斥了特殊性的共同点混为一谈:"无论为知识或为实际行动起见,不要把真正的普遍性或共相与仅仅的共同之点混为一谈,实至关重要。"② 总之,黑格尔在阐述他的"具体概念"时说明了对普遍或一般不能作抽象的了解,其间包含着深刻的辩证法思想。问题的症结就在于:作为对个别或特殊之概括的概念(一般或普遍),当然是抽象的,但又"不只是抽象的普遍",而且是自身体现着特殊、个别东西的全部丰富性的"这种普遍"。也就是说,普遍或一般作为对诸多个别的共同之点的概括,这"共同之点"不是形式上的共同之点,不是抽象的同一,而是同中有异,不是排斥一切"异"的"同",而是在自身中包含着差别、体现了特殊、个别之丰富性的"同",即作为具体概念的普遍或一般。

列宁之所以对黑格尔的上述思想给予高度评价,就因为其中包含着对一般与个别、普遍与特殊之关系的辩证理解,坚持了普遍以特殊为它的内在性质的辩证法观点,批判了那种把普遍与特殊割裂开来的形而上学错误;同时也由于黑格尔表述了人的认识从抽象上升到具体的辩证发展过程。

自然,黑格尔所讲的"具体概念",是概念的自我运动,他把客观事物当作概念发展的不同环节,同时他又把从抽象上升到具体的过程说成是客观事物被创造被产生的过程,这都是其唯心主义观点的表现。只要我们不忘记这一点,而在唯物主义基础上坚持普遍与特殊、一般与个别的辩证法,那么无论从理论上和实践上说,上述思想都是很有意义的。

---

① 《列宁全集》第38卷,人民出版社1986年版,第98页。
② 同上书,第338页。

　　既然普遍或一般不只是抽象的普遍，而是以特殊为它的内在性质，在普遍之中体现着特殊东西的丰富性，那么我们在认识上就要注意：普遍或一般是对诸多个别的抽象，这种抽象说明了一般与个别的区别，但也不要忘记，它们之间的这种区别只是相对的，因此不能把这种区别绝对化，不能把普遍或一般理解为一种空洞的抽象。否则，这种"一般"或"普遍"（即空洞的抽象），就是贫乏的、软弱无力的。

　　既然普遍与特殊、一般与个别之间的界限是相对的，两者之间确有区别，但又没有一条不可逾越的鸿沟，那么，人们在认识上就不能把两者割裂开来或绝对对立起来，否则就要走向失误。把一般或普遍绝对化，就会走向绝对主义，犯教条主义的错误，把特殊绝对化，会犯经验主义的错误，走向相对主义。而列宁所说的一般是个别的一部分、一方面或本质，毛泽东所说的由个别到一般又由一般到个别，告诉我们要善于从每一事物的内部发现普遍性与特殊性的互相联结，把特殊性作为我们认识的现实起点等，都在于强调不要把一般与个别、普遍与特殊割裂开来，特别是强调不能把一般绝对化。如果说，社会主义建设是一般，那么它在各个国家的具体表现就是个别，在我国它表现为"具有中国特色的社会主义"，在其他的社会主义国家它也表现为其各自的特点。在这诸多的个别之间也表现为千差万别的特点。所有个别的一切特点，不能完全地进入一般之中，在一般之中并没有也不可能把一切个别的一切细节都囊括无遗。此即一般之所以为一般、普遍之所以为普遍之所在。但是，在一般或普遍之中，又不仅内含着中国的某些重要特点，也内含着其他个别的某些重要特点，体现了个别的、特殊的东西的全部丰富性。这又是一般或普遍把特殊作为自己的内在性质的科学规定。这也是作为具体概念的一般或普遍与空洞抽象的"一般"或"普遍"之间的分界线。把特殊作为自己的内在规定，这是一般之所以为一般、普遍之所以为普遍的又一根据。

　　按照辩证法，思维的运动是辩证地进行的。概念抽象的程度愈高，在形式上离现实也就愈远，同诸多个别之间联系的环节也愈多，认识上发生失误的可能性愈增加，诸如脱离实际、把认识的某一片段直线化，把一般原则变成枯槁的没有生气的东西，思想僵化，等等。正因为这样，我们就愈要坚持"不只是抽象的普遍"，而且是自身包含着特殊东西的丰富性的普遍，坚持这个辩证法的"绝妙的公式"，以求得在思维运动的辩证行为中少犯错误，达到在从抽象上升到具体的过程中再现事物的本质。

三

实践是个伟大的学校，坚持一般与个别的辩证法和坚持在实践中不断丰富和发展我们的认识是一致的。

经过多年的社会主义建设经验的积累，经过我们对长期历史经验的总结和在现实实践中的不断摸索和创造，现在我们终于开始找到了建设有中国特色的社会主义的道路。它的主要内容已经反映在党的十二大提出的奋斗纲领中和党中央的一系列有关文件中。诸如对我国国情的再认识和具体分析；党和国家工作的重点必须转移到以经济建设为中心的社会主义现代化建设上来，把建设高度的社会主义民主作为社会主义建设的根本目标和根本任务之一；在建设高度物质文明的同时把社会主义精神文明建设提到战略的高度，作为社会主义的一个重要特征；在经济建设中坚持量力而行、积极奋斗、循序渐进的原则；坚持生产关系的变革和完善必须适合于生产力的状况、有利于生产发展的原则；以及正确处理生产建设和人民生活、农业轻工业和重工业、计划经济和市场调节的关系，等等。上述关于建设有中国特色的一些内容，既是毛泽东同志所倡导的实事求是根本精神的体现，又是把关于建设社会主义的一般原则同我国四化建设这一具体实际相结合的产物，是对毛泽东思想关于社会主义建设理论的丰富和发展。

经过多年的探索，特别是经过党的十一届三中全会以来的研究和探索，我们终于找到了一条建设有中国特色的社会主义的道路。随着四化建设实践的发展，新的课题又将不断出现，要求我们去解决。在马克思主义关于建设社会主义的一般原理的指导下，我国人民在建设具有中国特色的社会主义的道路上，一定会在不断取得胜利的同时，以我们在实践中所创造的独特经验不断丰富和发展马克思主义的一般原理，为科学社会主义理论的宝库增添新的财富。

（原载《学术研究》1984 年第 3 期）

正确认识和处理改革、发展、稳定的关系

在社会主义现代化建设过程中，有多方面的关系需要正确处理。在这多种关系中，有些是属于局部性的，如某些行业内部或不同部门之间的一些具体关系，这些具体关系也须正确处理，否则也会成为某些部门或单位工作顺利开展的制约因素。与此不同，有些则是带有全局性的关系，如江泽民同志所讲的十二大关系，便是带有全局性的重大关系。这些重大关系是否处理得当，将影响社会主义现代化建设的全局，对整个社会主义事业的发展产生深远的影响。

江泽民同志指出："正确处理这些重大关系要贯彻一个总的思想，就是以邓小平同志建设有中国特色社会主义理论和党的基本路线为指导，针对社会主义市场经济条件下搞现代化建设所遇到的涉及全局的新矛盾和新问题，明确我们应当坚持的原则。目的是在总结历史经验的基础上，努力把握客观规律，统一全党认识，团结全国各族人民，调动一切积极因素，加速社会主义现代化建设。"这里江泽民同志把如何处理这些重大关系的指导思想、这些关系的由来和性质，以及正确处理这些重大关系的目的，都说得十分清楚。这也是我们在考察这些重大关系，包括改革、发展、稳定的关系时，所必须遵循的基本原则。

我国的社会主义现代化建设是一个复杂的系统工程。这是因为这一工程不仅是由多种要素所构成，多重矛盾关系存在于其间的复合的矛盾统一体，而且又是有多种变量关系参与其间，并呈现为交互作用的动态的矛盾网络体系。在这个复杂的矛盾网络体系中，对一些重大关系的正确认识和把握，对于驾驭全局和认识整个对象的客观规律，具有十分重大的意义。

按辩证唯物主义的观点，事物就是矛盾，就是问题，就是关系。江泽民同志所说的在现代化建设中所遇到涉及全局的"新矛盾和新问题"，也

就是我们在新历史时期所面临的新的重大关系。要正确认识和把握这些关系，只有借助于马克思主义的辩证思维，结合对历史和现实经验的思考，才是可能的。

一　问题的提出和社会背景

我们所说的改革、发展、稳定以及它们之间的关系这个问题的提出，是和社会主义的发展历程与社会主义基本制度的确立紧相联系的。一般地说，一个国家的社会主义基本制度确立之后，就面临着发展生产力的根本任务，而社会主义本身也不是一成不变的，社会主义制度也有个自我完善和发展的过程。改革就是社会主义制度的自我完善和发展。无论是改革或发展，都需要有稳定的政治和社会环境，否则，改革无法进行，发展也必将受阻。所以，对于走上社会主义道路的国家来说，改革、发展、稳定以及如何处理它们之间的关系，是个带有普遍性的问题。特殊地说，每一国家的改革、发展、稳定等等，又是同其社会主义的具体历程，正反两个方面的历史经验以及对这种经验的深思熟虑和科学总结密切联系在一起的。

就我国的情况而言，早在新中国成立的最初年代，无产阶级政党就领导广大人民从我国的实际情况出发，制定适合我国国情的具体方略，实现了对生产资料所有制的社会主义改造。这是生产关系方面的根本变革，是一场深刻的社会主义革命。在这样一个深刻的社会革命过程中，由于我们党在把马克思主义的普遍原理与中国的实际情况相结合方面做得比较好，因而取得了伟大的成功，创造了用和平方式对生产资料所有制进行社会主义改造的新鲜经验。其结果是，崭新的社会主义经济制度确立起来了，解放了生产力，为生产力的发展开辟了广阔的可能性。并且在这个变革生产关系的过程中，不仅没有造成对生产力的破坏，而且同时促进了生产力的发展，避免了通常在这种情况下难以避免的巨大的社会震荡。保持了社会的基本稳定。显然，这个革命—发展—稳定的经验是中国共产党人的创造，是我国人民在如何处理社会变革、社会发展和社会稳定方面的成功经验。自然，那时的革命和今天的改革是不同的。但是，既然在社会经济制度根本变革的革命中尚能避免巨大的社会震荡，保持社会的稳定，那么为什么在社会主义制度自我完善和自我发展的改革中，就不需要、不可能保持社会稳定呢？显然，在社会主义条件下，这种社会稳定不仅是可能的，而且是进行改革和推进发展绝对必需的。我国人民在生产资料所有制社会主义改造方面所创造的成功经验，特别是实现社会变革、社会进步、社会稳定方面的成功经验，已载入我国社会主义历史的光辉史册，沉淀于我国人民的社会心理之中，成为我们日后处理类似问题的宝贵精神财富。

同样，我国人民在运用已经建立起来的社会主义生产关系推动生产力发展和保持社会稳定方面所取得的成就，也一再证明了社会变革、社会进步和社会稳定相统一的基本经验。

在我国社会主义的发展过程中，还有很深刻的反面经验教训。50 年代末的那场失误，非但没能促进生产力的发展，反而引起了不必要的社会震荡，使我们党和国家付出了巨大代价。特别是"文化大革命"的十年动乱，造成了极其严重的恶果。国民经济遭到破坏，到了濒临崩溃的边缘，社会动荡不安，人心涣散，整个社会陷入了紊乱的状态。这样的"大革命"哪里还谈得上发展和稳定呢？邓小平同志说，没有稳定的社会环境，什么都搞不成。如果社会动荡不安，非但经济得不到发展，而且，"只会出现国家混乱、人心涣散的局面。对于这一点我们有深切的体验，因为我们有'文化大革命'的经历，亲眼看到了它的恶果"。[1]"文化大革命"动乱十年，后果严重，影响深远。这个深刻的反面经验，以其独特的形式昭示人们：社会稳定一旦遭到破坏，只能使人民吃苦头，动摇社会主义的根基，阻碍社会的发展。

我国社会主义发展的历程表明，在社会主义条件下，生产力的发展是与社会环境的稳定分不开的，而发展缓慢和长期停滞等又是与十年动乱和不必要的社会震荡等相联系的。50 年代末开始的"左"的指导思想，造成了工作上的严重失误，影响了社会主义制度优越性的发挥。一方面，"以阶级斗争为纲"导致了忽视发展生产力这个社会主义的根本任务，同时高度集中的经济体制在实践中也日益成为发展生产力的障碍，这就把改革的任务提到日程上来了。邓小平同志指出："在建立社会主义经济基础

---

① 《邓小平文选》第三卷，人民出版社 1993 年版，第 284—285 页。

以后，多年来没有制定出为发展生产力创造良好条件的政策。社会生产力发展缓慢，人民的物质和文化生活条件得不到理想的改善，国家也无法摆脱贫穷落后的状态。这种情况迫使我们在一九七八年十二月召开的党的十一届三中全会上决定进行改革。"① 改革，就是"在坚持四项基本原则基础上选择好的政策，使社会生产得到比较快的发展"，就是"为了扫除发展生产力的障碍，使中国摆脱贫穷落后的状态。从这个意义上说，改革也可以叫革命性的变革"。②

社会主义的根本任务是发展生产力。要发展生产力就要选择"好的政策"，就必须为发展生产力扫除障碍，这就是改革。改革的必要性来自于发展社会主义社会生产力的客观要求，而改革和发展都要以稳定的社会环境为条件。这是长期的历史经验所证明了的。改革、发展、稳定问题的提出以及正确处理它们之间相互关系的原则，就是建立在对历史和现实经验科学分析基础之上的。

经验还提示我们，改革、发展、稳定都是在社会主义条件下进行的，都是与实现社会主义现代化这一总目标相联系的，都是为巩固和发展社会主义事业所要求的。因此，改革、发展、稳定等，都是与社会主义的质的规定性密不可分的。譬如说改革，是要扫除阻碍生产力发展的一切陈规戒律，同时要坚持改革的社会主义方向。我们所说的改革，是社会主义自我完善和发展的过程，是在社会主义条件下进行的。它既不同于资本主义社会里的"改革"，也不同于社会主义基本制度确立之前对生产资料所有制进行社会主义改造的那种革命，而是在社会主义基本经济制度确立后的发展进程中，又遇到了阻碍生产力发展的障碍，因而必须对之进行改革的重大举措。改革的实质是为了解放和发展生产力，求得社会主义的更好发展。社会主义发展的实践表明，当日益脱离实际的那种高度集中的经济体制已经成为束缚生产力发展的严重障碍时，不进行改革，社会主义的生机和活力就有丧失的危险，社会主义制度的优越性就难以充分发挥，所以不改革只能是死路一条；同样，如果模糊了改革的社会主义性质，不坚持改

---

① 《邓小平文选》第三卷，人民出版社 1993 年版，第 134 页。
② 同上书，第 135 页。

革的社会主义方向，也会断送社会主义事业。这是社会主义国家兴衰成败的历史经验所证明了的。稳定也是一样，我们所说的稳定不是指对旧事物的维护或依恋，不是死水一潭或停步不前，而是社会主义发展的有序性，是为改革、发展创造良好的政治和社会环境。稳定的实质是为社会主义事业生机勃勃的发展提供社会环境方面的保证。如果没有社会主义大局的稳定，社会生活陷入紊乱状态，动荡不安，人心涣散，那就不仅使改革、发展无从进行，而且势必危及社会主义本身的生存。所以，改革、发展、稳定等等，都是在社会主义条件下进行的，是社会主义事业发展的必然要求。这就是改革、发展、稳定等问题提出的社会背景。

另一方面，在实践中社会主义的发展也经历了曲折的过程。如所周知，在历史发展的一定阶段上，几乎所有走上社会主义道路的国家都面临着"改革"这样的课题，因为原有的模式已经脱离实际，阻碍了社会主义的继续发展。实践表明，不进行改革是没有出路的，只能使社会主义失去生机和活力；一些国家或者在"改革"的名义下动摇了社会主义的根基，或者在"改革"中完全迷失了方向，以至于断送了社会主义事业。就我国的情况而言，"十年动乱"之后，我国人民也面临着历史大转折的紧要关头。这就是我们党领导全国各族人民扭转"文化大革命"十年动乱造成的严重局势，从困难中重新奋起，把马克思主义的普遍原理与当代中国的实际和时代特征结合起来，开辟出在中国建设社会主义的一条新路。这也就是党的十一届三中全会开始的我国社会主义事业进入新时期的伟大历史进程。在这一历史进程中，实现了从以阶级斗争为纲到以经济建设为中心的转变。同时实行了从封闭到开放，从固守成规到各方面改革，从计划经济体制到建立社会主义市场经济体制的转变。在这样的历史进程中，我国的社会主义事业得到大发展，取得了国际公认的成就。国人欢欣，举世瞩目。邓小平同志率领我们全党和全国人民所开辟的这条建设中国特色社会主义的新路，不仅使我们从"十年动乱"所造成的危难中走了出来，战胜了前进道路上的重重困难，而且使我国的社会主义事业充满生机，展示了社会主义发展的光辉前程。这也是我国在国内国际风波中经受住考验，在世界社会主义运动的严重曲折中站稳了脚跟，并且把改革开放和现代化建设推向新阶段的根本原因。世界社会主义运动正反两个方面的经验反复证明，社会主义不是一成不变的社会，它能够而且必须在自身发展中不断从生活实践中获得生机和活力；实践经验的积累，对这种经验的科学总结和升华，以及对所走过道路的反思和对包括对什么是社会主义、怎样在经济文化比较落后的国家建设社会主义这个基本问题的再认识，都是发展着的实践所提出的课题。实践呼唤着改革，而改革确实为社会主义的继续发展提供了动力。"问渠哪得清如许，为有源头活水来"。我们党在邓小平建设有中国特色社会主义理论的指引下，把社会主义搞活了，经济建设、人民生活和综合国力都上了一个大台阶。不仅如此，人们的精神面貌也发生了深刻变化，我国人民早已走出了"文化大革命"刚刚结束时的那种精神困境，也经受住了世界社会主义运动严重曲折所带来的冲击、迷惘和困惑。我国人民正在社会主义的道路上胜利前进。邓小平建设有中国特色的社会主义理论日益深入人心。广大群众建设社会主义的积极性空前高涨，开拓进取的群众创造精神振起，奋发图强的民族自立精神大大发扬。这一切都是我国社会主义事业具有生机和活力的重要标志，也是我们前进道路上克服各种困难，夺取新胜利的强大精神动力。

上述事实说明，我们说改革是动力，不只是从解放和发展生产力，从而为物质文明建设提供动力的意义上说的，而且也是从推进物质文明建设的同时唤醒民族意识的时代觉醒、群众创造历史的开拓精神的振奋和在社会主义道路上再创辉煌的意义上说的。总之，改革为整个社会生机勃勃的发展注入了新的驱动力。

由此可见，在国际风云激荡、社会主义曲折发展的现时代，社会主义国家要想立稳脚跟并求得发展就必须进行改革，改革是大势所趋，势在必行。而改革的目的则是推动和促进社会主义事业的发展，不断改善人民的生活。如前所说，改革和发展都是以社会稳定为条件的。人所共知的经验表明，任何国家如果改革走错了方向，失去了社会稳定这个条件，到头来只能乱了自己的阵脚，非但达不到发展社会主义的目的，反而只能走向反面。这也是世界社会主义运动的曲折发展为我们所论及的问题——改革、发展、稳定所提供的国际背景。

明确了这个社会背景，就会使我们在处理改革、发展、稳定以及它们的相互关系时处于更自觉的地位，就有助于从全局上来正确把握它们之间的关系。人们通常说，我们的改革是社会主义性质的改革，我们的社会主义是改革开放的社会主义。这反映了改革、发展、稳定与社会主义的内在关联性，也说明了改革、发展、稳定等问题社会背景的重要性。

二　作为统一系统中的改革、发展、稳定

我国的社会主义现代化建设，是个统一的系统工程。在这个系统中，有经济的、政治的、思想文化的等各个方面的要素，这些要素又分别的各成系统，成为大系统中的有机组成部分。

任何系统都是由矛盾的不同方面所构成的。系统中的不同矛盾或矛盾的不同方面都互相关联着，相互作用着，呈现为交互作用的复杂情景。要认识事物系统的整体，就要研究系统整体中的不同部分，了解他们各自的特性及其在系统整体中的不同地位和作用。不了解组成系统整体的不同部分，那么对整体的了解必然是笼统的、模糊不清的。但是如果把部分孤立起来，割裂了他与系统整体的固有联系，那么对部分的了解也必然是片面的，到头来也不可能真正了解部分的特殊性格和特殊作用。正确的方法是，在了解不同部分的基础上联系系统整体，用辩证法的系统观来把握每一部分，把每一部分放到系统全局中去加以考察，指出其在全局中的地位和作用及其与其他部分的相互关联。

社会生活复杂多样，人们可以从不同角度、不同侧面对社会现象进行划分，并从某一特定视觉抽取社会生活的某一方面进行系统分析和考察。我们的着眼点是从社会系统运行即发展观的角度来作些分析。

首先，改革、发展、稳定，都是社会主义现代化建设这一系统全局中的重要因素，它们是相互区别的。改革是动力，发展是目的，稳定是前提。这就是说，它们在系统整体中的地位和作用是各个特殊的。但是，改革、发展、稳定又不是互不相干的三个孤立的事物，而是社会主义现代化建设这一系统整体中的不同要素，它们不仅相互关联相互依存着，而且与系统整体有着不可分割的联系，它们各自的质的规定性是受系统整体的质所制约的。系统质的概念来自于社会生活中某种固有的特定关系，是这种关系的本质的自觉反映。如果分别地说，改革是相对于固守成规而言，发

展是相对于静止而言，稳定是相对于动荡而言。改革、发展、稳定等等，都是以其与之相对的对立面的相互关联中获得自身的规定性的。现在的问题是，改革、发展、稳定都不是孤立的存在，而是我国现代化建设进程中相互依存的不同方面，是社会系统运行这一统一链条中的不同环节。因此，它们各自的特殊地位不能超出于系统整体的普遍联系之外，它们的功能也只有在系统运行的整体上得以发挥。我们强调整体功能的发挥，即表明了系统整体对各个要素的制约性。因此，所谓"系统质"的概念，就超出了通常所说的每一要素从其对立面中获得自身规定性的界限，而是从诸多要素所构成的系统整体中获得自身的规定性，即系统质。

这个问题的意义就在于，当我们考察改革、发展、稳定等问题的时候，不只要看到它们的特殊性或差别性，还要看到它们之间的相互关联和相互影响，更要从它们相互作用的总体上看到对系统整体的作用，也就是着眼于大局和整体功能的发挥。

江泽民同志在讲到改革、发展、稳定的关系时明确指出："实现今后15年的奋斗目标和战略任务，必须牢牢把握'抓住机遇、深化改革、扩大开放、促进发展、保持稳定'的大局，正确处理好改革、发展、稳定三者的关系。"同时还强调："要善于统观全局，精心谋划，从整体上把握改革、发展、稳定之间的内在关系，做到相互协调，相互促进。"[1] 这里所说的牢牢把握"大局"，善于统观"全局"，从"整体"上把握等等，都是在提示我们在处理改革、发展、稳定三者的关系时，切不可孤立地片面地看问题，而要统观全局，注意从整体上把握。

树立全局观念，注意系统整体功能的发挥，这是正确处理改革、发展、稳定三者关系首要的一点。

其次，改革、发展、稳定在现代化建设总体格局中是互为条件、相互制约的。它们的作用不是单向的，而是双向的，并且是交叉的，相互交错的。

改革是动力，发展是目的。发展需要改革，通过改革扫除束缚生产力

---

① 江泽民：《正确处理社会主义现代化建设中的若干重大关系》，《中国共产党第十四届中央委员会第五次全体会议文件》，人民出版社1995年版，第10页。

发展的体制障碍，使生产力得到解放，建立有利于生产力发展的社会主义市场经济体制。这就为优化资源配置、促进经济发展和增进经济效益创造了条件。邓小平同志早在 1979 年 11 月就指出："说市场经济只存在于资本主义社会，只有资本主义的市场经济，这肯定是不正确的。社会主义为什么不可以搞市场经济，这个不能说是资本主义。"我国改革的实践也生动证明，市场经济不是资本主义的特有物，它可以同资本主义制度相结合，也可以同社会主义制度相结合，成为社会主义经济发展的重要手段。我国社会主义市场经济体制的建立，促进了生产力的发展，为社会主义制度优越性的发挥创造了条件。改革还打破了一切不利于社会主义发展的陈旧僵化观念，使人们的思想得到解放。这又为社会主义的发展提供了精神动力。总之，改革为社会主义注入了活力，成为推动我国社会主义现代化建设发展的动力。

另一方面，改革也需要发展提供必要的物质条件和较为宽松的经济环境。这又是发展对改革的作用。

我们知道，改革是个复杂的系统工程，从大的方面来说，不仅有经济体制的改革，而且有政治体制、教育体制、科技体制等各方面的改革。所以，在改革这个大系统中又是包括若干方面、若干层次的不同系统的。仅以经济体制改革而言，建立社会主义市场经济体制本身就又是一个系统工程。其间，企业活力的增强，市场体系的形成，政府职能的转变，监控手段的完善，社会保障体系的建立，等等，都是不可或缺和相互配套的。而某种改革措施的出台，改革力度的大小和时机选择等等，又是与国家的财力、企业和社会各方面的承受能力密切相关联的。因此，发展又能为改革所需的必要物质条件和较宽松的经济环境提供可能。当一定的改革举措在较好的物质条件和较宽松的经济环境下得以推进时，改革的成果反过来又成为推动现代化建设发展的新的动力。如此，改革与发展在事物的进程中就呈现为相互促进、交互作用的生动情景。

不仅如此，稳定是改革和发展得以进行的前提条件，同时稳定也离不开改革和发展。改革、发展同样反过来作用于稳定。改革的过程需要稳定的社会环境，而改革的推进必然在更高层次上维系社会的稳定。一个僵化低效的经济体制不可能成为维系社会稳定的基础。稳定与发展的关系亦是同样的道理。没有稳定的社会环境，不会有真正的发展。所以，发展以稳定为条件，稳定是发展的内在要求。在事物发展进程中，稳定不仅表现为发展得以进行的前提，而且也表现在发展的结果之中。当在一定的社会稳定的环境下发展得以顺利进行时，发展的结果必然体现为更好的物质成果和更雄厚的物质基础。这种物质成果反过来又成为维系社会进一步稳定的基础，为更高层次的稳定创造了可能。一个社会的长治久安是以一定的物质基础为条件的。一个贫穷落后的社会不可能维系长久的稳定。如此，稳定与改革和发展它们也是相互协调、相互适应、相互促进并交互作用着的。

江泽民同志指出："改革、发展、稳定三者存在着内在联系。"我们要"做到在政治和社会稳定中推动改革和发展，在改革和发展的推进中实现政治和社会的长期稳定"。① 改革、发展、稳定三者之间的关系完全是辩证的，在发展进程中它们之间的交互作用正是其内在联系的表现，是作为统一系统的三个关键因素相互作用的结果。

再次，对改革、发展、稳定不仅要从整体上和它们相互作用的关系上加以把握，而且要从发展上、从系统运行的动态方面加以把握。

改革、发展、稳定是我国现代化建设总体格局中的三个关键因素，是一个有机的整体。这三个因素任何一个方面出了问题，都会影响全局，都会影响系统整体功能的发挥。问题的复杂性在于，无论是社会主义现代化建设这个复杂的系统工程，或者构成这一大系统中的各个子系统以及其间的不同要素等等，都具有变动不居的性格，都在动态中显现各自的新特点、新要求和需要不断协调的相互关系。比如说发展，发展也是一个系统，它是由国民经济的各个部门、各个地区所组成的，因此，发展中要求各个部门之间的协调，要求一、二、三产业的协调，也要求地区之间的协调。就地区间的协调而言，就有多种因素需要考虑，形成地区之间差距的原因，既有历史的，地缘的，也有自然资源方面的，社会因素方面的，等等。在一定的条件下，使一部分地区先发展起来，对全局有利。这是因

---

① 江泽民：《正确处理社会主义现代化建设中的若干重大关系》，《中国共产党第十四届中央委员会第五次全体会议文件》，人民出版社 1995 年版，第 10 页。

为，这部分地区具有首先迅速发展的有利条件和可能空间。在这种情况下采取相应的对策，使这部分地区首先发展起来，这是"大局"。但是，随着过程的推移，当地区之间的差距已经拉大，甚至有可能超出不利于整体发展的地区之间的过分差距时，采取相应的对策，使差距逐步缩小，这也是"大局"。同样是"大局"，但在不同条件下其含义是不相同的。因此，只有从系统运行的动态过程方面来理解，才能明了其意义。

把握系统运行的动态过程，可以从两个方面着手。一是认识系统发展的外部条件，发展的外部条件实质上就是发展系统以外的一个大系统，它影响着本发展系统的变化；二是认识系统内部诸因素的结构、功能以及它们的相互作用。在现时代，任何国家的发展都离不开世界，中国的发展也离不开世界。世界作为一个大系统，是我国社会主义现代化建设这一系统工程的外部条件，对我国的现代化建设有着不可忽视的影响。我们在现代化建设中所面临的机遇和挑战，成绩和问题，现状和前景，有利条件和不利条件等等，都是同世界大局这个外部条件不可分的。

当今时代的主题是和平与发展。尽管世界仍然充满矛盾，地区性的局部冲突时有发生，但国际形势总体趋向缓和，国际和平环境可望继续保持，这是我国可能集中力量进行现代化建设的良好时机。同时我们在国际上也面临发达国家在经济与科技方面占优势的压力，以及霸权主义和强权政治的压力，这又是不利条件。但从总体上看，国际环境对我们进行现代化建设还是有利的。这种来自国际方面的外部条件，机遇和挑战并存，不能不对我国的现代化建设进程产生影响。

就国内来说，现代化建设这个大系统中的诸多要素及其相互关系，也是一个发展着的动态过程。在一定的时空条件下，构成全局的某一局部在发展进程中显得特别薄弱，这就要求对这一局部多下一些功夫；而在另一时空条件下，全局中的另一局部则可能成为着力抓紧的重点。这种在不同条件下对不同局部的强调和关注，都是为了促进全局的更好发展。

发展需要改革提供动力，一定的改革举措确也促进了一定时期一定条件下的发展。但是随着过程的推移，发展又提出了新的要求。因为阻碍发展的更深层次的矛盾和问题，仍然需要通过改革的深化来解决。这就是为什么改革须要不断深化而源源不断地为发展提供动力的辩证法过程。

我们说，改革、发展、稳定作为现代化建设这一总系统的不同方面，它们的关系是相互依存相互适应的。但在系统运行的动态过程中，在不同的发展阶段或不同条件下，三者在系统整体中所处的地位、所发挥的功能则可能是不均衡的，因条件而各个特殊的。譬如，对改革、发展、稳定，在不同场合不同条件下我们都用过"压倒一切"来分别形容三者中某一方面的特殊意义。这是因为，在系统运行过程中三者中的某一方面在一定条件下成了左右全局的特殊环节，因而有用"压倒一切"给予特别强调的必要。说改革是压倒一切的，并不是说发展或稳定就不重要了，也不是说发展或稳定在系统整体中的功能就消失了，而是说，此时此地对改革的特别强调，能够为发展和稳定创造更好的条件，从而有利于它们在系统运行中整体功能的更好发挥。这种对三者中某一方面的特别强调，一般地说有两种情况。一是发展过程中某一方面显得薄弱，需要加以强调；二是在发展过程中其他方面乃至系统整体对某一方面提出了更高的要求，或者说在更高的层次上提出了新的要求，因而有特别加以强调的必要。

把握系统运行动态过程的另一方面，是要注意把握过程的相对稳定性和过程中阶段性的划分，注意处理好稳定性与变动性的关系。这对于人们的实践具有重要意义。

事物是不断发展的，发展表现为川流不息的过程。但在发展的长过程中又有阶段性的划分。发展的不同阶段是由它们各自的矛盾特殊性所决定的。人们常说"动中有静"，就过程发展而言，指的就是发展过程中的相对稳定的阶段。稳定的相对性在于它的条件性。在决定某一特定阶段的条件没有根本改变之前，此一阶段则处于相对稳定状态。事物发展的这种相对稳定的可能性是一切事物存在的根本条件，也是人们认识事物的必要前提。我们强调要从动态上来把握系统的运行，并不否定系统存在的相对稳定状态。因为系统结构的改变，系统中不同要素的重新组合，以及某一系统与外界的信息、物质、能量交换等等，都是有条件的。就一个大系统而言，如果只从微观上看，系统中无论是单个粒子事件还是全系统物质和能的微观分布状态的出现，都具有很大的不确定性，往往给人以"飘忽不定"、"难以捉摸"之感。但即使如此，人们也还是可以通过对大量同类微观事件的统计平均上来寻求某种确定性、规律性。这样通过统计平均，偶然性就进入了必然性之中，不确定性与确定性联系起来了。这也就是辩证唯物主义系统观所说的微观的非确定性与宏观的确定性的统一。

这种宏观的确定性与微观的非确定性的统一，使我们有可能对运行中的复杂系统进行研究，有可能对某一系统中的特定要素及其特定结构和运行机制进行研究。我们在现代化建设的工程中，之所以既要加速经济发展，同时又不能不考虑一些长期制约经济发展因素的影响；之所以在精神文明的思想道德建设方面要把先进性的要求和广泛性的要求结合起来，归根到底都是要从当今我国的现实实际出发，是与我国仍处于社会主义初级阶段这一点分不开的。我们在推进改革的进程中，之所以要注意改革的力度和步骤，发展要注意规模和速度，处理种种社会矛盾都要注意使社会保持必要的稳定程度，等等，都是与相关的现实具体条件相联系的。也就是说，一定的相对稳定阶段的根本条件没有变化之前，这个阶段所给予的一些具体条件——包括经过主体的最大努力所可能创造的条件，都是有限的。我们说，正确处理改革、发展、稳定是现代化建设中总体格局诸多关系中具有统摄意义的战略性决策，就包含着如何处理发展过程的变动性与稳定性的关系在内。用战略的眼光看问题，既包括总揽全局，照应系统的各个方面，又包括预见未来，照应过程的各个阶段，以往多年的经验提示我们，在谈到过程发展的无限性，或系统演进的动态过程时，不能不谈到阶段性或稳定性问题。

以上，我们把改革、发展、稳定放到现代化建设统一系统中来加以考察，从"整体"把握三者相互关系中交互作用，以及把握系统运行的动态过程等方面作了一些说明。笔者认为，上述三个方面所讲的，是侧重于对改革、发展、稳定在统一系统中相互关系的概括说明。至于改革、发展、稳定等这些概念的具体内涵，以及相应的观念变革等等，我们在下面再来分析。

三　改革、发展、稳定的具体含义及其相应的观念变革

要正确处理改革、发展、稳定三者的关系，不仅要了解它们在现代化建设总体格局中各自的地位及其相互关联、相互作用的一般情景，而且还要确切把握改革、发展、稳定的具体含义以及相关的一些观念。譬如说

"发展"，就有个发展什么和怎样发展的问题，包括发展经济和社会全面进步的关系，发展速度与效益的关系，可持续发展等问题。就相应的观念而言，"发展"本身也有个不同发展观的比较、研究和选择的问题。改革和稳定也都是具体概念，其道理是相同的。那么，如果对改革、发展、稳定等含义的理解是不明确或含混不清的，则正确把握三者的关系也是不可能的。

下面，我们分别对改革、发展、稳定的具体含义及相关的观念作些分析，同时在界定概念的过程中进一步说明三者的关系。

1. 关于改革

对于改革，我们可以看到诸多表述。

例如：

改革是解放生产力；

改革是发展的动力；

改革是社会主义制度的自我完善和发展；

改革是中国的第二次革命；

改革是强国的必由之路；

改革是解决社会主义社会基本矛盾的方式；

改革是为发展、稳定提供制度上的保证；

等等上面这些说法，从改革的性质、作用、地位、意义以及与发展的关系等方面作了表述，是从一定的侧面和意义上对改革的正确概括，但要比较完整地把握改革的具体含义，还须作些说明。

邓小平同志指出："改革的问题，十一届三中全会也已经提出来了。……改革是社会主义制度的自我完善，在一定的范围内也发生了某种程度的革命性变革。这是一件大事，表明我们已经开始找到了一条建设有中国特色的社会主义的路子。"[①] 他还多次讲到，我们党在总结经验的基础上，于党的十一届三中全会提出了一系列新的政策。"就国内政策而言，最重大的有两条：一条是政治上发展民主，一条是经济上进行改革；同时

---

① 《邓小平文选》第三卷，人民出版社1993年版，第141—142页。

相应地进行社会其他领域的改革。"① 这里明确告诉我们，改革的提出始于党的十一届三中全会，是在历史转折关头作出的一项新的重大决策，是一件大事，它标志着我们已经开始找到了建设有中国特色的社会主义道路。因此，改革是建设有中国特色社会主义理论的重要组成部分。早在 1978年 12 月 13 日，邓小平同志作了《解放思想，实事求是，团结一致向前看》这篇重要讲话，其中讲到了我国在经济体制和政治体制方面的种种弊端，指出对这些弊端必须通过改革加以解决的重要性和紧迫性。尖锐指出："现在，我们的经济管理工作，机构臃肿，层次重叠，手续繁杂，效率极低。政治的空谈往往淹没一切。这并不是哪一些同志的责任，责任在于我们过去没有及时提出改革。但是如果现在再不实行改革，我们的现代化事业和社会主义事业就会被葬送。"②

从上述可以看出，我们所说的改革，是指社会主义基本制度确立以后，改革束缚生产力发展的经济体制，建立起充满生机和活力的社会主义经济体制，以及相应的政治体制、科技体制、教育体制等各方面的改革，使生产力得到进一步解放，以促进生产力的发展和社会全面进步。这就是改革的具体含义。进一步说，我国现阶段的改革在经济体制上，是以建立社会主义市场经济体制为目标模式的，所以又是以从根本上改变过去那种高度集中的传统计划经济体制为内容的。

与改革的上述内容相联系，必然要求相应的观念变革。如所周知，在传统的观念中，只讲在社会主义条件下发展生产力，没有讲通过改革解放生产力。邓小平同志说，"这不完全"。革命是解放生产力，改革也是解放生产力。过去，推翻帝国主义、封建主义、官僚资本主义的反动统治，使中国人民的生产力获得解放，这是革命，所以革命是解放生产力。社会主义基本制度确立以后，还要从根本上改变束缚生产力发展的经济体制，建立起充满生机和活力的社会主义经济体制，促进生产力的发展，这是改革，所以改革也是解放生产力。正因为这样，只讲发展生产力不行，而

---

① 《邓小平文选》第三卷，人民出版社 1993 年版，第 116 页。
② 《邓小平文选》第二卷，人民出版社 1993 年版，第 150 页。

"应该把解放生产力和发展生产力两个讲全了"。① 二者的关系是：发展是目的，改革是动力。"我们所有的改革，都是为了一个目的，就是扫除发展社会生产力的障碍"。②

发展生产力是社会主义社会的根本任务，但在社会主义条件下，生产力的发展也不是一帆风顺的。因为阻碍生产力发展的体制障碍不扫除，生产力就不能顺利发展。因此，在社会主义社会的发展进程中，发展生产力和解放生产力是辩证统一的过程。

邓小平同志关于"改革也是解放生产力"的论断，关于把生产力和发展生产力两个"讲全了"的论断，无论在理论上和实践上都有十分重要的意义。

在过去，有一种传统观念曾长期影响人们的头脑，总以为社会主义基本制度一经确立之后，发展生产力似乎是可以一帆风顺了。而实践的发展则一再表明，即使在社会主义条件下，发展生产力仍是很艰难的任务。且不说形势判断的失误、政治运动的干扰等对发展生产力所造成的障碍，单就社会制度本身来说，也有个完善和发展的过程。社会主义基本制度的确立，的确使生产力得到了解放，即从旧的以私有制为基础的生产关系的束缚下解放出来了。社会主义基本制度的确立，为发展生产力创造了前所未有的可能性。但要把这种可能性转变为现实，还要靠能够促进生产力发展的具体经济体制。这种经济体制也是使社会主义基本制度的优越性得以充分发挥的不可或缺的中介。没有这个中间环节，或者这个中间环节脱离实际，即脱离生产力发展的实际要求，那就不能促进生产力的发展，社会主义制度的优越性就难以充分发挥。然而，在每一国家及其不同发展阶段，究竟什么样的经济体制才是理想的，即有利于社会主义基本制度优越性的发挥，能够促进生产力发展要求的经济体制，这在经典著作中找不到，也没有现成的模式可以照搬（照搬了，也不会成功），唯一正确的出路只有在实践中探索。邓小平同志关于改革也是解放生产力的论断，关于把发展生产力和解放生产力两个"讲全了"的论断，开辟了解决这个问题的道

---

① 《邓小平文选》第三卷，人民出版社 1993 年版，第 370 页。

② 同上书，第 134 页。

路，并且通过改革的实践找到了建立社会主义市场经济体制这样的理想模式，为我国社会主义事业的发展注入了活力与生机。

　　社会主义要生存，就必须发展；要发展，就要靠自身的生机和活力。这是辩证法不可移易的真理。列宁在《哲学笔记》中摘引了黑格尔的话："刚才考察过的否定性，形成概念运动中的转折点。这个否定性是自身的否定关系的一个单纯之点，是一切活动的，生命的和精神的自己运动的内在泉源，是辩证法的灵魂。"① 社会主义同其他任何事物一样，只能在自我批判中前进，社会主义社会发展的内在泉源不在于外部，而在于它自身的否定性，在于自身否定关系的不断扬弃；只有这种不断的自我扬弃，才能使自身获得生机和活力，从而得到发展。改革不是否定社会主义基本制度，而是通过对一切陈旧体制的克服获得发展的内在动因。所以说，改革是动力，发展是目的。通过改革而发展，正是社会主义自我完善和自我发展的过程。

　　过去，由于不懂得在社会主义基本制度确立之后还有个解放生产力的问题，不懂得改革是动力的道理，因而在观念上往往陷入坐待其成的境地，总以为既然基本制度是先进的，那就可以使生产力自然得到迅速发展了，从而放松了对社会主义社会自我调节机制的研究。这样就常常不免陷于被动的地位。

　　回顾历史经验，过去我们一方面对社会主义运行机制研究不够，并且不切实际的对社会主义社会的自我调节能力估计过高而陷于盲目乐观；另一方面，对资本主义的现实发展研究也不够，并且对其在战后近些年来所采取的诸如把科技成果运用于生产、国家对经济计划的干预、调整劳资关系等举措研究不够，对其自我调节能力亦估计不足，从而对其"垂而不死"感到迷惑不解。上述这两个方面的研究不够和对两种社会制度自我调节能力估计上的一高一低之间，造成了一些思想上的被动、迷惘和困惑。20 世纪 80 年代末 90 年代初世界社会主义运动连连受挫的事件发生之后，更增加了人们思想上的混乱。正是在这样的历史关头，我国人民在邓小平建设有中国特色社会主义理论的指引下，实现了历史大转折和事业大发展

---

　　①　列宁：《哲学笔记》，中共中央党校出版社 1990 年版，第 258 页。

的光辉业绩。与某些人关于社会主义"历史终结"、"崩溃"于本世纪的预言相反，社会主义的中国在现代化建设中取得了举世瞩目的成就，并举国上下正以雄伟步伐，充满信心地走向 21 世纪。社会主义没有"终结"，我国人民在深刻总结历史经验的基础上，正昂首阔步前进。社会主义的中国如日中天，屹立在世界的东方，不仅把我国的现代化建设正在推向前进，而且今日中国的社会主义正以其前所未有的生机和活力谱写着历史的新篇章。我国的社会主义事业在发展，改革是推动发展的强大持久的动力。此其一。

第二，从实践发展来看，我国 18 年来经济建设的巨大成就和社会的巨大进步是在改革中实现的。实现未来 15 年的奋斗目标，关键仍然在于坚持和深化改革。

《中共中央关于制定国民经济和社会发展"九五"计划和 2010 年远景目标的建议》提出的"九五"和 2010 年奋斗目标，都把推进经济体制改革作为重要内容。"九五"期间要加快现代企业制度建设，初步建立社会主义市场经济体制。在此基础上继续前进，到 2010 年要形成比较完善的社会主义市场经济体制，进一步推进经济管理体制和运行机制的规范化、法制化。深化改革，建立和完善社会主义市场经济体制，既是今后 15 年的奋斗目标，也是实现经济快速健康发展和社会全面进步的重要保证。我们必须把改革与发展很好地结合起来。党的十四届五中全会公报指出，实现"九五"计划和 2010 年远景目标，"关键是实行两个具有全局意义的根本性转变，一是经济体制从传统的计划经济体制向社会主义市场经济体制转变，二是经济增长方式从粗放型向集约型转变"，实现这两个根本性改变，显然是个很艰巨的过程。这两个转变，一个是属于生产关系变革的范畴，一个是生产力如何发展的方式。经济体制的转变本身就是改革，粗放型经济增长方式是传统计划经济体制所带来的必然行为，要从根本上扭转它、改变它，也需要经济体制的改革。因此，实现两个根本性转变，核心在于深化改革。

改革的决定性作用，不仅在于解决当前经济和社会发展中的一些重大问题，例如农业基础薄弱问题，国有企业改革滞后和生产经营困难问题，粗放型经济造成的效益差、浪费严重问题，以及经济社会生活中腐败现象滋长蔓延问题等等，从而推动生产力的解放、发展和社会的全面进步；而且还在于为下世纪我国经济的持续发展和国家的长治久安打下坚实的基础。邓小平同志在 1985 年就明确指出："改革的意义是为下一个十年和下世纪的前五十年奠定良好的持续发展的基础。没有改革就没有今后持续的发展。"① 这就明确告诉我们，发展是过程，改革不是一劳永逸的。随着过程的发展，改革的具体内容、形式和任务是可变的，这要以不同时期不同条件为转移，但是改革不能放弃。只有坚持和深化改革，才能为发展不断提供动力，才能保证持续发展，为社会的根本稳定奠定基础。

由此看来，改革为发展开辟道路，而改革和发展的推进，又为社会的稳定提供可靠的基础。

在改革和发展过程中，常常会遇到各种困难或问题。特别是在经济体制转轨时期，当改革进程中涉及更深层次的矛盾时，各方面的利益关系变动较大。有些原来没有预料到的社会矛盾也可能成为比较突出的"热点"；如果处理不当，也会成为影响发展和社会稳定的因素。更不要说人们对新事物的适应和思想观念的转变需要一个过程。而陈旧的不科学的思维方式和习惯势力，也时常可能成为推进改革的思想阻力。所有这些都有可能在一定条件下把一些人的认识引入误区：把本来属于具体执行中的偏差，记在改革的账上；或者，把改革过程中的某些负面影响或消极因素尽量夸大，以偏赅全，从而模糊事物的本质和是非界限。显然，正是在这种时候，更需要我们对情况作具体分析，分清问题的性质区别对待。属于工作指导上的失误则应赶快改正；属于思想认识问题作耐心细致的疏导工作；属于正当的利益要求或实际困难，则应按党和政府的政策妥善加以处置。而在涉及要不要改革，要不要坚持"一个中心，两个基本点"基本路线等大是大非问题上，则必须旗帜鲜明，坚持基本路线不动摇，坚持"抓住机遇、深化改革、扩大开放、促进发展、保持稳定"的基本方针不动摇。"如果放弃改革开放，就等于放弃我们的整个发展战略"。②

第三，尊重实践，尊重群众的首创精神，是推进改革促进发展的坚实

---

① 《邓小平文选》第三卷，人民出版社 1993 年版，第 131 页。
② 同上书，第 347 页。

基础。

我国的改革是从农村开始的，并且首先取得了成功。邓小平同志多次讲到：为什么先从农村开始搞改革呢？因为农村人口占我国人口的百分之八十，农村不稳定，整个局势就不稳定，农民不摆脱贫困，就是我国绝大多数人没有摆脱贫困。"我们决定进行农村改革，给农民自主权，给基层自主权，这样一下子就把农民的积极性调动起来了，把基层的积极性调动起来了，面貌就改变了"。① 农村改革中的家庭联产承包责任制，乡镇企业的兴起等等，都是与广大农民在实践中的创造分不开的。

我国改革的目标是建立社会主义市场经济体制，这是前无古人的创造性事业。因此，尊重实践，不断总结实践经验，在实践中开拓前进之路是我们唯一可以作出的正确选择。而调动最广大的社会成员参与改革的积极性，发挥千百万群众的创造性和积极探索精神，又是改革取得成功的重要保证。我国的改革是有领导有计划地有序进行的，但又是以广大群众变革现实的实践为基础的。改革是人心所向。改革使人民群众的生活在短短的历史时间内上了一个大台阶；人民群众对自身物质利益的正当追求，是我们党和国家调动最广大群众社会主义积极性的重要基础之一。更有意义的是，从改革推动发展所取得的成就中，人们看到了我国社会主义事业兴旺发达的现实和进一步发展的光明前景；这又是推动我国改革和现代化建设继续前进的强大精神力量。总之，广大人民群众投身于改革，形成巨大的社会合力，这不但推动了改革，促进了发展，也有助于维护社会的稳定。

2. 关于发展

发展也是个具有丰富内容的概念。概括地说，我们可以把发展理解为生产力发展、社会财富总量增加和科技、文化教育等各方面事业发展的统一，是以经济发展为基础的社会全面进步，是把物质文明建设与精神文明建设、政治文明建设、生态文明建设等作为统一奋斗目标的发展过程，而发展的最终结果则是国家富强，人民生活不断改善。

我们所说的"发展"，是以改革为动力，以稳定为保障，因此它在三

---

① 《邓小平文选》第三卷，人民出版社 1993 年版，第 238 页。

者统一链条中居于重要的地位，在现代化整体格局中具有举足轻重的作用。所以我们在把握发展这一概念的含义时，必须是具体的全面的，而树立相关的一些观念也就十分必要了。

（1）历史的发展为我们提供了难得的机遇，而抓住机遇发展自己则是我们作出的唯一正确的选择；抓住机遇，发展自己，关键是发展经济。也就是说，发展的最基础最根本的内容是经济的发展。发展生产力是社会主义的根本任务。这个根本点也是由社会主义的本质所决定的。邓小平同志说："社会主义的本质，是解放生产力，发展生产力，消灭剥削，消除两极分化，最终达到共同富裕。"① 如所周知，由于过去我们在相当长的时间里忽视了发展生产力这一根本任务，由于在原本经济文化比较落后的国家建设社会主义，发展生产力具有特殊重要的意义，还由于在社会主义基本制度确立以后相当长的时期里，我们还面对着发达资本主义国家在经济和科技方面优势的压力，所以集中一切力量搞好经济，毫不动摇地坚持以经济建设为中心，致力于生产力的发展，实在是太重要了。

马克思主义最注重发展生产力。因为只有生产力的发展才能为社会主义制度的巩固和发展奠定可靠的物质基础。今天，我国还处于社会主义的初级阶段。现实生活中的诸多矛盾或问题的解决，都有赖经济的发展和物质基础的加强。也只有在发展经济的基础上和过程中，才能为解决其他一些社会问题提供坚实的物质基础。例如，文化教育基本设施的投入，社会保障体系的建立和发展，就业问题，住房问题，交通问题，等等，"许多问题，不搞四个现代化解决不了。国民经济的发展，国民收入的增加，人民生活的逐步提高，国防相应地得到巩固和加强，都要靠四个现代化"。② 邓小平同志还明确指出："我们在国际事务中起的作用的大小，要看我们经济建设成就的大小。如果我们的国家发展了，更加兴旺发达了，我们在国际事务中起的作用就会大。现在我们在国际事务中起的作用并不小，但是，如果我们的物质基础、物质力量强大起来，起的作用就会更大。台湾归回祖国、祖国统一的实现，归根到底还是要把我们自己的事情搞好。我

---

① 《邓小平文选》第三卷，人民出版社 1993 年版，第 373 页。
② 《邓小平文选》第二卷，人民出版社 1994 年版，第 276 页。

们政治上和经济制度上比台湾优越，经济发展上也要比台湾有一定程度的优越，没有这一点不行。四个现代化搞好了，经济发展了，我们实现统一的力量就不同了。所以，在国际事务中反对霸权主义，台湾归回祖国、实现祖国统一，归根到底，都要求我们的经济建设搞好。"①

历史经验告诉我们，多年忽视发展生产力，没有抓住经济建设这个中心，使我们吃了大亏，付出了沉重的代价。多年来的事实提示我们，只有集中力量发展生产力，抓住发展经济这个中心环节，才能巩固和发展社会主义制度，保持国家和社会的稳定；才能顶住霸权主义和强权政治的压力，维护国家的主权和独立；才能从根本上改变经济落后状况，为增强综合国力和改善人民生活创造物质基础。

另一方面，牢牢把握以经济建设为中心，又是同发展其他各项事业（如文化、教育、科技等）相统一，而不是相割裂的。我们所说的发展不只是经济发展，而是社会的全面进步，社会全面进步的要求，是社会发展概念的题中应有之义。离开了其他各项事业的发展，到头来经济发展也必然受阻，发展的目的达不到，还会影响社会的稳定与改革的顺利推进。

我们在现代化建设中，物质文明建设是基础，但社会主义精神文明建设是社会主义社会的重要特征，也是现代化建设的重要目标和重要保证。把社会主义精神文明建设作为现代化建设"重要目标"这个提法本身，就意味着我们所讲的发展是内含着精神文明这个内容的。

总之，物质文明是基础，经济建设这个中心必须牢牢把握，毫不动摇。

但是精神文明搞不好，物质文明也要受破坏，甚至社会也会变质。所以，我们必须在把物质文明建设搞得更好的同时，切实把精神文明建设提到更加突出的地位，认真搞好，以达到全面发展的目的。

（2）发展本身就是质和量的统一。在现代化建设中，如何处理速度与效益的关系也是"发展"的题中应有之义。发展是硬道理。讲发展没有一定的速度是不行的。邓小平同志不仅就我国与周边国家或地区的对比方面强调了发展速度的重要性，而且尖锐地指出："中国能不能顶住霸权主义、

① 《邓小平文选》第二卷，人民出版社 1994 年版，第 240 页。

强权政治的压力，坚持我们的社会主义制度，关键就看能不能争得较快的增长速度，实现我们的发展战略。"[①] 江泽民同志在十二大关系的讲话中，在讲到改革、发展、稳定三者之间"不可分割的内在联系"时，也强调了"发展是硬道理"的思想，并明确指出："中国解决所有问题的关键要靠自己的发展。"提示我们"今后15年我们有充分条件继续实现经济的较快增长"，因此"必须抓住机遇，珍惜机遇，用好机遇，加快发展"。[②] 经济发展中速度和效益的统一，在哲学道理上并不难理解。因为没有一定的量的积累是不可能引起质变的，而发展则是量变与质变的统一。比较易于被忽视的问题在于，凡质变必以量变为基础，而在发展过程中当量变已达到一定的关节点而引起质变时，这个由量变而引起的"质变"本身也是质和量的统一，即经过质变、飞跃后而获得的新质亦是质和量的统一。那么很明显，如果我们生产的某种产品按一定的数量指标要求达到了，完成了预期的生产任务。但是如果生产出来的产品缺乏或失去了质和量相统一的规定性，只有数量而无质量，数量虽多，但次品不少，明明应该可用5年的产品，结果不到一年就报废了，根本不符合质量指标的要求，那么这正是单纯追求数量而不顾效益的结果。

不必讳言，在现实生活中，那种重速度轻效益、重数量轻质量、重投入轻产出、重生产轻环保等现象，仍是相当普遍的存在。这个问题的根本解决有赖于经济增长方式由传统的粗放型到集约型的转变。这种转变自然需要一个过程，但过程本身的加速或延缓，则取决于人的主观能动性的发挥。

粗放型经营的结果必然是：投入多，产出少，速度不低，效益不高。而整体素质的提高和经济总体效应的发挥也就根本谈不上了。上述这种一系列的一"重"一"轻"的后果，不仅大大影响发展的进程，而且势必导致经济运行紧张、产业结构失衡严重，助长通货膨胀等等。反过来又会成为影响社会稳定的因素。

---

① 《邓小平文选》第三卷，人民出版社1993年版，第356页。

② 江泽民：《正确处理社会主义现代化建设中的若干重大关系》，《中国共产党第十四届中央委员会第五次全体会议文件》，人民出版社1995年版，第10页。

　　江泽民同志指出：我国现代化建设必须遵循速度和效益相统一的原则，正确处理好两者之间的关系，而"关键在于要走出一条既有较高速度又有较好效益的国民经济发展路子"。为此，"必须更新发展思路，实现经济增长方式从粗放型向集约型的转变"。①

　　这里讲的"更新发展思路"非常重要。思路是否对，在人们付出同等劳动的情况下，其结果是大不相同的。讲发展，发展得快一些，这是大家都希望的，但只有思路更新了，对了，才能正确地引导实践，达到发展的目的。

　　（3）可持续发展。首先是经济建设和人口、资源、环境的关系问题。这个关系以前长期被忽视，后果严重。今天，我们在现代化建设中，必须把实现可持续发展作为一个重大战略而牢牢把握。作为我国重大战略而确定下来的"可持续发展"，对许多人来说并不是很熟悉的，有必要专门作些说明。

　　可持续发展，可以是关于发展的一种理论观点，也可以是一种社会或经济发展模式，还可以是可供人们选择的一种发展战略。可持续发展，作为一种新的经济发展观是20世纪70年代以后提出的。"二战"以后，一些经济发达国家经过采取劳资关系的调整等措施，特别是把科技发展新成果应用于经济发展，使得一些发达国家经历了20多年的经济高速增长期。一些发展中国家也取得了经济快速增长的成果。但无论是发达国家或发展中国家所取得的经济发展成果，都是以各种资源的巨大消耗、日益严重的环境污染为代价的。一些全球性问题的出现，人口的急剧增长、资源的破坏、生态环境的恶化等等，引起了一些生态学家、经济学家、未来学家、哲学家、环保学家的关注。1972年罗马俱乐部的《增长的极限》，作为研究人类困境的第一个报告问世。这一报告对以往的发展模式作了反思，提出：如果不改变发展模式，"只要人口增长和经济增长的正反馈回路继续产生更多的人口和更高的人均资源需求，这系统就被推向它的极限——耗尽地球上不可再生的资源"。这就是有名的"增长极限论"。这个研究报

_____

　　①　江泽民：《正确处理社会主义现代化建设中的若干重大关系》，《中国共产党第十四届中央委员会第五次全体会议文件》，人民出版社1995年版，第10页。

告中的悲观结论受到许多人的反对，但其中所提出的观点却包含着合理的因素，而"发展极限论"在全世界引起的巨大反响和争论本身，也标志着人们对以往发展模式的反思。

1981年，美国农业科学家莱斯特·R.布朗出版了《建设一个持续发展的社会》一书。对可持续发展面临的问题，走向持续发展的途径，以及"持续发展的社会形态"等问题作了系统的论述。布朗的这本书被认为是对"可持续发展观"的首次系统阐述。

可以看出，"可持续发展"的观念并不是凭空杜撰出来的，而是基于对以往经济发展所带来的一系列生态问题和面临的人口、资源等一系列难题应运而生的，它是对人类传统的单纯追求产量、产值增长的片面发展观的历史反思的结果。

那么，这种可持续发展观在人与自然的关系方面又具有怎样的特点呢？在人类征服自然的过程中，的确一次次取得了重大胜利，但历史的发展提示我们：不要过分陶醉于我们对自然界的胜利。正如恩格斯100多年前就说过的："对于每一次这样的胜利，自然界都要报复我们。每一次胜利，在第一步都取得了我们预期的结果，但是在第二步和第三步却有了完全不同的、出乎预料的影响，常常把第一个结果又取消了。"今天，人类文明已达到前所未有的高度，人类的力量，特别是现代科学技术的飞速发展使这种力量空前强大，使得人们在人与自然的相互作用中显示出对环境和资源的巨大支配力，但是与这种"支配力"相伴而行的是对环境和资源的巨大破坏力。这种破坏力是如此强大，以至于在人类"征服"自然的过程中，在某些领域使环境的破坏成为不可逆转的，使某些资源不能再生，使自然界本身自我修复、自我再生的能力有根本丧失的危险。在这种形势下，迫使人们不能不重新审视人与自然的关系了。改变观念和"端正"态度已成为历史发展的必然要求。这就是改变过去那种人与自然的对立斗争以及一味"征服"的旧观念，而代之以符合时代特点的新观念。建立人与自然之间的和谐、统一的新关系，是人们所面临的重大现实课题。这种观念转变包括：应从历史上那种人与自然的对立斗争转变为尊重自然与自然和谐相处；从一味向自然索取转变为珍惜资源，爱护环境；从只考虑眼前利益转变为考虑持续发展，并且以未来发展来规划现在。

一些学者提出，"人类只有一个地球赖以生存"，我们生活于其中的这个"小小寰球"变得似乎越来越小了。它的负载力是有限的，一系列全球性问题的出现和加重，使它的负荷越来越重了，"人满为患"的说法反映了一定的现实。有论者提出："这个地球不是我们从上一代人手中继承下来的，而是我们从下一代人手中借来的。"这就是说，我们讲发展不能只顾今天，而不顾明天，不能只顾发展而不顾环境，不能只顾利用资源而不顾保护资源。所谓可持续发展，就是既符合当代人的利益，又不危害未来人类利益的发展，只有这种发展才能持续永久，才能保障人类在地球上世世代代繁衍生息下去。用哲学的语言来说，就是使发展成为在今天是现实的、合理的，同时又能使明天的发展获得可能的空间和条件，因此也是为未来发展创造条件的发展。

"可持续发展"所涉及的不只是一代人所面临的发展经济与环境、人口等的关系，而且涉及代际之间的关系，关乎到子孙后代的生存和发展。所以，这也是我们事业兴旺发达、世代相继和长治久安的根本大计。

3. 关于稳定

我们所说的稳定，是与改革、发展相联系的，指的是稳定的政治和社会环境。这是改革和发展的前提，是为改革和发展提供的社会状况方面的保证。

邓小平同志说："中国一定要坚持改革开放，这是解决中国问题的希望。但是要改革，就一定要有稳定的政治环境。……离开国家的稳定就谈不上改革和开放。"① 改革和发展必须要有稳定的政治和社会环境，这是我们付出了代价才取得的共识。这种共识的取得是以多年来的历史和现实经验为基础的，也是世界社会主义运动曲折发展所提供的一条重要经验教训。

明确了稳定系指稳定的政治和社会环境这样的具体含义之后，还须有相关的观念与之相适应。

第一，作为政治和社会环境的"稳定"，虽然与哲学上所讲的"相对

---

① 《邓小平文选》第三卷，人民出版社 1993 年版，第 284 页。

稳定"有联系，但又不能简单地等同和套用。哲学上的稳定是相对于运动而言，稳定是相对的，而运动则是绝对的。就事物发展过程来说，量变是事物的相对稳定状态，而质变则是显著的变动状态。无论是量变或质变都是事物发展过程中的正常状态。而我们所说的政治和社会环境的稳定，是相对于政治和社会环境的一种不正常状态，即政局不稳、社会动乱而言，是社会系统运行中出现的严重无序和紊乱状态。显然，这两者是不可以混同的。如前所说，我们的改革也是一种革命性变革，是"第二次革命"，但它不是对社会主义基本制度的动摇，而是社会主义的自我完善和发展。

第二，我们所说的政治和社会环境的稳定，是在充分调动广大群众社会主义积极性，保持改革和发展活力基础上的稳定。政通人和，人心舒畅，社会充满生机和活力，在邓小平建设有中国特色社会主义理论的指引下表现出强大的民族凝聚力和人民创造历史的主动精神，是这种稳定的重要特点。这种社会充满活力基础上的稳定，才是真正的稳定。这样的稳定，正是改革和发展所必需的。

第三，保持社会稳定，还必须加强社会主义精神文明建设和法制建设。用正确的世界观、人生观、价值观武装人们的头脑，特别是以马列主义、毛泽东思想和邓小平建设有中国特色的社会主义理论统一人们的思想，不断增强人们建设有中国特色社会主义的意识和自觉性，这也是维系我国社会长治久安的根本大计。

（原载《对有中国特色社会主义的哲学分析》，四川人民出版社 1997 年版）

实事求是三题

　　实事求是，是中国化的马克思主义哲学，是毛泽东思想的根本点和灵魂，也是邓小平理论的根本点和灵魂，对于我们各方面的工作具有普遍的指导意义。

　　实事求是，是唯物辩证法科学观念的精辟表述，是正确的思想路线得以确立的基础，也是一种求真务实、勇于创新的精神状态，是我们做好各方面工作的科学态度和科学方法。

　　问题是，我们如何才能真正做到"实事求是"？或者说，怎样才能将"实事求是"落到实处？本文拟从三个侧面进行分析，希冀为"实事求是"的贯彻落实提供一管之见。

一　要实事求是，必须具有"创新精神"

　　如何理解实事求是与创新精神的关系，是人们在实践中会经常遇到的问题。毛泽东同志在概括革命实践经验时说过，要想取得中国革命的胜利，就必须使马克思主义在中国具体化，"使之在其每一表现中带有必须有的中国的特性，即是说，按照中国的特点去应用它。"[①] 这也就是说一切要从中国的实际出发，实事求是。在谈到什么叫理论联系实际时他还特别强调：中国共产党人只有在他们善于应用马克思主义的立场、观点和方法，并且"进一步地从中国历史实际和革命实际的认真研究中，在各方面作出合乎中国需要的理论性的创造，才叫做理论和实际相联系"。[②] 这里，

---

① 《毛泽东选集》合订本，人民出版社 1966 年版，第 522 页。
② 同上书，第 822 页。

毛泽东同志所强调的"理论性创造",不只是理论联系实际的应有含义,是实事求是的题中应有之义,而且是它的精义和真谛所在。这是因为,只有这种合乎中国需要的"理论性创造",才能把普遍的东西化为具体的东西,以求得它在每一特殊环境中的真正实现。否则只是死记硬背、照抄照搬一般原理,或者只是简单地把一般原理看作一个东西,把实际情况看作另一个东西,只求在两者之间"挂钩",这种做法,只能是对矛盾普遍性与特殊性相互关系的误解或割裂,是只有思想懒汉才欣赏的东西。毛泽东当年对中国国情的科学分析,他所提出的一系列新思想、新观念、新论断,他所开辟的中国革命的道路;邓小平对当代中国国情和时代特征的科学分析,他所提出一系列新思想、新观念、新论断,他所开辟的建设有中国特色社会主义的道路,都体现了一切从实际出发、实事求是的科学态度,是实现一系列"理论性创造"的结果。

关乎国家大局的"理论性创造"是如此,在各地区各部门的具体工作中要把统一的东西求得贯彻、落实,做到实事求是,也离不开创造性和主动性。我们之所以提倡创造性地开展工作,就是因为不同地区或单位的具体情况是千差万别的,除其共同性方面之外,总存在着差别性、特殊性。因此,要把统一的决策或部署贯彻,就需要对当时当地的具体情况进行认真研究,从这种研究中找到具体贯彻的有效办法。

邓小平同志多次说过,现在搞建设,也要适合中国情况,走出一条中国式的现代化道路。"只有解放思想,坚持实事求是,一切从实际出发,理论联系实际,我们的社会主义现代化建设才能顺利进行"①。他还多次强调解放思想与实事求是的内在统一性,强调尊重实践和理论创新的极端重要性。可以说,解放思想,实事求是,通过对当代中国实际和时代特征的认真研究,作出合乎当代中国需要的"理论性创造",像一条红线一样贯穿于我国人民在十一届三中全会以来所从事的变革现实的伟大实践中,表现在我国人民二十多年来所取得的举世瞩目的巨大成就中,凝聚在邓小平理论的科学体系中。

理论的活力来自于实践,而实践是不断发展的。随着客观过程的推移

---

① 《邓小平文选》第 2 卷,人民出版社 1994 年版,第 133 页。

和实践的不断深入，新事物层出不穷，新情况、新问题需要人们不断地进行研究。因此，坚持实事求是，也必然是研究新矛盾、概括新经验和在实践中不断创新、开拓前进的过程。今天，我国人民正处在把建设有中国特色社会主义事业全面推向 21 世纪的重要关头，种种迹象表明，当今世界正发生着人类有史以来最为迅速、广泛、深刻的变化，形势的发展把坚持实事求是和勇于创新的问题更加尖锐地提到我们的日程上来了。江泽民同志说：面向经济全球化和世界科技进步日新月异的形势，我们必须加快国家经济和社会的发展，坚持解放思想，实事求是，勇于创新，开拓前进。"在现代化建设中，科技创新和体制创新是决定性的因素。"他还明确指出："科技创新是生产力的重要变革，经济体制创新是生产关系的重要变革，把这两种变革都搞好，我国经济就会更好地持续快速健康发展。"通过经济体制的创新，为生产力的发展提供最有效的形式，通过科技创新，实现生产力的重要变革，则能加速科技转化为现实生产力的进程，达到对知识和智力资源的有效配置和运用，不断增强我国的科技创新能力，从而为我国经济社会的发展不断注入新的活力。

"问渠哪得清如许，为有源头活水来。"无论是体制变革还是社会、经济的有序运行，都是与是否具有创新精神紧密相连的。坚持实事求是，就要关注实践和科技发展的新形势，就不能没有创新精神。

二　要实事求是，必须具有"当代意识"

实事求是与当代意识，是我们跨入新世纪时所面临的又一重要问题。所谓当代意识，就是对当今世界潮流的科学分析，是对我国现代化建设事业与世界大局相互关系的自觉反映和把握。

当今世界，实际生活的变动迅速而深刻。以信息技术为代表的科技革命突飞猛进，知识与技术更新的周期大大缩短。"科学技术是第一生产力"的论断被实际生活所一再证实，而且在现实实践中的表现是越来越明显了。早在一百多年前马克思就依当时的形势揭示了"民族历史"转变为"世界历史"的趋势，开阔了人们的眼界。而这种向"世界历史"转变的进程在今天就更加明显，而且表现出一些新的时代特征。因此，把握世界

"大势"的重要性，把握历史机遇的必要性，发展的紧迫性，时间和效率的重要性，应对各种形式挑战的思想准备，以及"不进则退"的历史潮流的驱动，等等，都是不可以等闲视之的当代意识。在这种情况下，我们通常所说的实事求是、一切从实际出发，就包含两方面的含义。一方面是国内的"实际"，即我国仍处于社会主义的初级阶段，这是我们考虑一切问题的根本出发点；另一方面，我们又是在 21 世纪的条件下进行有中国特色的社会主义建设的，又不得不面对国际环境方面的"实际"。邓小平同志在规划中国的未来发展时曾反复强调："中国的发展离不开世界"，"我们最大的经验就是不要脱离世界，否则就会信息不灵。"他还明确指出："我们要赶上时代，这是改革要达到的目的。"我们今天坚持实事求是，很重要的一点就是面向世界，立足于新的时代高度，联系世界形势日新月异的全局来思考我们面临的问题。譬如，从当前世界发展的大局大势来审视我们自己，中国同过去比确有很大的进步，但与发达国家比在一些方面还有较大差距。不了解我们发展别人也在发展，而且是在更高的起点上发展，就不能增强紧迫感，就会因错过历史机遇而延误大事，就不能真正理解"发展才是硬道理"的含义。

坚持实事求是，就是既要从我国现实生产力状况和社会多方面需要出发，继续发展一些劳动密集型产业，同时又要体现先进生产力的发展要求，以适应和迎头赶上当代经济科技发展的澎湃潮流。

还要看到，社会经济的发展和社会生活的全面进步，不仅是一种自然科学性质的技术过程，同时也是一种体现人们组织程度的社会过程。人类对自然界的改造，对自然力的征服、利用及其合理性界限的确定，不能不受人们自身社会结合水平的制约，不能不受制于人们对主客体相互作用过程中各种复杂因素的影响及其后果的自觉意识。今天，由于科学技术的迅速发展，人们手里所握有的改造自然的武器是越来越强大了，但它所可能造成的负面影响也越来越严重了。如果说，在过去历史发展的一定阶段和特定范围内，主要是靠自然科学和技术要求来确定某种生产和经济活动的合理性，那么在今天，只有靠自然科学和哲学社会科学的综合运用，才能确定这种合理性。一个国家的长远社会发展战略，生产力布局，对整个社会经济活动的宏观调控，以及地区性、全球性社会经济活动的协调和构想等等，都莫不如此。我们之所以把可持续发展作为国家战略确定下来，既是以往经验的总结，又体现了时代发展的要求。

可持续发展观念、科教兴国观念、历史机遇与更加紧迫的时间观念、改革开放意识、竞争意识、效率意识，等等，所有这些属于当代意识范畴的东西，归根到底不过是"地球村"、经济全球化、科技进步的当代步伐、市场经济的现代发展等客观现实的反映和回应。大开发、大开放、大发展，总揽全局，面向世界，面向新世纪等等，都是历史发展进程所提出的客观要求。讲实事求是，就要有全局观念和长远的战略思考，就理应考虑世界发展的大局大势对我们所面临的诸多问题的制约性，就不能没有当代意识。既然国内问题同世界的大局大势是关联着的，既然国内经济发展与经济全球化的客观现实之间具有内在关联性，那么研究和探寻其间的内在机制和条件，揭示其运行规律并为我所用，就是实事求是的题中应有之义了。

三　要实事求是，必须克服形式主义和各种浮夸作风

实事求是，"说起来容易，做起来就不那么容易了"。这也是人们时常议论的一个问题。

的确，实事求是，在道理上大家容易取得共识，或者说"说起来"时一般没有异议，但真正做到实事求是，就不那么简单了。为什么说起来容易、做起来就不那么容易了呢？原因是多方面的。比如，认识和把握事物的本质，而客观事物本身的规律性往往被大量的现象弄得扑朔迷离，当某种事物的本质尚未暴露或尚未充分暴露时，要想一下子把握它的本质，是有一定困难的。又如，人的主观认识能力在一定条件下是受限制的，等等。

除上述原因外，实事求是很难落到行动上的一个重要原因是形式主义、弄虚作假等不良风气的存在。

形式主义的特点是根据事物的外部标志来判断事物和决定取舍，这本来就是与研究事物内在规律的实事求是的要求相背离的。形式上的轰轰烈烈，并不能触及事物的本质，文山会海、空话套话虽然可以使人得到形式上的满足，并且可以免受风险，"不犯"错误，但却不能解决任何实际问

题，离讲究实效、开拓进取的精神相去甚远。至于弄虚作假、有意浮夸等更是与当事者的某种"利益"紧密相连。作汇报、述政绩、讲经验，无实事求是之意，有哗众取宠之心。说假话、编造数字、掺水分、搞浮夸，这在我国历史上并不乏其例，使我们吃了不少苦头。特别是当这种情况没有被上级所察觉和纠正，反而在一定条件下受到赞许或鼓励的时候，所造成的后果则更加严重：说老实话的人吃亏，讲假话的人占了便宜。这种不利于我们的事业和干部成长的不健康环境和氛围，是弄虚作假、浮夸现象屡禁不止的一个重要原因，也是实事求是精神难以得到真正贯彻的一个症结所在。党的十一届三中全会以来，由于党的解放思想、实事求是思想路线的贯彻执行，由于邓小平同志的大力倡导和党中央的继续贯彻落实，情况已有了很大改变，实事求是精神日益深入人心，成为大批干部的重要行为准则和自觉行动。但在某些地方、某些部门和一些干部中，弄虚作假和浮夸现象仍然存在，而且有的地方还有泛滥之势。2000 年 3 月 10 日《中国青年报》刊登了《从县长怒拔白杨树说起》一文，说的是某地在植树造林中弄虚作假的现象。为了"营造"绿化的"莺歌燕舞"景象，迎接上级检查，某地的一些干部竟然把白杨树埋得不足 30 厘米，一捅就歪、就倒。县长为此在当地召开了现场会，当众怒拔了三棵栽得很浅的白杨树。这位县长是好样的，他敢于求真务实，戳穿假象。而有的地方的一些领导在植树造林中，造假现场、搞假数字，不着边际地夸大绿化成绩，居然还能受表扬、得大奖，有的甚至还被评为植树造林的"先进单位"、"先进个人"，这实在是对上级官僚主义作风的一个绝妙讽刺。人们常说的所谓干部出"数字"、数字出"干部"，亦属此类。

看来，种种弄虚作假、浮夸现象等，只靠宣传教育不行，只靠舆论监督也不行，还必须从体制和制度上作出一些相应的规定，采取一些切实有效的措施，借助于规范化的正常运行机制，使弄虚作假者受到应有的惩戒，使其无法占到便宜。

今天，我国人民正在党中央领导下，为在建设有中国特色社会主义事业中赢得新胜利而奋斗。实事求是，是我们取得一切胜利的根本指导思想，而随着形势的发展和客观进程的推移，实事求是又是与新的实践紧密相连的。在我们迎接新挑战，增创新优势，赢得新发展的过程中，我们愈是把实事求是的基本要求与新的实践密切结合起来，增强自觉性，就愈能赢得主动，不断取得新胜利。

（原载《前线》2000 年第 9 期）

心之官则思

常言道："眉头一皱，计上心来"，说的是一个人要善于使用自己的思想器官，多想出智慧。本来，人的头脑就是一部特殊的"机器"，它的作用是专门用来思想的；孟子所说的"心之官则思"就正确地道出了思想器官的作用。

头脑的作用在于思考，这个道理谁人不懂？但是，知道这个道理是一回事，能不能在实际生活中身体力行却又是一回事；了解思想器官的作用是一回事，能不能自觉地开动脑筋却又是一回事。这里，有着从盲目到自觉的问题，有着在实际上肯于使用和善于使用思想器官的问题。

要善于思考，首先就要肯于思考。根本不动脑子，就谈不到善于动脑子。思想懒汉的毛病，首先就在于不肯使用自己的思想器官，并且安于这种状态而不自觉。因此，"心之官则思"是同思想上的懒汉无缘的。

实际上根本不动脑子的人是没有的。我们所说的思想上的懒汉倒不一定是说一个人根本不动脑子，而是说在实际生活中，在比较复杂的情况面前，表现为不肯于动脑子，把复杂的问题简单化，在使用思想器官的问题上缺乏自觉性。这样看来，不肯于动脑子的人倒有各种不同的表现。例如，看问题简单化，凡事以"没什么"或"想当然"了之；遇事缺乏分析的态度，对于复杂的事物，不愿做反复深入的分析研究，而爱作绝对肯定或绝对否定的简单结论。这种情况有些是由于思想方法片面，不善于动脑子所致，但也有些是由于不肯"开动机器"所致。例如，在决策过程中酝酿和磋商问题时，不是从实际出发，而是形式主义的走过场，既定的"框框"代替了集思广益的过程。因此，只要一听到不同的意见就反感，因为它不符合事先主观设定的"框框"，这就是把问题简单化了。其所以简单，是因为他们没考虑到：各种不同的意见之所以产生，不仅有其认识上的根源，而且也是一种正常现象，是集中得以进行的必要前提。不同意见的出现对于清醒的领导者来说并不是坏事而是好事，是领导者全面考虑问题、正确地判断问题和作出决定的依据。因为，人们是在社会中生活的，由于他们所处的具体地位、观察问题之角度的不同，同一事物（或问题）从不同的侧面观察可以引出不同的意见或结论。听取不同的意见，听取多数人的意见，也听取少数人的意见，听取正面意见，也听取反面意见，听取正确的意见，也听取错误的意见，通过不同意见的分析和对比，经过思考的工夫，不仅对于形成正确意见引出正确结论是必要的，而且对于克服那种确属是错误的意见，启发群众的自觉也是有意义的。更何况所谓正确或错误，又是相比较而存在，常常不是一下子就能认识清楚的。基本上是正确的意见中，也可能有的地方需要补充和修正，基本上是错误的意见中也可能在某一点上有着合理的见解或因素。凡此都需要具体分析，需要开动机器，而不能简单从事。

在贯彻执行政策、执行上级领导机关的各项指示和要求上，那种所谓"上情下达"、"照章办事"的想法，也是不肯于动脑子、图省事的表现。执行党的政策和上级指示，在原则上要有高度的严肃性，需要"照章行事"，一丝不苟；同时又要因时因地制宜，把党的政策同当时当地的具体情况结合起来，以求得党的政策在具体实践中的实际效果。这里，需要高度的灵活性，需要对党的政策的深刻理解和对具体情况的周密分析，以及对这样两个方面的统一的连贯起来的思考。而决不是简单的"照章办事"所能实际奏效的。事实上，所谓不问实际情况的照搬上级指示，离开具体实践的那种所谓"照章办事"，其实质正是一种盲目性的表现。因为，这种做法表面看起来好像是在"照章办事"，实际上正是对上级指示的怠工，是一种不负责任的表现。

为什么会有以简单化的态度对待复杂事物的现象出现呢？其原因当然是多方面的，而思想上的盲目性，不肯于动脑子则是其中的重要原因之一。为什么不愿意动脑子？一个根本的原因就是背上还有"包袱"。毛泽东同志说过："有一些人则因为自己背上有了包袱，就不肯使用脑筋，他们的聪明被包袱压缩了。"① 什么包袱？内容很多，概括地说，人们在精神

---

① 《毛泽东选集》第 3 卷，人民出版社 1991 年版，第 952 页。

上对许多东西陷入盲目状态而缺乏自觉性，就是最大的包袱。顺利时忘记了困难，困难时看不到光明前途；取得成绩时而骄傲自满，遇到挫折时而灰心丧气；青年人的朝气，年长者的经验，业务专长，斗争历史，等等，诸如此类的东西，都可能成为包袱。如果在思想上失去了自觉性，背上这些包袱，就会形成一种精神负担。而其中有一些包袱就使得某些人不肯于动脑筋。遇事不再谦逊，成绩变成了骄傲的资本，犯了错误而萎靡不振，业务专长也竟成了继续进步的障碍……在这种精神状态下，工作中取得了一定经验的，就因此而满足，不愿意再开动脑筋，否认在实践中继续完善和发展这些经验，或取得新的经验的必要性；原来没有经验的，也以为反正别人已经有了现成的经验，只要加以照搬就行了，不愿开动脑筋，懒得在别处经验和本地具体情况结合上付出思考的工夫。这样，在工作中就不可避免地会碰钉子。由此可知，为要开动脑筋，首先就要放下包袱，就要摆脱盲目性而加强自觉性。本来是处于思想上懒汉的状态但又对这种状态缺乏自觉，陷入了盲目性，这本身就是一个不小的"包袱"，也是不能开动脑筋的原因之一。

开动脑筋，是一项很艰苦的劳动。凡"三思"而后"行"；所谓"眉头一皱，计上心来"，也是反复思考的过程和结果，而不是一下子就想出个"妙计"来的。对于用脑子这件事的艰苦性认识不足，也会影响人们开动脑筋。有些人背上虽然没有包袱，有联系群众的长处，但是不善于思索，不愿用脑筋多想苦想，结果仍然做不成事业。这说明，不仅要思索，而且要善于思索，不只要一般的想，而且要多想苦想。多想苦想的必要性，来自于客观事物自身的复杂性；也只有多想苦想，才能正确地认识事物及其复杂的变化。人的头脑之所以要复杂一些，就因为客观事物本身的联系及变化是复杂的。有许多事情，初看时似乎很简单，总觉得"没什么"、就是"那么一回子事"；但是如果加以冷静地考虑，经过一番调查研究，钻进去加以细致分析时，事情往往不是那么简单，"没什么"之中还有着"什么"。简单的事实中常常包含着复杂的道理。既要学习别人的先进经验，又不要生搬硬套，既要坚持原则，又要灵活地加以运用，使原则得以具体实现。这些当然是并不简单的。为什么不能生搬硬套？因为各地的具体条件不同，不同的条件对同样的经验会产生不同的影响和作用。

在实际生活中，没有和一定条件相脱离开来的经验，经验总是具体的，即总是同一定的具体条件相联系而存在的。同时，各种不同的条件之间也都交互作用着。因此，当我们把某种经验应用于不同条件下时，不只是要分别地看到不同的条件对经验可能发生的不同影响，而且要从各种条件交互作用的总体上，从条件的综合上来具体地应用经验。没有分析就没有综合，有了分析还需要综合，这里，绝对的需要多想苦想，而不能简单从事。一件高科技产品，也许乍看起来是"简单"的，但其中都包含着复杂的劳动和道理。对于市场上的买者和卖者来说，商品只不过是一个简单的对象，然而在商品中却包含着经济发展的复杂过程。每个人都要穿衣吃饭住房子，然后才能谈得上科学、艺术等活动，这是一个简单的事实，然而只有唯物史观才揭示了这样的事实，从而第一次把社会历史生活置于真实的基础之上，而不再像过去那样本末倒置了。凡此种种，都说明看起来似乎是很简单的事情，但实际上不简单。把本来并不简单的事情简单化，以一概全，以简代繁，必然就不肯于开动脑筋，更谈不到多想苦想了。这是影响人们开动机器的又一原因。

世界上没有一件事物是不可分析的，所谓开动脑筋，就是要学会分析事物。为此，就必须提倡思索，学会分析事务的方法，养成分析的习惯。人们对事物的分析和认识，总是不断地由浅入深、由现象到本质的过程。在这样的过程中，以简单到复杂、又从复杂到简单，乃是人的认识运动的由低级向高级发展的必然规律。前面提到，许多事情初看起来是简单的，但一经分析就不那么简单了，从简单的事实出发，可以了解诸多复杂的道理，这是一个由简单到复杂的过程。同事物的本质或规律比较起来，现象总是丰富多样的、复杂多变的；它不像本质那样"扎实"，那样"稳固"。一方面现象比规律丰富，同时规律又比现象深刻，"规律是现象的平静的反映"。因此，经过思考的工夫，透过现象而把握事物的本质，又是一个从复杂到简单的过程。商品是简单的，同时又是复杂的，经过马克思的分析，那"堆积如山的实际材料"，那商品生产的复杂的矛盾运动，又被"总结为几点概括的、一些紧相联系的思想"了。[①] 这就是说，从复杂的、

_____

　　① 《列宁全集》第 1 卷，人民出版社 1984 年版，第 121 页。

短暂流逝的现象里，可以找到事物的比较简单的本质，可以把握住某种"平静的"东西，即事物的客观规律性。然而，这里的"简单"，一则是相对于复杂的现象而言，同时它又是对现象作了科学的分析和概括，从而捉住了事物的本质的结果。这是开动脑筋的结果，而不是对现象的简单罗列，更不是刚刚接触事物时的那种"简单"。从最初的简单到经过对复杂现象的分析而作出的规律性认识的简单，是认识过程中不同的阶段，不可混淆。

心之官则思，头脑的作用就在于思考。学会分析事物的方法，养成分析的习惯，不是一下子就能做到的；但是，克服盲目性，加强自觉性，提倡开动脑筋，则是善于思索的必要前提。而要善于，首先就要肯于，心之官则思，心之官在于思。

（原载《前线》1961 年第 21 期）

哲学上三次争论之我见

从新中国成立后到"文革"前这段时期，哲学领域发生过三次规模较大的争论。这就是：20 世纪 50 年代初、中期关于过渡时期"综合经济基础"问题的争论，50 年代末关于思维和存在同一性问题的争论，60 年代中期关于"合二而一"、"一分而二"问题的争论。

哲学领域那时讨论的问题不少，由此而引发的争论也不止这三次。但就其规模、影响和后果而言，这三次争论确乎是引人注目的，有人把它称之为哲学战线上的"三次大论战"。

对于这三次争论或论战，哲学界的朋友们在文章、专著、各种学术讨论会上都有过回顾和反思。当年参与讨论的一些当事人，在回顾往事时也是思绪万千，感慨良多。哲学界的一些同事在回顾那三次"大论战"时，由于在了解的情况、观察问题的角度和背景等之不同，因而除了在一些重要问题上已取得共识外，在某些问题上仍存在着见仁见智的情况。看来，这也是很自然的。

五六十年代所发生的这三次争论，已历史地成为过去。但人们在回顾新中国成立以来哲学发展的历史时，都回避不了这三次影响很大的哲学争论。那么，从历史经验的反思中究竟能吸取哪些有益的东西呢？下面，我谈点个人的粗浅看法。

一　关于过渡时期经济基础的理解问题

过渡时期有没有自己的经济基础？如果有，那这个经济基础是"单一"的还是"综合"的——这就是 20 世纪 50 年代发生在我国哲学领域那场大讨论中分歧的主要之点。

1954 年第 2 期《学习》杂志发表了熊复、范若愚等人的文章，提出过渡时期总路线的实质就是以生产资料的社会主义所有制来统一社会主义经济，即把包括多种经济成分的国民经济改变成为统一的社会主义经济，使之成为社会唯一的经济基础。那么，人们提出了问题：在把包括多种经济成分的国民经济改变成为"统一的社会主义经济"之前，在它成为社会"唯一的经济基础"之前，社会是否还有它赖以存在的经济基础，或者说，过渡时期没有基础吗？于是就展开了讨论。接着有人在谈到过渡时期的基础和上层建筑问题时，提出了一种观点，认为新民主主义是一种过渡性质的社会，"没有确定的经济形态"，"不能构成独立的基础"。还认为，同一基础不能包括几种所有制；在几种所有制问题尚未解决之前，社会还没有它赖以存在的基础。

不同意上述观点的人，陆续发表文章进行了反驳。定思、张健、肖范模、屈万山、徐琪、肖前等人都在文章中阐述了自己的观点，不同意那种认为过渡时期没有自身的经济基础的观点。屈万山提出，否定过渡时期有自己的经济基础的说法不符合实际，因为任何一个社会都有它自己的一定的社会经济制度即基础，以及与此基础相适应的上层建筑。同样，我国的过渡时期也有自己的社会经济制度，这就是《中华人民共和国宪法》规定的四种所有制，以及与此相适应的上层建筑。①

定思、张健等人都对过渡时期的经济基础作了肯定的回答。提出过渡时期的经济基础是多种经济并存的"矛盾统一体"，而且几种经济成分并不是随便"杂凑"或"并列"的混合体，而是整个社会经济生活中的具有内在联系的"有机统一体"，各经济成分是统一的经济基础的有机构成部分。这就是过渡时期所独有的经济基础。在这个作为过渡时期经济基础的"矛盾统一体"中，非社会主义经济成分在经营范围、原料供应、销售市场、技术设备、财政和金融政策等方面，受国家的调节和管理，受国营经济的领导，分工合作，各得其所，为发展生产、繁荣经济，为满足人民的物质和文化生活需要服务。定思、张健、屈万山等发表在《哲学研究》

---

① 《哲学研究》1956 年第 5 期，第 120 页。

的文章①中，还分别论述了为什么过渡时期有自己的经济基础，这种基础不是"单一"的，而是"综合"的矛盾统一体，上层建筑也不是"单一"的，而是社会主义类型的等的道理。

不仅如此，在这次大讨论中一些论者在阐述自己观点的过程中，还提出了一些很重要的问题，这些问题即使是在几十年之后的今天看来，也还没有失去其价值，仍然闪耀着引人注目的思想火花。

第一，无产阶级取得政权，与原来的预料不同，大都是在经济文化比较落后的国家首先取得革命胜利的。发生在俄国的十月革命是这样，"二战"后东欧的一些国家是这样，中国等东方国家亦是这样。在这些国家无产阶级取得政权后，所面临的是经济比较落后、多种经济成分并存的现实，因此毫无例外地都有个向社会主义的过渡时期。那么，在这个过渡时期有没有自己的经济基础，有怎样的经济基础，显然是个带有普遍性的问题，也是个影响全局的很重要的问题。那么，研究这样的问题是从过渡时期所面临的经济现实出发，还是从某种条文出发，是从客观存在的实际出发还是从本本出发，这就是两种思路，两种不同的方法。在我国50年代的这次讨论中，苏联的一些学者也著文谈到了这个问题。例如1956年第5期《学习译丛》上译载了苏联学者阿·索波列夫的《论欧洲人民民主国家从资本主义到社会主义的过渡规律》一文。他在批判了认为有多少种经济成分就有多少种基础的观点是完全不对的以后，接着又批判了第二种观点，说："有一些经济学家硬说，在人民民主国家中好像既然这些国家的经济具有过渡性，那么也就是说，那里的基础也是过渡的。""但是，这论点也是站不住脚的，因为它没有考虑到生产力和生产关系之间的相互联系的实质。大家知道，基础在任何条件下都体现着独立的生产方式在经济上的特点。如果我们承认不同于资本主义基础和社会主义基础的独立的过渡基础的存在，那么这就是说，我们也必须承认独立的过渡的生产方式的存在。但是，这种生产方式是没有的。""所有这一切就意味着，过渡经济不是一个独立的经济基础，意味着并不存在过渡的基础……"

我们之所以大段引证了这位苏联学者的话，一是为了准确无误地弄清

---

① 参见《哲学研究》1956年第4、5期。

他所讲的原意，避免断章取义之嫌，二是为了研究一下他论证问题的方法。明眼人一看便知，他在上述一番话中所批判的"第二种观点"，是针对中国学者而发的，他是批判过渡时期有自己的经济基础的观点的，他认为过渡时期"并不存在"过渡的"经济基础"，断言有这种经济基础的论点是"站不住脚的"。理由呢？他认为过去书本上讲的是原始社会、奴隶社会、封建社会、资本主义社会、社会主义社会等生产方式，除此以外还没有人讲过过渡时期的生产方式，既然没有这样的生产方式，那就"不存在"过渡时期的经济基础。

针对这位学者的上述观点，定思（即潘梓年）在所撰长篇论文中作了针锋相对的反驳。[①]首先提出了索波列夫的说法并不符合实际，因为列宁在《关于我国现实经济》中就明确说过："大概，还没有一个人在研究俄国经济问题时，竟否认这种经济的过渡性。……那么，'过渡'这字眼又是什么意思呢？它在经济基础上是否说，在制度中既有资本主义的，也有社会主义的成分、部分或因素呢？谁都承认，是这样的。"列宁在列举了五种经济成分以后接着说："俄国如此辽阔广大，如此形形色色，以至社会经济结构的这各种类型，都错综在它内面。特点也就在这里。"定思在引用了列宁的有关言论后指出，列宁的意思很清楚，他讲的是经济基础，并且说各种社会经济结构都错综在这经济基础里面，特点也就在这里。

杨献珍在阐述自己的观点时，也引述了列宁分析俄国社会经济结构的五种成分时的有关思想，并且认为只能说是生产关系的总和构成经济形态，不能说是某一种生产关系组成社会经济形态。杨献珍指出，"单一经济基础"论者硬不承认我国明明还是一个多种经济成分的国家这一客观现实，是违反马克思列宁主义关于"基础"学说的原理的。[②]

引述列宁的有关言论，可以说明索波列夫的论点即使只从"书本"的角度而言，也是站不住脚的。更何况，比这重要得多的倒是：研究问题时究竟是从实际出发还是从本本出发，是以丰富多彩的生活实践作为研究对象，还是以"本本"上是否讲过作为裁剪生动现实的标尺？显然，这是不

---

① 定思：《对我国过渡时期的经济基础与上层建筑怎样进行研究》，《哲学研究》1956 年第 4 期。

② 参见《杨献珍文集》，河北人民出版社 1984 年版，第 390—420 页。

同的两种思路、两种方法。参加当时讨论的一些学者很强调研究过渡时期的经济基础和上层建筑问题时一定要从实际出发，否则就会走偏方向。定思先生在正面论述自己观点的同时，就明确指出："……书本上没有讲过的东西，并不能妨碍实际生活中能够出现这种东西；我们固然要查一查书本上有没有说过这种生产方式，但是，更须要看一看事实上到底是否有了这种生产方式。我们在事实上已经看到了这种生产方式，而且我们国家的全体人民都在不短的一个时期内亲身体验着这种生产方式，那我们就再没有理由因为书本上没有讲过就否定事实上确已存在了的东西。"他这里所说的生产方式指的是过渡时期的生产方式，是针对索波列夫先生的观点而发的。索波列夫论证问题的方法是：除了资本主义的生产方式和社会主义的生产方式之外，"没有"过渡时期的生产方式，既然没有过渡时期的生产方式，也就"不存在"过渡时期的经济基础了。为什么"不存在"过渡时期的生产方式呢？答曰：书本上没讲过。（从前面的引文中可知，列宁不仅讲过过渡时期的"经济基础"，而且还讲了既有资本主义的也有社会主义的成分、因素错综地存在于这种经济基础的"内面"——索波列夫是视而不见还是有意回避那就不得而知了——作者注）

定思先生还强调指出："把这些非社会主义经济成分作为我们过渡时期的经济基础，其所以有必要，不能光从书本上去找根据，主要要从事实方面去找根据。丢开事实硬钻书本，是教条主义的办法。"①

从上述中可以看出，多年前关于如何理解过渡时期经济基础等问题上所进行的那场大讨论，尽管争论双方观点各异，但都是在研究和探讨现实实践所提出的问题，这个问题带有普遍性。而在这种研究中确实存在着是从实际出发还是从本本出发这样的两种思路、两种方法问题。这个方法论问题更具有普遍意义。随着过程的推移，实践的发展，每一阶段所遇到的问题是各不相同的，而无论是何时何地对现实问题的探讨，都理应从实际出发，而不能从"本本"出发；只有在马克思主义的指导下研究丰富多彩和不断变动着的实际，才能引出科学的结论。可以说，这是从 40 多年前那场大讨论中所应得出的一点重要启示。

---

① 定思：《对我国过渡时期的经济基础与上层建筑怎样进行研究》，《哲学研究》1956 年第 4 期。

第二，反映现实的理论问题的探讨，从中所引出的结论是否正确，反过来对现实实践会发生重要影响和作用。正如多年前那场讨论中一些论者所说，如果对过渡时期的客观存在着的多种经济成分及其复杂情况拒绝研究，视而不见，而以某种固定的模式或条文来"匡正"现实，那就必然使我们陷于两难的境地。要么根本否定过渡时期经济基础的存在，使人们无所适从，失去继续前进的可靠基础；要么等待纯而又纯的"单一"社会主义经济基础的早日到来，而主观主义的加速变革的进程。显然，这两种情况都只能对实践产发生不利的影响。

众所周知，在1957年之前即这场讨论进行的时候，"左"的指导思想尚未在全局占主导地位，但脱离客观实际可能的"急于求成"的思想已开始显露，这表现在关于发展国民经济的冒进和反冒进的争论上，表现在对所谓右倾保守的批评中，也表现在对生产资料所有制改造的日程比原来预计的时间大大缩短，表现在实际工作中的"急了一些"、"粗了一些"的失误中，当然也反映在对纯而又纯的"单一"社会主义生产关系的追求上。事情很明显，如果认定过渡时期只能以"单一"的社会主义生产关系为基础，那么在这种纯而又纯的生产关系到来之前，过渡时期又不能长期地没有自己的经济基础而立足于"空场"上，于是，加速"改造"进程，期盼"单一"的社会主义生产关系的早日到来，以及对又大又公又纯的生产关系的追求，已是势在必行，在所难免了。

值得注意的是，40多年前的那次讨论中一些学者在阐述自己的观点时，已经把问题提得很鲜明、很尖锐了。在谈到我国过渡时期的经济基础是多种经济成分所构成的"矛盾统一体"时，一些论者强调在这个统一体中，资本主义经济并不是像"单一"论者所说的那样仅仅是被破坏的旧经济基础的"残余"，而应该说它是旧基础残余又是过渡时期新基础的一部分。张健特别强调了承认资本主义和个体经济是过渡时期经济基础的一部分的意义，说如果不承认其存在而只说它是旧基础的残余，"政治上要发生'左'的错误。"① 定思说，如何对待农民是个重要问题，那种认为只利用农民的生产力而不要他们的生产关系的做法是"行不通的"，是"主

_____

① 《哲学研究》1956年第5期。

观主义的粗暴行为，是错误的"。① 肖范模在文章中分析了当时中国社会的现实情况，说明了过渡时期的经济基础是"综合"的，而非"单一"的。他指出：单一基础论的"最大害处是，它很容易把人们导向'左倾'冒险主义的道路，因此是要不得的"。② 定思在文章中说，如果把过渡时期比作"革命征途"，那么也应当明确："革命征途到底和一般的旅途不同；旅途的目的地是已经存在在前面，并不是从一路所经由的地区发展起来、产生出来的，而革命征途的目的，却还并没有现成地存在在前面，它正是要从我们所经由的状况发展起来、产生出来的。一般的旅行目的地，并不需要以所经由的地区作基础，革命的目的，却要把现有的情况作为基础加以改造、加以发展而形成。这就是说，我们的革命目的——社会主义不能凭空制造出来。"③ 这些细致入微的分析，即便是在今天看来也还是具有说服力的。至于一些学者关于可能"要发生'左'的错误"，"主观主义的粗暴行为"，容易导向"'左倾'冒险主义"等的担心和提示，并不是没有根据的。

二　关于思维与存在同一性问题的争论

20 世纪 50 年代末，我国哲学界开展了思维与存在同一性问题的争论。这场争论，从报刊发表的文章来看，是缘起于 1958 年第 1 期《哲学研究》发表的郭月争《思维和存在的同一性问题是哲学基本问题的第二个方面》一文。文章认为，恩格斯在论述哲学基本问题时讲了两个方面，第一个方面讲的是思维与存在何者为第一性何者为第二性的问题，这是划分唯心主义和唯物主义的。接着恩格斯又讲了哲学基本问题的第二个方面："我们关于我们周围世界的思想对这个世界本身究竟处于怎样的一种关系呢？我们的思维能否认识现实世界呢？我们能否在我们关于现实世界的表象和概念中得出一个对现实的正确反映呢？"然后恩格斯紧接着说："用哲学的语

① 《哲学研究》1956 年第 4 期。
② 《哲学研究》1956 年第 3 期。
③ 《哲学研究》1956 年第 4 期。

言来说，这个问题叫作思维和存在的同一性问题。"郭月争认为，这第二个方面讲的是世界是否可知的问题，是划分可知论与不可知论之界限的。接着，一些学者陆续发表文章，从各个方面谈到了对恩格斯关于哲学基本问题第二个方面的理解，认为恩格斯肯定了思维和存在的同一性，指出思维和存在的同一性可以作唯心主义的理解，也可作唯物主义的理解，而恩格斯是把思维和存在有没有同一性这个问题作为"共同的问题"提出来的，而不是作为专属于唯心主义的原理提出来的，思维和存在有辩证法意义上的同一性，等等。

同年 10 月 11 日，《光明日报》哲学副刊发表了于世诚的《"思维和存在的同一性"是唯物主义的原理吗？》一文。接着，陆续也有一些学者的文章发表。认为对"思维与存在的同一性"只能作唯心主义的了解，而不能作唯物主义的了解，因为"思维和存在的同一性"从来都是唯心主义的命题，马克思主义经典作家对"思维和存在的同一性"从来都是为唯心主义命题来批判的。认为这个命题在哲学的两大阵营斗争历史中所形成的完全确定的含义，就是把思维和存在"等同起来"，所以如果把这一命题作为哲学基本问题第二个方面的概括，会抹杀认识论领域中的唯物主义和唯心主义的根本对立，引起思想混乱，等等。

争论双方各抒己见，观点对立，互不相让。有许多时候各针对对方的观点直接交锋，进行反驳和诘难，也有时并不理会对方的反驳意见，而径直继续强调和论证自己的观点。双方都大量引经据典作为论证自己观点的依据，同时说明对方的观点不符合经典著作的愿意。而有时对于同一句话，由于观点之不同在解释上竟然是完全相反的。总之，争论双方都真诚地认为自己是在捍卫马克思主义哲学的基本原理，批判离开马克思主义的错误理论。坚持"思维和存在的同一性"是在哲学基本问题第二方面概括的一方，认为自己是在坚持和宣传马克思主义的认识论，坚持辩证法，坚持世界的可知论。而对方则是用形而上学的观点来否认辩证法。与此不同，坚持"思维和存在的同一性"只能是唯心主义命题，不能作为哲学基本问题第二方面概括的一方，则认为自己是在坚持和宣传马克思主义的哲学唯物主义原则，而对方则是把唯心主义的"思维和存在的同一性"与唯物主义反映论混淆了。

　　这次争论的一个特点似乎问题可以分为两个方面。一个是学理上的，一个是实践中的，而且学理上或理论是非上的不同观点与当时现实实践之间的关系上，出现了较为复杂的情况。从反映和回应实践的角度来说，当时提出反对实际工作中的唯心主义倾向，强调坚持哲学唯物主义原则，是很重要的，有重大现实意义，反映了现实实践的要求。1958 年 11 月 19日，杨献珍在给新疆班和自然辩证法班的讲课中说："大跃进中，一些人也冲昏了头脑，他们说不怕做不到，就怕想不到。……办任何事情不讲条件就是唯心主义。"① 1959 年 6 月 12 日，杨献珍在与河南省委党校、抚顺市委党校参观组的谈话中说："有的地方提出：'人有多大胆，地有多大产'，'不怕做不到，就怕想不到'。胆量等于产量，思想等于行动，这到底是唯物主义还是唯心主义？弄虚作假总不能算作唯物主义吧！"② "去年这一阵'浮夸风'，把我们党多年来培养的实事求是的传统作风冲垮了，这是多么大的损失啊！这比丢在地里的粮食损失还大得多"。③ 在当时的历史条件下，杨献珍同志能够如此鲜明地提出问题，坚持唯物主义反对唯心主义，是十分可贵的。

　　然而，正确地提出问题与在理论上准确科学的说明问题，并不是完全等同的。当人们看到争论中的一方在有的文章中竟然根本否认辩证法意义的同一性不能应用于对思维与存在关系的考察时，或者说在有些文章中提出对思维与存在的同一性不能作唯物主义的命题来理解，甚至认为思维与存在的同一性不能作为哲学基本问题的第二个方面来提的时候，在理论上或在学理的意义上说，是并不那么准确和科学的。这种情况，也是这一方的观点虽经反复论证但在理论界未能赢得更多人赞同的一个重要原因。虽然如此，在当时许多人头脑发热，唯心主义盛行的情势下，旗帜鲜明地提出坚持唯物主义的问题，其意义无论如何是不可低估的。学理上的不周严或缺憾的确减弱了哲学唯物主义的锋芒和批判力，但这不能淡化提出这一问题本身的重要性及现实意义。

---

　　① 杨献珍：《我的哲学"罪案"》，人民出版社 1981 年版，第 93—94 页。
　　② 同上书，第 113 页。
　　③ 同上书，第 114 页。

　　另一方面，坚持思维和存在的同一性是哲学基本问题第二方面概括的一方，许多学者在理论上的阐述和解释是符合恩格斯的原意的，争论中所提出和说明的一些理论问题在学理上一般也是贯通的。然而，在坚持这种观点一方的某些文章中，又把自己的理论说明不同程度地与当时的"大跃进"联系起来，这就很难避免理论在指导实践方面所陷入的困境和消极影响。

　　上述这种关于理论与实践、不同理论观点之间的复杂交错的情况，足可以使人从多方面得到启发和受到教益。无论是对经典著作中某一问题的不同理解，或者是其他一些理论问题的争论，只要是在正常的气氛中平等地开展讨论，那就有利于明辨是非，促进理论的发展。但是，当把正常的学术讨论变成为对不同观点的"大批判"时，就再也无助于学术理论问题的探讨，而在一定条件下变成为对持有不同学术观点者的排斥、围剿和迫害了。

三　关于"一分为二"与"合二而一"的争论

　　1964 年 5 月 29 日，《光明日报》发表了艾恒武、林青山的《"一分为二"与"合二而一"》一文。文章引用了我国明代学者方以智在《东西均》中所说的"合二而一"范畴，认为这个范畴表达了辩证法的最基本规律——对立统一规律。文章认为，事物本来是"合二而一"的，唯物辩证法的世界观要求人们把世界上的一切事物都看成是"合二而一"的；而"一分为二"则是人们研究事物的方法，应该用"一分为二"的方法去研究"合二而一"的事物。几天后，即同年 6 月 5 日《光明日报》又发表了项晴的《"合二而一"不是辩证法》一文，对艾、林的上述文章的观点提出了反驳，提出不能把"合二而一"当作辩证法，因为"一分为二"与"合二而一"是根本对立的。文章认为，"一分为二"与"合二而一"的对立在于："一分为二，是承认矛盾为事物内部所固有，它的前提是一，二是存在于一中。相反，'合二而一'则是以二为前提，二不是存在于一中，而是一为二结合或构成的。"

　　这次争论，从报刊公开发表的文章来看就是由上述两篇文章开始的。

接着一些报刊陆续有文章发表，两种观点都有。在争论的最初一段文章来看，基本上还是属于不同学术观点的分歧和争论。正如杨春贵同志主编的《中国哲学四十年》一书中所说，最初这一段讨论虽然也有背景，但"向报刊投稿的许多同志并不清楚这场讨论的内幕和背景，他们本着'百家争鸣'的精神，围绕'一分为二'与'合二而一'的问题发表了不少严肃认真的学术见解。"① 但没有过多久，在康生一伙的策划下，这场关于"一分为二"与"合二而一"的争论便由学术问题转为政治问题，变成了一场对杨献珍和其他赞成"合二而一"观点的同志的政治"围剿"。中央党校的同志在书中介绍说，在艾、林的文章刚刚打出清样的时候，康生和关锋等便进行了"审阅"。他们发现这篇文章中可以找到整垮杨献珍（时任中央党校校长）的材料，于是便认定这是"一条大鱼"，应当捉住。为此，康生采取了一系列步骤：

第一，为了"引蛇出洞"，康生安排将艾恒武、林青山的文章照常发表，并授意《光明日报》以"学术讨论"的形式组织一批文章，"正面"、"反面"的都要有。用他后来的话说，就是"有意识地搞一下学术斗争"，"先引起大家讲话"。②

第二，由于杨献珍没有公开发表过"合二而一"的文章，康生便策划了《就"合二而一"问题同杨献珍同志商榷》一文（发表在 1964 年 7 月 17 日《人民日报》）。这篇文章是《人民日报》理论部根据康生的指令突击起草，而由康生亲自主持讨论和修改定稿的。文章是以党校新疆班两名工作人员的名义发表的。文中声称，他们看了报上登的艾、林文章后，觉得观点"非常熟悉"，于是"记起"杨献珍同志在新疆班的讲课，于是便去查阅杨的讲稿和"学员的笔记"，于是从讲稿和"学员的笔记"中摘引了几段话来进行"商榷"。名为学术"商榷"，实际已完全变成政治批判了。如康生所说："在党报上公开批判一个中央委员不是随便的，这本身就是一种对杨献珍在政治上的批判。"③

---

① 杨春贵主编：《中国哲学四十年》，中共中央党校出版社 1989 年版，第 160 页。
② 范若愚：《"合二而一"批判的由来》，《红旗》1979 年第 10 期。
③ 范若愚：《"合二而一"批判的由来》，《红旗》1979 年第 10 期。

　　第三，8 月 14 日，关锋以"撒仁兴"等笔名在《光明日报》上发表了题为《"合二而一"是阶级调和论的哲学基础》一文。文章以学阀的口气断言杨献珍提出的"合二而一"的哲学"是一种排斥矛盾斗争的哲学，是彻头彻尾的形而上学，是腐朽资产阶级的世界观，是阶级调和论的阶级基础"。而且"在今天，宣传这种哲学，不是偶然的，不是孤立的，而是当前国际国内尖锐复杂的阶级斗争的反映"。撒仁兴的文章强词夺理，无限上纲，除了给对方扣了一系列的大帽子之外，看不到一点"学术讨论"的影子了。接着，按康生的部署以神秘的"报道员"的名义发表了《哲学上的新论战》一文，这篇文章安排在党的机关刊物《红旗》上发表，就更增加了它的政治分量。文章断言：杨献珍提出"合二而一"论，是别有用心的，是"同党大唱对台戏"，"是有意识地适应现代修正主义的需要，帮助现代修正主义者宣传阶级和平和阶级合作，宣传矛盾调和论。同时也是有意识地适应国内资产阶级和封建残余势力的需要，给他们提供'理论'武器，对抗社会主义教育运动。"这里，文章对杨献珍的指责是两个"有意识"，两个"适应"，同党"大唱对台戏"并"对抗"运动，这无异于在政治上为杨献珍定了性，定了罪。

　　不仅如此，对于参加这场讨论的一批持有不同观点者，该文也没有放过。讨论中凡赞成"合二而一"观点的人，问题都很严重，不是一般的学术观点，而是世界观出了问题，并且是尖锐复杂的阶级斗争的反映。谁站在哪一边，不仅"阵线分明"，而且"针锋相对"。按该文的说法，这场有关"一分为二"与"合二而一"的争论，"是一场坚持唯物辩证法同反对唯物辩证法的斗争，是两种世界观即无产阶级世界观同资产阶级世界观的斗争。主张事物的根本规律是'一分为二'，站在唯物辩证法一方；主张事物的根本规律是'合二而一'的，站在反唯物辩证法一方。论战的双方阵线分明，针锋相对。这是当前国际国内尖锐复杂的阶级斗争在意识形态上的一种反映。"这里，不是为一、两个人，而是为参加讨论的一批人定了性，无异于宣布他们在政治上要倒霉了。

　　果然，《红旗》"报道员"这篇文章一发表，就再也听不到不同声音了，所谓"讨论"便不复存在了，一时间鸦雀无声。昨天还争论得很热烈的哲学界一下子沉寂下来。剩下的就只是按"报道员"所定下的调子进行政治批判了。这种批判除在哲学理论界进行"发动"之外，还组织了不少工农兵的文章在报刊上连续发表，造成声讨之势。批判的声势远非过去学术讨论时所能比。报刊上连续发表的文章一般都是上纲上线的，并且有些文章联系阶级斗争的实际，形势严峻逼人。与此同时，在一些地方和单位还举行了各种形式的座谈会、报告会，特别是在赞成"合二而一"观点者的所在单位更要召开会议进行批判。随着批判的进行，当事者的日子很不好过。凡赞成"合二而一"观点的人，都得有个"交代"，是"觉悟不高"还是"受了蒙蔽"，或者兼而有之？不管怎么说，反正问题是严重的，在"阵线分明"的两军对垒中你站到对立方面去了，能说问题不严重吗？！有些人还受到组织处理，开除公职或开除党籍的，下放劳动的，变动或停止工作的，都有。而且记录在案，存档备查。直到"文化大革命"时，这个问题又被重新提起，成为将杨献珍投入监狱的主要罪状之一。其他赞同过"合二而一"观点的人，也几乎在劫难逃，受到了不同程度的迫害。

四　历史经验的反思

回顾历史，我国哲学界所发生的三次争论情况各不相同，但这几次争论所留下的经验教训却是复杂的、多方面的。

第一，20世纪50年代初、中期关于如何理解我国过渡时期的经济基础和上层建筑问题的争论，50年代末关于思维与存在同一性问题的争论，以及60年代中期关于"一分为二"与"合二而一"问题的争论，都涉及一系列重要哲学问题，包括对唯物史观的基本问题，哲学基本问题，辩证法问题的理解，等等。如果我们暂时抛开别的问题而只就讨论中所涉及的内容来说，这些问题的探讨都是有意义的。譬如，关于第一次，讨论不仅涉及对经典著作有关经济基础论断的理解，更关乎对我国过渡时期经济基础现实情况的具体分析，关系到是从我国的实际出发还是从某种条文或框框出发这样的重大问题。面对多种经济成分同时存在的现实，在坚持社会主义方向的前提下确认我国过渡时期的经济基础是"综合"的，而非"单一"的，这符合客观存在的实际，也有利于实践。现在回过头来看，现今的情况与当年已大不相同。但即使是在数十年后的今天，在社会主义的初级阶段，我国的经济基础也还是以公有制为基础多种经济同时并存的现实。也还不是"单一"的。而多年来那种追求纯而又纯又大又公生产关系的历史则给我们留下了深刻的教训。当然，在那次讨论中，即使是持有"单一"论的学者，其出发点也是为了加速社会主义的进程，尽快扩大经济基础中的社会主义成分，只不过是这种认识脱离了客观实际。而作为学术理论问题的研究和探讨，即使意见并不正确，那也是不同见解的分歧。据我所知，那次讨论的情况还是比较正常的。从发表的文章来看，都是属于不同观点的商榷，而且许多文章都是摆事实讲道理，注重以理服人的，没有发现打棍子、扣帽子或从政治上"批判"对方的情况。

关于思维与存在同一性问题的讨论，虽然情况比较复杂，但讨论中涉及的学术问题还是较多的，包括对经典著作中有关论述的不同理解，对哲学史上相关论断的解释，对思维与存在这个最一般最普遍的关系中的唯物主义原则与辩证法之间的关系，以及理论论争与现实实践之间的关系，等等。所有这些，通过正常的学术讨论和"争鸣"，都有助于对问题的正确理解，有助于学术问题探讨的深入，有助于对理论与实践之关系的统一的理解，有助于对马克思主义关于真理具体性原理的理解。前面提到，在这次争论中，不仅存在着争论双方学术观点的分歧，而且出现了理论与实践关系上错综交叉的复杂情况。

列宁曾讥笑过那种不分场合而到处说"恭喜恭喜"的人，说人家在办丧事，而有人却到那里去"恭喜，恭喜"，这是文不对题。恩格斯在讲到工人阶级的解放和全人类的解放之关系时曾说，人类由必然王国进入自由王国的一个根本条件，是消灭资产阶级私有制及其剥削，这意味着阶级的解放；反过来说，由于资本主义剥削是人类社会的最后一种剥削形式，所以这种剥削的消灭就必然导致全人类的解放。也就是说，阶级的解放与全人类解放，两者是统一的，但毕竟是两个步骤。离开前者抽象地谈论社会主义价值在于全人类解放，是虚幻的，不现实的。这正是空想社会主义者的缺点。恩格斯说，否认共产主义是一种单纯的工人阶级的党派学说，把它看作一种最终目的在于把连同资本家在内的整个社会从现存关系的狭小范围中解放出来的理论，"这在抽象意义上是正确的，然而在实践中在大多数情况下不仅是无益的，甚至还要更坏。"因为"有产阶级不但自己不感到有任何解放的需要，而且全力反对工人阶级的自我解放"。①

一个论点，一种理论见解，在抽象的意义上是正确的，但在实践中又是行不通或不合时宜的。这种情况在实际生活中并不罕见。这是因为，理论终究是一种抽象，而生活实践则要生动得多，复杂得多。因而当人们把一种理论应用于实际生活时，就不能不考虑理论的适用条件、范围和界限。看来，学术理论问题的讨论也是如此。当我们回顾过去，对历次哲学论争作历史的反思时，不能不考虑那种争论的内容和它由以发生的背景和条件。理论的概括性或抽象性与现实实践的结合，一直是一个比较艰难和复杂的过程。

关于"一分为二"与"合二而一"问题的公开讨论，从 1964 年 5 月到 1965 年 5 月暂告一段落，大体上有一年的时间。这期间又可分为两个阶段，即从 1964 年 5 月 29 日艾恒武、林青山的文章发表到同年 8 月《红旗》"报道员"文章发表为第一阶段，大约三个月的时间。从 1964 年 8 月到 1965 年 5 月为第二阶段，大体约占九个月的时间。在第一阶段，争论双方均有文章发表，尽管背后已有康生、关锋的策划和安排，但参加讨论的多数人并不清楚当时的内幕和背景，所以，他们投稿报刊，参加讨论，本着百家争鸣的精神发表自己的见解。争论双方在一些观点上针锋相对，争论很激烈，但有来有往。在第二阶段长达九个月的时间里，则完全是按"报道员"文章所定的调子对另一方进行政治批判了。从此再也没有什么学术讨论，讨论被窒息了，政治批判之风压倒了一切。

尽管如此，在第一阶段讨论中许多学者发表的意见仍不失其学术价值。譬如，在讨论中人们对辩证法的内容的理解上，对事物矛盾的同一性与斗争性相互关系的理解上，对有条件的相对的东西与无条件的绝对的东西相结合这个基本原理的理解上，都发表了一些有分析、有见地和富有启发性的见解。讨论中一些学者为了论证自己的观点，大量引用了经典著作中的有关言论。诸如马克思关于对立面的共存、斗争以及它们融合为一个新的范畴是"辩证运动的实质"的论断；恩格斯关于相对平衡的可能性是

---

① 《马克思恩格斯选集》第 4 卷，人民出版社 1972 年版，第 276 页。

事物存在的根本条件的论断；列宁不仅讲对立面的斗争，同时也讲对立面的统一，还讲矛盾不同方面的"结合"；毛泽东不仅讲矛盾的斗争性，也讲同一性，而且还讲有条件的相对的同一性与无条件的绝对的斗争性"相结合"，推动了事物的运动和变化。至于统一、合作、均衡、有常、平衡、结合、协调、融合、相持、和谐……这些概念在经典著作中是经常出现的。讨论中这些概念和言论的被引用、被宣传，对于廓清理论是非，纠正"以阶级斗争为纲"年代盛行的"斗争哲学"，乃至于启迪人们从不同的视角来观察、思考现实中的诸多问题，都是有意义的。

上述事实启发我们，只要是正常的学术讨论，只要在可能范围内保持参加讨论的双方平等地"对话"，不同学术见解之间的磋商和争论，都是有利于学术的发展的。而一旦利用权力或其他优势把学术讨论引向政治批判，引向对不同观点的政治讨伐和围剿，则只能起破坏作用。回顾哲学领域三次大讨论的历史，如果说第一次关于理解我国过渡时期经济基础和上层建筑问题的讨论，意见虽有分歧，但讨论、学术理论探讨的界限得以保持，讨论中侧重于说理，强调以理服人，因而讨论的进程比较正常。第二次讨论即围绕思维与存在同一性问题的争论，情况的发展就不太正常了，而第三次即"一分为二"与"合二而一"的争论，由于一开始就有"政治"的介入，为时一年的讨论中竟有长达九个月的"政治批判"，所以情况就很不正常了。就我个人所接触到的材料来说，"比较正常"、"不太正常"、"很不正常"，是那三次哲学争论给我留下的总印象。前面，就个人所看到的文章和多数学者在讨论中所发表的见解，尽可能从积极方面谈了一些几次讨论中所提出的问题、见解等的学术价值及其意义，但讨论中这种学术价值（成果）的取得，又是以一些无辜的同志受迫害、哲学队伍受损伤、学术气氛遭到破坏等为沉重代价的。

第二，几次争论的经验告诉我们，学术问题与政治问题是有区别的，虽然在实际生活中这两者有时错综复杂地交织在一起，很难区分，但越是难以区分就越要加以区分。学术问题属于科学研究的领域，人们在研究探索的过程中提出不同的见解，乃至于在探索中出现了某些失误，都是十分正常的现象。如果不允许有不同意见，不允许有失误，那只能窒息学术探讨，不利于科学的发展。特别是在实际生活早已发生了巨大变动的现时代，科技发展日新月异，生活实践提出了许多新问题，地平线上新事物层出不穷。因此，研究新情况，注意新问题，提出新思想、新观点，乃是科学研究的题中应有之义。以第一次讨论的情况为例，如果因为经典著作中只讲过几种典型的生产方式和社会经济形态，而没有更多地论述过处于过渡时期的国家的经济结构，就得出结论说过渡时期不能有自己的经济基础，或者认为只能有"单一"的经济基础，那是既脱离了客观实际，又有悖于马克思主义的精神实质的。我们坚持以马克思主义为指导，坚持指导思想的一元化，绝不是拘泥于书本的已有条文，更不是拒绝对新情况、新问题的研究。我们的学说不是教条，而是行动的指南，是为进一步研究所提供的科学方法。这是马克思主义经典作家反复阐明过的。有一位外国学者也说："……充满生气的马克思主义是从马克思的引文不再够用的地方开始的。伟大的思想家之所以仍然活着，不仅是因为他们的著作继续在被人传诵和引证，对他们的著作，每代人都在评论和重新解释，而且首先是因为他们所提出的问题仍保持着重要的意义，他们的理论和方法继续提供进一步探讨的框架。马克思主义仍然是一种研究的纲领。在这个意义上，对今天的科学而言，马克思仍然活着，在他的同时代人中，除了十九世纪的另一个伟大的查尔斯——达尔文以外，没有任何人如此。"[1]

生活之树常青。马克思主义的生命力在于它与生活实践的紧密联系，在于对新问题的不断探讨和理论创新。学术上不同见解，理论探讨中的不同观点，都属于正常的学术理论研究的范畴。所以，不能把学术理论问题同政治问题等同起来，不能把学术理论观点的不同随意"上纲上线"，动辄从"政治"的高度进行批判。经验告诉我们，混淆学术问题与政治问题之间的界限，把学术理论上的不同见解当作政治问题"整"对方，动辄以学阀的姿态为讨论作政治结论，这是与社会主义民主背道而驰的。哲学与政治的联系虽然比较密切，但两者毕竟不是一回事。把学术问题混同于政治问题，在许多情况下都是人为的，与其说是两者界限不好分清，不如说是某种政治需要导致了有意混淆。

第三，对待学术上的不同观点，必须遵循"百家争鸣"的方针开展自

---

① 埃利克·J.霍布斯鲍姆：《马克思和历史》，引自中文版《第欧根尼》第1期，第84—85页。

由讨论，参加讨论的任何人都是平等的。真理面前人人平等，"有权即真
理"的权力真理论是很落后的一种陈腐观念，是完全错误的。正常的学术
讨论和学术批评，是社会主义民主的一种形式。借助于这种形式，不同的
学术观点互相切磋，取长补短，有利于探求真理和繁荣科学。通过不同学
术观点的"争鸣"，开展正常的学术批评，即便是很激烈的争论和很尖锐
的批评，只要是把握住不超出学术问题的界限，并且允许批评和反批评，
那就有利于发现真理，而不至于造成对不同观点的政治打击。党的"双
百"方针早就提出了，但迟迟不能真正落实的重要原因不是讨论的参加者
不愿落实，而是往往凭借某种权力而来的对学术讨论的粗暴干预。回顾第
二次和第三次哲学问题的争论，都有这种情形，而且愈演愈烈。在第二次
讨论中撒仁兴的《关于"思维和存在的同一性"问题的争论的实质》一
文，定性定调子，说于世诚等人的"形而学思潮"是"右倾保守主义的
思想基础"，起着"有害的作用，以至犯严重的政治错误"。并以官方的
口气号召：必须对"二元论、不可知主义和旧唯物主义的形而上学开展一
个彻底的系统的批判"。[①]　于是，就在全国范围内把这场学术讨论引向了对
不同观点的批判。至于第三次讨论中《红旗》"报道员"的文章《哲学战
线上的新论战》所起的作用，前面已讲过，这里从略。需要着重说明的
是，学术讨论应贯彻双百方针，防止在讨论中持不同见解的人受到打击。
这两次讨论使许多无辜的同志遭受迫害，使哲学队伍受到伤害，不同的学
术观点受到打击，"双百"方针不能贯彻，学术民主横遭摧残，留下了严
重的后遗症，教训是十分深刻的。

---

① 《哲学研究》1960 年第 3 期。

哲学的特点及其为现实服务的方式

　　哲学与现实究竟是怎样一种关系，哲学怎样更好地为现实服务，这并不是新问题。但是随着社会实践的发展，在每一个历史转折时期，这个问题都会以新的形式提到人们的面前。现在我们正处于社会主义现代化建设的新时期，四化建设和改革实践中所提出的许多新问题都要求从哲学上给以科学的说明，而哲学也面临着结合新的实际更好地为现实服务的任务。因此，对哲学的特点及其为现实服务的方式作些考察是必要的。同时，在这个问题上以往的历史经验也促使我们作深刻的反思。

一

　　哲学源于现实，同时也服务于现实。对马克思主义哲学来说，同现实生活始终保持密切的联系，用科学的世界观和方法论去回答发展着的历史实践所提出的重大问题，以利于人们改造世界的伟大斗争，乃是哲学的天职。

　　作为科学体系的马克思主义哲学，它的原理、规律和范畴，归根到底是从实际存在的事物中抽象出来的，是社会实践经验的深刻思想。这种高度概括性的哲学知识是在概括凝聚着生产斗争知识和社会斗争知识的自然科学和社会科学的基础上得来的。虽然就一个人的认识过程来说，他在现实生活中所接触的一切知识，包括他的阅历、直接经验等对其哲学观点的形成都有着不可忽视的作用，但是作为总体的哲学知识体系，则只能是对自然科学和社会科学的概括和总结。就是说，在日常生活知识和哲学之间，是经由自然科学和社会科学这个中间环节的"中介"，这一点也是不可忽视的。

　　哲学知识体系一经形成以后，反过来又作为一般世界观和方法论，作为人们认识世界和改造世界的思维工具而作用于现实，并在这种应用中得到检验、修正和发展。推动哲学前进的根本力量，决不是像一些人所想象的那样，是所谓纯粹思维的力量，而是隐藏在这种思维力量背后的客观世界的发展、强大的实践、工业和科学技术发展的现实力量。当现实的发展提出需要的时候，它比办起十所大学来，更能把哲学推向前进。现实是哲学的基础，哲学的强大生命力就在于它与现实的紧密联系。脱离现实的哲学是无源之水，无本之木，没有生命力；没有现实基础的、缺乏科学根据的哲学方法论，是空洞的、主观自生的方法论。同样，真正的哲学理论也只有被运用于现实而获得相应的社会效益时，才能得到对自己的真正评价，哲学的社会功能也才能真正显示出来。所以，马克思主义哲学家不应当摒弃现实，脱离现实，而是应当去熟悉和了解现实。并善于从周围的现实中找出最一般的规律性东西，善于从变化着的现实中发现事物的本质，揭示事物发展的历史趋势，反过来指导现实，为现实服务。对于马克思主义哲学来说，理论与实际相结合，是一个不可动摇的基本原则，这是毫无疑义的。

但是我们也应看到，哲学是人对整个世界的理论思维，它以最概括的形式从世界观的高度反映现实。哲学，不是对现实世界的某一特定方面、现象、关系的具体的定量的研究，即不是对具体现象或过程的简单描述，而是通过对各种具体的自然科学和社会科学的概括和总结，从我们周围世界的全体、本质，从周围世界的内在的基本联系上去反映周围世界的发展。哲学是人们关于整个世界，即关于自然、社会和人类思维的基本理论观点的总和或科学体系，它同经济学、法学、政治学以及各门自然科学不同，也不同于数学、系统论、信息论、控制论等横断科学。在整个人类知识和意识形态所构筑的大厦中，哲学是更高的悬浮于空中的思想领域，是更远离物质经济基础的意识形态，处于最高的层次上。在这里，观念同自己的物质存在条件的联系，越来越混乱，越来越被中间的一些环节弄模糊了。但是这一联系是存在着的。哲学具有高度概括性的特点。一般说来，人们经验中的、实证科学中的概念和范畴，都必须经过进一步的抽象和概括，使其摆脱在经验和具体科学中所具有的特殊意义，从而使其获得最普遍和最纯粹的形式，才能上升为哲学的概念和范畴。例如"信息"这一概念，人们对此已经作出了几十种定义。有人认为，信息是缩小偶然事件出现的不确定性的度量。对信息的这种定性叙述是以信息论的创始人申农关于信息是"用以清除随机不定性的东西"的说法为根据的。控制论的奠基人维纳则认为，信息是人与环境相互交换的内容的名称。还有人认为信息是"集合的变异度"、"事物的差异或关系"、"系统的有序性"，等等。有的论者则把信息与"消息"、"信号"等联系起来加以考察，说信息实际上等于"消息"，不过消息是信息的外壳，而信息则是消息的"内核"；说信号是信息的"载体"，信息则是信号所表示的"内容"，等等。还有的说：信息是"关于事物运动的广义知识"，是"事物的运动状态以及关于事物运动状态的陈述"，等等。这些都是人们赋予信息这一概念的含义。

可以看出，上述关于"信息"概念的描述或规定，有相当一部分是从具体科学或日常生活的角度讲的。而我们知道，"信息"最早正是在申农的通信理论中作为一个技术用语和数学工具而出现的。很明显，在这种意义下的信息，它是一个包含有统计的、概率的意义在内的具体科学的信息概念，而不是经过进一步的提炼所选成的概括性程度较高的、一般的哲学上的信息概念。因此，把日常生活中或具体科学中的信息概念直接搬到哲学中来，作为哲学概念和范畴使用，就不是从哲学概念和具体科学概念的联系和区别中来揭示信息概念的哲学本性，而是一种术语上的简单移植。这样做，就不能揭示信息作为哲学概念的一般含义，也就有可能使信息概念失去它可能具有的一般世界观和方法论的意义；弄得不好，还有可能导致信息概念运用上的混乱。笔者以为，像信息、系统、结构、功能、反馈等概念，是有可能进入哲学范畴的。然而，这些概念只有经过哲学的加工，经过哲学语言的转译才能成为哲学的概念，而当这些概念一经进入哲学领域而成为哲学体系的有机范畴或概念时，它的含义就不再完全是原来的意义了。在这里，在哲学范畴与它的原型之间，在哲学概念与具体科学概念之间，是既有联系又有区别的。正像哲学的物质概念来源于各种具体的物质形态，而又不能反过来把它归结为任何一种具体物质形态一样。

二

　　哲学以高度概括的理论形式反映现实，同样也以高度概括的理论形式应用于现实。正像每一门科学为现实服务都有它自己的特定方式一样，哲学为现实服务也有它自己的特定方式。

　　哲学具有高度概括性的特点，唯其如此，它也就具有普遍的适用性。哲学为现实服务就在于提供一般世界观和方法论的原则，而不是提供具体问题的现成答案。一般的宇宙观并不直接就是对具体事情的研究，纯粹的思维方法并不直接就是对具体问题的解决。那种不去深入研究各门具体科学和具体工作的规律，而企图把非常抽象的哲学道理一下子运用于解决非常具体的现实问题的想法，是不切实际的。历史经验告诉我们，如果把哲学的一般原理和范畴简单地套用在特定的对象及其具体的实践活动中，非但不能解决问题，而且会造成有害的后果。这样的做法，往往是既不能使哲学更好地为现实服务，又损害了哲学本身的声誉。所谓的一会儿哲学"万能"，一会儿哲学"无用"，以及从"万能"到"无用"的过渡，不正是可以给人以这样的启示么？

　　哲学的这种高度概括性的特点以及它为现实服务只能提供世界观和方法论原则的特点，也许会被认为哲学是太"一般"、"抽象"和"不具体"了，哲学的功能也过于"泛泛"、不怎么"实际"了。的确，如果对哲学原理、规律、范畴等作教条式的理解，把它们作为公式而到处乱套，只知抽象地发议论，而不解决任何现实问题，那当然是要不得的，是同马克思主义哲学的本性不相容的。但是，如果因此就否定哲学的高度概括性的特点，要求它"具体"到同化学、物理学、语言学、计量经济学等毫无区别的程度，抹杀哲学与各门具体科学之间的界限，那么哲学本身也就不成其为哲学了，也就没有存在的必要性和价值了。有人说，哲学研究的对象太"不具体"，我们说它是又具体又不具体。说它不具体，是因为哲学所研究的是最一般的东西，而不是具体的东西；说它具体，是因为哲学所研究的寓于各个领域中一般的规律正是它的特殊对象。它是以最普遍最一般的东西为特定的具体对象的。这是哲学的一个特点，也是它的一个优点，是其他任何部门科学所无可比拟的。在哲学史上，形而上学的思维方式曾统治人们的头脑达数百年之久，这也是同当时科学所达到的水平相适应的，而科学的发展终于进一步证明自然界归根到底是辩证地发展着时，形而上学的统治便动摇了。可是，正如恩格斯所说，在原来那个形而上学的"僵化的自然观赏打开第一个缺口的，不是一个自然科学家，而是一个哲学家"。① 虽然康德所提出的星云假说直到多年以后才被证实，但他在1755年《自然通史和天体论》中所表述的思想，却给人以巨大的启示：关于第一次推动的问题从根本上被动摇了，地球和整个太阳系表现为某种在时间的进程中逐渐生成的东西；并且，如果地球是某种逐渐生成的东西，那么它现在的地质的、地理的、气候的状况以及植物和动物，等等，也一定是某种逐渐生成的东西，它们都有着空间上和时间上真正的历史。所以恩格斯说"在康德的发现中包含着一切继续进步的起点"。② 历史上的这个事实提示我们，如果没有各门具体学科从地质上、化学的、生物的、物理的等方面所揭示的各该领域具体联系和发展的情景，那么辩证的自然观就缺乏科学的基础，因而也就不能动摇形而上学在各该领域的统治；同样，如果没有对这些具体科学所提供的成果的连贯起来的思考，没有哲学的论证，那也不能从根本上推翻形而上学在一切领域的统治；这里就表现了哲学的特点和优势。

在人类认识的发展历史中，哲学是不能脱离现实的实践和具体科学的发展的。因为哲学所探讨的最一般的东西正是存在于各个特殊的具体的实践和科学之中的。所以哲学必须和现实、具体科学结合。但是"结合"不是归结，在结合的过程中哲学本身也不能消融于任何特殊或个别之中，结合之中还必须"超越"，说"超脱"也可以。总之是深入于其中而又不局限于其中。这也正是哲学这门科学的本性。

现代科学具有高度分化和高度综合的特点，各学科之间相互渗透的趋势越来越明显，一系列交叉学科或横断科学的出现，科学整体化的势头越来越突出。今天，借助于现代科学技术所提供的手段，人们的视野在宏观

---

① 恩格斯：《自然辩证法》，人民出版社1955年版，第11页。
② 同上。

方面已经扩展到了两百亿光年的范围，在微观领域也深入到了夸克或层子这样的层次。细节方面的证明仍然是部门科学的重要任务，但细节方面的追求已不再是孤立纵向的发展，因为"细节"本身不过是系统整体的有机部分。"细节"、"要素"等在不同的系统中它们的质的规定性是各个特殊的。因此，细节的考察已不能离开系统整体，细节方面的证明同整体上的了解是错综复杂地交织在一起的。然而对于科学发展的这种新现象人们完全有可能做出不同的解释。有人利用科学整体化的趋势和诸学科相互渗透、交叉的特点引出了哲学不再必要的结论。甚至于把马克思主义哲学的辩证唯物主义混同于历史上的"自然哲学"，然后再通过对"自然哲学"的批判来责难辩证唯物主义。甚至说：辩证唯物主义就那么几条原理，把它"推广"到这里或那里，这要么是不必要的，要么就是自然哲学的"遗迹"。笔者认为，这是一种双重的误解。第一，辩证唯物主义根本不同于"自然哲学"。历史上的自然哲学，是科学尚未长足发展的产物，指的是在自然界各种现象的辩证联系和发展尚未被科学揭示出来的情况下，却要描述一幅关于自然界普遍联系的清晰图画，这就是所谓"自然哲学"的任务。但自然科学本身尚未提供这方面的足够事实和材料，所以自然哲学对这幅图景的描绘就只能这样来进行：用理想的幻想的联系来代替尚未知道的现实的联系，用臆想来补充缺少的事实，用纯粹的想象来填补现实的空白。以臆想来代替事实，是"自然哲学"的特点，也是它的致命伤，是它之所以不能不退出历史舞台的根本原因。辩证唯物主义是主张用头脑中的联系来代替现实的联系吗？当然不是。马克思主义创始人创立马克思主义哲学的时候，除了是以现实的社会历史运动的实践经验为基础，又是以当时的三大发现和自然科学的其他成果为基础的，是建立在严格的自然科学基础之上的。这就提供一种可能性：依靠经验自然科学本身所提供的事实，以近乎系统的形式描绘出一幅自然界辩证联系的清晰图画。而当"这种联系的辩证性质、甚至迫使自然哲学家的受过训练的头脑违背他们的意志而不得不接受的时候，自然哲学就最终被清除了。任何使它复活的企图不仅是多余的，而且是一种退步"。① 可见辩证唯物主义产生本身，就是以

---

① 《马克思恩格斯选集》第4卷，人民出版社1972年版，第242页。

扬弃"自然哲学"为条件的。把辩证唯物主义说成似乎是与"自然哲学"没有区别的东西，把两者说成是一而二、二而一的事情，这当然是一种误解。但这是运用中的失误，而不是辩证唯物主义本身的过错。第二，现代科学中所出现的各学科相互渗透、相互交叉的特点和科学整体化的趋势，没有，也不能导致否定哲学的作用。辩证唯物主义作为科学的世界观和方法论仍是绝对必要的。这是因为，一系列交叉学科或横断科学的出现，以及科学发展的高度分化和高度综合的趋势的出现，都说明人们所面对的对象以及它们之间的联系、过渡等情景是越来越复杂了。从而哲学也就面临着结合新的实践和科学发展，在更广阔的背景下各学科的交叉之中的观点是不正确的。把辩证唯物主义要不断地概括科学发展的新成果，从而不断丰富和发展自身这件事，说成是某一种科学成果就是辩证唯物主义，或者认为它可以取代辩证唯物主义；甚至说辩证唯物主义是从黑格尔那里来的而与自然科学根本无关，系统论、信息论则是自然科学的结晶，辩证唯物主义与系统论是走的两条路，"殊途同归"，在哲学世界观和方法论这个层次上两者合而为一，等等。显然，这种种议论也都是以"一系列的误解"为前提的。说辩证唯物主义的产生与自然科学无关是一种误解；把辩证唯物主义要丰富和发展说成是它自身的"消融"也是一种误解；把某种新学科或科学新成果本身当成哲学现代化的标本，更是一种误解。

历史和现实的种种事实启示我们，在历史发展的每一阶段上，科学提供了什么样的材料是一回事，对这些材料作怎样的哲学处理则又是另一回事。两者虽有联系，但又是有区别的。要想使各个部分联系起来，揭示各种现象之间的普遍联系，就只有借助于理论思维。理论思维也是一种历史的产物，它在不同时代有着不同的形式和内容。而辩证法对今天的自然科学来说是最重要的思维形式，因为只有它才能为自然界中所发生的发展过程，为自然界中的普遍联系，为从一个研究领域到另一个研究领域的过渡提供类比，并进而提供说明方法。今天，自然科学和社会科学都已有了巨大的进步。系统论、信息论、控制论的问世以及相应的数学化、形式化等方法在一些领域的运用，已经取得了明显的效果。"三论"和其他一些科学新成果，对丰富和发展唯物辩证法有重要意义。例如系统论进一步证明和丰富了唯物辩证法关于事物的相互联系、相互依赖的基本原理，从新的角度论证和丰富了辩证唯物主义关于世界的物质统一性的科学论断，同时帮助我们加深了对这样一些范畴诸如简单和复杂、部分和整体、原因和结果的理解；信息论证明和丰富了反映的形式和内容、反映的过程和结构等，提供了最丰富的材料；控制论和耗散结构理论证明和丰富了物质运动的平衡和不平衡，有序和无序的辩证法，有助于我们进一步探讨决定论原理、偶然性和必然性范畴以及合规律性和适应性、可能和现实等范畴。控制装置成功地模拟人的形式逻辑思维机制，为我们进一步研究意识的特点、起源，意识同人脑和语言的联系，意识对物质的依赖性等问题，提供了新的材料，如此等等。这些都是摆在我们面前的重要课题，需要精细地加以研究。但是，我们也应看到，在现代科学技术面前，马克思主义哲学的基本原理和范畴并没有被推翻，物质一元论、对立统一规律、质量互变规律、实践论等原理并没有过时，问题在于用新的事实和材料来丰富它和发展它。比如现代科学所提供的数学化方法，在一些领域得到了卓有成效的应用，这种方法强调严格的统计和计量，强调量的分析的重要性，它对于人们正确地把握对象和改造事物，都是很重要的。但另一方面，有些社会现象又相当复杂，不是用数学化的方法所能完全把握的。因此，辩证的理性思维方式所提供的关于质量统一和质量互变的基本观点，就从原则上优于单纯的数学化方法。又比如，形式化的方法也有其明显的长处。由于它是把某种知识固定化的一种方法，因而它的长处之一就是讲究知识的确定性，这对人们认识事物和实践中的应用都是必要的、有意义的，但是任何一种知识的确定性又都只有相对的意义，所以辩证法又确认并坚持确定性与不确定性相统一的基本观点。因而，辩证的理性思维方式，又处于形式化的方法高一级的层次上。这些都说明，唯物辩证法作为科学的世界观和方法论并没有过时，它是一个开放的科学体系，它在现代科学成果的基础上得到的是新的证实、丰富和发展，而不是相反。

一百多年前，恩格斯曾经嘲笑过那种不懂得理论思维重要性的一些人，他举了由量变到质变的转化这个例子，说：由量到质的转化，对一些人来说曾经是不可理解的，他们曾经诽谤过这种转化是"神秘主义"、"先验主义"等。可是，当从量到质的转化在一系列科学领域中得到证实，并在哲学上得到论证的时候，这些从前的诽谤者"现在却宣称这种转化是不言而喻的、浅薄的和平凡的东西"，宣称他们"早已应用过了"。① 恩格斯说，这些人可能多年来在实际生活中曾经使质和量相互转化，但他们却不知道自己在做什么，正像一个人在一生中说的可能都是散文，但却一点也不知道散文是什么东西一样。这是因为，他们缺乏对自己所作所为的自觉意识，缺乏必要的理论思维的能力。他们不懂辩证法而又一会儿把"质量互变"说成是不可理解的"先验主义"，一会儿又对它持一种不屑一顾的错误态度。针对这种情况，恩格斯尖锐指出：一个民族要想立足于科学的最高峰，就一刻也不能没有理论思维，而"第一次把自然界、社会和思维发展的一般规律以普遍适用的形式表达出来，这始终是具有世界历史意义的勋业"②。

缺乏理论思维，就会连两件自然的事实都联系不起来，更不要说更复杂的联系了。尤其是在科学技术空前发展的现时代，人们所面对的对象越来越复杂，各种因素交互作用的情景使人眼花缭乱。人们所兴办的事业规模愈大，有组织地投入的力量愈多，一方面可以收到更大的效益，同时也带来了遭受更大报复的可能性。因此，人们计划自己行动的更周密的计划性、系统性和预见性都具有特别重要的意义。这就要求人们不仅要注意微观方面的精细考察，而且要求注意宏观方面的综合把握；要求注意某一系统工程或社会行动所可能带来的当前的和长远的、经济的和社会的、物质的和精神的、本部门本企业的和整个社会的、本系统的效益和对周围环境的影响，等等，一句话要有整体效益观。毫无疑问，每一门科学对事物的考察都有其特定的角度和目标，各种不同学科的视野都有其独到之处，但也各有其局限性。相对而言，哲学作为世界观和一般方法论，它所提供的基本观点和基本方法，虽然不能提供解决细节问题的具体答案，但在综合地把握各学科相互联系的总体上，在把握各种要素交互作用的总体上，却可以发挥它特有的作用。这也是哲学功能的特点和优势。正因为这样，我们的理论意识不能模糊，而要加强，要重视理论在阐释现象过程中的决定性意义，特别要重视作为全部马克思主义学说理论基础的马克思主义哲学

① 参见恩格斯《自然辩证法》，人民出版社 1955 年版，第 52 页。
② 同上。

的作用和意义。

三

哲学能够为现实服务，也理应为现实服务，但它服务于现实的方式又是同哲学自身的特点密切相关的。

哲学原理、规律、范畴等的形式，不是人们某一具体实践活动的直接产物，而且在广泛的社会实践和各门具体科学的基础上经过概括而逐步升华的成果。哲学的这种特点，决定了它在运用于现实时不是直接的，而是要通过一系列的中间环节，经过许多具体特点科学的"中介"方能实现。

比如把哲学理论应用于生产斗争的实践，就不是一个简单的过程，其中包括对一定时期的生产力状况和水平的研究和分析，对生产关系的具体形式的探寻和分析，也包括对当时当地的自然条件及其与生产发展的关系和影响的研究，还包括例如对农业生产说来关系密切的生物学一般理论、农业科学的一系列特殊理论和政策、各种作物具体的生长的理论、科学等等的运用的研究。哲学理论不是研究具体的生物科学的，也不直接制定某种具体的农业政策，但是正确的哲学理论却可以为各门具体科学的研究提供科学的启迪，提供人们正确地进行各种具体研究的一般方法论，成为人们正确地制定政策的理论依据，而在把哲学理论运用于农业生产的实践中，则必须通过上述的一系列中间环节才能具体地发挥哲学的功能和作用。否则，所谓对立统一，否定之否定等纯粹是一些抽象的概念；不是说这些抽象概念不能运用于现实，而是说这些具有普遍性和高度概括性的概念转化为现实时要经过特殊性，个别性等环节，要通过对应用对象的具体分析，从而才能使哲学更好地为现实服务。在这里，我们可以把生物学一般理论看作一个层次，农业科学的一系列特殊理论看作另一个层次，各种作物的具体的生长知识和经验看作又一个层次。对于这些层次，哲学都不能包办代替。不仅如此，在上述几个层次之间虽然其联系相当密切，但它们之间也不能相互取代。例如理论自然科学要经过技术科学、应用科学等环节才能转化为生产知识和技能，各种作物具体的生长知识和经验只有经过提炼和概括才能上升为自然科学的高度，等等。哲学对于上述每一个层次都不能取代，但在每一个层次上都有个用什么样的方法论进行研究的问题，哲学正是在这里可以发挥其功能，它可以用关于客观世界和人类思维的一般规律的知识，为上述每个层次以及各层次相互关系的研究提供正确的思维方法。

哲学并不提供关于生物学、农业科学以及农业政方面的具体答案，并不进行这些方面的细节的具体研究，但是当把正确的哲学观点、理论和方法运用于这些研究时就能够促进它们的发展，有助于揭示各该领域的特殊规律，从而有力地作用于农业生产的现实。而哲学为了更好地为现实服务，它虽然并不研究上述各个层次的细节方面，但仍然需要对每个层次的情况及其发展有个基本的了解，因为毫无所知就不能提供有力的指导，也无从揭示各个层次之间的关系。这就是为什么在谈到哲学为农业生产的现实服务时，既不能陷于某些细节之中而又必须深入其中的道理。不陷入，是指哲学不能代替农业科学、农业政策等；要深入，是指深入实际，对有关发展农业生产的各个方面作深入、系统、综合的考察，以便以自己所特有的方式服务于现实。

或可问，马克思主义哲学能不能指导农业生产，能不能运用于生产实践中去呢？回答当然是肯定的。因为辩证法存在于自然、社会和思维的一切过程中。但这种指导或运用又不能简单化，不能绕开一些必需的中间环节而把哲学概念简单地套用于现实。历史的经验告诉我们，对于理论联系实际，不能作肤浅的甚至庸俗的理解。既不能把对实际的现象描述等同于联系实际的理论，也不能把概念公式化地套用混同于理论对实际的联系。

哲学在转化为现实的过程中之所以要通过一定的中间环节，还由于哲学所反映的是客观实际中一般的规律性的东西，而人们在现实中所面临的客观实际却是具体而复杂的，并且是不断地向前发展着的。因此，在把哲学理论付诸实践时，就必须使理论具体化，使它更接近于复杂、具体和不断变化着的实际情况。或者说，用正确的哲学观点为指导对所面临现实任务及其环境和条件做出具体分析，从而提出改造现实的某种方案。其中包括对所提出的任务、它的可行性及周围条件的估量和分析，完成任务的纲领和路线的拟定，制定相应的方针政策，以及具体实施的计划、步骤和方法，等等。哲学正是要通过这一系列环节的"中介"而作用于现实。这些环节反映了人们的有目的活动一步步地向实际接近，也标志着理论的一步步具体化和理论向实践的层层推进。同时，事物是发展的，因而哲学理论也是随着发展的。同时还必须看到，具有高度概括的哲学理论则有着相对稳定性的特点。因此，在把哲学应用于现实时，就面临着把具有相对稳定性的东西与生动变化着的东西如何结合的问题，面临着从已知探索未知的任务。这就要求立足于现实而又面向未来，要求不断地研究新情况，探索新问题。在对新问题的探索中，出现曲折和失误等都是难以避免的。为了在实践中尽量减少大规模的社会活动可能造成的不良后果，事先在小范围内进行必要的试验，通过试验取得经验然后再普遍推广，或者边实践边探索，不断地总结经验，以更好地前进。在改造自然的活动中，某种技术方案、工程设计的确定特别是比较复杂的技术问题的解决，不仅要有小型试验、中间试验，而且还要有半工业试验、工业试验等，以便为广泛应用于物质生产做好准备。在社会活动中，往往也要对某种方针政策或其改造社会的方案，先在一定范围内进行典型试验，然后再加以普遍推广。这种由于理论的普遍性、稳定性和现实的特殊性、变动性所引起的"试验"，也是理论转化现实过程中的一种"中介"，一个不可或缺的中间环节。倘若没有这个中间环节，把根据一定的理论所提出的方案一下子全面铺开，就可能由于大规模的社会行动而造成难以估量的社会后果。而经过试验就能取得必要的经验，使预想的方案得到补充和修正，从而增强行动中的自觉性，有利于理论转化为现实。

历史的经验启示我们，过去曾经发生过的那种把哲学的应用简单化、一遇到有经济、政治、文化和科学等问题需要解决的时候就立刻要求按哲学原理来提供现成方案的习惯，原因就在于忽视了哲学通往现实道路中的必要的中介，忽视了哲学同相关的自然科学、社会科学的结合。结果是不去深入研究经济、政治、文化和各种科学领域里的问题和发展规律，不是在普遍与特殊、一般与个别的结合中通过特殊、个别而把握一般，指导实践，而是企图用哲学概念推演的办法解决非常复杂的现实问题。这样做的结果，表面看来也是轰轰烈烈，热热闹闹，哲学概念满天飞，一会儿是主观能动性、设置对立面、矛盾转化与飞跃，各种转化的辩证法，等等，这在 20 世纪 50 年代末是为"大跃进"作论证的。后来又是螺旋式、波浪式、反经验主义、九个指头一个指头等，这又是为掩盖和维护错误的做法作论证的。总之，在这种"应用哲学"之下，哲学成了可以为任何政策、做法做论证的工具。有讽刺意味的是，有时竟然是哲学概念、名词喧嚷最有力之时，也是实际生活中违反唯物论和辩证法最严重之日；实际工作中狂热之日，也是哲学术语最流行之时。这个历史的教训促使我们不能不做出深刻的反思，从中引出应有的结论。

今天，我们哲学工作者面临着大力开展有关中国特色社会主义建设中重大理论问题和实际问题研究的重大课题，肩负着为促进社会主义物质文明建设和加强社会主义精神文明建设的光荣任务。总之，如果我们能够注意哲学这门学科本身的一些特点，坚持理论联系实际的基本原则，深入到建设和改革开放的实践中去，悉心地听取实践的呼声，加强调查研究，结合实际中所出现的新情况新问题作深入的哲学思考，就一定能够更好地为现实服务。

我们说哲学具有自身的特点，具有高度的概括性等，但这绝不是说哲学可以不关心社会生活，不关心我国社会主义事业的发展，不关心改革开放和建设中国特色社会主义这个决定中国命运和人民福祉的最大现实。如果离开当代中国的这个最大现实，而使哲学成为脱离实际，游离于现实生活之外的东西，就是偏离了方向，是违背马克思主义哲学的本真精神的。事实上，实际生活中诸多带根本性理论问题和实际问题，都是马克思主义哲学理应关注的对象，研究这些问题，是实践发展的需要，是广大人民的期待，哲学工作者把这种研究的成果反过来为人民服务，为中国特色社会主义建设服务，是职业良心和光荣的历史使命。不能把这种对实际生活中重大理论问题和实际问题研究，和服务于实践的活动，理解为某种政策。作注解，是哲学为现实服务的一种重要形式。以马克思主义中国化的最新成果——中国特色社会主义理论体系，教育广大干部和青年一代也是哲学服务于现实的途径之一。在思想文化领域，弘扬主旋律，倡导多样化，坚持以马克思主义为指导引领社会思潮，以社会主义核心价值体系宣传群众，繁荣和发展哲学社会科学，哲学工作者也大有可为。坚持马克思主义的指导地位，在指导思想上不能搞"别样"主义，不能搞多元化，这也是我们哲学工作者义不容辞的责任。尤其重要的是，在我们继续前进的道路上，面临着改革、发展、稳定等多重任务，如何把握发展这个主题及其与多方面关系的正确处理确是较复杂的课题，而社会转型过程中的诸多新问题的出现亦不容忽视。因此哲学面临着对新情况新问题的了解和研究的任务。把研究成果服务于建设中国特色社会主义事业，将是很重要的贡献，也是哲学为现实服务的重要途径之一。此外贴近生活、贴近实际，用简明易懂的哲学道理为广大群众服务，亦是形式之一。

（原载《江海学刊》1986 年第 1 期》）